SERGIO ANDRÉ ROCHA

Política Fiscal Internacional Brasileira

2ª TIRAGEM

Editora Lumen Juris
Rio de Janeiro
2023

www.lumenjuris.com.br

Editor

João Luiz da Silva Almeida

Conselho Editorial Brasil

Abel Fernandes Gomes
Adriano Pilatti
Alexandre Bernardino Costa
Ana Alice De Carli
Anderson Soares Madeira
André Abreu Costa
Beatriz Souza Costa
Bleine Queiroz Caúla
Bruno Soeiro Vieira
Daniela Copetti Cravo
Daniele Maghelly Menezes Moreira
Diego Araujo Campos
Emerson Affonso da Costa Moura
Enzo Bello
Firly Nascimento Filho
Flávio Ahmed
Frederico Antonio Lima de Oliveira
Frederico Price Grechi
Geraldo L. M. Prado
Gina Vidal Marcilio Pompeu
Gisele Cittadino
Gustavo Noronha de Ávila
Gustavo Sénéchal de Goffredo
Jean Carlos Dias
Jean Carlos Fernandes
Jeferson Antônio Fernandes Bacelar
Jerson Carneiro Gonçalves Junior
João Marcelo de Lima Assafim
João Theotonio Mendes de Almeida Jr.
José Ricardo Ferreira Cunha
José Rubens Morato Leite
Josiane Rose Petry Veronese
Leonardo El-Amme Souza e Silva da Cunha
Lúcio Antônio Chamon Junior
Luigi Bonizzato
Luis Carlos Alcoforado
Luiz Henrique Sormani Barbugiani
Manoel Messias Peixinho
Marcelo Pinto Chaves
Marcelo Ribeiro Uchôa
Márcio Ricardo Staffen
Marco Aurélio Bezerra de Melo
Marcus Mauricius Holanda
Maria Celeste Simões Marques
Milton Delgado Soares
Murilo Siqueira Comério
Océlio de Jesus Carneiro de Morais
Ricardo Lodi Ribeiro
Roberta Duboc Pedrinha
Salah Hassan Khaled Jr.
Sérgio André Rocha
Simone Alvarez Lima
Thaís Marçal
Valerio de Oliveira Mazzuoli
Valter Moura do Carmos
Vicente Paulo Barreto
Victor Sales Pinheiro
Vinícius Borges Fortes

Conselho Editorial Internacional

António José Avelãs Nunes (Portugal) | Boaventura de Sousa Santos (Portugal)
Diogo Leite de Campos (Portugal) | David Sanches Rubio (Espanha)

Conselheiros Beneméritos

Denis Borges Barbosa (*in memoriam*) | Marcos Juruena Villela Souto (*in memoriam*)

Filiais

Sede: Rio de Janeiro
Rua Newton Prado, n° 43
CEP: 20930-445
São Cristóvão
Rio de Janeiro – RJ
Tel. (21) 2580-7178

Maceió
(Divulgação)
Cristiano Alfama Mabilia
cristiano@lumenjuris.com.br
Maceió – AL
Tel. (82) 9-9661-0421

Para minha esposa Fernanda e nossas Princesas Julia e Amanda. Sem seu apoio e compreensão este trabalho jamais teria sido possível.

Copyright © 2017 by Sergio André Rocha

Categoria: Direito Tributário

Produção Editorial
Livraria e Editora Lumen Juris Ltda.

Diagramação: Rômulo Lentini

A LIVRARIA E EDITORA LUMEN JURIS LTDA.
não se responsabiliza pelas opiniões
emitidas nesta obra por seu Autor.

É proibida a reprodução total ou parcial, por qualquer meio ou processo, inclusive quanto às características gráficas e/ou editoriais. A violação de direitos autorais constitui crime (Código Penal, art. 184 e §§, e Lei nº 6.895, de 17/12/1980), sujeitando-se a busca e apreensão e indenizações diversas (Lei nº 9.610/98).

Todos os direitos desta edição reservados à
Livraria e Editora Lumen Juris Ltda.

Impresso no Brasil
Printed in Brazil

CIP-BRASIL. CATALOGAÇÃO-NA-FONTE

Rocha, Sergio André
 Política Fiscal Internacional Brasileira. / Sergio André Rocha. - 1. ed. - Rio de Janeiro : Lumen Juris, 2017.
 384 p. ; 23 cm.

 Bibliografia: p. 313-366.

 ISBN: 978-85-519-0154-0

 1. Direito Tributário. 2. Política Fiscal Internacional - Brasil. 3. Tributação Internacional - BEPS. 4. Política Tributária - Preços de Transferência - CFC. I. Título.

CDD – 341.39

Agradecimentos

Deixo registrado meu sincero agradecimento a Carlos Alexandre de Azevedo Campos e a Ramon Tomazela Santos pela leitura e comentários sobre a versão original deste estudo.

APRESENTAÇÃO DA SEGUNDA TIRAGEM

Por um dever de transparência, é importante chamarmos a atenção do leitor deste livro para o fato de que **ele não foi atualizado em relação à sua primeira edição de 2017**. Há algumas razões para isso.

Em primeiro lugar, por mais que não tenha passado tanto tempo, os últimos anos foram de verdadeira ebulição para o Direito Internacional Tributário. Conceitos surgiram e desapareceram (pensemos no debate sobre presença digital significativa, que parecia que seria um grande tema e sucumbiu perante os Pilares 1 e 2). Após uma certa decepção com os resultados do Projeto BEPS, uma nova fase de multilateralismo se iniciou sem que tenhamos chegado ao seu fim.

Ainda neste contexto, houve movimentos importantes no âmbito doméstico brasileiro. Hoje o Brasil está em pleno processo de acessão para potencialmente se tornar membro da OCDE. Por conta desse movimento, enquanto escrevo essa apresentação o Congresso Nacional inicia a votação da Medida Provisória nº 1.152/2022, que estabelece um novo padrão de controle de preços de transferência, alinhado às orientações daquela Organização.

Após 2017, alguns novos tratados internacionais entraram em vigor ou foram assinados. Podemos fazer referência especial à convenção com o Reino Unido, celebrada em 2022 e pendente de aprovação congressual, que alterou alguns aspectos significativos de nossa tradicional política de celebração de tratados tributários. O próprio avanço das discussões a respeito do Pilar 2 do Projeto BEPS faz com que o futuro de nosso padrão de Tributação em Bases Universais, inaugurado em 1995, seja incerto.

Portanto, não era o momento de uma revisão completa deste livro. Por outro lado, mesmo que congelado em 2017, parece-nos que as considerações nas páginas seguintes ainda são relevantes para a compreensão da grande maioria das convenções brasileiras em vigor.

Com essas reflexões em mente e considerando que o livro já se encontrava há algum tempo esgotado, decidi em conjunto com a editora Lumen Juris que faria sentido publicarmos o livro com sua redação original, deixando a sua atualização para um segundo momento, quando, esperamos, as modificações que se discutem hoje já terão sido implementadas ou arquivadas.

Assim, confiantes de que este estudo ainda contribui para o debate sobre a política fiscal internacional brasileira, ficamos na torcida de que ele seja útil para os leitores e as leitoras.

Rio de Janeiro, 29 de março de 2023.

Sergio André Rocha

Professor de Direito Financeiro e Tributário da Uerj

Sumário

Agradecimentos... V

Apresentação da segunda tiragem VII

Introdução 1

    1. O Contexto desta Tese.. 1

    2. Problema, Questões e Hipóteses de Pesquisa 10

    3. Metodologia 11

    4. Justificativa... 15

    5. Breves Esclarecimentos Terminológicos e sobre as Traduções 17

Capítulo 1 – Política Brasileira de Celebração de Tratados Tributários.......... 21

    1.1. Cronologia dos Tratados Tributários Brasileiros 21

    1.2. Impulso Inicial da Política Brasileira de Celebração
         de Tratados Internacionais: Por que o Brasil Começou
         a Assinar Tratados Tributários? 23

    1.3. Os Impactos dos Modelos de Convenção da OCDE
         e da ONU sobre a Política de Celebração de Tratados do Brasil...... 29

    1.3.1. Breves Comentários sobre a Estrutura dos Modelos
          de Convenção da OCDE e da ONU 29

    1.3.2. Pessoas Visadas (Artigo 1º).. 33

    1.3.3. Impostos Visados (Artigo 2º) 34

    1.3.4. Definições Gerais (Artigo 3º) 37

    1.3.5. Residente (Artigo 4º) 39

    1.3.6. Estabelecimento Permanente (Artigo 5º) 41

    1.3.7. Regras Distributivas 47

    1.3.8. Rendimentos Imobiliários (Artigo 6º) 48

    1.3.9. Lucros das Empresas (Artigo 7º) 50

1.3.10. Transporte Marítimo e Aéreo (Artigo 8º) 55

1.3.11. Empresas Associadas (Artigo 9º) 56

1.3.12. Dividendos (Artigo 10) 57

1.3.13. Juros (Artigo 11) 61

1.3.14. Royalties (Artigo 12) 64

1.3.15. Ganhos de Capital (Artigo 13) 67

1.3.16. Serviços Independentes (Artigo 14) 68

1.3.17. Rendimentos de Emprego (Artigo 15) 70

1.3.18. Remunerações de Direção (Artigo 16) 71

1.3.19. Profissionais de Espetáculos e Esportistas (Artigo 17) 72

1.3.20. Pensões (Artigo 18) 73

1.3.21. Pagamentos Governamentais (Artigo 19) 75

1.3.22. Estudantes (Artigo 20) 75

1.3.23. Outros Rendimentos (Artigo 21) 76

1.3.24. Rendimentos de Capital (Artigo 22) 78

1.3.25. Métodos para Evitar a Dupla Tributação (Artigo 23) 78

1.3.26. Não Discriminação (Artigo 24) 82

1.3.27. Procedimento Amigável (Artigo 25) 83

1.3.28. Troca de Informações (Artigo 26) 84

1.3.29. Assistência na Cobrança de Tributos (Artigo 27) 85

1.3.30. Funcionários Diplomáticos e Consulares (Artigo 28) 86

1.3.31. Extensão Territorial (Artigo 29) 86

1.3.32. Entrada em Vigor e Denúncia (Artigos 30 e 31) 86

1.3.33. Conclusão a Respeito da Convenção Modelo
que Mais Influenciou a Política Brasileira
de Celebração de Tratados 86

1.4. Como os Modelos e os Comentários da OCDE
e da ONU às suas Convenções Modelo Impactam
a Aplicação de Tratados Tributários pelas
Autoridades fiscais e Tribunais no Brasil 95

1.4.1. Como Ler os Comentários da OCDE e da ONU
e como Avaliar sua Força no Brasil 96

1.4.2. Pagamentos de Serviços Técnicos e a
Aplicação do Artigo 7º dos Modelos 97

1.4.2.1. Decisões do CARF sobre a Caracterização
de um Estabelecimento Permanente no Brasil 104

1.4.3. As "Regras CFC" Brasileiras
e os Tratados Celebrados pelo País 107

1.4.3.1. Evolução Histórica das Regras Brasileiras de
Tributação de Lucros Auferidos por Controladas
e Coligadas no Exterior e a Controvérsia Envolvendo
as Convenções Internacionais Tributárias 108

1.4.3.2. A Posição da Receita Federal do Brasil na Solução
de Consulta Interna COSIT nº 18/2013 118

1.4.3.3. As Decisões do Conselho Administrativo de Recursos
Fiscais sobre a Relação entre os Acordos Celebrados pelo
Brasil e o Artigo 74 da Medida Provisória nº 2.158-35/01 119

1.4.3.3.1. Acórdão nº 108-08.765 (2006). "Caso REFRATEC" 120

1.4.3.3.2. Acórdão nº 101-95.802 (2006). "Caso Eagle 1" 121

1.4.3.3.3. Acórdão nº 101-97.070 (2008). "Caso Eagle 2" 122

1.4.3.3.4. Acórdão nº 1402-00.391 (2011). "Caso Normus" 124

1.4.3.3.5. Acórdão nº 1101-00.365 (2012). "Caso Camargo Corrêa" 126

1.4.3.3.6. Acórdão nº 1101-000.811 (2012). "Caso Gerdau" 127

1.4.3.3.7. Acórdão nº 1201-001.024 (2014). "Caso Rexam" 128

1.4.3.3.8. Acórdão nº 1103-001.122 (2014). "Caso Petrobras 1".................129
1.4.3.3.9. Acórdão nº 1102-001.247 (2014). "Caso Intercement".............. 130
1.4.3.3.10. Acórdão nº 1302-001.630 (2015). "Caso Petrobras 2"..............131
1.4.3.3.11. Acórdão nº 9101-002.332 (2016). "Caso Petrobras 3"..............132
1.4.3.3.12. Acórdão nº 1301-002.113 (2016). "Caso Yolanda"................... 134
1.4.3.3.13. Acórdão nº 9101002.561 (2017). "Caso Rexam CSRF"............135

1.4.3.4. Decisões Judiciais sobre a Relação
entre as Convenções Brasileiras e o Artigo 74
da Medida Provisória nº 2.158-35/2001 136

1.4.3.4.1. A Posição do Superior Tribunal de Justiça
sobre a Relação entre as Convenções Brasileiras e o
Artigo 74 da Medida Provisória nº 2.158-35/2001.......................... 136

1.4.3.4.2. A Posição do Supremo Tribunal Federal sobre
a Relação entre as Convenções Brasileiras e o Artigo 74
da Medida Provisória nº 2.158-35/2001 139

1.4.4. O Artigo de Não Discriminação e o Tratado
Brasil-Suécia: Análise do "Caso Volvo" 143

1.4.5. O Artigo 2º dos Tratados Brasileiros e sua
Aplicação às Contribuições Sociais..143

1.4.5.1. Decisões do CARF sobre a Relação entre o Artigo 2º
dos Tratados Brasileiros e sua Aplicação às Contribuições Sociais.....147

1.4.5.2. Posição do STJ sobre a Relação entre o Artigo 2º dos
Tratados Brasileiros e sua Aplicação às Contribuições Sociais 148

1.4.6. O Artigo 9º dos Tratados e as Regras de Preços de Transferência.....149

1.4.6.1. Posição do CARF sobre a Relação entre o Artigo 9º
dos Tratados e as Regras de Preços de Transferência......................151

1.4.6.2. Posição do Judiciário sobre a Relação entre o Artigo 9º
dos Tratados e as Regras de Preços de Transferência......................152

1.4.7. Breve Conclusão a Respeito da Posição dos Órgãos de Aplicação do Direito sobre o Modelo que Influenciou os Tratados Brasileiros 152

1.5. Impacto das Posições Brasileiras de País Não-Membro em Relação ao Modelo da OCDE e seus Comentários 152

1.6. Conclusão deste Capítulo 155

1.6.1. Razões e Objetivos da Política Brasileira de Celebração de Tratados Internacionais Tributários 157

1.6.1.1. Política Fiscal Internacional de Celebração de Tratados e Arrecadação Tributária sobre Transações Internacionais 157

1.6.1.2. Política Fiscal Internacional de Celebração de Tratados e a Relação com os Países com os quais o Brasil Assinou seus Acordos 158

1.6.1.3. Política Fiscal Internacional de Celebração de Tratados e o Fluxo de Mercadorias e Serviços 161

1.6.2. Respostas às Questões de Pesquisa 161

Capítulo 2 – Política Fiscal Internacional Brasileira e Legislação Doméstica: Preços de Transferência e Regras de Tributação de LucrosAuferidos por Controladas no Exterior 163

2.1. Política Fiscal Internacional e Regras Brasileiras de Preços de Transferência 163

2.1.1. Comentários Gerais 163

2.1.2. Análise de Política Fiscal 170

2.2. Política Fiscal Internacional e Regras Brasileiras de Tributação de Lucros Auferidos por Controladas no Exterior 173

2.2.1. Comentários Gerais 173

2.2.2. Análise de Política Fiscal 176

2.3. Respostas às Questões de Pesquisa 178

2.3.1. Justificação das Posições de Política Tributária
do Brasil em Relação às Regras de Preços de Transferência
e às Regras de Tributação dos Lucros de Controladas no Exterior 179

2.3.2. O Brasil se Beneficia de sua Posição nessas Áreas? 181

2.3.3. Esperam-se Mudanças no Futuro Próximo? 184

Capítulo 3 – A Influência da OCDE E de seu Fórum Global sobre
Transparência Fiscal e troca de Informações e a
Política Fiscal Internacional Brasileira 187

    3.1. Alinhamento Entre a Política Fiscal Internacional
Brasileira e o Padrão Global de Transparência Fiscal da OCDE......189

    3.2. O Relatório de Primeira Fase do Fórum Global
sobre a Troca de Informações no Brasil 190

    3.3. O relatório de segunda fase do Fórum Global
sobre a troca de informações no Brasil... 192

    3.4. O Brasil e os Padrões de Transparência e
Troca de Informações da OCDE..195

        3.4.1. Razões para a Adoção do "Padrão OCDE" no
Campo da Transparência Fiscal e da Troca de Informações 196

        3.4.2. Pressão Internacional e Alinhamento Brasileiro 198

    3.5. Conclusão deste Capítulo 200

        3.5.1. Respostas às Questões de Pesquisa 201

Capítulo 4 – O Projeto BEPS da OCDE/G-20 e seus Impactos
sobre a Política Fiscal Internacional Brasileira... 203

    4.1. A Participação do Brasil no Projeto BEPS 209

        4.1.1. Qual a relevância da "BEPS" para o Brasil? 209

        4.1.2. A Contribuição do Brasil para a OCDE 212

        4.1.3. A Contribuição do Brasil para a ONU 217

        4.1.4. Objetivo deste Capítulo 220

4.2. Impactos de cada Ação BEPS na Política
Fiscal Internacional do Brasil 221

4.2.1. Ação 1: Abordando os Desafios Fiscais da Economia Digital 221

4.2.1.1. Análise da Ação 1 do Projeto BEPS da
Perspectiva da Política Fiscal Internacional Brasileira 226

4.2.2. Ação 2: Neutralizando os Efeitos dos Instrumentos Híbridos 226

4.2.2.1. Análise da Ação 2 do Projeto BEPS da
Perspectiva da Política Fiscal Internacional Brasileira 235

4.2.3. Ação 3: Desenhando Regras CFC Efetivas 236

4.2.3.1. Regras para Definir uma CFC 237

4.2.3.2. Exceções e Limites para a Aplicação de Regras CFC.................. 238

4.2.3.3. Definição de lucro de uma CFC 239

4.2.3.4. Regras para Calcular o Lucro de uma CFC 240

4.2.3.5. Regras para Atribuir Lucro a uma CFC 241

4.2.3.6. Regras para Evitar a Dupla Tributação do Lucro 242

4.2.3.7. Análise da Ação 3 do Projeto BEPS da
Perspectiva da Política Fiscal Internacional Brasileira 243

4.2.4. Ação 4: Limitando a Erosão da Base Tributária
por Intermédio da Dedução de Juros e
Outras Compensações Financeiras 245

4.2.4.1. Regras do Brasil contra BEPS Envolvendo
Deduções de Juros e Outros Pagamentos Financeiros.................... 248

4.2.4.2. Análise da Ação 4 do Projeto BEPS da
Perspectiva da Política Fiscal Internacional Brasileira 249

4.2.5. Ação 5: Combatendo de Modo mais Eficaz
as Práticas Tributárias Prejudiciais, Considerando
a Transparência e a Substância 250

4.2.5.1. Análise da Ação 5 do Projeto BEPS da
Perspectiva da Política Fiscal Internacional Brasileira 253

4.2.6. Ação 6: Prevenindo a Utilização dos Acordos
para Evitar a Dupla Tributação em Circunstâncias Inadequadas.... 254

4.2.6.1. Análise da Ação 6 do Projeto BEPS da
Perspectiva da Política Fiscal Internacional Brasileira 259

4.2.7. Ação 7: Prevenindo que o Status de
Estabelecimento Permanente seja Artificialmente Evitado 261

4.2.7.1. Análise da Ação 7 do Projeto BEPS da
Perspectiva da Política Fiscal Internacional Brasileira 263

4.2.8. Ações 8, 9, e 10: Alinhando Preços de
Transferência com a Criação de Valor 264

4.2.8.1. Análise das Ações 8-10 do Projeto BEPS da
Perspectiva da Política Fiscal Internacional Brasileira 268

4.2.9. Ação 11: Medindo e Monitorando a Erosão
da Base Tributária e Transferência de Lucros (BEPS) 270

4.2.9.1. Análise da Ação 11 do Projeto BEPS da
Perspectiva da Política Fiscal Internacional Brasileira 276

4.2.10. Ação 12: Regras Obrigatórias de
Declaração de Planejamento Tributário 277

4.2.10.1. Análise da Ação 12 do Projeto BEPS da
Perspectiva da Política Fiscal Internacional Brasileira 278

4.2.11. Ação 13: Documentação de Preço de
Transferência e Relatório País-por-País 281

4.2.11.1. Análise da Ação 13 do Projeto BEPS da
Perspectiva da Política Fiscal Internacional Brasileira 283

4.2.12. Ação 14: Tornar os Mecanismos de
Resolução de Litígios Mais Eficazes.. 283

4.2.12.1. Análise da Ação 14 do Projeto BEPS da
Perspectiva da Política Fiscal Internacional Brasileira 288

4.2.13. Ação 15: Desenvolver um Instrumento
Multilateral para Modificar os Tratados Tributários Bilaterais 292

4.2.13.1. Análise da Ação 15 do Projeto BEPS da
  Perspectiva da Política Fiscal Internacional Brasileira 295
4.3. Análise do Projeto BEPS da Perspectiva da
  Política Fiscal Brasileira 296
4.4. Respostas às Questões de Pesquisa 298
Capítulo 5 – Conclusão e Tese 301
Anexo 1: Respostas da Secretaria da Receita Federal
  do Brasil ao Questionário da ONU
  sobre o a "BEPS" e o Projeto BEPS. 305
Referências Bibliográficas 313

Introdução

1. O Contexto desta Tese

A tributação internacional no Século XXI é marcada por duas tendências importantes: a coordenação e o multilateralismo. Esta orientação marca a inserção do Direito Internacional Tributário no contexto da chamada sociedade de risco. Segundo o autor alemão Ulrich Beck, a expressão *sociedade de risco* "designa uma fase no desenvolvimento da sociedade moderna, em que os riscos sociais, políticos, econômicos e individuais tendem cada vez mais a escapar das instituições para o controle e a proteção da sociedade industrial".[1]

Anthony Giddens é outro autor que estudou longamente a sociedade de risco. Em sua opinião a "modernidade também tem um lado sombrio, o qual ficou bastante aparente neste Século *[Século XX]*".[2]

O mesmo autor destaca que "um cético poderia perguntar: não há nada de novo aqui? A vida humana não foi sempre marcada pela contingência? O futuro não foi sempre incerto e problemático? A resposta a cada uma dessas perguntas é 'sim'. Não é que atualmente nossas circunstâncias de vida tenham se tornado menos previsíveis do que costumavam ser; o que mudou foram as origens da imprevisibilidade. Muitas incertezas com que nos defrontamos hoje foram criadas pelo próprio desenvolvimento do conhecimento humano".[3]

Durante a sociedade industrial havia uma presunção de que a edição de uma nova lei poderia resolver qualquer problema surgido no contexto social.

---

1 Cf. BECK, Ulrich. A Reinvenção da Política: Rumo a uma Teoria da Modernização Reflexiva. In: GIDDENS, Anthony; BECK, Ulrich; LASH, Scott. *Modernização Reflexiva*: Política, Tradição e Estética na Ordem Social Moderna. Tradução Magda Lopes. São Paulo: Editora UNESP, 1997. p. 15.

2 GIDDENS, Anthony. *The Consequences of Modernity*. California: Stanford University Press, 1990. p. 7.

3 GIDDENS, Anthony. Risco, Confiança e Reflexividade. In: GIDDENS, Anthony; BECK, Ulrich; LASH, Scott. *Modernização Reflexiva*: Política, Tradição e Estética na Ordem Social Moderna. Tradução Magda Lopes. São Paulo: Editora UNESP, 1997. p. 220. Sobre a distinção entre os riscos presentes na sociedade de risco e aqueles que caracterizam a sociedade industrial ver: BECK, Ulrich. *Liberdade ou Capitalismo*. Tradução Luiz Antônio Oliveira de Araújo. São Paulo: Editora UNESP, 2003. p. 113-116.

Mesmo que as leis fossem posteriores aos fatos, elas seriam capazes de solucionar novas controvérsias criadas pela interação social.

Nas palavras de André-Jean Arnaud "o Direito 'moderno' é um Direito que foi construído sobre princípios filosóficos em honra de uma época que leva seu nome: crença no caráter universal das soluções jurídicas, e nas benfeitorias da lei todo-poderosa. Se seguimos os filósofos, juristas e legisladores do fim do século XVIII, vemos que o Direito era suscetível de um conhecimento universal, pois os princípios que o ditavam estavam inscritos no coração de cada um de nós, e podiam ser conhecidos graças às luzes naturais da razão. Além disso, o contrato social fazia com que a lei, votada em nome de todos, devesse ser aplicada em comum acordo, igualmente para todos. Não existiriam nunca mais privilégios, dado que a lei – porque era geral, clara, tratando do bem comum e não se interessando pelos casos particulares –, aparecia como a garantia suprema contra o arbítrio".[4]

A sociedade de risco coloca essa noção em xeque. Uma das mais claras características da sociedade de risco é que há problemas que requerem uma solução que não pode ser alcançada por nenhuma iniciativa de qualquer legislador nacional isolado. Estamos nos referindo aqui a problemas como terrorismo, tráfico de drogas, de armas e de pessoas, depredação do meio-ambiente, crises econômicas de escala global e, nas áreas financeira e tributária, o desequilíbrio orçamentário provocado pela crise, o combate à evasão fiscal internacional e aos chamados planejamentos tributários internacionais "agressivos".

Foi Ricardo Lobo Torres quem em primeiro lugar se dedicou ao estudo dos impactos da sociedade de risco sobre a tributação. Em suas palavras, "a sociedade de risco se caracteriza por algumas notas relevantes: a ambivalência, a insegurança, a procura de novos princípios e o redesenho do relacionamento entre as atribuições das instituições do Estado e da própria sociedade".[5]

---

[4] ARNAUD, André-Jean. *O Direito Traído pela Filosofia*. Tradução Wanda de Lemos Capeller e Luciano Oliveira. Porto Alegre: Sergio Antonio Fabris Editor, 1991. p. 246.

[5] TORRES, Ricardo Lobo. *Tratado de Direito Constitucional, Financeiro e Tributário*: Valores e Princípios Constitucionais Tributários. Rio de Janeiro: Renovar, 2005. v. II. p. 177. Ver, também: RIBEIRO, Ricardo Lodi. A Segurança dos Direitos Fundamentais do Contribuinte na Sociedade de Risco. In: _____. *Temas de Direito Constitucional Tributário*. Rio de Janeiro: Lumen Juris, 2009. p. 53-69; ROCHA, Sergio André. A Tributação na Sociedade de Risco. In: PIRES, Adilson Rodrigues; TÔRRES, Heleno Taveira (Coords.). *Princípios de Direito Financeiro e Tributário: Estudos em Homenagem ao Professor Ricardo Lobo Torres*. Rio de Janeiro: Renovar, 2006. p. 179-223.

Os problemas típicos da sociedade de risco requerem uma ação coordenada dos países e organismos internacionais – e nacionais – na busca de uma solução. Em outras palavras, tal solução será muitas vezes um esforço multilateral, e não um resultado alcançado individualmente. Como pontua Yariv Brauner, "países, mesmo aqueles com as economias mais fortes, não são poderosos o suficiente para dar eficácia a suas leis tributárias no presente regime fiscal".[6]

A globalização,[7] o surgimento da economia digital,[8] que intensifica a mobilidade da renda,[9] a competição fiscal prejudicial entre países,[10] o novo papel dos intangíveis e serviços na economia global, todos criaram um ambiente favorável para a evasão fiscal e o planejamento tributário internacional "agressivo".[11]

---

6   BRAUNER, Yariv. What the BEPS? *Florida Tax Review*, Florida, n. 16 (2), 2014, p. 59. No mesmo sentido, ver: OLIVEIRA, Maria Odete Batista de. *O Intercâmbio de Informação: Nova disciplina comunitária. Estado actual da prática administrativa. Contributos para uma maior significância deste instrumento.* Coimbra: Almedina, 2012. p. 41.

7   Ver: BASTOS, Frederico Silva. *O Intercâmbio Internacional de Informações Tributárias no Brasil.* BUQUI: Porto Alegre, 2015. p. 25-40.

8   GARCÍA NOVOA, César. Reflexiones sobre la Influencia de la Globalización en los Principios Tributarios. In: TÔRRES, Heleno Taveira (Coord.). *Direito Tributário Internacional Aplicado.* São Paulo: Quartier Latin, 2003. p. 34-44.

9   Ver: GRECO, Marco Aurélio. Crise do Imposto sobre a Renda na sua Feição Tradicional. In: REZENDE, Condorcet (Coord.). *Estudos Tributários.* Rio de Janeiro: Renovar, 1999. p. 422-423; DERZI, Misabel Abreu Machado. Concorrência Tributária e seus Efeitos nos Conceitos de Renda e Consumo. In: ROCHA, Valdir de Oliveira (Coord.). *Grandes Questões Atuais do Direito Tributário: 17º Volume.* São Paulo: Dialética, 2013. p. 209-210. Sobre a relação entre mobilidade da renda e concorrência fiscal prejudicial ver: KIEKEBELD, Bem J. *Harmful Tax Competition in the European Union.* The Netherlands: Kluwer, 2004. p. 1-2.

10 Vale a pena transcrever as palavras de Michael Rodi, para quem "um sistema tributário é, enfim, caracterizado como 'nocivo' quando ele faz com que os investidores sejam atraídos a fazer negócios em um determinado país sobretudo por razões tributárias, de forma que não se encontra uma decisão verdadeira quanto ao local de negócios" (RODI, Michael. Concorrência Tributária Internacional por Investimentos. Tradução Victor Borges Polizelli. *Revista Direito Tributário Atual*, São Paulo, n. 21, 2007, p. 132). Ver, também: AULT, Hugh J. Tax Competition: What (If Anything) To Do About It: In: KIRCHHOF, Paul et. al. (Orgs.). *International and Comparative Taxation: Essays in Honour of Klaus Vogel.* The Netherlands: Kluwer, 2002. p. 2-4; LANG, Joachim. Justiça Fiscal e Globalização. *Revista Direito Tributário Atual*, São Paulo, n. 24, 2010, p. 76; MOREIRA, Clara Gomes. Combate às Práticas Fiscais Danosas e a Soberania dos Estados. In: GOMES, Marcus Lívio; SCHOUERI, Luís Eduardo (Coords.). *A Tributação Internacional na Era Pós-BEPS.* Rio de Janeiro: Lumen Juris, 2016. v. I. p. 265-283.

11 Ver: UCKMAR, Victor et. al. *Diritto Internazionale.* Milani: CEDAM, 2012. p. XXVI-XXXII; ROCHA, Sergio André. Brasil. In: ILADT. *Memorias de las XXVIII Jornadas Latinoamericanas de Derecho Tributário.* ILADT: México, 2015. p. 772-775.

Esses tópicos não são novos, mas a série de crises econômicas internacionais que se iniciou em 2008, as quais os países ainda estão buscando superar, forçou os mesmos a lidar com as consequências da injusta alocação de receitas fiscais entre os estados.

Foi neste contexto que ganhou especial atenção a obra de Thomas Piketty. Um dos pilares da pesquisa do economista francês é exatamente a constatação de que a concorrência fiscal internacional prejudicial (*harmful tax competition*) levou à concessão de tratamentos mais favoráveis à renda do capital,[12] em detrimento à renda do trabalho, iniciando uma crise da progressividade do Imposto de Renda e da sua capacidade de distribuir de forma justa a carga tributária.[13] Em suas palavras:

> [...] Ao mesmo tempo, o aumento da concorrência fiscal ao longo das últimas décadas, num contexto de livre circulação do capital, levou a um desenvolvimento sem precedentes de regimes derrogatórios em relação à renda do capital, que em quase todo o mundo escapa por ora do cálculo da progressividade do imposto sobre a renda. Isso é particularmente válido para a Europa, dividida entre Estados de pequeno porte que, até o momento, se mostram incapazes de desenvolver um mínimo de coordenação em matéria fiscal. O resultado é uma disputa sem fim para reduzir especialmente o imposto sobre os lucros das empresas e para isentar os juros, dividendos e outras rendas financeiras do regime normal de tributação ao qual são submetidas as rendas do trabalho.[14]

A busca da proteção da "parcela de receita tributária justa" (*fair share of tax*) a que cada país teria direito tornou-se cada vez mais presente. Inicialmente houve

---

12 É interessante a observação de Philip Baker, para quem "muito do papel dos planejadores tributários internacionais envolve, obviamente, o uso de regimes tributários favorecidos ou, se preferirem, paraísos fiscais ou centros financeiros *offshore*. Eu acredito ser essa uma constante que deve permanecer no século XXI, a de que continuará a haver regimes tributários favorecidos. Esse é um aspecto da competição tributária entre Estados. Eu suspeito que isso continuará: apesar de que, possivelmente, com os aspectos mais nocivos sendo gradualmente identificados e removidos" (BAKER, Philip. A Tributação Internacional no Século XXI. Tradução Elise M. Sakane. *Revista Direito Tributário Atual*, São Paulo, n. 19, 2005, p. 45).

13 Ver: AVI-YONAH, Reuven. Globalização e Concorrência fiscal: Implicações nos Países em Desenvolvimento. Tradução Celso Cláudio de Hildebrand e Grisi Filho. *Revista de Direito Tributário Internacional*, São Paulo, n. 6, 2007, p. 186-191.

14 PIKETTY, Thomas. *O Capital no Século XXI*. Tradução de Monica Baumgarten de Bolle. Rio de Janeiro: Intrínseca, 2014. p. 483. Sobre o tema, ver: RIBEIRO, Ricardo Lodi. *Estudos de Direito Tributário: Tributação e Cidadania*. Rio de Janeiro: Multifoco, 2015. p. 37-43.

um avanço importante em direção à transparência fiscal internacional – principalmente pelo trabalho desempenhado pelo Fórum Global sobre Transparência e Troca de Informações (do qual o Brasil faz parte) – e posteriormente a criação e desenvolvimento, pela OCDE com o apoio do G-20, do Projeto sobre erosão da base tributável e transferência de lucros (*BEPS – Base Erosion and Profit Shifiting*).

Como este é um típico problema da sociedade de risco, marcado por características como a ambivalência e a complexidade,[15] é natural que a busca de uma solução seja multilateral, demandando uma mudança na perspectiva da tributação internacional.

Com efeito, embora o primeiro tratado internacional para evitar a bitributação tenha sido celebrado em 1899, entre a Prússia e o Império Austro-Húngaro,[16] apenas após o fim da Primeira Guerra Mundial que esforços mais decisivos para o desenvolvimento da tributação internacional foram gestados no âmbito da Sociedade das Nações, resultando no primeiro modelo de convenção internacional para evitar a dupla tributação da renda, editado em 1928.[17]

O "Regime Tributário Internacional"[18] inaugurado em 1928 tinha como característica fundamental o bilateralismo e a concorrência entre os diversos países. Tal regime prevaleceu basicamente intocado até o Século XXI, quando a concorrência fiscal internacional, a economia digital e a crise econômica, principalmente, tornaram-no obsoleto.

A abordagem multilateral no campo do Direito Internacional Tributário sempre foi considerada secundária em relação ao bilateralismo. Nada obstante, o cenário mudou recentemente, com a percepção de que alguns problemas da tributação internacional contemporânea somente podem ser enfrentados de forma sa-

---

15   Ver: ROCHA, Sergio André. *Tributação Internacional*. São Paulo: Quartier Latin, 2013. p. 16-21.

16   Ver: JOGARAJAN, Sunita. Prelude to the International Tax Treaty Network: 1815–1914 Early Tax Treaties and the Conditions for Action. *Oxford Journal of Legal Studies*, London, 2011, p. 12; ROENNE, Christian Freiherr von. The Very Beginning – The First Tax Treaties. In: ECKER, Thomas; RESSLER, Gernot (Coords.). *History of Tax Treaties*. Wien: Linde, 2011. p. 24-26.

17   Sobre o tema, ver: ROCHA, Sergio André. *Interpretação dos Tratados para Evitar a Bitributação da Renda*. 2 ed. São Paulo: Quartier Latin, 2013. p. 41-46.

18   Reuven Avi-Yonah defende a existência de um "Regime Fiscal Internacional" o qual, segundo o autor, teria como consequência prática "que os países não são livres para adotar quaisquer regras de tributação internacional que quiserem, mas sim operar no contexto do regime, o qual se modifica da mesma maneira que o direito internacional se modifica no tempo" (AVI-YONAH, Reuven. *International Tax as International Law: An Analysis of the International Tax Regime*. Cambridge: Cambridge University Press, 2007. p. 1).

tisfatória de uma perspectiva multilateral. Note-se que isso não significa um abandono ou a superação completa do modelo bilateral, mas apenas o reconhecimento que alguns dos grandes problemas que afetam a tributação internacional nos dias atuais requerem uma abordagem colaborativa/multilateral para a sua solução.

Como mencionamos, a primeira grande iniciativa multilateral no campo da tributação internacional deu-se no contexto da transparência e da troca de informações para fins fiscais. A Convenção Multilateral sobre Assistência Administrativa Mútua em Matéria Fiscal, assinada pelo Brasil em 2011 e que entrou em vigor no país em 2016, tendo sido aprovada pelo Decreto Legislativo nº 105/2016 e veiculada publicamente com a edição do Decreto nº 8.842/2016, tornou-se a pedra angular do sistema internacional de transparência e de algumas Ações do Projeto BEPS.[19] Esta tendência não passou despercebida por Pasquale Pistone. De acordo com o autor italiano:

> De uma perspectiva legal, bilateralismo formal sobre assistência mútua em matéria fiscal, conforme preservado pelos artigos 26 e 27 de tratados tributários está gradualmente se tornando obsoleto. Desde 2009, qualquer inconsistência com os padrões internacionalmente acordados para transparência fiscal expõe o Estado a encarar a oposição de uma porção significativamente maior da comunidade global no contexto do fórum para transparência fiscal. De fato, Estados perderam seu poder para negociar o conteúdo desta parte de seus tratados bilaterais. Nessas circunstâncias, não mais faz sentido manter a assistência mútua regulada em um nível bilateral através de tratados cujas cláusulas estão ficando homogêneas quanto à sua redação e escopo. Isso explica porque um número maior de Estados adere a instrumentos legais multilaterais sobre assistência mútua [...].[20]

O Projeto BEPS da OCDE/G-20 acentuou ainda mais a face multilateral da tributação internacional atual. Como já foi salientado, nenhum Estado pode, de forma unilateral, superar os desafios relacionados ao combate à evasão fiscal internacional e ao planejamento tributário "agressivo", o que reforça a abordagem multilateral ao Direito Internacional Tributário – não em substituição ao bilateralismo, mas em adição ao mesmo. Yariv Brauner corrobora esta abordagem, ao afirmar que "o coração desta visão é a compreensão de que

---

[19] Ver: ROCHA, Sergio André. *Troca Internacional de Informações para Fins Fiscais*. São Paulo: Quartier Latin, 2015. p. 113-115.

[20] PISTONE, Pasquale. Coordinating the Action of Regional and Global Players During the Shift from Bilateralism to Multilateralism in International Tax Law. *World Tax Journal*, Amsterdam, n. 6, 2014, p. 3-4.

ações domésticas não coordenadas não podem ter sucesso (a não ser por acaso), independentemente de seu conteúdo. A independência dos atores no mercado global, portanto, requer cooperação".[21]

Como deixamos registrado em outro estudo, o princípio da cooperação passa a ter relevância fundamental.[22] Nas palavras de Heleno Taveira Tôrres, "a cooperação entre as administrações tributárias corresponde à estrutura das relações em nível internacional desenvolvidas não apenas para tornar mais eficaz a determinação das situações tributáveis, particularmente quanto às atividades transacionais, mas também para outras possibilidades, inclusive para efeito de cumprimento de decisões em matéria tributária, permitindo uma melhor compatibilidade e a redução de eventuais conflitos".[23]

Embora os Estados compitam por receitas tributárias, os mesmos são forçados a cooperar para superar, de forma conjunta e coordenada, os desafios da tributação internacional nos dias de hoje. Vale a pena transcrever abaixo as considerações apresentadas em outro estudo:

> Aparece então, nesse contexto, o princípio da cooperação, indicativo de um horizonte de interdependência econômica e mútua assistência entre os diversos países. Assim sendo, e como bem afirma Gemma Patón García, "o intercâmbio de informação internacional constitui um mecanismo de cooperação imprescindível – se bem que não suficiente – para a efetiva realização dos trabalhos de controle tributário por todos os países".
>
> O princípio da cooperação mostra a face ambivalente da pós-modernidade, característica da sociedade de risco. No cenário econômico internacional contemporâneo esta se faz presente na medida em que concorrência e cooperação são obrigadas a conviver. Pontuamos que há toda uma mobilização para o combate à concorrência fiscal abusiva. Contudo, os países que concorrem por receitas tributárias também cooperam com vistas a dar efetividade às suas regras fiscais domésticas. Como destaca Claudio Sacchetto, a cooperação internacional "é um dos paradoxos da chegada da globalização: por um lado, os Estados se con-

---

21　BRAUNER, Yariv. BEPS: An Interim Evaluation. *World Tax Journal*, Amsterdam, n. 6, 2014, p. 13.

22　ROCHA, Sergio André. *Troca Internacional de Informações para Fins Fiscais*. São Paulo: Quartier Latin, 2015. p. 62-67. Ver, também: OLIVEIRA, Maria Odete Batista de. *O Intercâmbio de Informação: Nova disciplina comunitária. Estado actual da prática administrativa. Contributos para uma maior significância deste instrumento*. Coimbra: Almedina, 2012. p. 94.

23　TÔRRES, Heleno Taveira. *Pluritributação Internacional sobre as Rendas de Empresas*. 2 ed. São Paulo: Revista dos Tribunais, 2001. p. 665.

frontam em termos de competição fiscal; e, por outro, devem cooperar para salvaguardar os próprios sistemas fiscais internos". O mesmo ponto foi levantado por Fernando Fernández Marín, ao afirmar que, "mesmo que possa parecer paradoxal, há que se destacar que a utilidade dessa assistência se manifesta de um modo direto no âmbito interno, pois basicamente vai permitir a aplicação correta, não apenas de possíveis convênios ou tratados internacionais nos quais se preveja a assistência, mas também dos ordenamentos tributários internos".[24]

Desde a década de 40 do Século passado evidenciaram-se as divergências entre a abordagem dos países desenvolvidos e em desenvolvimento em relação à tributação internacional,[25] em especial aos critérios de alocação de poderes tributários entre os países. Com efeito, enquanto os primeiros usualmente suportam a utilização, em suas convenções tributárias, do critério de residência como elemento de conexão para a tributação, países em desenvolvimento normalmente buscam atrair maiores competências para os países onde a renda é gerada (em outras palavras, para o local da fonte da renda).[26] Embora haja autores que sugiram a superação da dicotomia fonte-residência,[27] parece-nos que a mesma

---

24 ROCHA, Sergio André. *Troca Internacional de Informações para Fins Fiscais*. São Paulo: Quartier Latin, 2015. p. 64-65.

25 A Sociedade das Nações realizou duas conferências na Cidade do México (1940 e 1943). Nesta segunda conferência foi editada uma Convenção Modelo sobre a dupla tributação da renda, a qual substituiu o primeiro Modelo que havia sido tornado público em 1928. Devido à grande presença de países latino-americanos (cujo envolvimento na Segunda Guerra era de menor relevância), tal Convenção Modelo caracterizou-se por dar maior relevância ao critério da fonte do rendimento para a atribuição de competência tributária, favorável aos países predominantemente "importadores" de capital estrangeiro. Esse modelo veio a ser revisto em reunião do Comitê Fiscal da Liga das Nações realizada em Londres, em 1946. A grande diferença entre os dois Modelos era que a convenção aprovada no Reino Unido mudava o critério principal de atribuição de poderes tributários da fonte para a residência, privilegiando os países países desenvolvidos (predominantemente "exportadores" de capital").

26 Como pontua Gerd Willi Rothmann, "uma modalidade de aplicação do *princípio da territorialidade* consiste na tributação dos rendimentos de acordo com a situação de sua fonte. Pelo *princípio da fonte*, também chamado de *princípio do país de origem*, os rendimentos são tributados no Estado do qual se originaram. Este elemento de conexão baseia-se, pois, *na origem econômica da renda*" (ROTHMANN, Gerd Willi. Tributação Internacional sem Sujeito Passivo: uma Nova Modalidade de Imposto de Renda sobre Ganhos de Capital? In: ROCHA, Valdir de Oliveira (Coord.). *Grandes Questões Atuais de Direito Tributário: 10º Volume*. São Paulo: Dialética, 2006. p. 111).

27 BIANCO, João Francisco; SANTOS, Ramon Tomazela. A Mudança de Paradigma: o Artigo 7º dos Acordos de Bitributação e a Superação da Dicotomia Fonte *Versus* Residência. In: ROCHA, Sergio André; TORRES, Heleno (Coords.). *Direito Tributário Internacional: Homenagem ao Professor Alberto Xavier*. São Paulo: Quartier Latin, 2016. p. 343-346.

segue pautando as relações entre países desenvolvidos e em desenvolvimento no campo da tributação internacional.[28]

Nesse contexto, a abordagem multilateral que vimos comentando gera justificados receios, para os países em geral, mas especialmente por parte de países em desenvolvimento, a respeito das medidas que serão adotadas, e como as mesmas afetarão suas soberanias fiscais.

Considerando os apontamentos acima, vê-se que o contexto internacional atual requer abertura, transparência, cooperação e multilateralismo.[29] Partindo deste cenário, o tema desta tese será determinar como a política fiscal internacional brasileira se enquadra no mesmo, buscando esclarecer se é possível um alinhamento entre a abordagem do País no campo da tributação internacional com o Regime Fiscal Internacional que se desenha hodiernamente.

De uma maneira geral, aponta-se que a política fiscal internacional brasileira se mostra desalinhada dos padrões internacionais. O Brasil tem uma política de celebração de tratados internacionais que, como veremos adiante, em diversos aspectos afasta-se dos padrões da OCDE. Ademais, o Brasil adota um modelo de legislação de preços de transferência e de tributação de lucros auferidos no exterior que se distancia dos parâmetros internacionais.

Diante da tendência da política fiscal brasileira de adotar padrões próprios ou, melhor dizendo, padrões internacionais ajustados a circunstâncias nacionais, é relevante pesquisar: (i) se, de fato, tal política fiscal internacional distancia-se dos modelos internacionais; e (ii) em caso positivo, como seria possível conciliar uma política fiscal unilateral e centrada em posições domésticas com os desenvolvimentos recentes no Direito Internacional Tributário, que levaram, como vimos, ao surgimento de uma abordagem mais colaborativa e multilateral da tributação internacional.

---

28 Sobre o tema, ver: DAURER, Veronika. *Tax Treaties and Developing Countries*. The Netherlands: Kluwer, 2014. p. 22-28; CARDOSO, Daniel Gatschnigg. *Limites da Tributação do Comércio Internacional e Desenvolvimento Econômico*. São Paulo: Quartier Latin, 2010. p. 58-62.

29 Sobre a abordagem multilateral no Direito Internacional Tributário Contemporâneo, ver: BROOKS, Kim. The Potential of Multilateral Tax Treaties. In: LANG, Michael et. al. (Coords.). *Tax Treaties: Building Bridges Between Law and Economics*. Amsterdam: IBFD, 2010. p. 211-218.

2. Problema, Questões e Hipóteses de Pesquisa

O problema de uma pesquisa científica, que deve ser formulado de forma clara e objetiva,[30] "consiste em um enunciado explicitado de forma clara, compreensível e operacional, cujo melhor modo de solução ou é uma pesquisa ou pode ser resolvido por meio de processos científicos".[31] O problema desta tese é delimitação das finalidades e fundamentos da política fiscal internacional brasileira e a sua inserção no cenário atual do Direito Internacional Tributário.

A primeira questão a ser enfrentada na presente pesquisa é esta:

- A política fiscal internacional brasileira é orientada, exclusivamente ou principalmente por padrões tributários domésticos?

Considerando a questão delineada acima, as hipóteses a serem consideradas nesta pesquisa são as seguintes:

H1: A política fiscal internacional brasileira é orientada principalmente por padrões internacionais.

H2: A política fiscal internacional brasileira é orientada principalmente por padrões tributários domésticos.

A segunda questão que será analisada nesta pesquisa está apresentada abaixo:

- Considerando a resposta à primeira questão de pesquisa, a política fiscal internacional brasileira permite a sua adequação à abordagem cooperativa e multilateral que caracteriza o Direito Internacional Tributário hodierno?

Neste caso, as hipóteses que serão testadas nesta pesquisa estão abaixo:

H1: A política fiscal internacional brasileira permite uma inserção do Brasil no contexto da abordagem cooperativa e multilateral que caracteriza o Direito Internacional Tributário hodierno.

---

30 MEZZAROBA. Orides; MONTEIRO, Cláudia Servilha. *Manual de Metodologia da Pesquisa no Direito*. 6 ed. São Paulo: Saraiva, 2015. p. 175.

31 Cf. MARCONI, Marina de Andrade; LAKATOS, Eva Maria. *Fundamentos de Metodologia Científica*. 7 ed. São Paulo: Atlas, 2016. p. 111.

H2: A política fiscal internacional brasileira não permite ou dificulta uma inserção do Brasil no contexto da abordagem cooperativa e multilateral que caracteriza o Direito Internacional Tributário hodierno.

É importante observar que, obviamente, não há um padrão fiscal internacional unitário em termos globais, sendo que as posições adotadas por cada país são sempre influenciadas, de alguma forma, por interesses domésticos. Nada obstante, há certos traços comuns identificáveis, que compõem aquilo que está sendo referido como "Regime Fiscal Internacional". Não será apresentado um conceito geral de "Regime Fiscal Internacional", sendo que, para fins metodológicos, em cada capítulo será destacado qual seria o padrão com o qual os modelos brasileiros estão sendo comparados.

3. Metodologia

A presente pesquisa é qualitativa, no sentido de que "não vai medir seus dados, mas, antes, procurar identificar suas naturezas".[32] Assim sendo, seu propósito é identificar a orientação da política fiscal internacional brasileira e seus impactos sobre a inserção internacional do País no contexto atual do Direito Internacional Tributário. Neste particular, quanto aos seus objetivos trata-se de pesquisa descritiva, que tem "como objetivo a descrição das características de determinada população".[33]

No que se refere aos procedimentos utilizados, a pesquisa teve como pilares a revisão bibliográfica e documental,[34] levando em conta a análise da política fiscal internacional brasileira em cinco áreas da tributação internacional, as quais serão utilizadas como base para a desenvolvimento da tese aqui defendida:

---

[32] MEZZAROBA. Orides; MONTEIRO, Cláudia Servilha. *Manual de Metodologia da Pesquisa no Direito.* 6 ed. São Paulo: Saraiva, 2015. p. 136.

[33] GIL, Antonio Carlos. *Como Elaborar Projetos de Pesquisa.* 5 ed. São Paulo: Atlas, 2016. p. 27.

[34] Como observa Lino Rampazzo, "a pesquisa bibliográfica procura explicar um problema a partir de referências teóricas publicadas (em livros, revistas, etc.). Pode ser realizada independentemente, ou como parte de outros tipos de pesquisa. A seu turno, "a pesquisa é chamada de 'documental' porque procura os documentos de fonte primária, a saber, os 'dados primários' provenientes de órgãos que realizaram as observações. Esses 'dados primários' podem ser encontrados em arquivos, fontes estatísticas e fontes não escritas" (RAMPAZZO, Lino. *Metodologia Científica.* 8 ed. São Paulo: Edições Loyola, 2015. p. 51-52).

- as Convenções para Evitar a Dupla Tributação da Renda celebradas pelo Brasil;
- as regras brasileiras de preços de transferência;
- as regras brasileiras de tributação de lucros auferidos no exterior por empresas controladas por empresas residentes no Brasil;
- transparência fiscal e a adoção de regras de troca de informações pelo Brasil; e
- o Projeto BEPS da OCDE/G-20 e seus impactos sobre a política fiscal brasileira.

O Brasil começou a celebrar tratados internacionais tributários na década de 60 do século passado. Portanto, tais tratados são as primeiras manifestações relevantes do País no campo do Direito Internacional Tributário.

Em relação a este tema, nossa análise terá como ponto central as seguintes questões:

- Por que – *i.e.*, qual foi a motivação – o Brasil começou a assinar Convenções para Evitar a Dupla Tributação da Renda?
- Qual modelo de tratado – da OCDE ou da ONU – teve maior influência sobre a política brasileira de celebração de tratados?
- A doutrina brasileira, as autoridades fiscais e as cortes administrativas e judiciais levam em conta a política fiscal internacional do Brasil em suas opiniões e decisões?
- O Brasil alcançou seus objetivos com sua política fiscal internacional envolvendo a celebração de tratados?

Nesta parte a metodologia da pesquisa partiu da comparação entre os tratados celebrados pelo Brasil e as Convenções Modelo da OCDE e da ONU. Ademais, foi feita uma análise detida das decisões proferidas pela Receita Federal do Brasil, o Conselho Administrativo de Recursos Fiscais e do Poder Judiciário – principalmente do Supremo Tribunal Federal e do Superior Tribunal de Justiça –, com vistas a identificar sua posição a respeito do tema. Ao longo de toda a pesquisa foi realizada uma revisão da literatura existente sobre a matéria, verificando-se como os autores analisam a posição dos tratados brasileiros à vista dos aludidos Modelos.

O exame das regras brasileiras de preços de transferência – editadas em 1996 – também será importante para o objeto desta pesquisa. De fato, desde a introdução do controle de preços de transferência no Brasil, o País tem suportado seu padrão divergente daquele que prevalece em outros países – e defendido pela OCDE.

A legislação brasileira de preços de transferência é baseada em uma adaptação do *arm's length principle*, valendo-se de margens fixas de lucro, as quais em várias situações desconsideram as bases econômicas reais de determinada transação.

Poucas áreas requerem coordenação como preços de transferência, a qual é o objeto direto de não menos que quatro Ações do Projeto BEPS, influenciando indiretamente algumas outras. Ainda assim, o Brasil sustenta sua posição de longa data de manter um padrão próprio neste campo, não dando sinais de alterá-lo em um futuro próximo.[35]

Um exemplo semelhante pode ser identificado nas regras brasileiras de tributação de lucros auferidos por controladas de empresas brasileiras no exterior – usualmente referidas como "regras CFC". As regras brasileiras são únicas no mundo, sendo distintas daquelas utilizadas por países desenvolvidos ou em desenvolvimento. Tais regras brasileiras passaram por uma reforma em 2014, mas as autoridades fiscais brasileiras não demonstraram a intenção de alterar seu padrão de tributação.

Tendo em vista essas duas áreas – preços de transferência e tributação de lucros auferidos por controladas no exterior – esta pesquisa investigará:

- se há uma justificativa específica para a posição brasileira nessas duas áreas;
- se a justificativa seria a mesma nos dois casos;
- se o Brasil teve algum benefício por utilizar sistemas que diferem dos modelos usados por outros países; e
- se é esperado que o País alinhe suas práticas, nessas duas áreas, com os padrões adotados internacionalmente.

Nesta parte – regras de preços de transferência e de tributação de lucros auferidos por controladas no exterior – a metodologia da pesquisa considerou a análise da legislação brasileira (pesquisa documental). Para a identificação dos

---

[35] Ver: OECD. *Aligning Transfer Pricing Outcomes with Value Creation*. Paris: OECD, 2015. p. 185.

pontos de divergência entre a legislação doméstica e os modelos encontrados em outros países, nossa pesquisa apoiou-se em revisão bibliográfica.

Outra área relevante para a presente pesquisa é a transparência fiscal internacional. Conforme mencionado anteriormente, a transparência fiscal e a troca de informações são dois dos temas mais relevantes da tributação internacional[36] – especialmente se considerarmos seu caráter instrumental para outras iniciativas, como algumas Ações do Projeto BEPS.

Diferentemente de outros campos, a transparência fiscal e a troca de informações são uma área onde a política fiscal internacional brasileira parece alinhar-se com os padrões internacionais, tornando-se relevante investigar o seguinte:

- Qual a diferença entre a transparência e a troca de informações e as outras áreas na tributação internacional objeto desta pesquisa nos marcos da política fiscal internacional brasileira?
- O alinhamento do Brasil com padrões internacionais nesta área é devido aos seus próprios interesses fiscais ou consequência de pressões internacionais?

A metodologia da pesquisa nessa parte também foi essencialmente documental e baseada em análise bibliográfica, considerando as posições manifestadas pelo Brasil nas revisões realizadas pelo Fórum Global da OCDE e a assinatura, pelo País, da Convenção Multilateral sobre Assistência Mútua Administrativa em Matéria Tributária.

Tendo os resultados das pesquisas realizadas nos primeiros capítulos deste trabalho como ponto de partida, foi analisado o Projeto BEPS da OCDE/G-20 e seus potenciais efeitos sobre o Brasil. As questões de pesquisa relevantes neste tópico foram as seguintes:

- O Brasil está comprometido com o Projeto BEPS?
- Espera-se que o País adira aos resultados e recomendações do Projeto?
- Esperam-se modificações na política fiscal internacional brasileira como resultado do Projeto BEPS?

---

36 Cf. ROCHA, Sergio André. Exchange of Tax-Related Information and the Protection of Taxpayer Rights: General Comments and the Brazilian Perspective. *Bulletin for International Taxation*, Amsterdam, n. 70 (9), 2016, p. 502.

A análise da inserção brasileira no Projeto BEPS considerou revisões bibliográfica e documental. Neste último caso foram especialmente importantes atos recentemente editados pela Secretaria da Receita Federal do Brasil que formalizaram a iniciativa brasileira de aproximar a legislação doméstica às recomendações apresentadas nas Ações nº 5, 13 e 14, assim como os relatórios editados pela OCDE em relação a cada uma das Ações do Projeto BEPS.

O estudo de cada um desses cinco blocos – tratados internacionais, preços de transferência, "regras CFC", transparência fiscal e inserção no Projeto BEPS –, servirá de fundamento para a análise da política fiscal internacional brasileira, possibilitando a construção de uma tese a respeito do: (i) alinhamento ou desalinhamento da política fiscal internacional brasileira com padrões internacionais; e (ii) de se a política fiscal internacional do Brasil pode ser reconciliada com o atual contexto da tributação internacional, que tem a cooperação e o multilateralismo como características fundamentais.

4. Justificativa

Nas últimas décadas muito foi dito sobre as posições adotadas pelo Brasil no campo da tributação internacional. O País é frequentemente acusado de ser orientado por interesses puramente domésticos desconectados de práticas e padrões internacionais, havendo autores, como Ricardo Marozzi Gregorio, que sustentam ser "essencial que o Brasil alinhe seu regime interno de tributação das situações internacionais com as regras propugnadas pelo regime internacional".[37]

Embora muito seja especulado a respeito das posições brasileiras nesses casos, praticamente não há trabalhos escritos sobre a política fiscal internacional do País. De fato, não foi identificado no decurso desta pesquisa qualquer livro, dissertação ou tese, publicada no Brasil ou no exterior, que tenha por objeto a análise deste tema.[38]

---

[37] GREGORIO, Ricardo Marozzi. Um Regime para a Tributação Internacional: Perspectivas para o Brasil. *Revista Direito Tributário Atual*, São Paulo, n. 24, 2010, p. 486.

[38] Em artigo publicado recentemente, Paulo César Teixeira Filho noticia que está em fase de defesa de uma tese de doutorado, na Universidade de Viena, sobre a política brasileira de celebração de tratados tributários. Quando do depósito do presente trabalho a tese do citado autor ainda não havia sido defendida. Não tivemos acesso ao seu texto. (Cf. DUARTE FILHO, Paulo César Teixeira. Acordos para Evitar a Dupla Tributação – Considerações sobre as Políticas Brasileiras. In: SAUNDERS, Ana

Neste contexto, a maior parte dos comentários a respeito da política fiscal internacional brasileira é focada em temas específicos, desconsiderando, portanto, uma análise mais abrangente do tema.

Esta pesquisa tem como finalidade esclarecer as motivações e orientações do Brasil no campo da tributação internacional, tendo como paradigma cinco de seus principais campos. Com isso, pretende-se verificar como o País se integrará aos movimentos e transformações em curso no Direito Internacional Tributário.

A importância deste trabalho é evidente. Em primeiro lugar, a análise desenvolvida nesta pesquisa permitirá uma melhor compreensão da legislação brasileira, tratados internacionais e decisões, administrativas e judiciais, que tratam de temas relacionados à tributação de operações transnacionais em geral.

Ademais, o estudo da evolução do tema no Brasil servirá de um guia para que seja possível antecipar as posições a serem adotadas pelo País diante dos desenvolvimentos presentes e futuros da tributação internacional.

A análise aqui apresentada mostra-se ainda mais relevante no momento atual. Considerando o nível de comprometimento que iniciativas como o Projeto BEPS da OCDE/G-20 irão requerer dos países em geral, incluindo países em desenvolvimento, é relevante questionar como o Brasil reagirá diante das modificações no "Regime Fiscal Internacional".

As conclusões aqui apresentadas são particularmente importantes se for considerado o papel que o Brasil pode exercer sobre outros países em desenvolvimento. A despeito da grave crise econômica pela qual o País vem passando, o Brasil ainda possui uma das economias mais relevantes do mundo, ostentando um sistema tributário sofisticado, com um nível de informatização encontrado em poucos lugares.

Desta maneira, o Brasil é um potencial influenciador no cenário internacional, especialmente em relação aos países em desenvolvimento. Este fato torna ainda mais relevante analisar detalhadamente a política fiscal internacional brasileira e sua inserção no Direito Internacional Tributário contemporâneo.

Paula; GOMES, Eduardo Santos; MOREIRA, Francisco Lisboa; MURAYAMA, Janssen (Orgs.). *Estudos de Tributação Internacional*. Rio de Janeiro: Lumen Juris, 2016. p. 156-157).

5. Breves Esclarecimentos Terminológicos e sobre as Traduções

Neste estudo utilizaremos as palavras "acordo", "tratado" e "convenção" como sinônimas. Da mesma forma, utilizaremos indistintamente "tratados tributários", "tratados para evitar a dupla tributação da renda" e "tratados sobre a tributação da renda e do capital".

A Convenção Modelo sobre Tributação da Renda e do Capital da Organização para Cooperação e Desenvolvimento Econômico ("OCDE") será referida como Convenção Modelo da OCDE ou simplesmente Modelo da OCDE. A seu turno, a Convenção Modelo sobe Dupla Tributação da Renda entre Países Desenvolvidos e em Desenvolvimento da Organização das Nações Unidas ("ONU") será referida como Convenção Modelo da ONU ou simplesmente Modelo da ONU.

Esta pesquisa tem por objeto a análise de determinados aspectos da política fiscal internacional brasileira. Dessa maneira, é relevante firmar o conceito utilizado de política fiscal internacional.

Rubens Gomes de Souza afirmava que a "política tributária não existe". Em suas palavras, "os objetivos sociais, econômicos ou políticos, que o direito se presta a pôr em atuação, são elaborados em função de uma determinada política. Mas essa política é social, econômica, ou, simplesmente, política. Não existe uma 'política jurídica': quando muito se pode falar numa 'orientação' ou numa 'metodologia' jurídica adequada a determinada política social, ou econômica, ou, pura e simplesmente, política".[39]

Concordamos apenas parcialmente com a afirmação de Rubens Gomes de Souza porque, de fato, não nos parece que não se possa falar em uma política tributária, e sim que tal política, com efeito, não é um fim, mas sim um meio para se alcançar outros fins sociais ou econômicos.[40] Nada obstante, o conjunto de diretrizes que orientam a construção do sistema tributário pode sim ser chamado de "política tributária".

---

39 SOUZA, Rubens Gomes de. As Modernas Tendências do Direito Tributário. *Revista de Direito Administrativo*, Rio de Janeiro, v. 74, 1963, p. 2.
40 Sobre o tema, ver: SEIXAS, Luiz Felipe Monteiro. *Tributação, Finanças Públicas e Política Fiscal: Uma Análise sob a Óptica do Direito e Economia*. Rio de Janeiro: Lumen Juris, 2016. p. 54-61; ALINK, Matthijs; KOMMER, Victor van. *Handbook on Tax Administration*. Amsterdam: IBFD, 2011. p. 40-64.

Ademais, não se pode desconsiderar que não raro – e este parece ser o caso do Brasil hodiernamente – a legislação tributária se torna independente e desconectada de qualquer política econômica ou social clara, tendo a arrecadação pela arrecadação como fim último.

O professor italiano Claudio Sacchetto trouxe a questão para o campo da política fiscal internacional, como se infere da passagem abaixo transcrita:

> Outro termo típico no contexto estudado é o de *tax treaty policy*, expressão que possui uma natureza técnica complexa. Simplificando para os fins deste trabalho, pode ser dito que a política internacional em matéria tributária, quanto aos fins, não se diferencia daquela interna de obter receitas tributárias de modo eficiente e com equidade. Cada Estado deve possuir uma política fiscal internacional que seja dependente de motivações internas (riqueza interna, história, cultura, etc.) e externas (circunstâncias políticas internacionais, sistemas de alianças e, naturalmente, e por via oposta deve pôr em perspectiva os interlocutores com os quais concorre). Estes objetivos inserem-se no âmbito internacional, devendo ponderar alguns *standards* internacionais já bem aceitos em nível acadêmico e jurídico, como o *princípio da neutralidade*, ou seja, aquele que consiste em não encorajar ou desencorajar uma atividade particular, mas deixando espaço para que os Estados possam fazer políticas de adequação diferenciada como aquelas que são inspiradas na *capital import neutrality* (CIN) ou na *capital export neutrality* (CEN), além do *princípio da eficiência e da equidade*. Tratam-se, obviamente, de critérios abstratos que não são nunca aplicados na prática de modo puro.[41]

O autor italiano ressalta a existência de condicionantes domésticas e internacionais no delineamento da política fiscal internacional de um país. Seguindo sua lição, nesta pesquisa a expressão "política fiscal internacional" será utilizada para se referir ao conjunto de fundamentos, justificativas e finalidades buscadas por um país na elaboração de sua legislação tributária doméstica incidente sobre transações internacionais, e na negociação de acordos internacionais.[42]

---

[41] SACCHETTO, Cláudio. Política de Tratados em Matéria Tributária para Países Emergentes Vis-à-Vis-à-Vis Países Desenvolvidos e em Via de Desenvolvimento. *Revista Direito Tributário Atual*, São Paulo, n. 23, 2009, p. 75.

[42] Sobre o conceito de política fiscal internacional, ver: ALINK, Matthijs; KOMMER, Victor van. *Handbook on Tax Administration*. Amsterdam: IBFD, 2011. p. 65-68.

Uma expressão que se tornou comum no Direito Internacional Tributário, notadamente após o lançamento do Projeto BEPS da OCDE, é planejamento fiscal "agressivo" (*aggressive tax planning*).

É questionável a utilização do adjetivo "agressivo" em português, uma vez que não se encontra do vernáculo uma definição de "agressivo" como "determinado", "energético" ou "vigoroso", conforme se verifica na língua inglesa. "Agressivo", em português, tem uma conotação de "violento", que não parece se enquadrar de forma adequada na expressão planejamento tributário "agressivo". De toda maneira, uma vez que esta expressão está se tornando comum na literatura doméstica e que, mesmo que de forma imperfeita, reflete a "linguagem fiscal internacional",[43] a expressão planejamento tributário "agressivo" será utilizada neste estudo.

Desde 2013 o acrônimo BEPS se tornou provavelmente o mais utilizado no campo da tributação internacional, sendo utilizado de maneiras diferentes. Em um primeiro uso, fala-se em BEPS para se referir ao Projeto BEPS da OCDE/G-20. Em outro uso, o acrônimo BEPS é usado para se referir ao fenômeno da erosão da base tributável e da transferência de lucros. Neste trabalho, sempre que for feita referência aos trabalhos da OCDE/G-20 será utilizada a expressão Projeto BEPS. De outra parte, quando se quiser referir à erosão de base tributável e à transferência de lucros será feita menção à "BEPS" (no feminino).

Considerando o objeto desta pesquisa, é natural que sejam feitas referências a um grande número de autores estrangeiros, além dos textos de documentos da OCDE e da ONU. Tais passagens foram sempre traduzidas livremente para o vernáculo pelo autor.

---

43 Sobre a "linguagem fiscal internacional", ver: ROCHA, Sergio André. *Interpretação dos Tratados Para Evitar a Bitributação da Renda*. 2 ed. São Paulo: Quartier Latin, 2013. p. 193.

1. Política Brasileira de Celebração de Tratados Tributários

1.1. Cronologia dos Tratados Tributários Brasileiros

O Brasil começou a celebrar tratados tributários nos anos sessenta do século XX. A primeira convenção tributária do País a entrar em vigor foi a assinada com o Japão em 24 de janeiro de 1967.[44] Na tabela abaixo encontram-se listadas todas as convenções para evitar a dupla tributação da renda celebradas pelo Brasil em ordem alfabética, juntamente com informação sobre quando o tratado foi assinado, quando foi aprovado pelo Congresso Nacional e quando entrou em vigor no Brasil. As duas últimas colunas referem-se aos Modelos da OCDE e da ONU em vigor quando o tratado foi assinado.

País	Assinatura	Aprovação Congressual	Eficácia no Brasil	Modelo da OCDE em Vigor	Modelo da ONU em Vigor
Argentina	17.05.1980	05.12.1981	23.12.1982	1977	1980
Áustria	24.05.1975	11.11.1975	23.07.1976	1963	-
Bélgica (Original)	23.06.1972	04.12.1972	02.08.1973	1963	-
Bélgica (Aditivo)	20.11.2002	04.10.2007	31.12.2007	2000	2001
Canadá	04.06.1984	13.11.1985	24.01.1986	1977	1980
Chile	03.04.2001	23.07.2003	03.10.2003	2000	2001
China	05.08.1991	25.11.1992	20.02.1993	1977	1980
Coréia do Sul	07.03.1989	08.10.1991	03.12.1991	1977	1980

---

44 O primeiro tratado brasileiro a ser assinado foi celebrado com a Suécia. Entretanto, esta convenção nunca entrou em vigor e foi substituída pelo tratado celebrado por esses países em 1975. Sobre o primeiro tratado entre Brasil e Suécia, ver: CANTO, Gilberto de Ulhôa; BILLE, Sten F. W. *The Tax Convention Between Brazil and Sweden with Brazilian and Swedish Commentaries*. Amsterdam: IBFD, 1968.

Dinamarca	27.08.1974	29.11.1974	08.01.1975	1963	-
Equador	26.05.1983	21.03.1986	12.02.1988	1977	1980
Eslováquia	26.08.1986	24.05.1990	26.02.1991	1977	1980
Espanha	14.11.1974	09.08.1975	05.01.1976	1963	-
Filipinas	29.09.1983	02.10.1991	28.10.1991	1977	1980
Finlândia	02.04.1996	01.03.1997	20.08.1998	1995	1980
França	10.09.1971	29.11.1971	16.05.1972	1963	-
Holanda	08.03.1990	18.12.1990	03.12.1991	1977	1980
Hungria	20.06.1986	25.06.1990	11.03.1991	1977	1980
Índia	26.04.1988	13.11.1991	28.04.1992	1977	1980
Israel	12.12.2002	16.09.2005	09.11.2005	2000	2001
Itália	03.10.1978	06.12.1979	08.05.1981	1977	-
Japão	24.01.1967	28.11.1967	18.12.1967	1963	-
Luxemburgo	08.11.1978	07.12.1979	20.08.1980	1977	-
México	25.09.2003	18.04.2006	27.12.2006	2000	2001
Noruega	21.08.1980	06.10.1981	10.12.1981	1977	1980
Peru	17.02.2006	11.08.2009	30.11.2009	2005	2001
Portugal	16.05.2000	11.06.2001	14.11.2001	2000	1980
República Tcheca	26.08.1986	24.05.1990	26.02.1991	1977	1980
Suécia	25.04.1975	06.11.1975	20.01.1976	1963	-
Trinidad e Tobago	23.07.2008	05.11.2011	13.11.2014	2008	2001
Turquia	16.12.2010	10.07.2012	18.11.2013	2010	2001
Ucrânia	16.01.2002	19.04.2006	07.05.2006	2000	2001
Venezuela	14.02.2005	09.08.2009	13.11.2014	2003	2001

Esta tabela proporciona importantes informações históricas sobre as convenções brasileiras. A maioria delas (vinte e um, entre trinta e dois tratados) foi assinada quando os Modelos da OCDE de 1963 e 1977 estavam em vigor. Ademais, nove convenções foram assinadas antes de o primeiro Modelo da ONU ser editado.[45]

---

45 O fato de que a Convenção Modelo das Nações Unidas ainda não tinha sido editada quando os primeiros tratados brasileiros foram assinados não significa que o racional deste Modelo não tenha tido influência sobre essas primeiras convenções. Conforme salientado por Kees van Raad, o Grupo de Especialistas das Nações Unidas se encontrou sete vezes entre 1969 e 1978 e foi apontado para

1.2. Impulso Inicial da Política Brasileira de Celebração de Tratados Internacionais: Por que o Brasil Começou a Assinar Tratados Tributários?

Até a entrada em vigor da Lei nº 9.249/95, o Imposto de Renda das Pessoas Jurídicas incidia em bases territoriais. O regime de tributação em bases mundiais para pessoas jurídicas foi estabelecido pela primeira vez pelo artigo 25 da referida lei, o qual entrou em vigor no dia 01 de janeiro de 1996. Portanto, como apontado por André Martins de Andrade, a maioria dos tratados brasileiros foi assinada quando o Brasil ainda tinha um regime territorial de tributação das rendas corporativas.[46]

Considerando o cenário descrito acima, é apropriado questionar qual seria a motivação do Brasil para começar a assinar tratados tributários antes de 1996, uma vez que os mesmos apenas poderiam limitar a tributação brasileira de fonte, em um período em que o País não tributava seus residentes – pessoas jurídicas – sobre rendimentos de fonte estrangeira.

Seria possível argumentar que evitar a dupla tributação da renda é apenas um dos objetivos de uma convenção tributária, a qual também objetiva promover a transparência através da troca de informações, disponibilizar instrumentos para o combate à evasão fiscal internacional e ao planejamento fiscal "agressivo", evitar a discriminação entre nacionais, etc.[47] Todavia, poder-se-ia contra argumentar que estes outros objetivos das convenções tributárias tornaram-se

---

preparar o Modelo em 1978 (ver: RAAD, Kees van. *Nondiscrimination in International Tax Law*. Amsterdam: Kluwer, 1986. p. 33). Ou seja, mesmo antes da edição deste Modelo já havia um relevante debate sobre seus pilares principais, de modo que o racional do Modelo da ONU pode ter influenciado os tratados brasileiros antes mesmo de sua edição. Nesse sentido, ver: DUARTE FILHO, Paulo César Teixeira. Os *Royalties* nos Acordos Brasileiros para Evitar a Dupla Tributação. In: SCHOUERI, Luís Eduardo; BIANCO, João Francisco (Coords.). *Estudos de Direito Tributário em Homenagem ao Professor Gerd Willi Rothmann*. São Paulo: Quartier Latin, 2016. p. 323-324.

46 ANDRADE, André Martins. *A Tributação Universal da Renda Empresarial: Uma Proposta de Sistematização e uma Alternativa Inovadora*. Belo Horizonte: Editora Fórum, 2008. p. 188-189.

47 Ver: ROCHA, Sergio André. *Interpretation of Double Tax Conventions: General Theory and Brazilian Perspective*. Amsterdam: Kluwer, 2009. p. 6-18; VASCONCELOS, Roberto França de. Aspectos Econômicos dos Tratados Internacionais em Matéria Tributária. *Revista de Direito Tributário Internacional*. São Paulo, n. 1, 2005, p. 153; BAKER, Philip. *Double Taxation Conventions*. London: Thompson, 2005. p. B-7.

muito mais relevantes recentemente – significativamente mais importantes agora do que nos anos sessenta, setenta e oitenta.

Luís Eduardo Schoueri aponta este aparente paradoxo de um país com tributação da renda das pessoas jurídicas de base territorial assinando tratados para evitar a dupla tributação da renda.[48] Em suas palavras, "a conclusão de um acordo para evitar a bitributação apenas teria razão de ser – na perspectiva reinante da territorialidade pura – caso trouxesse alguma vantagem ao país onde se localizava o investimento. Esses acordos não eram, portanto, vistos consensualmente como mecanismo pelo qual ambos os países aceitavam reduzir suas próprias bases a fim de se evitar a bitributação. Da perspectiva brasileira (territorial), o Brasil seria aquele que acabaria por perder sua legítima base tributária (pois o país de residência não teria legitimidade para aquela tributação)".[49] Dessa maneira, como corretamente apontando pelo citado autor, o principal motivo para o Brasil celebrar tratados internacionais tributários nesta época era incentivar investimento estrangeiro direto.[50]

---

[48] Na verdade, pode-se questionar a utilidade da celebração de tratados internacionais por países em desenvolvimento em qualquer caso, uma vez que a existência da convenção irá limitar sua tributação de fonte (Ver: MILLER, Angharad. *Taxing Cross-Border Services: Current Worldwide Practices and the Need for Change*. Amsterdam: IBFD, 2015. p. 71). É como afirma Wangko Ngantung "na prática, é possível observar que países em desenvolvimento continuam a assinar tratados tributários como um 'sinal' de que aquele país dá boas-vindas a investimento estrangeiro" (NGANTUNG, Wankko. Tax Treaties and Developing Countries. In: PETRUZZI, Rafaelle; SPIES, Karoline (Coords.). *Tax Policy Challenges in the 21st Century*. Wien: Linde, 2014. p. 531).

[49] SCHOUERI, Luís Eduardo. Contribuição à História dos Acordos de Bitributação: a Experiência Brasileira. *Revista Direito Tributário Atual*, São Paulo, n. 22, 2002, p. 268.

[50] Para Fabian Martel, Matthias Busse, Richard Krever e Eric Neumayer, de uma maneira geral, a principal razão para países importadores de capital assinarem tratados internacionais – independentemente de seu sistema de tributação ser territorial ou em bases mundiais – é porque "eles acreditam que ao celebrarem tais tratados eles se tornarão uma jurisdição mais atrativa para entrante FDI *[Investimento Estrangeiro Direto]* (MARTEL, Fabien et. al. The Relationship Between Double Taxation Treaties and Foreign Direct Investment. In: LANG, Michael et. al. (Coords.). *Tax Treaties: Building Bridges Between Law and Economics*. Amsterdam: IBFD, 2010. p. 5. Ver, também, NGANTUNG, Wangko. Tax Treaties and Developing Countries. In: PETRUZZI, Raffaele; SPIES, Karoline (Coords.). *Tax Policy Challenges in the 21th Century*. Wien: Linde, 2014. p. 539; VOGEL, Klaus. A Importância do Direito Tributário Internacional para os Países em Desenvolvimento. Tradução Brandão Machado. In: TAVOLARO, Agostinho Toffoli et. al. (Coords.). *Princípios Tributários no Direito Brasileiro e Comparado*. Rio de Janeiro: Forense, 1988. p. 487; EASSON, A. J. *Taxation of Foreign Direct Investment: An Introduction*. The Hage: Kluwer, 1999. p. 15-19; EASSON, Alex. *Tax Incentives for Foreign Direct Investment*. The Hage: Kluwer, 2004. p. 52-61.

Esta opinião – de que a intenção do Brasil ao assinar tratados tributários foi incentivar investimento estrangeiro direto – é corroborada por Francisco Dornelles. De acordo com suas palavras, "não se pode garantir que esses acordos vão canalizar maiores investimentos desses países para o Brasil. Mas pode-se afirmar com toda a certeza que, sem os acordos, os residentes desses países não têm condições de investir no Brasil".[51] A razão para a conclusão de Dornelles era que, àquela época – este texto é da década de setenta do século passado –, alguns países não possuíam regras domésticas autorizando a compensação de créditos de impostos pagos no exterior na ausência de um tratado tributário. Assim sendo, na falta de um tratado haveria dupla tributação, o que, na visão do citado autor, teria um impacto negativo sobre investimento estrangeiro direto.

Os comentários de Dornelles são um testemunho em primeira mão sobre a história dos tratados celebrados pelo Brasil. Com efeito, ele foi presidente da Comissão de Estudos Tributários Internacionais do Ministério da Fazenda de 1972 a 1980. Ademais, ele foi o negociador chefe dos tratados brasileiros assinados com os seguintes países: Áustria, Bélgica, Canadá, Dinamarca, Espanha, Finlândia, França, Japão, Luxemburgo e Noruega.

Portanto, o principal foco dos tratados brasileiros, no período da tributação corporativa territorial, era incentivar investimento estrangeiro direto. Esta é uma das razões para a inclusão de regras de *tax sparing* ou *matching credit* em todos os tratados brasileiros assinados com países desenvolvidos. Como destaca Francisco Dornelles, "os acordos para evitar a dupla tributação da renda entre países desenvolvidos e em desenvolvimento devem, também, conter cláusulas destinadas a incentivar o reinvestimento e a criar condições que levem os países desenvolvidos a permitirem que os rendimentos derivados de um país em desenvolvimento e recebidos por seus residentes tenham uma tributação mais

---

51 DORNELLES, Francisco. Acordos para Eliminar a Dupla Tributação da Renda. *Revista de Direito Tributário*, São Paulo, n. 3, 1978, p. 254. Ver, também: BORGES, Antônio Moura. *Convenções sobre a Dupla Tributação da Renda*. Teresina: EDUFPI, 1992. p. 146; MOREIRA, Francisco Lisboa. O Projeto de Combate à Erosão das Bases Tributárias e Movimentação de Lucros (*BEPS*) da OCDE e a Política Tributária Internacional Brasileira: Algumas Reflexões. In: ROCHA, Sergio André; TORRES, Heleno (Coords.). *Direito Tributário Internacional: Homenagem ao Professor Alberto Xavier*. São Paulo: Quartier Latin, 2016. p. 217; DUARTE FILHO, Paulo César Teixeira. Acordos para Evitar a Dupla Tributação – Considerações sobre as Políticas Brasileiras. In: SAUNDERS, Ana Paula; GOMES, Eduardo Santos; MOREIRA, Francisco Lisboa; MURAYAMA, Janssen (Orgs.). *Estudos de Tributação Internacional*. Rio de Janeiro: 2016. p. 163-163.

reduzida do que os rendimentos produzidos dentro do seu próprio território. Este objetivo é atingido através da isenção fiscal e do *tax sparing*".[52]

As posições de Francisco Dornelles e Luís Eduardo Schoueri acima são confirmadas pela Exposição de Motivos da convenção celebrada entre Brasil e Japão, encaminhada ao Presidente da República pelo Ministro das Relações Exteriores em 05 de maio de 1967, da qual os seguintes parágrafos foram extraídos:

> Em consonância com as medidas que o Governo vem adotando no sentido de criar no Brasil condições mais favoráveis à atração de investimento estrangeiro e disciplinar a tributação de rendimentos provenientes de inversões estrangeiras no país, realizaram-se negociações com o Governo japonês visando à conclusão de um acordo entre o Brasil e o Japão destinado a evitar a bitributação da renda e do capital.
>
> As convenções para evitar a dupla tributação de rendimentos inserem-se, hoje, entre os instrumentos internacionais de caráter econômico-financeiro de grande importância, pois, conforme reconhecido pela Conferência das Nações Unidas sobre Comércio e Desenvolvimento, constituem meio eficaz para o afastamento ou abrandamento das barreiras fiscais que entravam o movimento mundial de investimentos.
>
> Do lado brasileiro, o panorama econômico nacional, já livre das distorções conjunturais dos períodos anteriores, se traduz por condições propícias ao desenvolvimento equilibrado e harmônico da economia do país. **Face a esse quadro, e lançando-se à retomada do desenvolvimento econômico, o Governo brasileiro tomou consciência de que, para se obter um volume de investimentos compatível com a necessidade de crescimento, torna-se indispensável a colaboração do capital estrangeiro, público e privado, seja sob a forma do capital propriamente dito, seja sob a forma de "know-how" e assistência técnica.** Conjugaram-se, assim, por via de consequência, o nosso ponto de vista e o do Governo japonês sobre a necessidade de examinar os problemas de bitributação no quadro das relações econômico-financeiras dos dois países, e se iniciaram no Brasil as negociações concluídas em Tóquio, no fim do ano passado, das quais resultou a Convenção assinada formalmente, em nome do Governo brasileiro, por ocasião da visita oficial do Embaixador Juracy Magalhães ao Japão." (Destaque nosso).

---

52 DORNELLES, Francisco. Acordos para Eliminar a Dupla Tributação da Renda. *Revista de Direito Tributário*, São Paulo, n. 3, 1978, p. 251.

A esta altura, vale a pena observar que a política brasileira de celebração de tratados neste período, focada na atração de investimentos estrangeiros diretos, era guiada pela política econômica do Regime Militar.[53]

O primeiro Presidente do Regime Militar, General Castelo Branco, editou o Programa de Ação Econômica do Governo (PAEG). Um dos objetivos do PAEG era estimular o fluxo de capital estrangeiro, bem como a cooperação técnica e financeira internacional.[54]

Entre 1967 e 1974 o Brasil viveu o período conhecido como "Milagre Econômico", quando o País teve anos de alto crescimento. Um dos pilares deste período era o investimento externo direto, o qual cresceu significativamente.[55]

Segundo Jennifer Hermann, "a forte expansão econômica em 1968-73 no Brasil refletiu também a forte entrada de capital no país: os investimentos externos diretos (aqueles aplicados diretamente à produção de bens e serviços) e os empréstimos em moeda cresceram continuamente no período (exceto em 1972, no primeiro caso, e em 1973, no segundo)".[56]

Percebe-se claramente que a busca por investimento externo direto através da assinatura de convenções tributárias não era um esforço isolado. De fato, esta iniciativa era parte de um objetivo maior para o Brasil.

Tal fato – sem desconsiderar que o País vivia uma ditadura – pode explicar a razão de os primeiros tratados brasileiros terem sido aprovados tão rapidamente. Com efeito, a revisão da cronologia das convenções celebradas pelo Brasil indica que até o final da ditadura militar, em 1985, os tratados tributários normalmente entravam em vigor dentro de um ano após a sua assinatura – situação bastante diferente do que ocorre atualmente, quando os tratados internacionais demoram anos para entrar em vigor.[57]

---

53 Ver: SCHOUERI, Luís Eduardo. Brazil. In: BRAUNER, Yariv; PISTONE, Pasquale (Coords.). *BRICS and the Emergence of International Tax Coordination*. The Netherlands: IBFD, 2015. p. 43.

54 BRASIL. *Programa de Ação Econômica do Governo – PAEG*. Brasil: Ministério do Planejamento e Coordenação Econômica, 1964. p. 16.

55 Cf. LAGO, Luiz Aranha Correa do. A Retomada do Crescimento e as Distorções do 'Milagre', 1967-1974. ABREU, Marcelo de Paiva (Coord.). *A Ordem do Progresso: Dois Séculos de Política Econômica no Brasil*. Rio de Janeiro: Elsevier, 2014. p. 233.

56 HERMANN, Jennifer. Reformas, Endividamento Externo e o 'Milagre' Econômico. In: GIAMBIAGI, Fábio et. al. (Coords.). *Economia Brasileira Contemporânea*. 2 ed. Rio de Janeiro: Elsevier, 2011. p. 67.

57 Ver: ROCHA, Sergio André. *Troca Internacional de Informações para Fins Fiscais*. São Paulo: Quartier Latin, 2015. p. 146.

A constatação de que a maioria dos tratados brasileiros foi celebrada antes de o Brasil ter um regime de tributação em bases mundiais para pessoas jurídicas reforça o foco da política fiscal brasileira que busca assegurar uma maior competência para o país de fonte.[58] A defesa de maiores poderes para tributação na fonte há muito é feita pelos países importadores de capital,[59] e é uma tradição em países latino-americanos,[60] a qual foi bem refletida na Convenção Modelo da Sociedade das Nações de 1943.[61]

A análise detalhada dos tratados brasileiros de uma perspectiva de política fiscal será o objeto de itens a seguir. O que é mais importante neste momento é concluir que:

- um número significativo das convenções brasileiras foi assinado sob a vigência das Convenções Modelo da OCDE de 1963 e 1977 – antes mesmo da edição da primeira Convenção Modelo da ONU. Considerando as grandes modificações pelas quais passaram a Convenção Modelo da OCDE e seus Comentários, este fato sozinho nos dá relevante contextualização dos tratados brasileiros;

- o Brasil faz parte de uma longa tradição latino-americana de defesa de maiores poderes tributários para o país de fonte;

- o maior objetivo do País ao assinar suas primeiras convenções – que entraram em vigor nas décadas de 60, 70 e 80, era a atra-

---

58 Cf. BORGES, Antônio Moura. *Convenções sobre a Dupla Tributação Internacional*. Teresina: EDUFPI, 1992. p. 146.

59 Ver: SCHINDEL, Angel; ATCHABAHIAN, Adolfo. General Report. *Cahiers de Droit Fiscal International*. Amsterdam: IFA, 2005. v. 90a. p. 25.

60 Juan M. Albacete e Nicolás Juan notam que em diversas ocasiões o Instituto Latino Americano de Direito Tributário (ILADT) emitiu resoluções defendendo que a reserva de maior competência para os países de fonte deveria ser adotada pelos países latino americanos (ALBACETE, Juan M.; JUAN, Nicolas. Fuente y Domicilio: Nueva Configuración de sus Principios. *Revista Tributaria*, Montevideo, n. 187, p. 467). Ver, também: COSTA, Ramon Valdes. *Problemas Tributários entre Paises Desarrollados y Paises en Desarrollo*. Montevideo: Instituto Uruguayo de Derecho Tributario, 1970. p. 42-45; UCKMAR, Victor. Los Tratados Internacionales en Materia Tributaria. In: UCKMAR, Victor (Coord.). *Curso de Derecho Tributario Internacional*. Bogotá: Themis, 2003. v. I. p. 104; VOGEL, Klaus. Introduction. In: VOGEL, Klaus (Coord.). *On Double Taxation Conventions*. Tradução John Marin e Bruce Elvin. 3rd ed. The Netherlands: Kluwer, 1998. p. 11.

61 Cf. ROHATGI, Roy. *Basic International Taxation*. Richmond: Richmond Law and Tax, 2005. v. I. p. 65.

ção de investimentos estrangeiros diretos. Embora, em alguma medida, seja possível dizer que este objetivo permeia toda a política tributária, naquele período havia um efetivo e declarado foco na celebração de tratados internacionais como instrumento para a atração de investimentos externos diretos – o que não se faz presente atualmente;

- este objetivo estava, inclusive, alinhado com a política econômica do Regime Militar que governou o Brasil durante este período.

1.3. Os Impactos dos Modelos de Convenção da OCDE e da ONU sobre a Política de Celebração de Tratados do Brasil

Nesta seção, os tratados brasileiros serão comparados aos Modelos da OCDE e da ONU. O principal propósito desta análise é identificar qual dos Modelos teve maior influência sobre a redação dos tratados brasileiros.

Qualquer pesquisa focada na análise da política de celebração de tratados de um país deve levar em conta que a redação final de uma convenção depende de ambos os signatários. Portanto, nos comentários a seguir daremos maior relevância àquelas disposições que aparecem de forma mais consistente nos tratados brasileiros.

1.3.1. Breves Comentários sobre a Estrutura dos Modelos de Convenção da OCDE e da ONU

Sabe-se que a maior distinção entre o Modelo de Convenção da OCDE e aquele da ONU é que este último tem como padrão assegurar maiores competências tributárias para os países de fonte, normalmente importadores líquidos de investimentos externos.[62] Na introdução do Modelo da ONU está registrado

---

62 Ver: PIRES, Manuel. *International Juridical Double Taxation of Income*. Deventer: Kluwer, 1989. p. 260. Os comentários de Michael Lennard sobre o tema explicitam bem a questão, quando ele afirma que "as principais diferenças entre os dois Modelos se referem à maior renúncia de poderes tributários pelo país de fonte. Tradicionalmente tem-se dito que o Modelo da OCDE é mais um Modelo para o 'país de residência' (portanto, reduzindo poderes tributários dos países de fonte e sendo em geral mais favorável aos países exportadores de capital) e o Modelo da ONU e mais um Modelo orientado

que o mesmo "em geral, favorece a chamada competência tributária dos 'países de fonte' sob um tratado tributário – o poder tributário do país que recebe o investimento – em comparação àqueles do país de residência do investidor. Há muito tempo este tema tem sido considerando de grande importância para os países em desenvolvimento, embora seja uma posição que alguns países desenvolvidos também busquem em seus tratados bilaterais".[63]

Segundo Roy Rohatgi, as diferenças entre os Modelos da OCDE e da ONU "são relevantes. A CM ONU coloca mais ênfase na tributação da fonte, em contraste com o Modelo da OCDE, largamente baseado na tributação de residência. Aquele também ressalta o papel dos tratados tributários de promoverem um maior fluxo de investimentos para países em desenvolvimento".[64] Vejam-se, a esse respeito, as seguintes palavras de Heleno Taveira Tôrres:

> O Modelo da ONU (the UN Model), publicado em 1980, privilegia o princípio da territorialidade, em face do análogo Modelo da OCDE, constituindo, de certa forma, um compromisso de relacionamento congruente entre aquele princípio e o da tributação da renda mundial – o da universalidade. Ou seja, mesmo sendo o da renda mundial (universalidade) o princípio adotado pelos Estados contratantes, as disposições do Modelo fazem privilegiar a tributação de base territorial, típica do Estado da fonte dos rendimentos. Por este motivo, apresenta-se como o mais adequado a ser utilizado, não apenas nas relações entre países desenvolvidos e os países em via de desenvolvimento, mas também naquelas relações entre países em vias de desenvolvimento (entre si).[65]

Francisco Dornelles, que foi representante brasileiro no Comitê de Especialistas da ONU que elaborou o Modelo desta entidade, foi crítico do resultado final alcançado. Segundo Dornelles, "apesar de sua proclamada intenção de

---

para o 'pais de fonte', normalmente preferível para o país que recebe o investimento. Esta ainda é uma análise procedente, embora tenhamos que reconhecer que há uma certa confusão sobre esta distinção, e sobre os interesses e preferências de países desenvolvidos e em desenvolvimento em particular" (LENNARD, Michael. The Purpose and Current Status of the United Nations Tax Work. *Asia-Pacific Tax Bulletin*, Amsterdam, n. 14 (1), 2008, p. 25).

63   UNITED NATIONS. *Model Double Tax Convention Between Developed and Developing Countries.* New York: United Nations, 2011. p. vi.

64   ROHATGI, Roy. *Basic International Taxation.* Richmond: Richmond Law and Tax, 2005. v. I. p. 104.

65   TÔRRES, Heleno Taveira. *Pluritributação Internacional sobre as Rendas de Empresas.* 2 ed. São Paulo: Revista dos Tribunais, 2001. p. 497-498.

favorecer os Estados em desenvolvimento, o Modelo das Nações Unidas não está baseado no princípio da fonte, como seria de esperar, mas no do domicílio, embora admitindo, em muitos pontos, a tributação também no país de origem".[66] É relevante transcrever o testemunho deste autor sobre os bastidores das discussões na ONU na íntegra a seguir:

> Desde o início dos trabalhos, os peritos provenientes de países em desenvolvimento criticaram a estrutura do Modelo de Acordo elaborado pela OCDE, porque este "confere o direito de tributar ao Estado de residência dos investidores e só secundariamente aos Estado no qual o rendimento foi gerado" e também porque ele "exige que o Estado receptor de capitais abra mão de impostos sobre os rendimentos decorrentes dos investimentos em número excessivamente grande de casos". Os mesmos peritos – insistindo na necessidade de mudar os conceitos incluídos no Modelo da OCDE – entendiam que o modelo a ser elaborado pelo Grupo deveria consagrar o princípio de tributação exclusiva no país de origem do rendimento (país de fonte) e, consequentemente, a não incidência de imposto no país de residência do beneficiário da renda.
>
> Já os peritos dos países desenvolvidos defenderam o ponto de vista, que prevaleceu, de que o Grupo deveria tomar como base para o trabalho o Modelo preparado pela OCDE, nele introduzindo modificações destinadas a ampliar o direito de tributar do país em desenvolvimento – importador de capital.
>
> Assim, o Modelo da ONU ficou sendo basicamente o Modelo da OCDE, com uma série de modificações tendentes a firmar "prioridade" – não a exclusividade – do princípio da fonte.[67]

---

66 DORNELLES, Francisco. O Modelo da ONU para Eliminar a Dupla Tributação da Renda e os Países em Desenvolvimento. In: TAVOLARO, Agostinho Toffoli et. al. (Coords.). *Princípios Tributários no Direito Brasileiro: Estudos em Homenagem a Gilberto de Ulhôa Canto*. Rio de Janeiro: Forense, 1988. p. 201; DUARTE FILHO, Paulo César Teixeira. Acordos para Evitar a Dupla Tributação – Considerações sobre as Políticas Brasileiras. In: SAUNDERS, Ana Paula; GOMES, Eduardo Santos; MOREIRA, Francisco Lisboa; MURAYAMA, Janssen (Orgs.). *Estudos de Tributação Internacional*. Rio de Janeiro: 2016. p. 158-159.

67 DORNELLES, Francisco. O Modelo da ONU para Eliminar a Dupla Tributação da Renda e os Países em Desenvolvimento. In: TAVOLARO, Agostinho Toffoli et. al. (Coords.). *Princípios Tributários no Direito Brasileiro: Estudos em Homenagem a Gilberto de Ulhôa Canto*. Rio de Janeiro: Forense, 1988. p. 196-197. Ver, também: DORNELLES, Francisco. *A Dupla Tributação Internacional da Renda*. Rio de Janeiro: Editora da Fundação Getúlio Vargas, 1979. p. 49-52; BORGES, Antônio Moura. *Convenções sobre a Dupla Tributação da Renda*. Teresina: EDUFPI, 1992. p. 148; GREGORIO, Ricardo Marozzi. Um Regime para a Tributação Internacional: Perspectivas para o Brasil. *Revista Direito Tributário Atual*, São Paulo, n. 24, 2010, p. 466; LEONARDOS, Gabriel Francisco. *Tributação da Transferência*

Esta visão – de que houve uma influência muito abrangente da Convenção Modelo da OCDE sobre o Modelo da ONU – é corroborada por Philip Baker, que afirma que "o Modelo da ONU de 1980 consiste, em essência, do Modelo da OCDE com 27 adaptações, diversas das quais não foram muito populares com países em desenvolvimento".[68]

De fato, de uma perspectiva meramente estrutural os Modelos da ONU e da OCDE são praticamente idênticos. As maiores diferenças entre os mesmos, em suas versões mais atuais, consistem na ausência do artigo 14 (Serviços Pessoais Independentes) no Modelo da OCDE e, como apontado por Michael Lang, em algumas divergências pontuais no "artigo 5 (Estabelecimento Permanente), no artigo 7 (Lucros das Empresas), no artigo 9 (Empresas Associadas), no artigo 10 (Dividendos), no artigo 11 (Juros), no artigo 12 (Royalties), no artigo 13 (Ganhos de Capital) e no artigo 21 (Outros Rendimentos)".[69]

Os comentários acima destacam um aspecto relevante quando se pretenda comparar os tratados celebrados por um país com os Modelos da OCDE e da ONU: uma vez que este se baseou naquele, suas estruturas básicas são as mesmas, sendo relevantes para análise os dispositivos onde são identificadas diferenças entre os Modelos.

Nos tópicos seguintes, cada artigo dos tratados celebrados pelo Brasil será analisado e comparado com os Modelos. Todavia, é importante ressaltar que a intenção não é examinar todos os dispositivos dos tratados brasileiros, em detalhe. O propósito dos comentários abaixo é responder à questão referente a qual dos dois Modelos teve maior influência sobre as convenções brasileiras.

Conforme já foi destacado, muitas convenções tributárias brasileiras foram assinadas antes da publicação do primeiro Modelo da ONU. Nada obstante, como destacado na nota 45 acima, mesmo antes da formalização desta Convenção Modelo a mesma já se encontrava em discussão, com participação ativa

---

de Tecnologia. Rio de Janeiro: Forense, 2001. p. 39; YAFFAR, Armando Lara; LENNARD, Michael. The Future of the UN Model. *Bulletin for International Taxation*, Amsterdam, n. 60 (11), 2006, p. 626.

68 BAKER, Philip. *Double Taxation Conventions*. London: Thompson, 2005. p. A-7. Ver, também: MIRAULO, Anna. *Doppia Imposizione Internazionale*. Milano: Giuffrè, 1990. p. 161-163.

69 Cf. LANG, Michael. *Introduction to the Law of Double Taxation Conventions*. Wien: Linde, 2010. p. 27. Para uma listagem detalhada das diferenças entre os Modelos de Convenção da OCDE e da ONU, ver: LENNARD, Michael. The Purpose and Current Status of the United Nations Tax Work. *Asia-Pacific Tax Bulletin*, Amsterdam, n. 14 (1), 2008, p. 26.

do Brasil. Ou seja, mesmo em relação a tratados celebrados antes de 1980 será possível analisar a existência – ou não – da influência da política tributária que orienta o citado Modelo de tratado.

Uma nota importante. Os Comentários da OCDE e da ONU aos artigos das respectivas Convenções Modelo não serão foco da análise a seguir. Os impactos dos comentários na prática brasileira de aplicação das convenções tributárias serão examinados no item 1.4 a seguir. Não são numerosas as disputas envolvendo a aplicação de tratados internacionais no Brasil. Dessa forma, não parece ser tão relevante uma revisão geral dos Comentários da OCDE e da ONU aos seus Modelos.

1.3.2. Pessoas Visadas (Artigo 1º)

O artigo 1º da Convenção Modelo da OCDE estabelece que "a presente Convenção aplicar-se-á às pessoas residentes de um ou de ambos os Estados Contratantes". A redação deste dispositivo manteve-se inalterada desde a versão de 1963 da Convenção Modelo da OCDE.[70] A Convenção Modelo da ONU possui a mesma redação desde 1980.[71]

Trinta e um dos trinta e dois tratados brasileiros possuem um artigo 1 com a mesma redação dos Modelos. Como observaram Luís Eduardo Schoueri e Natalie Silva, "a única exceção é o tratado com o Japão, assinado em 1967, onde uma cláusula equivalente ao artigo 1º não é encontrada. O artigo 1º deste tratado estabelece quais tributos são abrangidos pelo mesmo (como o artigo 2º dos Modelos). Esta é uma convenção muito antiga e o Brasil não tinha experiência com tratados tributários no momento de sua celebração. Talvez este fato explique esta divergência".[72]

---

70 Cf. GONZÁLEZ, Andrea Pietro. Articles 1 and 4. Personal Scope: Individuals. In: ECKER, Thomas; RESSLER, Gernot (Coords.). *History of Tax Treaties: The Relevance of the OECD Documents for the Interpretation of Tax Treaties*. Wien: Linde, 2011. p. 190.

71 VOGEL, Klaus. Article 1. Persons Covered. In: VOGEL, Klaus (Coord.). *On Double Taxation Conventions*. Tradução John Marin e Bruce Elvin. 3rd ed. The Netherlands: Kluwer Law International, 1998. p. 86.

72 SCHOUERI, Luís Eduardo; SILVA, Natalie Matos. Brazil. In: LANG, Michel et. al. (Coords.). *The Impact of the OECD and UN Model Conventions on Bilateral Tax Treaties*. Cambridge: Cambridge University Press, 2012. p. 173.

Vale observar que o Brasil, como país não membro da OCDE, tem uma reserva em relação ao artigo 1º de sua Convenção Modelo, segundo a qual o País "reserva-se o direito de estender o alcance da Convenção a *partnerships*, uma vez que as mesmas são consideradas pessoas jurídicas de acordo com sua legislação".[73]

Tendo em vista a equivalência entre os dois dispositivos – no Modelo da OCDE e do Modelo da ONU – a análise deste artigo não se mostra relevante para os fins desta pesquisa.

1.3.3. Impostos Visados (Artigo 2º)

A redação deste dispositivo na Convenção Modelo da OCDE de 1963 era a seguinte:

> 1. A presente Convenção aplicar-se-á aos impostos sobre a renda e sobre o capital exigíveis por cada um dos Estados Contratantes, suas subdivisões políticas ou autoridades locais, independentemente do modo que sejam cobrados.
>
> 2. Considerar-se-ão impostos sobre a renda e o capital todos aqueles que gravarem a totalidade da renda ou do capital, ou partes da renda e do capital, incluindo impostos sobre ganhos decorrentes da alienação de bens móveis ou imóveis, impostos sobre o valor total de ordenados e salários pagos por empresas, bem como impostos sobre a valorização de capital.
>
> 3. Os impostos atuais aos quais se aplicará a Convenção são:
>
> a) no caso do (País A):
>
> b) no caso do (País B):
>
> 4. A Convenção aplicar-se-á também a quaisquer impostos idênticos ou substancialmente similares que forem introduzidos após a data da assinatura da mesma, seja em adição aos acima mencionados, seja em sua substituição. Ao final de cada ano, as autoridades competentes dos Estados Contratantes comunicar-se-ão sobre as modificações ocorridas em suas respectivas legislações fiscais.

---

73 OECD. *Model Tax Convention on Income and on Capital*. Paris: OECD, 2014. p. 451. Sobre o tratamento tributário de transações com *partnerships* na legislação brasileira, ver: SILVEIRA, Rodrigo Maito da. *Aplicação de Tratados Internacionais Contra a Bitributação: Qualificação de Partnership Joint Ventures*. São Paulo: Quartier Latin, 2006. p. 279; XAVIER, Alberto. *Direito Tributário Internacional do Brasil*. 7 ed. Rio de Janeiro: Forense, 2010. p. 116.

Pequenas alterações foram feitas neste artigo nos Modelos da OCDE de 1977 e 2000, as quais foram bem descritas por Thomas Dubut.[74] Para os nossos propósitos nesta pesquisa, consideraremos que as modificações mais relevantes foram aquelas realizadas no ano 2000, quando: (a) foi excluída a referência à necessidade de os Estados contratantes prestarem informações mútuas a respeito de modificações em suas legislações ocorridas "ao final de cada ano"; e (b) foi incluído o adjetivo "significativamente" para qualificar o tipo de modificação legislativa que deveria ser comunicada.

O artigo 2º do Modelo de Convenção da ONU de 1980 tinha uma redação muito semelhante à do artigo 2º do Modelo da OCDE. Em 2001, a ONU fez em seu Modelo as mesmas alterações que haviam sido implementadas pela OCDE em 2000.

Dessa maneira, é possível concordar com Livia Gonzaga, quando ela comenta que "o artigo 2 dos Modelos da OCDE e da ONU é bastante semelhante, com muito poucas diferenças em algumas palavras [...]. Essas diferenças, entretanto, não trazem substancial modificação do sentido da regra ali contida".[75]

O Brasil tem duas reservas ao artigo 2º da Convenção Modelo da OCDE. Em relação ao primeiro parágrafo, o Brasil reserva a sua posição sobre a parte do parágrafo 1º que estabelece que a convenção deveria ser aplicada a impostos de subdivisões políticas ou autoridades locais, assim como em relação à parte final do parágrafo, onde se lê "independentemente do modo que sejam cobrados".[76]

No que se refere ao segundo parágrafo, o "Brasil pretende utilizar, em suas convenções, uma definição de imposto de renda compatível com sua legislação constitucional. Portanto, o País reserva o direito de não incluir o parágrafo 2º em suas convenções".[77]

---

74 DUBUT, Thomas. Article 2 from a Historical Perspective: How Old Material Can Cast New Light on Taxes Covered by Double Tax Conventions. In: ECKER, Thomas; RESSLER, Gernot (Coords.). *History of Tax Treaties: The Relevance of the OECD Documents for the Interpretation of Tax Treaties.* Wien: Linde, 2011. p. 136.

75 GONZAGA, Livia Leite Baron. OECD, UN and US Model Conventions: A Comparison. In: TÔRRES, Heleno Taveira (Coord.). *Direito Tributário Internacional Aplicado.* São Paulo: Quartier Latin, 2008. v. V. p. 98. De acordo com os atuais Comentários da UNU ao seu Modelo de Convenção o "artigo 2 do Modelo de Convenção das Nações Unidas reproduz o artigo 2 da Convenção Modelo da OCDE" (UNITED NATIONS. *Model Double Tax Convention Between Developed and Developing Countries.* New York: United Nations, 2011. p. 79).

76 OECD. *Model Tax Convention on Income and on Capital.* Paris: OECD, 2014. p. 451.

77 OECD. *Model Tax Convention on Income and on Capital.* Paris: OECD, 2014. p. 452.

Como se sabe, a Constituição Federal Brasileira difere daquelas adotadas por países desenvolvidos e em desenvolvimento, no que ela possui detalhados dispositivos a respeito do Sistema Tributário Nacional,[78] incluindo regras a respeito de cada imposto federal, estadual ou municipal. Em relação ao Imposto de Renda, é amplamente reconhecido que a Constituição Federal estabelece um conceito de renda,[79] que levou o País a formalizar esta reserva ao parágrafo 2º.[80]

Com esses comentários em mente, voltamos nossa atenção para os tratados brasileiros.

Em adição às reservas acima destacadas, vale a pena ressaltar que o Brasil nunca incorporou de forma plena a redação dos Modelos da OCDE e da ONU.

Por exemplo, nenhum dos tratados assinados pelo Brasil antes da atualização de 2000 da Convenção Modelo da OCDE contém previsão que estabeleça a obrigação dos Estados contratantes de se informarem mutuamente a respeito de modificações em suas legislações tributárias de forma anual. De fato, a maioria dos tratados tem essa obrigação sem qualquer previsão de prazo.[81] As convenções com a Bélgica (tratado original), a França, o Japão e Luxemburgo não estabelecem qualquer obrigação de comunicação entre os Estados contratantes.

Embora nenhum dos tratados brasileiros tenha incorporado a obrigação dos Estados contratantes de comunicarem uns aos outros alterações em sua legislação doméstica em bases anuais, todos os tratados assinados após a modificação de 2000 na Convenção Modelo da OCDE incorporaram a palavra "significativamente" para qualificar o tipo de mudança na legislação que deveria ser comunicada ao outro Estado contratante.

---

78 Ver: BARRETO, Paulo Ayres. *Planejamento Tributário: Limites Normativos*. São Paulo: Noeses, 2016. p. 45-49.

79 Ver: ÁVILA, Humberto. *Conceito de Renda e Compensação de Prejuízos Fiscais*. São Paulo: Malheiros, 2011. p. 73-77; OLIVEIRA, Ricardo Mariz. *Fundamentos do Imposto de Renda*. São Paulo: Quartier Latin, 2008. p. 170-201.

80 Sobre este tema, vale a pena ver o estudo comparado feito por Rodrigo Caramori Petry, que concluiu que "a Constituição brasileira é muito particular em matéria tributária, de caráter notavelmente rígido e detalhista" (PETRY, Rodrigo Caramori. Direito Constitucional Tributário Comparado: a Tributação nas Constituições do Brasil e de Outros Países. *Revista Direito Tributário Atual*, São Paulo, n. 30, 2014, p. 384).

81 Esse é o caso dos tratados assinados com: Argentina, Áustria, Canadá, China, Coréia do Sul, Dinamarca, Equador, Eslováquia, Espanha; Holanda, Hungria, Índia, Itália, Noruega, República Tcheca e Suécia.

Como mencionamos antes, a Convenção Modelo da ONU incorporou a mesma regra a partir de 2001. Dessa maneira, não é possível esclarecer, em relação a este dispositivo, qual exerceu Modelo maior influência sobre os tratados brasileiros.

1.3.4. Definições Gerais (Artigo 3º)

O artigo 3º dos Modelos da ONU e da OCDE, como indica o título, traz uma série de definições de termos utilizados ao longo da convenção. Para os propósitos desta pesquisa comparativa, o foco será o parágrafo 2º deste artigo, que cuida exatamente da interpretação dos termos que não tenham sido expressamente definidos no texto do tratado.[82]

A redação desse dispositivo na Convenção Modelo da OCDE de 1963 era a seguinte: "Para a aplicação do presente acordo por um Estado Contratante, qualquer expressão que não se encontre de outro modo definida terá o significado que lhe é atribuído pela legislação desse Estado Contratante relativa aos impostos que são objeto do presente Acordo, a não ser que o contexto imponha interpretação diferente".

As modificações implementadas no parágrafo 2º do artigo 3º da Convenção Modelo da OCDE ao longo dos anos foram sintetizadas por Purnima Lakshminarayanan. Em suas palavras, "a redação deste dispositivo passou por uma pequena modificação no texto da CM da OCDE de 1977. Entretanto, em substância, o objetivo da disposição permaneceu o mesmo. Em seguida, afirmou que "o dispositivo permaneceu inalterado na versão de 1992 da Convenção Modelo da OCDE. Contudo, em 1995 o artigo 3 (2) passou por uma alteração clarificatória. A essência da disposição mantendo-se a mesma, foi esclarecido que a definição da lei doméstica de um termo não definido, ao momento da aplicação da convenção, é a definição relevante (interpretação ambulatória),

---

[82] Sobre o tema, ver: ROCHA, Sergio André. *Interpretação dos Tratados para Evitar a Bitributação da Renda*. 2 ed. São Paulo: Quartier Latin, 2013. p. 191-217; COELHO, Cristiane. Interpretação dos Tratados Internacionais em Matéria Tributária: Doutrina e Prática na América Latina. In: TÔRRES, Heleno Taveira. *Direito Tributário e Ordem Privada: Homenagem aos 60 Anos da ABDF*. São Paulo: Quartier Latin, 2010. p. 704-708; BELLAN, Daniel Vitor. Interpretação dos Tratados Internacionais em Matéria Tributária. In: TÔRRES, Heleno Taveira (Coord.). *Direito Tributário Internacional Aplicado*. São Paulo: Quartier Latin, 2005. v. III. p. 623-646.

ao contrário da definição doméstica de quando a convenção foi assinada pelos Estados Contratantes (abordagem estática)".[83]

O tema do reenvio estático ou dinâmico ao direito interno dos países aplicando a convenção foi examinado em outro estudo, do qual extraímos os seguintes parágrafos:

> De acordo com o primeiro ponto de vista (reenvio estático), que prima pela preservação da intenção original dos Estados contratantes e visa evitar que o texto da CDTR seja alterado por via indireta em razão da modificação da legislação interna de um dos Estados contratantes, ao se proceder ao reenvio a esta se deve voltar à legislação doméstica conforme se encontrava em vigor quando da celebração do tratado.
>
> Já em linha com o reenvio dinâmico, integra-se a CDTR com as disposições da legislação interna dos Estados contratantes em vigor no momento da interpretação, preservando-se, assim, a efetividade da própria convenção, que se mantém atual ao longo do tempo.[84]

A redação da Convenção Modelo da ONU de 1980 era substancialmente a mesma dos Modelos da OCDE de 1963 e de 1977. A atualização do Modelo da ONU de 2001 fez as mesmas alterações que haviam sido promovidas pela alteração do Modelo da OCDE de 1995, prevendo a opção pelo reenvio ambulatório – ou dinâmico – à legislação doméstica.

O Brasil assinou onze tratados após a atualização do Modelo da OCDE de 1995. Desses onze, apenas um – o tratado assinado com a Finlândia – não contém a versão atualizada do artigo 3 (2) prevendo o reenvio ambulatório. Todos os outros tratados incluíram a nova provisão. Este é o caso dos tratados com África do Sul, Chile, Israel, México, Peru, Portugal, Trinidad e Tobago, Turquia, Ucrânia e Venezuela.

É interessante observar que o único tratado celebrado pelo Brasil entre a atualização do Modelo da OCDE em 1995 e a atualização de 2001 ao Modelo da ONU foi o tratado com a Finlândia, o qual não incluiu a regra do reenvio dinâmico.

---

[83] Lakshminarayanan, Purnima. Interpretation of Tax Treaties Following the OECD/OEEC Model and the Relevance of the OECD Documents. In: ECKER, Thomas; RESSLER, Gernot (Coords.). *History of Tax Treaties: The Relevance of the OECD Documents for the Interpretation of Tax Treaties*. Wien: Linde, 2011. p. 107.

[84] ROCHA, Sergio André. *Interpretação dos Tratados para Evitar a Bitributação da Renda*. 2 ed. São Paulo: Lumen Juris, 2013. p. 197.

Portanto, não está claro se a incorporação da nova redação nos tratados brasileiros foi uma consequência da alteração do Modelo da OCDE ou se o Modelo que efetivamente influenciou a política fiscal internacional brasileira foi o da ONU.

A conclusão aqui, portanto, é que, como nos casos dos artigos 1º e 2º, o estudo do artigo 3º tem pouca relevância para os propósitos desta pesquisa, não indicando de forma clara qual Modelo que teve maior influência sobre os tratados brasileiros.

1.3.5. Residente (Artigo 4º)

O parágrafo 1º do artigo 4º da Convenção Modelo da OCDE estabelece que "para os fins da presente Convenção, a expressão 'residente de um Estado Contratante' significa qualquer pessoa que, em virtude da legislação desse Estado, está sujeita a imposto nesse Estado em razão de seu domicílio, residência, sede de direção ou qualquer outro critério de natureza similar".

A atualização do Modelo realizada em 1977 trouxe uma importante modificação a este dispositivo, incluindo uma segunda parte, nos seguintes termos: "Todavia, essa expressão não inclui as pessoas que estejam sujeitas a tributação nesse Estado exclusivamente pela renda que obtenham de fontes situadas no referido Estado". O Brasil reservou seu direito de não incluir esta sentença no artigo 4º de seus tratados.[85]

Com pequenas alterações, esta redação é a que se encontra na versão atual da Convenção Modelo. Como notado por Trudy Attard, "em 1995 a definição interna de residência sob o artigo 4 (1) foi estendida a quaisquer leis de "qualquer subdivisão política ou autoridade local".[86]

O parágrafo 1º do artigo 4º da Convenção Modelo da ONU trouxe enunciado que replicou o mesmo dispositivo do Modelo da OCDE. A atualização de 2001 ao Modelo da ONU incluiu a mesma referência que havia sido incluída no Modelo da OCDE em 1995. Além disso, passou a fazer referência expressa ao

---

[85] OECD. *Model Tax Convention on Income and on Capital.* Paris: OECD, 2014. p. 454.
[86] ATTARD, Trudy. Personal Scope: Companies and Non-Individuals. In: ECKER, Thomas; RESSLER, Gernot (Coords.). *History of Tax Treaties: The Relevance of the OECD Documents for the Interpretation of Tax Treaties.* Wien: Linde, 2011. p. 216.

"local da incorporação" como um dos elementos de caracterização da residência. Aponta Livia Gonzaga que esta menção expressa ao "local da incorporação" é a maior diferença entre os Modelos da OCDE e da ONU.[87]

Tendo esses comentários em conta, os tratados brasileiros foram revisados com vistas a identificar como as atualizações de 1977 e 1995 ao Modelo da OCDE e de 2001 do Modelo da ONU influenciaram a política brasileira de celebração de tratados fiscais.

Como o Brasil tem uma reserva a respeito da segunda sentença do parágrafo 1º do artigo 4º,[88] a sua presença ou não nos tratados brasileiros não é relevante para os propósitos desta pesquisa – embora, como observado por Luís Eduardo Schoueri e Natalie Silva, "provisões similares a esta sejam encontradas nos tratados celebrados pelo Brasil com as Filipinas, a Finlândia, e o Peru".[89]

Nem todos os tratados assinados pelo Brasil após as atualizações de 1995 e 2001 às Convenções Modelo da OCDE e da ONU, respectivamente, têm a referência a "qualquer subdivisão política ou autoridade local". Esta provisão não foi incluída nos acordos com a Finlândia (1996), Bélgica (aditivo de 2002) e Ucrânia (2002). De outro lado, os tratados com Portugal (2000), Chile (2001), Israel (2002), África do Sul (2003), México (2003), Venezuela (2005), Peru (2006), Trinidad e Tobago (2008) e Turquia (2010) incluíram esta disposição. Após 2001, três tratados assinados pelo Brasil não incluíram este dispositivo, enquanto sete outros o incluíram. Contudo, não há indicação a respeito de que Modelo inspirou a nova tendência na política brasileira de celebração de tratados.

---

87 GONZAGA, Livia Leite Baron. OECD, UN and US Model Conventions: A Comparison. In: TÔRRES, Heleno Taveira (Coords.). *Direito Tributário Internacional Aplicado*. São Paulo: Quartier Latin, 2008. v. V. p. 102. De acordo com o Comentário da ONU ao seu Modelo, o " artigo 4 da Convenção Modelo das Nações Unidas reproduz o artigo 4 da Convenção Modelo da OCDE com um ajuste, nominalmente a ação em 1999 do 'local de incorporação' à lista de critérios no parágrafo 1 para tributação como residente" (UNITED NATIONS. *Model Double Tax Convention Between Developed and Developing Countries*. New York: United Nations, 2011. p. 87).

88 Ver: CARVALHO, André. O Escopo Subjetivo de Aplicação dos Acordos para Evitar a Dupla Tributação: a Residência. In: TÔRRES, Heleno Taveira (Coord.). *Direito Tributário Internacional Aplicado*. São Paulo: Quartier Latin, 2008. v. V. p. 169-170.

89 SCHOUERI, Luís Eduardo; SILVA, Natalie Matos. Brazil. In: LANG, Michel et. al. (Coords.). *The Impact of the OECD and UN Model Conventions on Bilateral Tax Treaties*. Cambridge: Cambridge University Press, 2012. p. 174.

Se a análise acima não se mostra conclusiva, uma questão relevante é o exame a respeito do eventual impacto da atualização de 2001 ao Modelo da ONU sobre os tratados brasileiros, em especial no que se refere à menção ao local de incorporação como critério de residência.

De fato, após 2001 o Brasil assinou nove tratados tributários, dos quais seis – convenções com China, México, Peru, Turquia, Ucrânia e Venezuela – incluíram o local de incorporação ou registro para a caracterização da residência. Portanto, há uma clara indicação de que a alteração na Convenção Modelo da ONU teve reflexos sobre as convenções brasileiras.

Nada obstante, ainda assim a análise do artigo 4º dos tratados brasileiros não é significativamente conclusiva em relação ao Modelo de Convenção que exerceu maior influência sobre a política fiscal internacional do País, embora seja perceptível a existência de algum grau de influência da Convenção da ONU.

1.3.6. Estabelecimento Permanente (Artigo 5º)

O artigo 5º da Convenção Modelo da OCDE de 1963 tinha a seguinte redação:

> 1. Para os fins do presente acordo, a expressão "estabelecimento permanente" designa uma instalação fixa de negócios em que a empresa exerça toda ou parte de sua atividade.
>
> 2. A expressão "estabelecimento permanente" abrange especialmente:
>
> a) sede de direção;
>
> b) uma sucursal;
>
> c) um escritório;
>
> d) uma fábrica;
>
> e) uma oficina;
>
> f) uma mina, uma pedreira ou qualquer outro local de extração de recurso naturais;
>
> g) um canteiro de construção ou de montagem, cuja duração exceda doze meses.
>
> 3. A expressão "estabelecimento permanente" não abrange:
>
> a) a utilização de instalações unicamente para fins de armazenagem, exposição e entrega de bens ou mercadorias pertencentes à empresa;

b) a manutenção de um estoque de bens ou mercadorias pertencentes à empresa unicamente para fins de armazenagem, exposição ou entrega;

c) a manutenção de um estoque de bens ou mercadorias pertencentes à empresa unicamente para fins de transformação por outra empresa;

d) a manutenção de uma instalação fixa de negócios unicamente para fins de comprar bens ou mercadorias ou obter informações para a empresa;

e) a manutenção de uma instalação fixa de negócios unicamente para fins de publicidade, fornecimento de informações, pesquisa científicas ou atividades análogas que tenham caráter preparatório ou auxiliar para a empresa.

4. Uma pessoa que atue num Estado Contratante por conta de uma empresa do outro Estado Contratante - desde que não seja um agente que goze de um status independente contemplado no parágrafo 5 - será considerada como estabelecimento permanente no primeiro Estado, se tiver, e exercer habitualmente naquele Estado, autoridade para concluir contratos em nome da empresa, a não ser que suas atividades sejam limitadas à compra de bens ou mercadorias para a empresa.

5. Uma empresa de um Estado Contratante não será considerada como tendo um estabelecimento permanente no outro Estado contratante pelo simples fato de exercer a sua atividade nesse outro Estado por intermédio de um corretor, de um comissário geral ou de qualquer outro agente que goze de um status independente, desde que essas pessoas atuem no âmbito de suas atividades normais.

6. O fato de uma sociedade residente de um Estado Contratante controlar ou ser controlada por uma sociedade residente do outro Estado Contratante ou que exerça sua atividade nesse outro Estado (quer seja através de um estabelecimento permanente, quer de outro modo) não será, por si só bastante para fazer de qualquer dessas sociedades estabelecimento permanente da outra.

Alterações relevantes foram implementadas na edição do Modelo da OCDE de 1977. Como nos aponta Frederico Otegui Pita, foram feitas duas modificações no parágrafo 2º: "Em primeiro lugar, a inclusão de poços de petróleo e gás nos exemplos do subparágrafo f) deste parágrafo e, em segundo lugar, o destaque de canteiros de obra em um novo parágrafo".[90]

---

90 PITA, Federico Otegui. The Concept of Permanent Establishment". In: ECKER, Tomas; RESSLER, Gernot (Coords.). *History of Tax Treaties: The Relevance of the OECD Documents for the Interpretation of Tax Treaties*. Wien: Linde, 2011. p. 216.

A Convenção Modelo da OCDE de 1977 também trouxe significativas alterações ao parágrafo 5º deste artigo, que cuida do chamado estabelecimento permanente subjetivo. Primeiramente, na primeira frase incluiu o trecho "independentemente das disposições dos parágrafos 1 e 2". Segundo José Manuel Calderón Carreiro, esta inclusão visou esclarecer que a identificação de um estabelecimento permanente subjetivo não depende das características gerais atribuídas a um estabelecimento permanente".[91]

O Brasil tem apenas duas reservas em relação ao artigo 5º da Convenção Modelo da OCDE. Em relação ao parágrafo 2º o País esclarece que se reserva o direito de fazer referência, em suas convenções, à "exploração" de recursos naturais em adição à sua "extração". A outra reserva brasileira é relacionada ao parágrafo 3º do artigo 5º. O País reserva a sua posição no sentido de que "qualquer canteiro de obra ou construção, projeto de montagem ou instalação que dure mais de seis meses deve ser considerado um estabelecimento permanente".[92]

O artigo 5º da Convenção Modelo da ONU tem diversas diferenças quando comparado ao Modelo da OCDE.[93] Tendo em vista que este Modelo tem como foco assegurar maiores poderes tributários ao país de fonte, espera-se que a sua regra sobre a caracterização de estabelecimentos permanentes seja mais abrangente do que aquela inferida do artigo 5º da Convenção Modelo da OCDE.

As maiores diferenças entre os Modelos da OCDE e da ONU em relação ao artigo 5º são as seguintes:

- de acordo com o Modelo da ONU, leva apenas seis meses para um canteiro de obras ser considerado um estabelecimento permanente;
- também se considera um estabelecimento permanente "a prestação de serviços, incluindo serviços de consultoria, por uma empresa através de empregados ou outras pessoas contratadas pela empresa para tais propósitos, mas apenas onde as atividades com tal natureza continuem (para o mesmo ou projeto conexo),

---

91 CALDERÓN CARREIRO, José Manuel. Articulo 5 MC OCDE 2000. Estabelecimento Permanente. In: RUIZ GARCIA, José Ramón; CALDERÓN CARREIRO, José Manuel (Coords.). *Comentarios a los Convenios para Evitar la Doble Imposición y Prevenir la Evasión Fiscal Concluidos por España*. A Coruña: Fundación Pedro Barrié de la Maza, 2004. p. 331.

92 OECD. *Model Tax Convention on Income and on Capital*. Paris: OECD, 2014. p. 456-457.

93 Cf. SKAAR, Arvid A. *Permanent Establishment*. The Netherlands: Kluwer, 1991. p. 529-536.

dentro do país, por um período ou períodos agregando mais de seis meses dentro de qualquer período de doze meses";[94-95]
- segundo o Modelo da ONU, um estabelecimento permanente subjetivo ou pessoal também será identificado quando a pessoa está atuando em um Estado contratante em benefício de uma empresa no outro Estado contratante e, mesmo que tal pessoa não tenha autoridade para concluir contratos em nome da empresa, ele mantém no primeiro Estado mencionado estoque de mercadorias, do qual ele regularmente entrega mercadorias em benefício da empresa no exterior;
- uma empresa de seguros de um Estado contratante deve, com exceção a operações de resseguro, ser considerada como tendo um estabelecimento permanente no outro Estado contratante se ele recebe prêmios no território do outro Estado, ou se ela segura riscos situados lá através de uma pessoa que não seja um agente de status independente.[96]

Tendo em conta os principais aspectos dos Modelos da OCDE e da ONU, examinaremos os impactos de cada Modelo sobre os tratados brasileiros.[97]

---

[94] Esta era a redação original deste dispositivo. Atualmente o mesmo tem a seguinte redação: "A prestação de serviços, incluindo serviços de consultoria, por uma empresa através de empregados ou outras pessoas contratadas pela empresa para tais propósitos, mas apenas onde as atividades com tal natureza continuem (para o mesmo ou projeto conexo), dentro do país, por um período ou períodos agregando mais de 183 dias dentro de qualquer período de doze meses".

[95] Vale a pena observar que na versão de 2008 dos Comentários da OCDE à sua Convenção Modelo foi incluída na mesma referência ao chamado "estabelecimento permanente de serviços". Ver: SCHAFFNER, Jean. *How Fixed is a Permanent Establishment*. The Netherlands: Kluwer, 2013. p. 105-115; CASTRO, Leonardo Freitas de Moraes e. *Controversial Topics in International Taxation*. Saarbrücken: Lambert Academic Publishing, 2014. p. 112-116.

[96] Para Angharad Miller e Lynne Oats, "a razão para a inclusão deste dispositivo é a facilidade com a qual uma empresa de seguros não-residente pode estabelecer uma considerável base de clientes no estado de fonte através de pessoas representando o segurador estrangeiro em tempo parcial" (MILLER, Angharad; OATS, Lynne. *Principles of International Taxation*. 3 ed. West Sussex: Bloomsbury Professional, 2012. p. 236). Ver, também: LENNARD, Michael. The UN Model Tax Convention as Compared with the OECD Model Tax Convention – Current Points and Recent Developments. *Asia-Pacific Tax Bulletin*, n. 15 (1), 2009. p. 7.

[97] Para uma visão geral sobre o tratamento de estabelecimentos permanentes no Brasil, ver: CARVALHO, André de Souza. Brazilian Report. *Cahiers de Droit Fiscal International*. Amsterdam: IFA, 2009. v. 94a. p. 151-167.

De modo geral, os tratados brasileiros seguem os parágrafos 1º e 2º, com apenas pequenas diferenças, dos Modelos da OECD e da ONU, os quais têm a mesma redação.[98] Uma diferença significativa entre os tratados brasileiros refere-se à inclusão de canteiros de obra na lista prevista do parágrafo 2º ou separadamente em um parágrafo 3º. As convenções brasileiras assinadas com os seguintes países possuem um parágrafo 3º independente tratando dos canteiros de obra: África do Sul, Chile, China, Coréia do Sul, Finlândia, Holanda, Israel, México, Peru, Portugal, Turquia e Ucrânia.

O principal propósito deste capítulo é buscar identificar que Modelo de tratado teve a maior influência sobre as convenções brasileiras. Nesse sentido, é interessante observar como tais convenções tratam a caracterização de canteiros de obra como estabelecimentos permanentes.

Conforme apontado anteriormente, enquanto o Modelo da OCDE requer doze meses para que um canteiro de obras seja considerado um estabelecimento permanente, no Modelo da ONU este prazo é reduzido para seis meses.

Dos trinta e dois tratados brasileiros, apenas as convenções com a Turquia e a Ucrânia usam o período de doze meses para o reconhecimento de um estabelecimento permanente nesses casos. Os tratados com Israel e Portugal estabelecem um período de nove meses. Finalmente, a convenção com o Equador não prevê qualquer prazo. As demais estabelecem o prazo de seis meses, em linha com a Convenção Modelo da ONU. Vale destacar que mesmo os acordos anteriores este Modelo seguem o seu dispositivo, reforçando a posição aqui sustentada no sentido de que o racional da Convenção Modelo da ONU já influenciava a política brasileira de celebração de tratados antes mesmo de sua primeira versão ser editada, em 1980.

Dessa maneira, está claro que os tratados celebrados pelo Brasil seguem, majoritariamente, o Modelo da ONU – ou o racional que o orientou – buscando assegurar maiores poderes tributários para o país de fonte mediante a maior abrangência das regras para o reconhecimento de um estabelecimento permanente.

---

98 SCHOUERI, Luís Eduardo; SILVA, Natalie Matos. Brazil. In: LANG, Michel et. al. (Coords.). *The Impact of the OECD and UN Model Conventions on Bilateral Tax Treaties*. Cambridge: Cambridge University Press, 2012. p. 177; VITA, Jonathan Barros. As Convenções para Evitar a Dupla Tributação Brasileiras: Técnicas de Negociação e Análise Estrutural Segundo os Modelos da OCDE e ONU. *Revista Direito Tributário Atual*, São Paulo, n. 24, 2010, p. 308.

Considerando o alinhamento entre os tratados brasileiros e a Convenção Modelo da ONU em relação ao tratamento dos canteiros de obra, era de se esperar que o mesmo ocorresse em relação ao chamado estabelecimento permanente de serviços.

Veremos adiante que as autoridades fiscais brasileiras há muito sustentam posição que resulta em uma limitada aplicação do dispositivo referente à tributação dos chamados "Lucros das Empresas" (artigo 7º dos Modelos da OCDE e da ONU). Dessa maneira, uma regra prevendo a caracterização de um estabelecimento permanente de serviços deveria ser atraente para os negociadores de tratados do País. Contudo, é surpreendente que apenas o tratado com a China tenha tal dispositivo.

Analisaremos as controvérsias a respeito da interpretação/aplicação do artigo 7º dos tratados brasileiros adiante. Nada obstante, é possível apresentarmos uma análise preliminar a respeito da ausência de dispositivos a respeito do chamado estabelecimento permanente de serviços nos tratados brasileiros.

As convenções assinadas pelo País possuem outros mecanismos para afastar a aplicação do artigo 7º, como, por exemplo, a caracterização de serviços técnicos como royalties na grande maioria das convenções do País. Portanto, se a tributação de fonte já está garantida, não se faria necessária a inclusão de regras a respeito da caracterização de estabelecimento permanente em decorrência da prestação de serviços.[99]

Apenas dois tratados brasileiros incluem a regra prevista no Modelo da ONU que estende as regras de estabelecimentos subjetivos a situações onde o agente não tem poderes para assinar contratos, mesmo que um estoque de mercadorias seja mantido no País. Este é o caso das convenções assinadas com a Ucrânia e Trinidad e Tobago.

Por fim, uma característica das convenções brasileiras é que um número significativo das mesmas incorpora a disposição do Modelo da ONU a respeito da caracterização de um estabelecimento permanente quando uma empresa de um Estado contratante coleta prêmios ou segura riscos situados no território do outro Estado através de um agente que não é um agente

---

[99] Nesse mesmo sentido, ver: MAN, Fernando de. A Tributação de Serviços na Fonte e as Convenções Modelo: Renascimento dos Ideais do Artigo 14 OCDE. *Revista Direito Tributário Atual*, São Paulo, n. 27, 2012, p. 53.

independente. Quinze, das trinta e duas convenções brasileiras, têm alguma forma de estabelecimento permanente de seguros.[100]

A análise do artigo 5º é importante, uma vez que ela mostra que, em alguma medida, a Convenção Modelo da ONU exerceu uma influência sobre a política de celebração de tratados do Brasil – mesmo em relação a convenções anteriores à sua edição –, embora não seja possível afirmar que os tratados brasileiros são completamente baseados em tal Modelo. De fato, há um número considerável de tratados que não incluíram típicas diferenças encontradas no Modelo da ONU.

O artigo 5º é uma peça importante no quebra-cabeças que é a política fiscal internacional brasileira. De um lado, todos os tratados brasileiros têm dispositivos lidando com a caracterização de estabelecimentos permanentes. De outro lado, a Receita Federal do Brasil tem uma longa tradição de ignorar tais dispositivos previstos em seus tratados.

1.3.7. Regras Distributivas

Pelo o que foi analisado nas seções anteriores, as regras previstas nos artigos 1º a 4º das Convenções Modelo da OCDE e da ONU não são decisivas para o estudo objeto desta pesquisa. A seu turno, a regra estabelecida no artigo 5º dos Modelos já nos dá uma indicação de que, de fato, as maiores controvérsias entre os tratados brasileiros e a Convenção Modelo da OCDE se darão no campo das chamadas "regras distributivas".[101]

Sabe-se que um dos principais objetivos das convenções internacionais sobre a tributação da renda e do capital é a divisão de poderes tributários entre os Estados contratantes.[102] Segundo Mercedes Pelaez Marques, "o objeto principal dos CDIs, diz V. González Poveda, é estabelecer regras de repartição

---

100 Ver: ROCHA, Sergio André et. al. Tributação e Aplicação dos Tratados sobre a Tributação da Renda e do Capital às Atividades de Resseguro. In: PEIXOTO, Marcelo Magalhães et. al. (Coords.). *Tributação das Seguradoras: Questões Pontuais*. São Paulo: MP Editora, 2014. p. 53.

101 Sobre o conceito de regras distributivas, ver: LANG, Michael. *Introduction to the Law of Double Taxation Conventions*. Wien: Linde, 2010. p. 65; VOGEL, Klaus. Introduction. In: VOGEL, Klaus (Coord.). *On Double Taxation Conventions*. Tradução John Marin e Bruce Elvin. 3rd ed. The Netherlands: Kluwer Law International, 1998. p. 30-31.

102 Cf. ROCHA, Sergio André. *Interpretação dos Tratados para Evitar a Bitributação da Renda*. 2 ed. São Paulo: Quartier Latin, 2013. p. 78-82.

dos impostos a que se refere, delimitando a potestade tributária de cada Estado para uma renda determinada ou um elemento patrimonial concreto. De fato, o mecanismo essencial dos CDIs consiste em atribuir a cada um dos Estados contratantes o direito de tributar determinadas categorias de rendas ou elementos patrimoniais, com caráter de preferência sobre o outro Estado ou com exclusão do direito deste a submetê-las à tributação".[103]

Esta função de divisão de poderes fiscais entre os Estados contratantes se materializa principalmente nas referidas "regras distributivas", previstas nos artigos 6º e 22 dos Modelos da OCDE e da ONU. São esses dispositivos que estabelecem qual dos dois países tem o poder de tributar determinado tipo de rendimento e, no caso de ambos terem tal poder, se alguma limitação será aplicada – restringindo-se a tributação do país de fonte.[104]

Considerando as finalidades deste capítulo, é possível antecipar que a análise das regras distributivas é o ponto central para descortinar a política brasileira de celebração de tratados tributários, uma vez que, como vimos, o próprio surgimento da Convenção Modelo da ONU se deu para atrair maiores competências tributárias para o país de fonte.

1.3.8. Rendimentos Imobiliários (Artigo 6º)

Como salienta Ekkehart Reimer, "comparado a outras regras distributivas, o Artigo 6 do Modelo da OCDE sujeitou-se a relativamente poucas alterações e aditivos ao longo das décadas".[105]

A regra geral subjacente ao artigo 6º dos Modelos é que a localização da propriedade imobiliária é um elemento de conexão legítimo para determinar a competência para a tributação da renda.

De acordo com o Comentário da ONU ao seu Modelo de Convenção, "o artigo 6 da Convenção Modelo das Nações Unidas reproduz o artigo 6 da Con-

---

103 MARQUES, Mercedes Pelaez. *El Convenio Hispano-Argentino*. Buenos Aires: Quorum, 1998. p. 15.
104 Ver: XAVIER, Alberto. *Direito Tributário Internacional do Brasil*. 8 ed. Rio de Janeiro: Forense, 2015. p. 621-623.
105 REIMER, Ekkehart. Income of Immovable Property (Article 6 OECD Model Convention). In: LANG, Michael et. al. (Coords.). *Source Versus Residence: Problems Arising from the Allocation of Taxing Rights in Tax Treaty Law and Possible Alternatives*. The Netherlands: Kluwer, 2008. p. 1.

venção Modelo da OCDE com exceção da frase 'e a rendimentos de propriedades imóveis usados para a execução de serviços profissionais independentes' que aparece ao final do parágrafo 4 da Convenção Modelo das Nações Unidas".[106]

Vale a pena apontar que até 2000 a Convenção Modelo da OCDE também tinha um dispositivo fazendo referência a "rendimentos de propriedades imóveis usados para a performance de serviços pessoais independentes". Esta menção foi excluída quando o artigo 14 ("Serviços Pessoais Independentes") foi retirado do Modelo da OCDE.

O Brasil formalizou sua posição de que manterá o artigo 14 em suas convenções, declarando que "uma reserva também é feita em relação a todas as modificações correspondentes nos artigos e Comentários, os quais foram alterados como resultado da eliminação do artigo 14".[107]

À luz dos propósitos desta pesquisa, em relação a este artigo 6º focaremos nossa análise na verificação de como os tratados brasileiros lidaram com a tributação de rendimentos decorrentes da propriedade imobiliária. Em especial, examinaremos como a matéria foi tratada nas convenções brasileiras celebradas após 2000, quando os Modelos da OCDE e da ONU passaram a ter redações distintas.

Neste período, o Brasil assinou dez tratados – incluindo a atualização da convenção assinada com a Bélgica. Dessas dez convenções, aquelas com a Bélgica (alteração), Israel, Portugal, Ucrânia e Venezuela não incluíram a referência a serviços profissionais independentes – independentemente do fato de que estes tratados possuem o artigo 14. Os outros cinco tratados, assinados com África do Sul, Chile, México, Trinidad e Tobago e Turquia, incluíram a menção aos serviços profissionais independentes no artigo 6º.

Considerando os cinco tratados que não incluíram a referência a serviços profissionais independentes no artigo 6º, notamos que três foram assinados com países europeus – incluindo dois membros da OCDE, Bélgica e Portugal. Os outros dois foram celebrados com Israel – que viria a se tornar membro da OCDE – e com a Venezuela. De todos esses, a maior surpresa é o tratado com a Venezuela, que, em princípio, deveria seguir de forma mais próxima a Conven-

---

[106] UNITED NATIONS. *Model Double Tax Convention Between Developed and Developing Countries*. New York: United Nations, 2011. p. 137.

[107] OECD. *Model Tax Convention on Income and on Capital*. Paris: OECD, 2014. p. 465.

ção Modelo da ONU. De outra parte, os cinco países cujos tratados incluíram este dispositivo são países em desenvolvimento.

Se a análise do artigo 6º não é conclusiva, ela mais uma vez indica que de fato há uma influência do Modelo da ONU sobre a política brasileira de celebração de tratados, embora, neste caso, tal influência tenha se mostrado mais presente em tratados assinados com outros países em desenvolvimento.

1.3.9. Lucros das Empresas (Artigo 7º)

Os artigos 7º das Convenções Modelo da OCDE e da ONU estabelecem a regra geral de que a renda ativa derivada do exercício direto de atividades econômicas no país de fonte – sem a intervenção de um estabelecimento permanente –, por um residente do outro Estado contratante, somente será tributada neste último.[108]

Esta alocação de competência tributária é apresentada como um princípio básico da tributação internacional. Para apreciarmos a importância conferida a este artigo pela OCDE, vale a pena transcrevermos a seguinte passagem de seus comentários à sua Convenção Modelo:

> Este artigo aloca competências tributárias com relação aos lucros das empresas de um Estado Contratante, desde que tais lucros não estejam sujeitos a diferentes regras em outros Artigos da Convenção. Ele incorpora o princípio básico de que, a não ser que a Empresa de um Estado Contratante tenha um estabelecimento permanente situado no outro Estado, os lucros daquela empresa somente poderão ser tributados neste outro Estado, a não ser que esses lucros se enquadrem em categorias de lucro para os quais outros Artigos da Convenção atribuam competências tributárias para aquele outro Estado.[109]

---

108 Ver: AVI-YONAH, Reuven S.; CLOUSING, Kimberly A. Business Profits (Article 7 OECD Model Convention). In: LANG, Michael et. al. (Coords.). *Source Versus Residence: Problems Arising from the Allocation of Taxing Rights in Tax Treaty Law and Possible Alternatives.* The Netherlands: Kluwer, 2008. p. 9; ARNOLD, Brian J. Defining the Term "Business" for Purposes of Tax Treaties. In: BAKER, Philip; BOBBET, Catherine (Coords.). *Tax Polymath: A Life in International Taxation.* The Netherlands: IBFD, 2010. p. 133.

109 OECD. *Model Tax Convention on Income and on Capital.* Paris: OECD, 2014. p. 130.

Os Comentários falam do "princípio básico" do estabelecimento permanente,[110] como se, de fato, a regra ali prevista fosse um critério universal para a alocação de poder tributário, ao invés de ser apenas um modelo que protege certos interesses dos países desenvolvidos.[111] Maimilian Görl destacava que tanto para o Modelo da OCDE, quanto da ONU, "a existência do estabelecimento permanente é a condição decisiva para a tributação de atividades empresariais e capital vinculado a tais atividades".[112] Ekkehart Reimer fala do artigo 7º como "a pedra fundamental para atribuir poderes tributários no campo da tributação empresarial".[113] Até mesmo autores brasileiros, como é o caso de Marcos André Vinhas Catão,[114] por exemplo, incorporaram o discurso internacional para afirmar que o artigo 7º é um dos pilares das convenções. Em trabalho mais recente, este autor, escrevendo juntamente com Raquel de Andrade Vieira Alves, foi ainda mais enfático, afirmado que "não há, salvo exceção que desconheçamos, e a começar pelo principal organismo internacional em matéria de tributação internacional (OCDE), doutrina que não afirme ser o Artigo 7º dos tratados um dos pilares dos Convênios contra a Dupla Imposição".[115]

---

110 Nesse sentido, ver: HEMMELRATH, Alexander. Article 7. Business Profits. In: VOGEL, Klaus (Coord.). *On Double Taxation Conventions*. Tradução John Marin e Bruce Elvin. 3rd ed. The Netherlands: Kluwer Law International, 1998. p. 399-400; CALDERÓN CARRERO, José Manuel. Articulo 7. La Tributación de los Beneficios Empresariales. In: CALDERÓN CARRERO, José Manuel; RUIZ GARCIA, José Ramón (Coords.). *Comentarios a los Convenios para Evitar la Doble Imposición y Prevenir la Evasión Fiscal Concluidos por España*. A Coruña: Fundación Pedro Barrié de la Maza, 2004. p. 414; GARBARINO, Carlo. *Manuale di Tassazione Internazionale*. [S/L]: IPSOA, 2005. p. 163. Para uma análise do "princípio do estabelecimento permanente" na literatura nacional, ver: XAVIER, Alberto. *Direito Tributário Internacional do Brasil*. 7 ed. Rio de Janeiro: Forense, 2010. p. 551-552; CALIENDO, Paulo. *Estabelecimentos Permanentes em Direito Tributário Internacional*. São Paulo: Revista dos Tribunais, 2005. p. 83-93.

111 Cf. ROCHA, Sergio André. International Fiscal Imperialism and the "Principle" of the Permanent Establishment. *Bulletin for International Taxation*, Amsterdam, n. 68 (2), 2014, p. 83-87.

112 GÖRL, Maximilian. Article 5. Permanent Establishment. In: VOGEL, Klaus (Coord.). *On Double Taxation Conventions*. Tradução John Marin e Bruce Elvin. 3rd ed. The Netherlands: Kluwer Law International, 1998. p. 280.

113 REIMER, Ekkehart. Article 7. Business Profits. In: REIMER, Ekkehart; RUST, Alexander (Orgs.). *Klaus Vogel on Double Taxation Conventions*. 4th ed. The Netherlands: Kluwer, 2015. v. I. p. 501.

114 CATÃO, Marcos André Vinhas. A Tributação da Prestação Internacional de Serviços. BRITTO, Demes; CASEIRO, Marcos Paulo (Coords.). *Direito Tributário Internacional Teoria e Prática*. São Paulo: Revista dos Tribunais, 2014. p. 241.

115 CATÃO, Marcos André Vinhas; ALVES, Raquel de Andrade Vieira. A Tributação de Serviços e os Elementos de Conexão no Direito Tributário Internacional. In: ROCHA, Sergio André; TORRES, Heleno (Coords.). *Direito Tributário Internacional: Homenagem ao Professor Alberto Xavier*. São Paulo: Quartier Latin, 2016. p. 459.

Francisco Dornelles descreveu bem a posição dos países em desenvolvimento em relação à regra geral de que a tributação na fonte dos lucros das empresas só tem lugar quando presente um estabelecimento permanente. Em suas palavras:

> O segundo princípio representa uma séria restrição ao princípio da fonte. Tal princípio, quando aceito sem restrições, implica a tributação dos lucros da empresa no Estado em que a atividade lucrativa for desenvolvida, independentemente do caráter permanente ou ocasional da atividade. Adotando-se o princípio da necessidade da existência de estabelecimento permanente para permitir o exercício do poder de tributar do Estado de fonte dos lucros, só é alcançado pelo Estado de fonte o resultado das atividades desenvolvidas com regularidade e com alto grau de integração no referido Estado. É o próprio Grupo de Peritos [*da ONU, responsável pelo Modelo desta organização*] que reconhece:
>
> "O princípio do estabelecimento permanente exime de tributação na fonte não apenas as transações comerciais ocasionais, como também as atividades mercantis continuadas que não impliquem a essência de um estabelecimento permanente no Estado de fonte."
>
> Pode-se a esta altura extrair uma conclusão muito importante: o instituto do 'estabelecimento permanente', embora seja geralmente apontado como uma expressão do princípio da fonte, está, na verdade, muito mais vinculado ao princípio do domicílio do que qualquer outro. Com efeito, o instituto em exame constitui uma versão, aplicável às empresas, da regra da residência permanente, que é um dos indicadores do princípio do domicílio no tocante às pessoas físicas.[116]

Os artigos 7º dos Modelos da OCDE e da ONU não tem a mesma redação e as diferenças ficaram maiores após a atualização de 2010 ao Modelo da OCDE, a qual modificou este dispositivo de forma significativa.[117] Entretanto, as convenções brasileiras se baseiam no Modelo da OCDE e não no da ONU. Tal fato mostra-se ainda mais inesperado se considerarmos que as diferenças

---

116 DORNELLES, Francisco. O Modelo da ONU para Eliminar a Dupla Tributação da Renda e os Países em Desenvolvimento. In: TAVOLARO, Agostinho Toffoli et. al. (Coords.). *Princípios Tributários no Direito Brasileiro: Estudos em Homenagem a Gilberto de Ulhôa Canto*. Rio de Janeiro: Forense, 1988. p. 207-208.

117 Ver: BENNETT, Mary. Article 7 – New OECD Rules for Attributing Profit to Permanent Establishments. In: WEBER, Dennis; WEEGHEKL, Stef van (Coords.). *The 2010 OECD Updates*. The Netherlands: Kluwer, 2011. p. 21-36; PIJIL, Hans. The 2010 Elimination of Article 7-3 (1963). In: WEBER, Dennis; WEEGHEKL, Stef van (Coords.). *The 2010 OECD Updates*. The Netherlands: Kluwer, 2011. p. 37-49.

entre os Modelos visam assegurar maiores competências tributárias ao país de fonte, o que é um dos objetivos da política fiscal internacional brasileira.

Luís Eduardo Schoueri e Natalie Matos chegaram à mesma conclusão a respeito do artigo 7º dos tratados tributários brasileiros. Em suas palavras, "considerando o artigo 7º do Modelo da OCDE, a maioria dos tratados brasileiros adota sua redação, com a exclusão dos parágrafos 4º e 6º e, conforme expressado nas posições sobre o artigo 7º, sem as palavras 'seja no Estado onde o estabelecimento permanente está situado, ou em outro local', encontrada no artigo 7 (3), relacionadas à dedução das despesas na determinação dos lucros do EP [estabelecimento permanente]."[118]

Se o artigo 7º do Modelo da OCDE inspirou os tratados brasileiros, é importante destacar que o Brasil manifestou posição expressa no sentido de que o País se reserva o direito de usar em suas convenções o artigo 7º com a redação anterior à atualização do Modelo de 2010, considerando-se as posições do Brasil a respeito desta versão do Modelo da OCDE.[119] Ademais, como já mencionado, o Brasil também se reserva o direito de continuar incluindo o artigo 14 em seus tratados.[120]

O cenário descrito acima levanta a questão de por que o Brasil, que é um país que claramente favorece a tributação de fonte, não seguiu o Modelo da ONU neste caso. Talvez até haja uma questão ainda mais intrigante, que seria por que o Brasil inclui o artigo 7º em seus tratados. Com efeito, este artigo é o coração da política que favorece a tributação baseada na residência para lucros auferidos através de atividades desenvolvidas sem a intermediação de um estabelecimento permanente – na ausência de uma regra mais específica na convenção.

A resposta a esta questão pode ser encontrada em uma análise cuidadosa da política brasileira de celebração de tratados internacionais tributários.

---

118 SCHOUERI, Luís Eduardo; SILVA, Natalie Matos. Brazil. In: LANG, Michel et. al. (Coords.). *The Impact of the OECD and UN Model Conventions on Bilateral Tax Treaties*. Cambridge: Cambridge University Press, 2012. p. 177. No mesmo sentido, ver: TORRES, Ricardo Lobo. *Planejamento Tributário*. Rio de Janeiro: Elsevier, 2012. p. 70-71.

119 OECD. *Model Tax Convention on Income and on Capital*. Paris: OECD, 2014. p. 464. Como aponta Carlos Gutiérrez, dos países referidos como "BRICS" apenas a Rússia não possui reserva semelhante. (Cf. GUTIÉRREZ, Carlos. The UN Model and the BRICS Countries – Another View. In: GUTIÉRREZ, Carlos; PERDELWITZ, Andreas (Coords.). *Taxation of Business Profits in the 21st Century*. Amsterdam: IBFD, 2013. p. 313.

120 OECD. *Model Tax Convention on Income and on Capital*. Paris: OECD, 2014. p. 465.

As quatro principais categorias de rendimentos que se encontram sob o escopo do artigo 7º são as seguintes: (i) aluguel; (ii) prestação de serviços empresariais; (iii) seguro e resseguro; e (iv) venda de mercadorias.[121]

Com respeito à primeira categoria – como será melhor demonstrado quando analisarmos o artigo 12 dos tratados brasileiros – as convenções celebradas pelo Brasil seguem o Modelo da ONU, de modo que elas incluem o direito de usar qualquer equipamento industrial, comercial e científico na definição de *royalties*.[122] Portanto, de modo geral pagamentos de alugueis de equipamentos são tratados como *royalties* e estão fora do escopo do artigo 7º – como explicaremos adiante, o artigo 12 dos acordos brasileiros permite a tributação na fonte.

Em relação à prestação de serviços técnicos, a maioria dos tratados brasileiros tem uma previsão específica em seus protocolos, estabelecendo que tais serviços serão tratados como *royalties*. A exceção fica por conta dos tratados com a Áustria, a Finlândia, a França, o Japão e a Suécia. Uma vez que a legislação tributária brasileira traz uma definição muito abrangente de serviço técnico,[123] na maioria dos casos pagamentos de serviços serão tratados como *royalties* – pelo menos de acordo com a posição da Secretaria da Receita Federal do Brasil.[124] Este tema será analisado de forma mais detida adiante.

---

121 Brian J. Arnold sumariou os tipos de rendimento em relação aos quais aplica-se o artigo 7º. Ver: ARNOLD, Brian J. Defining the Term "Business" for Purposes of Tax Treaties. In: BAKER, Philip; BOBBET, Catherine (Coords.). *Tax Polymath: A Life in International Taxation*. The Netherlands: IBFD, 2010. p. 133.

122 Ver: ROCHA, Sergio André. Tributação dos Pagamentos pela Locação de Bens Móveis nos Tratados Tributários Celebrados pelo Brasil. In: SAUNDERS, Ana Paula; GOMES, Eduardo Santos; MOREIRA, Francisco Lisboa; MURAYAMA, Janssen (Orgs.). *Estudos de Tributação Internacional*. Rio de Janeiro: 2016. p. 373-383.

123 Ver o artigo 17 da Instrução Normativa nº 1.455/14. Para uma crítica à definição de serviço técnico nesta Instrução Normativa, ver: DUQUE ESTRADA, Roberto; SCHIOSER, Luna Salame Pantoja. A Indevida Ampliação do Conceito de "Serviço Técnico" por Atos Administrativos e a Violação das Normas de Competência Exclusiva nos Tratados Contra Dupla Tributação. In: SAUNDERS, Ana Paula; GOMES, Eduardo Santos; MOREIRA, Francisco Lisboa; MURAYAMA, Janssen (Orgs.). *Estudos de Tributação Internacional*. Rio de Janeiro: 2016. p. 283-306; XAVIER, Alberto. *Direito Tributário Internacional do Brasil*. 8 ed. Rio de Janeiro: Forense, 2015. p. 653-655. Para uma análise sobre a distinção entre serviços técnicos e não técnicos, ver: TÔRRES, Heleno Taveira. A Qualificação dos Serviços não Técnicos como Lucros de Empresas nas Convenções para Evitar a Dupla Tributação. In: ROCHA, Sergio André; TORRES, Heleno (Coords.). *Direito Tributário Internacional: Homenagem ao Professor Alberto Xavier*. São Paulo: Quartier Latin, 2016. p. 258-262.

124 Ver o Ato Declaratório Interpretativo nº 5/14.

No que tange às operações de seguro e resseguro, já comentamos que, embora a redação do artigo 5º dos tratados brasileiros não seja uniforme, em vários casos os mesmos seguem o Modelo da ONU no que se refere à tributação dessas atividades.[125] Assim sendo, muitos tratados brasileiros reconhecem que o pagamento de prêmios de seguro ou resseguro por um residente no Brasil caracteriza um estabelecimento permanente no País, legitimando a tributação pelo mesmo.

Finalmente, no que se refere à venda de mercadorias, uma vez que a mesma não sofre a incidência do Imposto de Renda Retido na Fonte no Brasil, este tipo de transação não é uma preocupação da política fiscal internacional brasileira.

À vista desses comentários, é razoável assumir que, tendo em vista que a política brasileira de celebração de tratados internacionais tributários limita a abrangência do artigo 7º dos mesmos, reduzindo, portanto, os efeitos da inclusão do dito "princípio do estabelecimento permanente", em verdade não há um alinhamento entre as convenções brasileiras e a Convenção Modelo da OCDE. Dessa maneira, seguir a redação do artigo 7º do Modelo da OCDE, considerando a política brasileira, não significa adotar o seu fundamento, nem aceitar suas consequências.

1.3.10. Transporte Marítimo e Aéreo (Artigo 8º)

Salienta Alberto Xavier que "os lucros das empresas de navegação marítima e aérea suscitam tradicionalmente complexos problemas quanto à repartição do poder de tributar, enquanto respeitantes ao *tráfego internacional*, expressão através da qual se denomina qualquer viagem de navio ou aeronave explorado por uma empresa de um Estado contratante, exceto quanto efetuada exclusivamente entre lugares do outro Estado contratante".[126]

O artigo 8º da Convenção Modelo da OCDE tem hoje a mesma redação que possuía em sua versão de 1977.[127] A seu turno, o Modelo da ONU de 1980 possui duas versões do artigo 8º: artigo 8º-A e artigo 8º-B. O primeiro é igual ao artigo 8º da Convenção Modelo da OCDE. Dessa maneira, para os propósitos

---

125 Ver item nº 1.3.6 acima.
126 XAVIER, Alberto. *Direito Tributário Internacional do Brasil*. 8 ed. Rio de Janeiro: Forense, 2015. p. 670.
127 Cf. CUTRERA, Margherita. Shipping, Inland and Waterways Transport and Air Transport. In: ECKER, Thomas; RESSLER, Gernot (Coords.). *History of Tax Treaties*. Wien: Linde, 2011. p. 379-380.

desta análise vale a pena identificar se algum dos tratados brasileiros adota o artigo 8º-B do Modelo da ONU. Do contrário, não será possível comentar a respeito da adesão do País a qualquer dos Modelos.

O Brasil tem apenas uma reserva ao parágrafo 2º artigo 8º da Convenção Modelo da OCDE, uma vez que o País reserva o seu "direito de não estender o escopo deste Artigo para incluir transporte em navegação fluvial em tratados bilaterais e está livre para fazer as modificações correspondentes no parágrafo 3º dos Artigos 13, 15 e 22".[128]

Conforme observado por Luís Eduardo Schoueri e Natalie Silva, os tratados brasileiros não possuem uma redação uniforme do artigo 8º.[129] Entretanto, após a revisão das trinta e duas convenções brasileiras não foi identificado qualquer uma que inclua a redação do artigo 8º-B do Modelo da ONU. Portanto, a análise do artigo 8º não é útil para os fins da presente pesquisa – uma vez que, como dito, o artigo 8º-A do Modelo da ONU é idêntico ao artigo 8º do Modelo da OCDE.

1.3.11. Empresas Associadas (Artigo 9º)

Em relação aos parágrafos 1º e 2º, o artigo 9º tem a mesma redação nos Modelos da OCDE e da ONU – o parágrafo 2º foi incluído neste artigo no Modelo da OCDE de 1977.[130] A diferença entre os dois Modelos reside na existência de um terceiro parágrafo no artigo 9º da Convenção Modelo da ONU, o qual foi incluído em sua versão de 2001 e limita a aplicação do parágrafo 2º.

O Brasil tem uma reserva ao artigo 9º do Modelo da OCDE, esclarecendo que o País reserva o seu direito a não incluir o parágrafo 2º do artigo 9º em suas convenções.[131] Este dispositivo, nas palavras de Heleno Tôrres, "procura evitar a 'dupla tributação econômica', criando um mecanismo de ajuste bilateral para que o Estado que tributou as rendas em primeiro lugar realize os ajustes neces-

---

128 OECD. *Model Tax Convention on Income and on Capital*. Paris: OECD, 2014. p. 471.

129 SCHOUERI, Luís Eduardo; SILVA, Natalie Matos. Brazil. In: LANG, Michel et. al. (Coords.). *The Impact of the OECD and UN Model Conventions on Bilateral Tax Treaties*. Cambridge: Cambridge University Press, 2012. p. 178.

130 Para comentários sobre o artigo 9º, ver: LEHNER, Martin. Article 9: Associated Enterprises. In: ECKER, Thomas; RESSLER, Gernot (Coords.). *History of Tax Treaties*. Wien: Linde, 2011. p. 396-403.

131 OECD. *Model Tax Convention on Income and on Capital*. Paris: OECD, 2014. p. 472.

sários para evitar a dupla exação".¹³² O Brasil não incluiu este dispositivo em nenhum de seus tratados.

Como mencionado, o Modelo da ONU tem um parágrafo 3º em seu artigo 9º, que é uma limitação ao seu parágrafo 2º. Uma vez que o Brasil não inclui, como dito, o parágrafo 2º em seus tratados, obviamente o parágrafo 3º não estará presente nas convenções brasileiras. Portanto, o estudo detalhado do artigo 9º é irrelevante para o propósito de determinarmos qual Modelo influenciou de maneira mais fortemente a política de celebração de tratados brasileira.

1.3.12. Dividendos (Artigo 10)

A alocação de poder tributário entre o país de fonte e o de residência no que se refere à imposição sobre dividendos é um tema controverso. Conforme apontado por Stef van Weeghel, "embora a OCDE defenda o direito do país de residência para tributar dividendos, ela não apresenta um argumento claro contra a tributação exclusiva na fonte".¹³³

A redação original do artigo 10 da Convenção Modelo da OCDE era a seguinte:

> 1. Os dividendos pagos por uma sociedade residente de um Estado Contratante a um residente do outro Estado Contratante são tributáveis nesse outro Estado.
>
> 2. Todavia, esses dividendos podem ser tributados no Estado Contratante onde reside a sociedade que os paga, de acordo com a legislação desse Estado, mas o imposto assim estabelecido não poderá exceder:
>
> a) 5 por cento do valor bruto dos dividendos, se o recebedor for uma empresa (excluindo uma *partnership*) que tenha uma participação direta de pelo menos 25% no capital da empresa pagando os dividendos;

---

132 TÔRRES, Heleno Taveira. *Direito Tributário Internacional: Planejamento Tributário e Operações Transnacionais.* São Paulo: Revista dos Tribunais, 2001. p. 309. Ver, também: LEHNER, Moris. Article 9. Associated Enterprises. In: VOGEL, Klaus (Coord.). *On Double Taxation Conventions.* Tradução John Marin e Bruce Elvin. 3rd ed. The Netherlands: Kluwer Law International, 1998. p. 553; KOFLER, Georg. Article 9. Associated Enterprises. In: REIMER, Ekkehart; RUST, Alexander (Orgs.). *Klaus Vogel on Double Taxation Conventions.* 4th ed. The Netherlands: Kluwer, 2015. v. I. p. 622-623.

133 WEEGHEL, Stef. Dividends (article 10 OECD Model Convention). In: LANG, Michael et. al. (Coords.). *Source Versus Residence: Problems Arising from the Allocation of Taxing Rights in Tax Treaty Law and Possible Alternatives.* The Netherlands: Kluwer, 2008. p. 64.

b) em todos os demais casos, 15 por cento do valor bruto dos dividendos.

As autoridades competentes dos Estados Contratantes devem, através de procedimento amigável, acordar na forma de aplicação desta limitação.

Este parágrafo não afetará a tributação da sociedade com referência aos lucros que deram origem aos dividendos pagos.

3. O termo "dividendos" usado no presente artigo, designa os rendimentos provenientes de ações, ações ou direitos de fruição, ações de empresas mineradoras, partes de fundador ou outros direitos de participação em lucros, com exceção de créditos, bem como rendimentos de outras participações de capital assemelhados aos rendimentos de ações pela legislação fiscal do Estado Contratante em que a sociedade que os distribuir seja residente.

4. O disposto nos parágrafos 1 e 2 não se aplica quando o beneficiário dos dividendos, residente de um Estado Contratante, tiver, no outro Estado Contratante de que é residente a sociedade que paga os dividendos, um estabelecimento permanente a que estiver ligada efetivamente a participação geradora dos dividendos. Neste caso, serão aplicáveis as disposições do Artigo 7.

5. Quando uma sociedade residente de um Estado Contratante receber lucros ou rendimentos provenientes do outro Estado Contratante, esse outro Estado não poderá tributar os dividendos pagos pela sociedade a pessoas não residentes desse outro Estado, ou sujeitar os lucros não distribuídos da sociedade a um imposto sobre lucros não distribuídos, mesmo se os dividendos pagos ou os lucros não distribuídos consistirem total ou parcialmente de lucros ou rendimentos provenientes desse outro Estado.

Ao longo dos anos, a alteração mais significativa neste artigo da Convenção Modelo da OCDE foi a inclusão da referência ao "beneficiário efetivo" dos dividendos, realizada na versão de 1977.[134] A versão original do Modelo da ONU já possuía tal referência e alguns tratados brasileiros incluem o requisito do "beneficiário efetivo".[135] Entretanto, como ambos os Modelos possuem a mesma exigência no que se refere a este tema, o mesmo não é importante para o propósito desta pesquisa.

---

134 Cf. MAY, Nicolás. Dividends. In: ECKER, Thomas; RESSLER, Gernot (Coords.). *History of Tax Treaties*. Wien: Linde, 2011. p. 432.

135 Ver: ROCHA, Sergio André. Treaty Shopping and Beneficial Ownership under Brazil's Tax Treaties. *Bulletin for International Taxation*, Amsterdam, v. 66 (7), p. 351-360; CASTRO, Leonardo Freitas de Moraes e. *Planejamento Tributário Internacional: Conceito de Beneficiário Efetivo nos Acordos Contra a Bitributação*. São Paulo: Quartier Latin, 2015. p. 226-231.

A maior diferença entre os Modelos da OCDE e da ONU é que o primeiro limita a tributação do país de fonte a 5%, quando o beneficiário efetivo dos dividendos possui ao menos 25% do capital da companhia fazendo o seu pagamento, e a 15% em todos os outros casos. A seu turno, o Modelo da ONU não prevê qualquer limite para a tributação na fonte, a qual deve ser objeto de negociação entre os Estados contratantes. De acordo com os Comentários da ONU à sua Convenção Modelo:

> O Grupo de Especialistas anterior foi incapaz de chegar a um consenso sobre a alíquota máxima a ser tributada no país de fonte. Membros de países em desenvolvimento, que basicamente preferiam o princípio de tributação exclusiva de dividendos pelo país de fonte, consideravam que as alíquotas previstas na Convenção Modelo da OCDE resultariam em uma grande perda de receitas para o país de fonte. Ademais, embora eles aceitassem o princípio da tributação no país de residência do beneficiário, eles acreditavam que qualquer redução da retenção de tributos no país de fonte resultaria em um benefício para o investidor estrangeiro, ao invés de um benefício para a Fazenda do país de residência do beneficiário, como ocorreria sob o tradicional método de crédito, se a redução abaixa a alíquota do país de fonte além da alíquota do país de residência do beneficiário.[136]

O Brasil tem apenas uma reserva em relação à redação deste artigo na Convenção Modelo da OCDE. Com efeito, em relação ao seu parágrafo 5º o País "reserva o direito de cobrar imposto na fonte sobre lucros de um estabelecimento permanente à mesma alíquota estabelecida no parágrafo 2º, como é a regra no sistema brasileiro de tributação da renda".[137]

Nenhum dos tratados brasileiros tem a redação da Convenção Modelo da OCDE. Seguindo a posição de muitos países em desenvolvimento o Brasil busca assegurar maior poder para a tributação de dividendos em comparação com aquela permitida de acordo com o Modelo da OCDE. A maioria dos tratados mais recentes do País permitem a tributação de dividendos na fonte até o limite de 10%, sempre que o não residente tenha uma participação no capital da empresa brasileira de até 25%, e permitem a tributação na fonte até 15% em outros casos. Esta é a situação encontrada nas convenções com a África do Sul, o Chi-

---

[136] UNITED NATIONS. *Model Double Tax Convention Between Developed and Developing Countries.* New York: United Nations, 2011. p. 178.

[137] OECD. *Model Tax Convention on Income and on Capital.* Paris: OECD, 2014. p. 474.

le, Israel, Portugal, Trinidad e Tobago, Turquia e a Ucrânia. Os tratados com o Peru e a Venezuela também preveem alíquotas de 10% e 15%, entretanto, eles requerem um percentual de participação de 20% para a aplicação da primeira. As alíquotas na convenção assinada com o México são 10% e 20%, mas a aplicação da primeira requer 15% de participação na empresa brasileira. O tratado com Luxemburgo permite a tributação a 15%, no caso de uma participação de 10% na empresa brasileira, ou 25% nos demais casos. A convenção entre o Brasil e a Bélgica também requer uma participação de 10% para a tributação a 10%, e aplica uma alíquota limite de 25% nas outras situações. No tratado com o Canadá não há limites para a tributação de dividendos na fonte, a não ser que a empresa estrangeira tenha ao menos 10% de participação na brasileira. Neste caso a tributação de fonte estará limitada a 15%. A maioria dos tratados brasileiros estabelece apenas uma alíquota como limite para a tributação de fonte de dividendos: 10%,[138] 12,5%,[139] 15%[140] e 25%.[141] Por fim, o tratado com a Argentina não prevê qualquer limitação à tributação de dividendos na fonte.

Como notaram Luís Eduardo Schoueri e Natalie Matos, a maioria dos tratados brasileiros foi celebrada quando o País tributava dividendos na fonte à alíquota de 25%.[142] Portanto, em seus primeiros tratados havia um relevante motivo financeiro para o Brasil buscar preservar uma maior competência tributária de fonte. Desde 1996, o País deixou de tributar a distribuição de resultados.[143] Assim, o limite para a tributação de dividendos na fonte se tornou menos relevante.

A análise acima mostra que o artigo 10 dos tratados brasileiros se distancia da Convenção Modelo da OCDE, valendo-se da regra mais aberta proposta pelo Modelo da ONU para ampliar a competência para a tributação na fonte, mesmo nos tratados que foram celebrados anteriormente à edição da primeira versão deste Modelo.

---

138 Finlândia.

139 Japão.

140 Áustria, China, Coréia do Sul, Equador, Espanha, França, Holanda, Hungria, Índia, Itália, Noruega, República Eslovaca e República Tcheca.

141 Dinamarca.

142 SCHOUERI, Luís Eduardo; SILVA, Natalie Matos. Brazil. In: LANG, Michel et. al. (Coords.). *The Impact of the OECD and UN Model Conventions on Bilateral Tax Treaties*. Cambridge: Cambridge University Press, 2012. p. 182.

143 Artigo 10 da Lei nº 9.249/95.

1.3.13. Juros (Artigo 11)

Alguns dos comentários anteriores sobre o artigo 10 também são aplicáveis na análise do artigo 11. A repartição de poder tributário entre o país de fonte e o de residência no que se refere aos juros ressalta os fins distintos de países desenvolvidos e em desenvolvimento na celebração de convenções tributárias.[144]

Como acontece em relação ao artigo 10, a maior diferença entre a Convenção Modelo da OCDE e a da ONU é que a primeira limita a tributação na fonte em 10%, enquanto a última deixa o tal limite aberto para a negociação entre os Estados contratantes.[145]

O Brasil tem uma reserva contra o limite previsto na Convenção Modelo da OCDE[146] e, de modo geral, o País não inclui o percentual de 10% como limite máximo em seus tratados.[147] Desta forma, seria possível afirmar que os acordos brasileiros seguem o Modelo da ONU – mesmo os assinados antes de 1980, quando foi editado este Modelo.

Nada obstante, esta análise a respeito do artigo 11 deve levar em consideração, também a própria definição de juros prevista nos Modelos.

O artigo 11 (3) da Convenção Modelo da OCDE de 1963 definia juros como "rendimentos de fundos públicos, de títulos ou debêntures, acompanhados ou não de garantia hipotecária ou de cláusula de participação nos lucros, e de créditos de qualquer natureza, bem como outros rendimentos que, pela

---

144 Ver: DANON, Robert. Interest (Article 11 OECD Model Convention). In: LANG, Michael et. al. (Coords.). *Source Versus Residence: Problems Arising from the Allocation of Taxing Rights in Tax Treaty Law and Possible Alternatives.* The Netherlands: Kluwer, 2008. p. 83.

145 Ver: HOLMES, Kevin. *International Tax Policy and Double Tax Treaties.* The Netherlands: IBFD, 2007. p. 245; DUARTE FILHO, Paulo César Teixeira. Os Juros nos Acordos Internacionais Celebrados pelo Brasil para Evitar Dupla Tributação. In: MONTEIRO, Alexandre Luiz Moraes do Rêgo et. al. (Coords.). *Tributação, Comércio e Solução de Controvérsias Internacionais.* São Paulo: Quartier Latin, 2011. p. 115; UNITED NATIONS. *Model Double Tax Convention Between Developed and Developing Countries.* New York: United Nations, 2011. p. 192.

146 OECD. *Model Tax Convention on Income and on Capital.* Paris: OECD, 2014. p. 475.

147 De uma maneira geral, os tratados brasileiros estabelecem um limite de 15% para a tributação de juros na fonte. Alguns tratados trazem alíquotas mais baixas para financiamentos destinados à aquisição de equipamentos industriais, ou mesmo isentam de tributação juros pagos ao outro Estado contratante – mesmo quando o pagamento é feito para um banco público. As exceções à regra geral são o tratado com o Japão, que estabelece uma alíquota genérica de 12,5% e aquele celebrado com a Argentina, que não prevê qualquer limite.

legislação tributária do Estado de que provenham, sejam assemelhados aos rendimentos de importâncias emprestadas".

Segundo Daniel Fuentes Hernandez, durante os debates sobre a redação do artigo 11 (3), o Grupo de Trabalho 11 "preferiu apresentar uma definição de juros inteiramente independente da legislação nacional".[148] Seguindo esta orientação, o Modelo da OCDE foi alterado em 1977, excluindo-se a referência à legislação doméstica dos Estados contratantes. A Convenção Modelo da ONU, editada em 1980, já não trouxe menção à legislação doméstica dos Estados contratantes em sua definição de juros.

É interessante notar que a maioria dos tratados brasileiros traz uma definição de juros que segue a redação da Convenção Modelo da OCDE de 1963 – ou seja, com a inclusão na definição dos rendimentos que as legislações domésticas dos Estados contratantes caracterizem como juros. As únicas convenções brasileiras que não incluem esta previsão são as celebradas com a China, a Finlândia e a Ucrânia.

Neste caso, a preferência pela utilização da redação do Modelo da OCDE de 1963 busca a retenção de poderes normativos para a definição do que são juros, estando alinhada com a política brasileira.[149]

De acordo com Luís Eduardo Schoueri e Natalie Matos Silva, a relevância deste dispositivo, no caso brasileiro, seria o enquadramento como juros sobre o capital próprio, nos tratados do Brasil, no conceito de juros do artigo 11 (3).[150]

Esta posição não é unânime, já que diversos autores sustentam que os JCP devem ser qualificados como dividendos nos tratados internacionais brasileiros. Neste sentido era o entendimento de Alberto Xavier, para quem "é nossa opinião que (sempre partindo do pressuposto de ausência de disposição convencional em contrário) a subsunção direta dos 'juros sobre capital próprio' no conceito de dividendo, assim considerado o rendimento de participações societárias, sobrepõe-se às disposições convencionais que procedem a uma re-

---

148 HERNANDEZ, Daniel Fuentes. Interest. In: ECKER, Thomas; RESSLER, Gernot (Coords.). *History of Tax Treaties*. Wien: Linde, 2011. p. 461.

149 Sobre o tema, ver: SANTOS, Ramon Tomazela. *Os Instrumentos Financeiros Híbridos à Luz dos Acordos de Bitributação*. Rio de Janeiro: Lumen Juris, 2017. p. 136-139.

150 SCHOUERI, Luís Eduardo; SILVA, Natalie Matos. Brazil. In: LANG, Michel et. al. (Coords.). *The Impact of the OECD and UN Model Conventions on Bilateral Tax Treaties*. Cambridge: Cambridge University Press, 2012. p. 185.

missão subsidiárias para a *lex fori*, para efeito de equipararem a juros "quaisquer outros rendimentos assimilados aos rendimentos de importâncias emprestadas pela legislação fiscal do Estado de que provêm os rendimentos".[151]

Não se pode deixar de observar, contudo, que os juros sobre o capital próprio foram criados apenas em 1995, com a entrada em vigor da Lei nº 9.249/95 (artigo 9º). Como as convenções anteriores a 1995 já traziam regra inspirada no artigo 11 (3) do Modelo da OCDE de 1963, notamos que a política fiscal brasileira estava focada em incluir no conceito de juros qualquer rendimento tratado como tal na sua legislação doméstica.

Uma vez que a OCDE não inclui esta redação em seu Modelo desde 1977, o fato de que o Brasil, em sua política de celebração de tratados internacionais, segue o Modelo da OCDE de 1963 não é indicativo de uma maior influência do Modelo da OCDE sobre as convenções brasileiras. De fato, numa direção oposta, parece-nos mais uma vez que a política brasileira se volta à proteção de seu poder para a tributação de juros.

Diante do exposto, cremos ser possível concluir, também em relação a este dispositivo, que as convenções celebradas pelo Brasil, no que se refere ao artigo 11, aproximam-se mais da Convenção Modelo da ONU – mesmo aquelas que lhes são anteriores – do que do Modelo da OCDE, indo, em verdade, além daquela na proteção de seus poderes tributários.

---

151 XAVIER, Alberto. *Direito Tributário Internacional do Brasil*. 8 ed. Rio de Janeiro: Forense, 2015. p. 716. Nesse mesmo sentido, sustentando a qualificação dos JCP como dividendos nos tratados brasileiros, ver: ROCHA, Sergio André; VIANNA, Márcio Seixas. Tributação e Aplicação das Convenções sobre a Tributação da Renda e do Capital ao Pagamento de Juros sobre o Capital Próprio. In: CASTRO, Leonardo Freitas de Moraes e (Coord.). *Mercado Financeiro e de Capitais: Regulação e Tributação*. São Paulo: Quartier Latin, 2015. p. 1.301; EMERY, Renata. A Qualificação dos Juros sobre Capital Próprio nos Tratados Brasileiros e o Entendimento Firmado pelo STJ no REsp. nº 1.200.492 em Matéria de PIS e COFINS. In: GOMES, Marcus Lívio; SCHOUERI, Luís Eduardo (Coords.). *A Tributação Internacional na Era Pós-BEPS*. Rio de Janeiro: Lumen Juris, 2016. v. I. p. 158; BASTIANELLO, Cristina Cezar. Juros Sobre Capital Próprio: Natureza Jurídica e tratamento conferido pela lei interna e pelos tratados para evitar a dupla tributação internacional firmados pela República Federativa do Brasil. In: TÔRRES, Heleno Taveira (Coord.). *Direito Tributário Internacional Aplicado*. São Paulo: Quartier Latin, 2005. v. III. p. 762. Sobre o tema, ver: SANTOS, Ramon Tomazela. *Os Instrumentos Financeiros Híbridos à Luz dos Acordos de Bitributação*. Rio de Janeiro: Lumen Juris, 2017. p. 379-430.

1.3.14. Royalties (Artigo 12)

A diferença fundamental entre o artigo 12 da Convenção Modelo da OCDE e o mesmo dispositivo na Convenção Modelo da ONU é que o primeiro apenas autoriza a tributação de *royalties* pelo país de residência do beneficiário dos mesmos, enquanto o Modelo da ONU permite a tributação pelo país de fonte também.[152] Após revisar relatórios preparados por autores de trinta e sete países, Pasquale Pistone concluiu que, "tratados bilaterais ao redor do mundo induvidosamente mostram que a influência da cláusula de *royalties* do Modelo da OCDE é mais a exceção do que a regra. Ao contrário, a cláusula de royalties das ONU é o maior ponto de referência para cláusulas de *royalties* de tratados bilaterais, as quais normalmente são acompanhadas por dispositivos específicos adicionais".[153]

Como exemplo do que chama de "dispositivos específicos" (*dedicated provisions*), Pistone utiliza o exemplo da Índia. Em suas palavras, "os tratados tributários indianos normalmente incluem uma cláusula separada sobre rendimentos de serviços técnicos, a qual reflete a política de celebração de tratados daquele país no que tange à restrição da cláusula de lucros das empresas". O mesmo autor argumenta adiante que "serviços técnicos são frequentemente incluídos na cláusula de *royalties* (particularmente no caso de países em desenvolvimento: ver os relatórios da Colômbia, da Finlândia, da Alemanha, da Eslováquia e da Espanha)".[154]

---

[152] Ver: PÖLLATH, Reinhard. Article 12. Royalties. In: VOGEL, Klaus (Coord.). *On Double Taxation Conventions*. Tradução John Marin e Bruce Elvin. 3rd ed. The Netherlands: Kluwer Law International, 1998. p. 770-771; KEMMEREN, Eric. Article 12. Royalties. In: REIMER, Ekkehart; RUST, Alexander (Orgs.). *Klaus Vogel on Double Taxation Conventions*. 4th ed. The Netherlands: Kluwer, 2015. v. I. p. 980-981.

[153] PISTONE, Pasquale. General Report. In: LANG, Michel et. al. (Coords.). *The Impact of the OECD and UN Model Conventions on Bilateral Tax Treaties*. Cambridge: Cambridge University Press, 2012. p. 21.

[154] PISTONE, Pasquale. General Report. In: LANG, Michel et. al. (Coords.). *The Impact of the OECD and UN Model Conventions on Bilateral Tax Treaties*. Cambridge: Cambridge University Press, 2012. p. 21. Jonathan Schwarz é outro autor que faz referência à tendência de os países em desenvolvimento buscarem a tributação na fonte de serviços técnicos (Cf. SCHWARZ, Joathan. *Schwartz on Tax Treaties*. London: CCH, 2011. p. 171). Ver, também: HOLMES, Kevin. *International Tax Policy and Double Tax Treaties*. The Netherlands: IBFD, 2007. p. 271; BIANCO, João Francisco; SANTOS, Ramon Tomazela. A Mudança de Paradigma: o Artigo 7º dos Acordos de Bitributação e a Superação da Dicotomia Fonte *Versus* Residência. In: ROCHA, Sergio André; TORRES, Heleno (Coords.). *Direito Tributário Internacional: Homenagem ao Professor Alberto Xavier*. São Paulo: Quartier Latin, 2016. p. 329; THURONYI, Victor. Tax Treaties and Developing Countries. In: LANG, Michael et. al. (Coords.). *Tax Treaties: Building Bridges Between Law and Economics*. Amsterdam: IBFD, 2010. p. 447.

Os tratados brasileiros seguem esta tendência – de tributar *royalties* na fonte –,[155] a qual é apoiada pela posição de Reuven Avi-Yonah, para quem "*royalties* representam rendimentos da exploração do mercado e deveriam estar sujeitos à tributação na fonte (contrariamente à norma atual da OCDE)".[156]

Ademais, as convenções celebradas pelo Brasil, como as assinadas pela Índia, possuem regras incluindo os serviços técnicos e de assistência técnica no escopo do artigo 12. De fato, vinte e sete dos trinta e dois tratados brasileiros possuem dispositivo em seus protocolos estabelecendo que serviços técnicos e serviços de assistência técnica devem ser incluídos na definição de *royalties*.[157] Os únicos tratados que não possuem este dispositivo são, como já apontado, os celebrados com a Áustria, a Finlândia, a França, o Japão e a Suécia.

Vale salientar que esta equiparação de alguns tipos de serviços a *royalties* não é exatamente uma influência direta do Modelo da ONU, mas sim da tradição de países em desenvolvimento de buscar assegurar maiores competências tributárias para o país de fonte dos rendimentos – e, como apontado anteriormente, uma forma de reduzir o alcance do artigo 7º dos Modelos.

Portanto, no que se refere ao artigo que cuida da tributação dos *royalties* em si, os acordos brasileiros claramente seguem a Convenção Modelo da ONU. Na maioria dos tratados assinados pelo Brasil a alíquota limite para a tributação na fonte pelo País é de 15%. Uma vez mais é possível notar que mesmo os acordos anteriores à edição da Convenção Modelo da ONU seguem seu racional, reforçando a interpretação de que a influência – ou a inter-relação – entre a política brasileira de celebração de convenções tributárias, e aquela que orienta o Modelo da ONU, antecede sua edição.

Outra importante diferença entre os dois Modelos é relativa à tributação de pagamentos pelo uso, ou o direito de uso, de equipamentos industriais, co-

---

155 Cf. MENDES, Gil; BON, Willem; LOPES, Alex Cardoso; GARCEZ, Bianca. Análise da Rede Brasileira de Acordos de Dupla Tributação: Razões e Recomendações para seu Aprimoramento e Ampliação. *Revista Brasileira de Comércio Exterior*, Rio de Janeiro, nº 127, abr./mai./jun. 2016, p. 10; MARCONDES, Rafael Marchetti. *A Tributação dos Royalties*. São Paulo: Quartier Latin, 2012. p. 144-149.

156 AVI-YONAH, Reuven S. A Perspective of Supra-Nationality in Tax Law. In: BRAUNER, Yariv; PISTONE, Pasquale (Coords.). *BRICS and the Emergence of International Tax Coordination*. The Netherlands: IBFD, 2015. p. 36.

157 XAVIER, Alberto. *Direito Tributário Internacional do Brasil*. 7 ed. Rio de Janeiro: Forense, 2010. p. 625-627.

merciais e científicos.[158] Até sua versão de 1992, o Modelo da OCDE incluía tais pagamentos na definição de *royalties*. Entretanto, em 1992 a referência a esses tipos de pagamento foi excluída.[159] O argumento para tal exclusão foi de que "dada a natureza dos rendimentos decorrentes da locação de equipamentos industriais, comerciais e científicos, incluindo o aluguem de *containers*, o Comitê de Assuntos Fiscais decidiu excluir rendimentos decorrentes de tais locações da definição de *royalties* e, consequentemente, removê-los da aplicação do artigo 12, de maneira a assegurar que os mesmos estarão sob as regras de tributação de lucros das empresas, conforme definidas nos artigos 5 e 7".[160]

Dessa maneira, está claro que a exclusão da referência a esses tipos de pagamento de aluguel do escopo do artigo 12 teve por finalidade assegurar que os mesmos estariam sujeitos à tributação exclusivamente no país de residência do beneficiário dos rendimentos, seguindo o princípio do estabelecimento permanente.[161]

A Convenção Modelo da ONU, ao contrário do Modelo da OCDE, manteve os pagamentos desses tipos de locação na definição de *royalties* prevista no artigo 12.

Apenas um dos tratados brasileiros, aquele assinado com a Finlândia, não possui a inclusão da locação de equipamentos industriais, comerciais e científicos na definição de *royalties*. Assim sendo, fica evidente a influência da Convenção Modelo da ONU – ou ao menos de seus padrões – sobre a política brasileira de celebração de tratados.

Nota-se, uma vez mais, que o Brasil claramente reduz a importância do artigo 7º – lucros das empresas – de seus tratados. O artigo de *royalties* tem uma relevância especial nesta política, uma vez que o mesmo inclui rendimentos derivados da prestação de determinados serviços, assim como aqueles provenientes do pagamento de alugueis de equipamentos industriais, comerciais e científicos.

---

158 Sobre o tema, ver: ROCHA, Sergio André. *Estudos de Direito Tributário Internacional*. Rio de Janeiro: Lumen Juris, 2016. p. 1-17.

159 Cf. MEHTA, Amar. *International Taxation of Cross-Border Leasing*. The Netherlands: IBFD, 2005. p. 133-134.

160 OECD. *Model Tax Convention on Income and on Capital*. Paris: OECD, 2014. p. 136.

161 Ver: BAKER, Philip. *Double Taxation Conventions*. London: Thompson, 2005. p. 12-14. A despeito da alteração no Modelo da OCDE, Katalin Szücs-Hidvégi menciona que "muitos tratados celebrados antes de 1992 mantiveram este item como rendimento de *royalty*" (SZÜCS-HIDVÉGI, Katalin. Royalties. In: ECKER, Thomas; RESSLER, Gernot (Coords.). *History of Tax Treaties*. Wien: Linde, 2011. p. 487.

Em linha com esses comentários, vale observar que o Brasil possui as seguintes posições em relação à Convenção Modelo da OCDE:

- o País se reserva o direito de tributar *royalties* na fonte;
- o Brasil se reserva o direito de incluir na definição de *royalties* os rendimentos decorrentes do aluguel de equipamentos industriais, comerciais e científicos;
- o País se reserva o direito de incluir no conceito de *royalties* os pagamentos por serviços técnicos e de assistência técnica;
- o Brasil se reserva o direito de incluir no conceito de *royalties* os pagamentos por transmissões por satélite, cabo, fibra ótica ou tecnologia similar; e
- o País se reserva o direito de incluir um dispositivo definindo a fonte dos *royalties*, em linha com o artigo 11 (5) da Convenção Modelo da OCDE.[162]

1.3.15. Ganhos de Capital (Artigo 13)

Há pequenas diferenças entre o artigo 13 no Modelo da OCDE e o mesmo dispositivo na Convenção Modelo da ONU. A mais significativa delas refere-se à tributação de ganhos decorrentes da alienação da participação societária em uma empresa. O Modelo da OCDE trata da matéria no quarto parágrafo de seu artigo 13, segundo o qual os ganhos decorrentes da alienação de uma participação societária só podem ser tributados caso a sociedade tenha mais de 50% de seu valor vinculado a imóveis localizados no país de fonte.

De outra parte o Modelo da ONU dedica os parágrafos quarto e quinto de seu dispositivo ao tema. O parágrafo quarto é bastante parecido com o artigo 13 (4) do Modelo da OCDE. Entretanto, o dispositivo da Convenção Modelo da ONU traz regras adicionais restringindo sua aplicação no caso de empresas imobiliárias. O artigo 13 (5) deste Modelo amplia a competência do país da fonte para a tributação de rendimentos decorrentes da venda de participações

---

[162] OECD. *Model Tax Convention on Income and on Capital.* Paris: OECD, 2014. p. 476-477.

societárias nos casos em que o alienante, durante um período de 12 meses, teve um patamar mínimo de participação na entidade.

Um aspecto interessante das convenções brasileiras é como o País lida com a tributação de ganhos de capital residuais – isto é, ganhos de capital não incluídos de forma expressa no artigo 13. Ambas as Convenções Modelo estabelecem o poder tributário exclusivo do país de residência do beneficiário do rendimento para a sua tributação. De outro lado, os tratados brasileiros vão além, assegurando poderes mais abrangentes ao país de fonte dos rendimentos, uma vez que eles estabelecem que este País também pode tributá-los.[163]

Este traço da política de celebração de tratados do Brasil foi refletido em uma reserva apresentada à Convenção Modelo da OCDE, quando o País reservou seu "direito de tributar na fonte ganhos decorrentes da alienação de propriedade situada em um Estado contratante além das propriedades mencionadas nos parágrafos 1, 3 e 4".[164]

Uma vez mais fica evidente que um dos objetivos buscados nos acordos brasileiros é assegurar poderes tributários mais abrangentes para o país de fonte dos rendimentos, ficando os mesmos mais alinhados com a Convenção Modelo da ONU do que com a sua equivalente da OCDE. Neste caso, verifica-se, inclusive, que os tratados brasileiros vão além do disposto na Convenção Modelo da ONU.

1.3.16. Serviços Independentes (Artigo 14)

O artigo 14 é uma peça importante do quebra-cabeças da política brasileira de celebração de tratados internacionais tributários, em termos de demonstração da aproximação desta com o racional da Convenção Modelo da ONU.

Sabe-se que a OCDE excluiu o artigo 14 de seu Modelo em 2000, enquanto a ONU manteve este dispositivo em sua Convenção Modelo. O fundamento para a mudança do Modelo da OCDE foi de que todos os serviços deveriam ser tratados sob o escopo do artigo 7º. De acordo com os Comentários da OCDE

---

163 A única exceção é o tratado celebrado entre Brasil e Japão, que prevê a tributação exclusiva no país de residência.

164 OECD. *Model Tax Convention on Income and on Capital*. Paris: OECD, 2014. p. 479. Sobre o tema, ver: XAVIER, Alberto. *Direito Tributário Internacional do Brasil*. 8 ed. Rio de Janeiro: Forense, 2015. p. 684.

ao seu Modelo, "a eliminação do artigo 14 em 2000 refletiu o fato de que não havia diferenças relevantes entre os conceitos de estabelecimento permanente, usado no artigo 7º, e o de base fixa, utilizado no artigo 14, ou entre como lucros e impostos eram calculados caso aplicável o artigo 7º ou o 14".[165]

Como já tivemos a oportunidade de mencionar, o Brasil reservou seu direito de continuar incluindo o artigo 14 em seus tratados e, de fato, todas as convenções brasileiras incluem este dispositivo.

A redação do artigo 14 na Convenção Modelo da OCDE – antes de 2000 – e no Modelo da ONU tem uma importante semelhança: em ambos os casos se requer que os serviços sejam prestados por intermédio de uma base fixa de negócios para que seja permitida sua tributação na fonte.[166]

Por outro lado, a grande diferença entre esses dispositivos é que o Modelo da ONU prevê outra possibilidade de tributação pelo país de fonte – além da prestação dos serviços por meio de uma base fixa. Isso ocorre nos casos em que o prestador de serviços permaneça no país de fonte "por um período ou períodos até ou excedendo 183 dias em quaisquer períodos de doze meses começando ou terminando no ano-calendário em questão".[167] O Modelo da OCDE – antes de 2000 – não possuía regra semelhante.

Segundo Luís Eduardo Schoueri e Natalie Matos Silva, "alguns tratados brasileiros (aqueles com a China, o Equador e o Japão) adotam o critério da "base fixa", enquanto outros (aqueles com a Argentina, o Chile, o México, o Peru e a África do Sul), além da base fixa, adotam o critério do período de 183 dias de permanência,[168] o qual é semelhante ao dispositivo do artigo 14 (1) (b) do Modelo da ONU".[169]

---

165 OECD. *Model Tax Convention on Income and on Capital*. Paris: OECD, 2014. p. 159-160.

166 Ver: TÔRRES, Heleno Taveira. *Pluritributação Internacional sobre as Rendas de Empresas*. 2 ed. São Paulo: Revista dos Tribunais, 2001. p. 532-533; VOGEL, Klaus. Article 14. Independent Personal Services. In: VOGEL, Klaus (Coord.). *On Double Taxation Conventions*. Tradução John Marin e Bruce Elvin. 3rd ed. The Netherlands: Kluwer Law International, 1998. p. 861.

167 Ver: BELLAN, Daniel Vitor. *Individual's Income Under Double Taxation Conventions*. The Netherlands: Kluwer, 2010. p. 100; UNITED NATIONS. *Model Double Tax Convention Between Developed and Developing Countries*. New York: United Nations, 2011. p. 237.

168 A mesma disposição é encontrada nos tratados assinados com a Turquia e Trinidad e Tobago.

169 SCHOUERI, Luís Eduardo; SILVA, Natalie Matos. Brazil. In: LANG, Michel et. al. (Coords.). *The Impact of the OECD and UN Model Conventions on Bilateral Tax Treaties*. Cambridge: Cambridge University Press, 2012. p. 180. Ver, também: XAVIER, Alberto. *Direito Tributário Internacional do Brasil*. 7 ed. Rio de Janeiro: Forense, 2010. p. 574.

Tendo em conta os comentários acima, é possível afirmar que os tratados brasileiros trazem uma competência tributária para o país de fonte dos rendimentos que é mais abrangente do que a prevista no Modelo da OCDE – antes de 2000 – e no Modelo da ONU, uma vez que a maioria das convenções do País permite a tributação de serviços profissionais independentes na fonte quando o pagamento pelos mesmos é feito por uma empresa brasileira, ou por um residente no Brasil em alguns casos.[170] Apenas o acordo com o Japão – o primeiro tratado brasileiro a entrar em vigor – adota o Modelo da OCDE.[171]

Portanto, em relação ao artigo 14, é possível concluir que os acordos brasileiros são certamente mais próximos à Convenção Modelo da ONU, especialmente após 2000, quando o mesmo artigo foi excluído do Modelo da OCDE. Nada obstante, há que se reconhecer que as convenções do País não são influenciadas só pelo Modelo da ONU. Mais uma vez devemos notar que a política brasileira vai além do previsto neste Modelo, reconhecendo competências mais abrangentes ao país de fonte. Como pontuaram Gil Mendes, Willem Bon, Alex Cardoso Lopes e Bianca Garcez, "no modelo brasileiro, é permitida a retenção quando o prestador for residente em uma jurisdição e o pagamento dos serviços for realizado por residente em outra jurisdição. Em resumo, o artigo 14 dos tratados brasileiros funciona como uma espécie de cláusula geral para retenção na fonte sobre serviços".[172]

1.3.17. Rendimentos de Emprego (Artigo 15)

No que tange ao artigo 15, os Modelos da OCDE e da UNU têm basicamente a mesma redação. Conforme observado por Michael Lang, o artigo 15 "se baseia no princípio do local de trabalho".[173]

---

170 Ver: XAVIER, Alberto. *Direito Tributário Internacional do Brasil*. 7 ed. Rio de Janeiro: Forense, 2010. p. 574; SCHOUERI, Luís Eduardo. Brazil. In: BRAUNER, Yariv; PISTONE, Pasquale (Coords.). *BRICS and the Emergence of International Tax Coordination*. The Netherlands: IBFD, 2015. p. 45.

171 Ver: BELLAN, Daniel Vitor. *Individual's Income Under Double Taxation Conventions*. The Netherlands: Kluwer, 2010. p. 103.

172 MENDES, Gil; BON, Willem; LOPES, Alex Cardoso; GARCEZ, Bianca. Análise da Rede Brasileira de Acordos de Dupla Tributação: Razões e Recomendações para seu Aprimoramento e Ampliação. *Revista Brasileira de Comércio Exterior*, Rio de Janeiro, nº 127, abr./mai./jun. 2016, p. 12.

173 LANG, Michael. *Introduction to the Law of Double Taxation Conventions*. Wien: Linde, 2010. p. 107. Ver, também: XAVIER, Alberto. *Direito Tributário Internacional do Brasil*. 8 ed. Rio de Janeiro: Forense, 2015. p. 675-678.

Segundo Livia Leite Baron Gonzaga – em estudo no qual ela também analisou o Modelo dos Estados Unidos da América – "de maneira geral, os três modelos aplicam o princípio da residência para a tributação de rendimentos de emprego, também chamados rendimentos de serviços pessoais dependentes. Excepcionalmente, as três Convenções Modelo estabelecem a possibilidade de tributação na fonte, desde que as três condições previstas no parágrafo 2 sejam atendidas".[174]

A alteração mais relevante no artigo 15 da Convenção Modelo da OCDE ocorreu em sua atualização de 1992, quando a redação do artigo 15 (2) (a) foi alterada para estabelecer que a permanência da pessoa por 183 dias no outro Estado contratante pode ocorrer "em qualquer período de doze meses começando e terminando no ano calendário em questão".[175] Esta mesma inclusão foi feita na atualização de 2001 da Convenção Modelo da ONU.

Para o propósito desta pesquisa, que é avaliar a influência dos Modelos na política brasileira de celebração de tratados, o artigo 15 não se mostra relevante. O Brasil assinou apenas três tratados entre 1992 e 2001 – com o Chile, a Finlândia e Portugal –, sendo que todos incluíram a alteração feita em 1992 no Modelo da OCDE. Entretanto, uma vez que esta modificação assegura maior competência tributária ao país de fonte, parece-nos que a mesma está em linha com a política brasileira.

1.3.18. Remunerações de Direção (Artigo 16)

Os Modelos da OCDE e da ONU têm a mesma redação no artigo 16 (1), que trata da remuneração de diretores.[176] Entretanto, o Modelo da ONU tem um dispositivo adicional – artigo 16 (2) – que dispõe sobre a tributação de posições de direção de alto nível (*top level managerial positions*).[177] De acordo

---

174 GONZAGA, Livia Leite Baron. OECD, UN and US Model Conventions: A Comparison. In: TÔRRES, Heleno Taveira (Coord.). *Direito Tributário Internacional Aplicado*. São Paulo: Quartier Latin, 2008. v. V. p. 117.

175 JIMENEZ, Alaia Calleja. Article 15. Income from Employment. In: ECKER, Thomas; RESSLER, Gernot (Coords.). *History of Tax Treaties*. Wien: Linde, 2011. p. 576.

176 "Artigo 16 (1). Remunerações de diretores e outros pagamentos semelhantes auferidos pelo residente de um Estado contratante em sua capacidade como membro da diretoria de uma empresa que é residente do outro estado contratante podem ser tributados neste outro Estado."

177 Ver: PROKISCH, Rainer. Director's Fees (Article 16 OECD Model Convention). In: LANG, Michael et. al. (Coords.). *Source Versus Residence: Problems Arising from the Allocation of Taxing Rights in Tax Treaty Law and Possible Alternatives*. The Netherlands: Kluwer, 2008. p. 199.

com esta provisão "salários, compensações e outras remunerações similares recebidas pelo residente de um Estado contratante em sua capacidade como um executivo em uma posição de gestão de alto nível de uma empresa, a qual é residente do outro Estado Contratante, podem ser tributados neste outro Estado".

Todos os tratados brasileiros possuem o artigo 16 (1), entretanto, nenhuma das convenções do País inclui o artigo 16 (2) previsto no Modelo da ONU. Assim, a análise do artigo 15 parece inconclusiva da perspectiva da presente pesquisa.

1.3.19. Profissionais de Espetáculos e Esportistas (Artigo 17)

Segundo o artigo 17 (1) da Convenção Modelo da OCDE, rendimentos auferidos por profissionais de espetáculos e esportistas podem ser tributados pelo país onde a atividade for realizada. A modificação mais relevante neste dispositivo foi feita na atualização de 1977, que incluiu um segundo parágrafo no artigo 17. O propósito deste novo parágrafo foi a inclusão de uma regra anti-abuso para impedir profissionais de espetáculos e esportistas de evitarem a tributação no país onde a atividade for realizada. Este objetivo poderia ser alcançado pelo estabelecimento de uma empresa – muitas vezes localizada em um país com tributação favorecida – de onde a cobrança seria feita como prestação de serviços.[178] Como notado por Daniel Sandler, "a tributação na fonte de artistas e desportistas é mais abrangente do que a geralmente aplicável a indivíduos realizando atividades econômicas em países de fonte sob os artigos 7 e 15 do Modelo da OCDE, respectivamente".[179]

Após analisar os tratados Brasileiros, Daniel Vitor Bellan concluiu que os mesmos podem ser divididos em três grupos: (a) tratados mais antigos, que só trazem o artigo 17(1); (b) tratados que possuem tanto o artigo 17 (1) como o 17 (2); e (c) tratados que possuem um terceiro parágrafo que trata de atividades esportivas

---

178 Ver: SCHOUERI, Luís Eduardo; CASTELON, Marta Oliveros. Tributação Subjetiva na Fonte de Artistas e Desportistas e o Conceito de Não-Discriminação. *Revista de Direito Tributário Internacional*, São Paulo, n. 10, 2008, p. 115.

179 SANDLER, Daniel. Artists and Sportsmen (Article 17 OECD Model Convention). In: LANG, Michael et. al. (Coords.). *Source Versus Residence: Problems Arising from the Allocation of Taxing Rights in Tax Treaty Law and Possible Alternatives*. The Netherlands: Kluwer, 2008. p. 215-216.

financiadas com fundos públicos, ou atividades relacionadas ao intercâmbio cultural entre os Estados e organizadas por entidades sem fins lucrativos.[180]

O artigo 17 (2) foi incluído na versão original da Convenção Modelo da ONU de 1980. Desta maneira, a análise do artigo 17 não se apresenta relevante para os propósitos desta pesquisa.

1.3.20. Pensões (Artigo 18)

O artigo 18 da Convenção Modelo da OCDE consiste de um curto parágrafo que estabelece que "sujeito ao disposto no parágrafo 2 do artigo 19, pensões e outras remunerações semelhantes pagas ao residente de um Estado contratante em consideração à relação de emprego passada serão tributadas apenas neste Estado". Como apontado por Andrea Santini, este artigo foi ligeiramente alterado pela atualização ao Modelo de 1977 e não foi mais modificado desde então".[181] Este dispositivo sobre o pagamento de pensões, segundo Eric C. C. M. Kemmeren, segue a mesma lógica da tributação de salários, o que "implica na aplicação do princípio do Estado pagador a pensões, excetuando-se serviços prestados em conexão com uma atividade desenvolvida por uma autoridade estatal".[182]

A Convenção Modelo da ONU é distinta do Modelo da OCDE. A primeira tem duas diferentes versões do artigo 18 (A e B). O artigo 18 A tem dois parágrafos e o artigo 18 B tem três. Em seus Comentários, a ONU esclarece o racional por trás das duas versões do artigo 18:

> 1. Duas versões alternativas foram apresentadas para o artigo 18 da Convenção Modelo das Nações Unidas, artigo 18 A e artigo 18 B.
>
> 2. O artigo 18 A, assim como o artigo 18 da Convenção Modelo da OCDE, estabelece que o Estado de residência tem o exclusivo direito de tributar

---

180 BELLAN, Daniel Vitor. Artistas e Desportistas: O Artigo 17 da Convenção Modelo da OCDE e dos Tratados Brasileiros. *Revista de Direito Tributário Internacional*, São Paulo, n. 12, 2009, p. 108-114.

181 SANTINI, Andrea. Articles 18, 19 and 20. Pensions; Government Services; Students (and Visiting Professors). In: ECKER, Thomas; RESSLER, Gernot (Coords.). *History of Tax Treaties*. Wien: Linde, 2011. p. 611.

182 KEMMEREN, Eric C. C. M. Pensions (Article 18 OECD Model Convention). In: LANG, Michael et. al. (Coords.). *Source Versus Residence: Problems Arising from the Allocation of Taxing Rights in Tax Treaty Law and Possible Alternatives*. The Netherlands: Kluwer, 2008. p. 254.

pensões e outras remunerações semelhantes. Entretanto, ele se distancia do artigo da OCDE estabelecendo que o Estado de fonte tem o direito exclusivo de tributar os pagamentos feitos dentro de um esquema público que seja parte do sistema de seguridade social daquele Estado ou de uma subdivisão política ou autoridade local.

3. Segundo o artigo 18 B o Estado de fonte pode tributar pensões e outras remunerações semelhantes e os dispositivos previstos nos Artigos 23 A ou 23 B determinarão se o Estado de residência irá isentar tais rendimentos ou irá permitir a utilização do imposto pago no Estado de fonte, como uma dedução de seu próprio imposto sobre tal rendimento. Contudo, o artigo 18 B permite a tributação exclusiva na fonte quando os pagamentos são feitos no contexto de um esquema público que seja parte de um esquema de seguridade social do Estado, de uma subdivisão política ou de uma autoridade local.[183]

Este dispositivo não tem redação uniforme nos tratados brasileiros, conforme bem apontado por Daniel Vitor Bellan que, com base em comentários de Alberto Xavier, assinalou o seguinte:

> A questão recebeu tratamento bastante diversificado nos acordos de bitributação firmados pelo Brasil. Analisando-os, Alberto Xavier constrói quatro grupos diversos. O primeiro grupo seria formado pelos acordos firmados com Bélgica, França, Finlândia e Japão, que, fiel ao princípio da residência apregoado pela Convenção Modelo da OCDE, reconhecer o direito exclusivo do estado de residência do beneficiário para a tributação dos rendimentos de "pensões e anuidades".[184] O segundo grupo reconhece também o direito exclusivo de tributação pela residência, porém condicionado a certo limite de valor (Canadá, Coreia, Espanha, Hungria, Itália, Luxemburgo, Portugal [antigo], Suécia, e Tchecoslováquia). O Terceiro grupo adota a tributação cumulativa por ambos os estados, independentemente de qualquer limite quantitativo (Áustria, Filipinas, Índia e Noruega).[185] Finamente, o último grupo de acordos de bitributação brasileiros atribui ao estado da fonte o direito exclusivo de tributação sobre esses rendimentos (Argentina, Dinamarca e Equador).[186] O novo Acordo de Bitributação firmado

---

183 UNITED NATIONS. *Model Double Tax Convention Between Developed and Developing Countries*. New York: United Nations, 2011. p. 269.

184 O acordo com a Turquia traz dispositivo neste sentido.

185 Os tratados com Peru e Trinidad e Tobago também trazem regra nesse sentido.

186 Este também é o caso da convenção celebrada com a Venezuela.

com Portugal integra aquele primeiro grupo (tributação exclusiva no extado de residência do beneficiário, enquanto que o Acordo de Bitributação concluído com o Chile em 2001 entra neste último grupo (tributação exclusiva no estado da fonte).[187]

Percebe-se que não há uniformidade entre as convenções brasileiras. Contudo, como ambos os Modelos têm como ponto de partida a tributação pelo Estado de residência do beneficiário, percebe-se que em algumas situações o Brasil buscou incluir regras em suas convenções que garantem alguma tributação na fonte.

1.3.21. Pagamentos Governamentais (Artigo 19)

Como observa Pasquale Pistone, "desde 1977, o artigo 19 da OCDE MCT manteve, em substância, poderes exclusivos para o Estado pagador como principal regra de alocação de remuneração (como rendimento, sob o artigo 19.1.a, ou pensões sob o artigo 19.2.a) paga em consideração a serviços governamentais".[188] Não há diferenças significativas entre o artigo 19 no Modelo da OCDE e o mesmo artigo no Modelo da ONU.[189] Portanto, a análise deste dispositivo não é relevante para os fins da presente pesquisa.

1.3.22. Estudantes (Artigo 20)

Segundo Luc De Broe, "o artigo 20 estabelece a regra de que pagamentos feitos a um estudante ou aprendiz de negócios para o propósito de sua manutenção, educação ou treinamento não devem ser tributados pelo Estado visitado por tal indivíduo para fins de estudo ou treinamento, desde que tais

---

187 BELLAN, Daniel Vitor. *Direito Tributário Internacional: Rendimentos de Pessoas Físicas nos Tratados Internacionais Contra a Dupla Tributação*. São Paulo: Saraiva, 2010. p. 298.
188 PISTONE, Pasquale. Government Service (Article 19 OCDE Model Convention). In: LANG, Michael et. al. (Coords.). *Source Versus Residence: Problems Arising from the Allocation of Taxing Rights in Tax Treaty Law and Possible Alternatives*. The Netherlands: Kluwer, 2008. p. 285.
189 Ver: BELLAN, Daniel Vitor. *Individual's Income Under Double Taxation Conventions*. The Netherlands: Kluwer, 2010. p. 100; UNITED NATIONS. *Model Double Tax Convention Between Developed and Developing Countries*. New York: United Nations, 2011. p. 285.

pagamentos sejam feitos por fontes externas a tal Estado".[190] Este é outro dispositivo que tem a mesma redação nos dois Modelos[191] e que, desta maneira, não possibilita a análise aqui pretendida.

1.3.23. Outros Rendimentos (Artigo 21)

O artigo 21 é dedicado à tributação de "outros rendimentos". Kees van Raad nos aponta que "o alcance do artigo 21, que trata de outros rendimentos, é mais amplo do que um leitor de tratados tributários não iniciado poderia supor. O artigo 21 lida não só com categorias de rendimentos que não são cobertas pelas regras distributivas precedentes, mas também com rendimentos que estão incluídos nos tópicos dos artigos precedentes, mas que são excluídos destas regras distributivas, que cobrem apenas rendimentos com uma conexão específica com o outro Estado".[192]

A regra sobre a tributação de "outros rendimentos" é importante para o propósito desta pesquisa, uma vez que as redações dos Modelos da OCDE e da ONU são distintas. O foco principal da diferença entre os Modelos foi bem sintetizado por Pasquale Pistone quando afirma que "o Modelo da ONU mantém poderes tributários compartilhados (artigo 21 (3)), enquanto que o artigo da OCDE prevê aloca-os exclusivamente ao Estado de residência".[193]

Com efeito, a redação atual do artigo 21 da Convenção Modelo da OCDE mantém basicamente a mesma redação desde 1977,[194] dispondo o seguinte:

---

190 BROE, Luc De. Students (Article 20 OECD Model Convention). In: LANG, Michael et. al. (Coords.). *Source Versus Residence: Problems Arising from the Allocation of Taxing Rights in Tax Treaty Law and Possible Alternatives*. The Netherlands: Kluwer, 2008. p. 296.

191 Ver: PISTONE, Pasquale. General Report. In: LANG, Michel et. al. (Coords.). *The Impact of the OECD and UN Model Conventions on Bilateral Tax Treaties*. Cambridge: Cambridge University Press, 2012. p. 28.

192 RAAD, Kees van. Coherence Among the OECD Model's Distributive Rules: The "Other" State and Income from Third Countries. In: MAISTO, Guglielmo et. al. (Coords.). *Essays on Tax Treaties: A Tribute to David Ward*. The Netherlands: IBFD, 2013. p. 63.

193 PISTONE, Pasquale. General Report. In: LANG, Michel et. al. (Coords.). *The Impact of the OECD and UN Model Conventions on Bilateral Tax Treaties*. Cambridge: Cambridge University Press, 2012. p. 28.

194 Cf. CUI, Shanshan. Article 21: Other Income. In: ECKER, Thomas; RESSLER, Gernot (Coords.). *History of Tax Treaties*. Wien: Linde, 2011. p. 635.

1. Itens de rendimento que o residente de um Estado contratante, onde sejam auferidos, que não tenham sido tratados nos artigos anteriores desta Convenção, devem ser tributados apenas neste Estado.

2. As disposições do parágrafo 1 não serão aplicáveis a rendimentos, que não sejam provenientes de bens imóveis como definidos no parágrafo 2 do Artigo 6, cujo receptor seja residente de um Estado Contratante e exerça atividades no outro Estado Contratante por meio de um estabelecimento permanente situado no outro Estado, sempre que o direito ou bem em relação ao qual se pague o rendimento esteja vinculado efetivamente com tal estabelecimento permanente. Em tais casos, aplicam-se as disposições do Artigo 7.

O artigo 21 (1) da Convenção Modelo da OCDE estabelece a competência tributária exclusiva do país de residência para tributar "outros rendimentos". De outro lado, o artigo 21 (2) "prevê uma exceção às disposições do parágrafo 1, onde o rendimento é associado com a atividade de um estabelecimento permanente que o residente de um Estado contratante tem no outro Estado contratante".[195]

Os artigos 21 (1) e 21 (2) do Modelo da ONU têm basicamente a mesma redação dos artigos na Convenção Modelo da OCDE. A grande diferença é que o Modelo da ONU também faz referência ao artigo 14 no artigo 21 (2).

A mais significativa divergência entre os Modelos decorre do fato de que a Convenção Modelo da ONU possui um terceiro parágrafo, ausente no Modelo da OCDE, segundo o qual "não obstante as disposições dos parágrafos precedentes, os rendimentos de um residente de um Estado Contratante não tratados nos Artigos anteriores da presente Convenção e provenientes do outro Estado Contratante podem também ser tributados nesse outro Estado".[196]

O artigo 21 (3) do Modelo da ONU basicamente permite que o país de fonte do rendimento tribute "outros rendimentos" auferidos em seu território, sem qualquer limitação.[197]

---

[195] OECD. *Model Tax Convention on Income and on Capital*. Paris: OECD, 2014. p. 316.

[196] Sobre o tema, ver: BOSMAN, Alexander. *Other Income under Tax Treaties*. The Netherlands: Kluwer, 2015. p. 126-127.

[197] Ver: UNITED NATIONS. *Model Double Tax Convention Between Developed and Developing Countries*. New York: United Nations, 2011. p. 302; RUST, Alexander. Other Income (Article 21 OECD Model Convention). In: LANG, Michael et. al. (Coords.). *Source Versus Residence: Problems Arising from the Allocation of Taxing Rights in Tax Treaty Law and Possible Alternatives*. The Netherlands: Kluwer, 2008. p. 338.

O Brasil, assim como outros países em desenvolvimento, possui uma reserva à Convenção Modelo da OCDE, no sentido de tributar "outros rendimentos" auferidos em seu território.[198] Esta reserva reflete a política de celebração de tratados do País, sendo que todas as convenções brasileiras estabelecem a competência para a tributação de "outros rendimentos" na fonte.[199]

Em conclusão, este artigo mostra clara aproximação entre a política brasileira de celebração de tratados e o Modelo da ONU. Uma vez mais, nota-se que a adoção desta orientação precedeu a edição deste modelo em 1980, sendo encontrada também em alguns acordos que o precederam.

1.3.24. Rendimentos de Capital (Artigo 22)

Os únicos tratados brasileiros em vigor que incluem o artigo 22 são aqueles celebrados com a Áustria, Luxemburgo e Noruega.[200] Uma vez que esses tratados foram assinados antes da publicação da Convenção Modelo da ONU, seu exame não é relevante para os fins desta pesquisa.

Refletindo a situação verificada na análise de seus tratados, o Brasil tem uma reserva em relação ao artigo 22 da Convenção Modelo da OCDE, indicando que não pretende acrescentá-lo em suas convenções.[201]

1.3.25. Métodos para Evitar a Dupla Tributação (Artigo 23)

As redações dos artigos 23 das Convenções Modelos da OCDE e da ONU são bastante semelhantes. Esta opinião é corroborada por Pasquale Pistone[202] e por Livia Leite Baron Gonzaga.[203]

---

198 Cf. OECD. *Model Tax Convention on Income and on Capital*. Paris: OECD, 2014. p. 485.

199 A única exceção é a convenção celebrada com a França, que não possui um artigo sobre a tributação de "outros rendimentos".

200 Ver: XAVIER, Alberto. *Direito Tributário Internacional do Brasil*. 7 ed. Rio de Janeiro: Forense, 2010. p. 581.

201 OECD. *Model Tax Convention on Income and on Capital*. Paris: OECD, 2014. p. 486.

202 PISTONE, Pasquale. General Report. In: LANG, Michel et. al. (Coords.). *The Impact of the OECD and UN Model Conventions on Bilateral Tax Treaties*. Cambridge: Cambridge University Press, 2012. p. 28.

203 GONZAGA, Livia Leite Baron. OECD, UN and US Model Conventions: A Comparison. In: TÔRRES, Heleno Taveira (Coord.). *Direito Tributário Internacional Aplicado*. São Paulo: Quartier Latin, 2008. v. V. p. 124.

Política Fiscal Internacional Brasileira

Em relação aos métodos para evitar a dupla tributação da renda, o Brasil claramente prefere o método de crédito – o método de isenção é usado apenas de forma secundária, em poucos tratados.[204] Nada obstante, a questão relevante, no que se refere a este dispositivo, é a utilização de provisões de *tax sparing* e *matching credit*. De fato, todos os tratados brasileiros celebrados com países desenvolvidos possuem dispositivos dessa natureza.[205]

É um fato notório que desde a edição do relatório *Tax Sparing: A Reconsideration*, a OCDE tem desencorajado seus países membros a incluírem cláusulas dessa natureza em seus tratados. De acordo com o referido relatório, regras de *tax sparing* abrem espaço para abusos e práticas de concorrência fiscal prejudicial. Ademais, segundo a OCDE não haveria prova concreta de que tais provisões seriam ferramentas adequadas para promover desenvolvimento econômico de países em desenvolvimento. A recomendação do relatório foi no sentido de que "países que tradicionalmente concederam *tax sparing* devem necessariamente parar de fazê-lo". O Comitê de Assuntos Fiscais da OCDE recomendou que se um país membro resolver conceder *tax sparing credits*, os mesmos deveriam ser considerados apenas em relação a países cujo nível econômico seja consideravelmente inferior àquele dos países membros.[206]

A ONU tem uma posição contrária à da OCDE em relação ao *tax sparing*. Ao invés de negar sua importância em tratados celebrados entre países desenvolvidos e países em desenvolvimento, os Comentários à sua Convenção Modelo destacam sua relevância:

---

204 Neste mesmo sentido, ver: SCHOUERI, Luís Eduardo; SILVA, Natalie Matos. Brazil. In: LANG, Michel et. al. (Coords.). *The Impact of the OECD and UN Model Conventions on Bilateral Tax Treaties*. Cambridge: Cambridge University Press, 2012. p. 197; XAVIER, Alberto. *Direito Tributário Internacional do* Brasil. 8 ed. Rio de Janeiro: Forense, 2015. p. 755.

205 Há bastante controvérsia doutrinária a respeito dos conceitos de *tax sparing* e *matching credit*, conforme bem exposto por Anapaula Trindade Marinho e Vanessa Arruda Ferreira (Cf. MARINHO, Anapaula Trindade; FERREIRA, Vanessa Arruda. Crédito de Imposto Fictício: de uma noção nebulosa a um regime jurídico incerto. *Revista de Direito Tributário Internacional*. São Paulo, n. 11, 2009, p. 9-48). Sobre o tema, ver: RUST, Alexander. Article 23. Methods for Elimination of Double Taxation. In: REIMER, Ekkehart; RUST, Alexander (Orgs.). *Klaus Vogel on Double Taxation Conventions*. 4th ed. The Netherlands: Kluwer, 2015. v. II. p. 1.637-1639. Como não é nosso objetivo tratar do tema neste trabalho, utilizaremos a expressão *tax sparing* de modo genérico, alcançando tanto o *tax sparing* propriamente dito como o *matching credit*.

206 OECD. *Tax Sparing: A Reconsideration*. Paris: OECD, 1998. p. 41-43. Ver também: TÔRRES, Heleno Taveira. *Pluritributação Internacional sobre as Rendas de Empresas*. 2 ed. São Paulo: Revista dos Tribunais, 2001. p. 467-468.

[...] 3. Quando o Modelo das Nações Unidas foi revisado anteriormente, membros de países em desenvolvimento sentiram que, no que tange às medidas a serem aplicadas por países desenvolvidos os métodos de isenção e crédito poderiam ser usados apropriadamente. O método de isenção foi considerado particularmente adequado onde a jurisdição fiscal exclusiva sobre determinado rendimento foi alocada ao país de fonte sob o tratado; ele pode tomar a forma de isenção com progressão. Um dos principais defeitos do método de crédito, sob os olhos de países em desenvolvimento, é que o benefício de baixas alíquotas em países em desenvolvimento ou de concessões fiscais especiais concedidas pelos mesmos, podem em grande parte resultar em benefício da fazenda do país exportador do capital, ao invés do investidor estrangeiro para quem os benefícios foram designados. Assim, a receita é transferida do país em desenvolvimento para o país exportador de capital.

4. A eficácia das medidas de incentivo fiscal introduzidas pela maioria dos países em desenvolvimento depende, portanto, do inter-relacionamento entre seus sistemas tributários e aqueles dos países exportadores de capital de onde o investimento originou. É de importância fundamental para países em desenvolvimento assegurar que medidas de incentivo fiscal não sejam tornadas ineficazes pela tributação no país exportador de capital usando sistemas de crédito de imposto pago no exterior. Este efeito indesejável é de alguma forma evitado em tratados bilaterais pelo uso de *tax sparing credit*, pelo qual o país desenvolvido concede um crédito não apenas pelo imposto pago, mas também pelo tributo evitado pelo incentivo previsto na legislação do país em desenvolvimento. Ele também é evitado pelo método da isenção. Alguns membros, países em desenvolvimento, consideraram necessário ressaltar seu entendimento de que o método da isenção ou a previsão de *tax sparing* é, para os mesmos, uma finalidade básica e fundamental na negociação de tratados tributários. De outro lado, alguns membros notaram que estudos mostraram que fatores fiscais podem não ser decisivos no processo de decisão de investimentos e, portanto, em sua visão, *tax sparing* pode não ser a política adequada.

5. Muitos membros, tanto países desenvolvidos e em desenvolvimento, concordaram que créditos de *tax sparing* deveriam ser incluídos nos tratados entre países desenvolvidos e em desenvolvimento, onde o país desenvolvido utilizará o método de crédito. Entretanto, alguns membros expressaram a visão de que, por várias razões, créditos de *tax sparing* não são um mecanismo apropriado para o desenvolvimento econômico, objetivo este que pode ser melhor alcançado por outros mecanismos. [...].[207]

---

[207] UNITED NATIONS. *Model Double Tax Convention Between Developed and Developing Countries.* New York: United Nations, 2011. p. 309.

O *tax sparing* tem sido uma importante parte da política brasileira de celebração de tratados internacionais desde o início. Por exemplo, a insistência brasileira na inclusão de dispositivo neste sentido vem sendo apontada como uma das principais razões pelas quais o Brasil e os Estados Unidos não foram capazes de concluir um tratado tributário.[208]

O Brasil tem uma reserva ao artigo 23 da Convenção Modelo da OCDE no sentido de que o País preserva "o direito de adicionar regras de *tax sparing* em relação a incentivos fiscais que são estabelecidos em sua legislação tributária. O Brasil também reserva seu direito de acrescentar regras *matching credit* em relação a dividendos, juros e royalties".[209]

Tendo em vista a importância das regras de *tax sparing* no Brasil, é relevante observar que coube a Luís Eduardo Schoueri renovar o debate teórico a respeito do tema. Com efeito, em um inspirado artigo Schoueri apontou que a visão do *tax sparing* como um instrumento de incentivo para investimento errava o alvo. Em sua visão, *tax sparing* é principalmente um instrumento para a divisão de receitas tributárias entre o país de residência e o de fonte do rendimento.[210]

A interpretação de Luís Eduardo Schoueri joga nova luz sobre a política brasileira de celebração de tratados, no que se refere à inclusão de regras de *tax sparing*. Ao invés de ser apenas um instrumento para o incentivo de investimento estrangeiro de países desenvolvidos em países em desenvolvimento, elas se tornam parte de um modelo geral de rateio de receitas tributárias entre os países celebrando um tratado. Esta posição – a favor de regras de *tax sparing* –

---

[208] Cf. BRAUNER, Yariv. Por que os Estados Unidos Firmam Tratados Tributários? E por que não têm Tratado Tributário com o Brasil? *Revista Direito Tributário Atual*, São Paulo, n. 26, 2011, p. 121; TAVOLARO, Agostinho Toffoli; SILVA, Antonio Carlos Florêncio de Abreu e. Tratado Brasil/Estados Unidos para Evitar a Dupla Tributação. *Revista de Direito Tributário Internacional*, São Paulo, n. 15, 2010, p. 43-45. Em homenagem à precisão, deve-se apontar que os dois países assinaram uma convenção tributária em 1967, a qual não foi aprovada pelo Senado Americano – exatamente por contar uma cláusula da *Tax Sparing*. Sobre o tema, ver: SCHOUERI, Luís Eduardo. Contribuição à História dos Acordos de Bitributação: a Experiência Brasileira. *Revista Direito Tributário Atual*, São Paulo, n. 22, 2002, p. 274; TAYLOR, Willard B. O que um Acordo de Bitributação entre Brasil e EUA poderia estipular. *Revista Direito Tributário Atual*, São Paulo, n. 21, 2007, p. 153.

[209] OECD. *Model Tax Convention on Income and on Capital*. Paris: OECD, 2014. p. 486.

[210] Cf. SCHOUERI, Luís Eduardo. *Tax Sparing*: uma Reconsideração da Reconsideração. *Revista Direito Tributário Atual*, São Paulo, n. 26, 2011, p. 108. Ver, também: ALMEIDA, Carlos Otávio Ferreira de. *Tributação Internacional da Renda: A Competitividade Brasileira à Luz das Ordens Tributária e Econômica*. São Paulo: Quartier Latin, 2014. p. 191-207.

também é suportada por Pasquale Pistone. Em um estudo a respeito da justiça na alocação de poderes tributários no contexto da tributação internacional, este autor aduziu que "seria possível manter as regras existentes de alocação de competências tributárias e introduzir a alteração no nível das regras para evitar a dupla tributação. Com efeito, socorro compensatório poderia ser substituído por um sistema de *tax sparing* e isenções".[211]

Considerando que regras de *tax sparing* são uma parte relevante da política brasileira de celebração de tratados tributários, vemos que esta é outra área onde as convenções do País se distanciam da Convenção Modelo da OCDE e se aproximam dos trabalhos desenvolvidos pela ONU.

1.3.26. Não Discriminação (Artigo 24)

Segundo Kees van Raad, "o artigo 24 do Modelo da OCDE compreende quatro diferentes regras contra o tratamento menos favorável: uma que proíbe o tratamento menos favorável com base na nacionalidade estrangeira (parágrafo 1) e três que proíbem o tratamento menos favorável que é diretamente (parágrafo 3) ou indiretamente (parágrafos 4 e 5) baseados na não residência".[212]

O artigo de não discriminação tem a mesma redação em ambos os Modelos.[213] A seu turno, a redação dos tratados brasileiros é variada.[214] Entretanto, como não há diferenças significativas entre tais dispositivos nos Modelos, a análise deste dispositivo não é relevante para os objetivos desta pesquisa.[215]

---

211 PISTONE, Pasquale. Geographical boundaries of tax jurisdiction, exclusive allocation of taxing powers in tax treaties and good tax governance in relations with developing countries. In: BRAUNER, Yariv; STEWART (Coords.). *Tax, Law and Development*. Massachusetts: Edward Elgar, 2013. p. 279.

212 RAAD, Kees van. Nondiscrimination in taxation of cross-border income under the OECD Model and EC treaty rules – a concise comparison and assessment. In: ARENDONK, Henk van et. al. (Coords.). *A Tax Globalist: Essays in Honour of Maarten J. Ellis*. The Netherlands: IBFD, 2005. p. 129.

213 Ver: GONZAGA, Livia Leite Baron. OECD, UN and US Model Conventions: A Comparison. In: TÔRRES, Heleno Taveira (Coord.). *Direito Tributário Internacional Aplicado*. São Paulo: Quartier Latin, 2008. v. V. p. 124.

214 Cf. OLIVEIRA, André Gomes de. Brazil. *Cahiers de Droit Fiscal International*. Amsterdam: IFA, 2008. v. 93a. p. 160-161.

215 O Brasil tem algumas reservas em relação a este artigo. Cf. OECD. *Model Tax Convention on Income and on Capital*. Paris: OECD, 2014. p. 486-488.

1.3.27. Procedimento Amigável (Artigo 25)

O artigo 25 tem uma redação muito semelhante nos Modelos da OCDE e da ONU. A atualização de 2008 da Convenção Modelo da OCDE incluiu uma regra neste dispositivo prevendo a arbitragem como meio alternativo de solução de controvérsias no contexto dos tratados tributários,[216] a qual foi incluída no Modelo da ONU na atualização de 2011 – no artigo 25 alternativa B.

O Brasil tem quatro reservas ao artigo 25 da Convenção Modelo da OCDE:[217]

- Em relação ao parágrafo 1, o Brasil reserva sua posição em relação à última frase, que estabelece que "o caso deve ser apresentado dentro de três anos a partir da primeira notificação da ação resultante em tributação em desacordo com as disposições da Convenção".

- Com respeito ao parágrafo 2, o Brasil reserva sua posição em relação à segunda sentença, uma vez que o País considera que "a implementação de alívios e reembolsos em decorrência de um procedimento amigável devem permanecer vinculados aos limites temporais previstos em sua legislação doméstica".

- No que tange ao parágrafo 3, o País reserva sua posição em relação à segunda sentença, segundo a qual os países podem se consultar mutuamente para a eliminação da dupla tributação em casos não previstos na convenção, "ao argumento de que eles não possuem autoridade sob sua legislação para eliminar a dupla tributação e casos não estabelecidos na Convenção".

- Finalmente, em relação ao parágrafo 4, o Brasil reserva seu direito "a omitir as palavras 'incluindo através de uma comissão conjunta composta pelos mesmos ou seus representantes".

---

216 Ver: SERRANO ANTÓN, Fernando. *La Resolución de Conflictos en el Derecho Internacional Tributario: Procedimiento Amistoso y Arbitraje*. Navarra: Civitas, 2010. p. 343-351; MONTEIRO, Alexandre Luiz Moraes do Rêgo. *Direito Tributário Internacional: A Arbitragem nos Acordos de Bitributação Celebrados pelo Brasil*. São Paulo: Quartier Latin, 2016. p. 176-193.

217 OECD. *Model Tax Convention on Income and on Capital*. Paris: OECD, 2014. p. 488-489.

O Brasil não tem nenhuma reserva em relação ao artigo 25 (5) do Modelo da OCDE, que trata do uso da arbitragem. Embora autores reconheçam que a inclusão de tal provisão nos tratados brasileiros seria possível,[218] parece-nos improvável que o País siga nesta direção no futuro próximo – ver item 4.2.12 adiante.

O artigo sobre procedimento amigável não tem uma redação uniforme nos tratados brasileiros.[219] Entretanto, como a redação deste dispositivo é semelhante nos dois Modelos, a análise do mesmo não é relevante para as finalidades da presente pesquisa.

1.3.28. Troca de Informações (Artigo 26)

Atualmente, um dos mais destacados temas do Direito Internacional Tributário é a transparência fiscal e a troca de informações entre países para fins fiscais (ver o capítulo 3 adiante). A OCDE e o seu Fórum Global sobre Transparência e Troca de Informações para Fins Fiscais ("Fórum Global"), com o apoio do G-20, vêm liderando os esforços internacionais para o desenvolvimento de um padrão global de transparência fiscal.[220]

Como decorrência da liderança da OCDE e do Fórum Global em relação ao tema da transparência, sua influência em relação a esta matéria é evidente. O artigo 26 da Convenção Modelo da OCDE certamente é mais relevante do que seu par no Modelo da ONU, sendo que este último vem sendo modificado para se adequar àquele.[221]

---

218 DIX, Daniel. *Os Conflitos Tributários Internacionais e sua Possível Solução pela Via Arbitral*. São Paulo: Quartier Latin, 2014. p. 263; SCHOUERI, Luís Eduardo. Arbitration and Constitutional Issues. In: LANG, Michael; OWENS, Jeffrey (Coords.). *International Arbitration in Tax Matters*. Amsterdam: IBFD, 2015. p. 187-208.

219 Ver: ROCHA, Sergio André. *Interpretation of Double Taxation Conventions: General Theory and Brazilian Perspective*. The Netherlands: Kluwer, 2009. p. 172-173; SCHOUERI, Luís Eduardo; SILVA, Natalie Matos. Brazil. In: LANG, Michel et. al. (Coords.). *The Impact of the OECD and UN Model Conventions on Bilateral Tax Treaties*. Cambridge: Cambridge University Press, 2012. p. 200.

220 Ver: ROCHA, Sergio André. *Troca Internacional de Informações para Fins Fiscais*. São Paulo: Quartier Latin, 2015. p. 27-32.

221 Como observa Xavier Oberson, "desde 2011, o art. 26 do Modelo da ONU corresponde à versão do Modelo da OCDE com duas diferenças. Primeiro, o art. 26 do Modelo da ONU estabelece que informação que seja útil ao Estado Contratante para a prevenção da evasão de tributos deve ser trocada. Em segundo lugar, sob o art. 26, parágrafo 6, do Modelo da ONU, as autoridades competentes

Os tratados brasileiros não possuem uma redação uniforme no que se refere a este dispositivo.[222] Nada obstante, é clara a influência do Modelo da OCDE neste caso, sendo a tendência que as convenções celebradas pelo Brasil se modifiquem para se adequarem ao artigo 26 da Convenção Modelo da OCDE o que, diga-se, está se passando com o próprio Modelo da ONU, que vem seguindo o disposto no da OCDE.[223]

Vale observar que a troca de informações é um tema em si mesmo – tanto que o artigo 26 dos tratados bilaterais vem perdendo espaço para iniciativas multilaterais, como a Convenção Multilateral sobre Assistência Mútua Administrativa em Matéria Tributária.[224] Dessa forma, parece-nos que o alinhamento brasileiro com a OCDE no campo da transparência fiscal internacional – que não deixa de ser também um alinhamento com a ONU – não é contraditório com a posição observada nos artigos anteriores.

1.3.29. Assistência na Cobrança de Tributos (Artigo 27)

Os tratados brasileiros não incluem o artigo 27. Talvez a única convenção que possui um dispositivo semelhante seja aquela com Portugal, que tem algumas regras sobre assistência administrativa em seu artigo 26. Desta forma, o exame deste artigo não se apresenta necessário para os objetivos desta pesquisa.

---

devem, através de consultas, desenvolver métodos e técnicas apropriadas referentes a matérias sobre as quais trocas de informações devem ser feitas" (OBERSON, Xavier. *International Exchange of Information in Tax Matters*. Cheltenham: Elgar, 2015. p. 17).

222 Ver: ROCHA, Sergio André. *Troca Internacional de Informações para Fins Fiscais*. São Paulo: Quartier Latin, 2015. p. 129-135; GODOY, Arnaldo Sampaio de Moraes. *Direito Tributário Internacional Contextualizado*. São Paulo: Quartier Latin, 2009. p. 157-165.

223 Ver: UNITED NATIONS. *Model Double Tax Convention Between Developed and Developing Countries*. New York: United Nations, 2011. p. 435. Sobre o tema, ver: ARNOLD, Brian J. Tax Treaty News: An Overview of the UN Model. *Bulletin for International Taxation*, Amsterdam, n. 60 (11), 2011, p. 525.

224 Ver: ROCHA, Sergio André. *Troca Internacional de Informações para Fins Fiscais*. São Paulo: Quartier Latin, 2015. p. 113-119.

1.3.30. Funcionários Diplomáticos e Consulares (Artigo 28)

As Convenções Modelo da OCDE e da ONU possuem a mesma redação neste artigo. Portanto, o mesmo mostra-se irrelevante para os propósitos desta pesquisa.

1.3.31. Extensão Territorial (Artigo 29)

Este dispositivo só é encontrado na Convenção Modelo da OCDE. Alguns tratados brasileiros o incluem. Este é o caso das convenções celebradas com Dinamarca, França e Noruega. Dada a sua natureza, vinculada à extensão do tratado a outros territórios sob a responsabilidade dos Estados contratantes, nota-se a sua reduzida relevância da perspectiva doméstica brasileira e, por conseguinte, para esta pesquisa.

1.3.32. Entrada em Vigor e Denúncia (Artigos 30 e 31)

Ambos os Modelos possuem dispositivos bastante semelhantes no que se refere à entrada em vigor e à terminação do tratado. Mais uma vez tratam-se de artigos que não contribuem para o foco deste estudo.

1.3.33. Conclusão a Respeito da Convenção Modelo que Mais Influenciou a Política Brasileira de Celebração de Tratados

Após afirmar que a Convenção Modelo da OCDE se transformou "na expressão da prática convencional internacionalmente aceita e a principal fonte de direito convencional tributário ao redor do mundo", Pasquale Pistone assevera que "a tendência oposta pode ser registrada em relação à Convenção Modelo Tributária da ONU (de agora em diante, ONU CMT). Concebida para refletir as necessidades de política fiscal de países em desenvolvimento, a ONU CMT gradualmente perdeu importância e influência sobre tratados bilaterais ao longo das últimas décadas e atualmente, possivelmente como consequência dos maiores poderes de negociação dos países membros da OCDE, é raramente utilizada como padrão para tratados bilaterais ao redor do mundo".[225]

Considerando o comentário de Francisco Dornelles antes transcrito, no sentido de que o Modelo da ONU não se distanciou o suficiente do Modelo da OCDE[226] e ao notarmos que, de fato, o primeiro Modelo não é tão distinto deste segundo, como aponta Heleno Taveira Tôrres,[227] o comentário de Pasquale Pistone está correto: de modo geral, o Modelo da OCDE tem sido a base de outros Modelos e tratados, inclusive do Modelo da ONU.[228]

Nada obstante, ao se considerar a política de celebração de tratados brasileira, deve estar claro a esta altura que os tratados brasileiros usualmente se distanciam significativamente da Convenção Modelo da OCDE em todos os temas que envolvem a distribuição de competências tributárias entre os Estados Contratantes. Como afirma Luís Eduardo Schoueri, "o Brasil pode ser considerado um País que foi bem-sucedido na defesa de sua política de acordos de bitributação".[229]

---

[225] PISTONE, Pasquale. Tax Treaties with Developing Countries: A Plea for New Allocation Rules and a Combined Legal and Economic Approach. In: LANG, Michael et. al. (Coords.). *Tax Treaties: Building Bridges Between Law and Economics*. Amsterdam: IBFD, 2010. p. 413.

[226] DORNELLES, Francisco. O Modelo da ONU para Eliminar a Dupla Tributação da Renda e os Países em Desenvolvimento. In: TAVOLARO, Agostinho Toffoli et. al. (Coords.). *Princípios Tributários no Direito Brasileiro: Estudos em Homenagem a Gilberto de Ulhôa Canto*. Rio de Janeiro: Forense, 1988. p. 195-232.

[227] TÔRRES, Heleno Taveira. *Pluritributação Internacional sobre as Rendas de Empresas*. 2 ed. São Paulo: Revista dos Tribunais, 2001. p. 547.

[228] Como notado por Brian J. Arnold, "a despeito de algumas diferenças significativas, o Modelo da ONU e o da OCDE compartilham muitas disposições em comum. De fato, as similaridades entre os dois Modelos são mais importantes que as diferenças" (ARNOLD, Brian J. Tax Treaty News: An Overview of the UN Model. *Bulletin for International Taxation*, Amsterdam, n. 60 (11), 2011, p. 523).

[229] SCHOUERI, Luís Eduardo. Contribuição à História dos Acordos de Bitributação: a Experiência Brasileira. *Revista Direito Tributário Atual*, São Paulo, n. 22, 2002, p. 280. Segundo Ricardo André Galendi Júnior e Guilherme Silva Galdino, "O Brasil ostenta política tradicional e independente de negociação de acordos de bitributação (SCHOUERI, 2008, p. 267; VITA, 2010, p. 303). Desde a celebração dos primeiros acordos no final da década de 1960, seguido do engajamento da administração tributária brasileira quando da elaboração do Modelo da ONU, nota-se que o Brasil, a exemplo de outros países da América Latina, tem-se recusado a ceder à adoção estrita da CM-OCDE (DORNELLES, 1988, p. 197). Como consequência dessa independência, o Brasil demanda em suas negociações cláusulas de *tax sparing* (SCHOUERI, 2011, p. 203) e a engenhosa equiparação de serviços técnicos a royalties (ROTHMANN, 2002, p. 33). Tais exigências têm o escopo de, respectivamente, contemplar a soberania do Estado da Fonte, possibilitando-se que eventuais incentivos concedidos por este não

Dessa maneira, não concordamos com a opinião de Eduardo Baistrocchi, para quem o Brasil está convergindo com o chamado "Regime Fiscal Internacional". Em verdade, o País tem sua própria agenda no campo da tributação internacional. Não se pode dizer que o Brasil seja alheio às experiências estrangeiras, mas não parece haver qualquer agenda do País em direção à convergência com o regime da OCDE[230] – que é a base do "Regime Fiscal Internacional" mencionado por Baistrocchi.[231]

Está claro, a esta altura, que a posição brasileira a respeito da grande maioria das regras distributivas presentes nas convenções do País é muito mais próxima da Convenção Modelo da ONU do que do Modelo da OCDE – embora, como notado anteriormente, este fato não signifique que os tratados do Brasil sejam totalmente diferentes do Modelo da OCDE, já que este foi a base do Modelo da ONU.[232]

De fato, é correto afirmar que em muitos artigos a política de tratados brasileira vai além do disposto no Modelo da ONU, favorecendo mais extensamente a tributação pelo país de fonte dos rendimentos.

---

sejam neutralizados pela tributação no Estado de Residência, e reconhecer a relevância do mercado para a criação de valor, permitindo-se a adoção da fonte de pagamento como elemento de conexão para a tributação de serviços" (GALENDI JÚNIOR, Ricardo André; GALDINO, Guilherme Silva. Desafios da Economia Digital: do problema hermenêutico ao desequilíbrio na alocação de jurisdição. In: GOMES, Marcus Lívio; SCHOUERI, Luís Eduardo (Coords.). *A Tributação Internacional na Era Pós-BEPS*. Rio de Janeiro: Lumen Juris, 2016. v. III. p. 309-310).

230 Referindo-nos uma vez mais aos comentários de Luís Eduardo Schoueri, registramos sua opinião de que "no que se refere a assuntos de tributação internacional, a influência da OCDE na política fiscal brasileira permanece limitada" (SCHOUERI, Luís Eduardo. Brazil. In: BRAUNER, Yariv; PISTONE, Pasquale (Coords.). *BRICS and the Emergence of International Tax Coordination*. The Netherlands: IBFD, 2015. p. 49).

231 BAISTROCCHI, Eduardo. The International Tax Regime and the BRIC World: Elements for a Theory. *Oxford Journal of Legal Studies*, London, 2013, p. 1-34.

232 Segundo D. P. Sengupta, o mesmo pode ser dito da política de celebração de tratados da Índia. Em suas palavras, "o modelo indiano é baseado em um amálgama do Modelo da OCDE e o Modelo da ONU e, considerando que a Convenção Modelo da ONU em si é baseada no Modelo da OCDE, pode-se dizer que a Índia segue o Modelo da OCDE em alguns aspectos. Entretanto, a Índia é ainda um país importador de capital e põe ênfase nos poderes tributários do país de fonte. Como o Modelo da ONU confere mais poderes tributários ao país de fonte, é óbvio que os tratados indianos são mais próximos do Modelo da ONU, em particular aqueles celebrados depois da edição deste Modelo" (SENGUPTA, D. P. India. In: BRAUNER, Yariv; PISTONE, Pasquale (Coords.). *BRICS and the Emergence of International Tax Coordination*. The Netherlands: IBFD, 2015. p. 125).

Ademais, foi possível verificar que a influência da orientação do Modelo da ONU antecede a data de sua edição, notando-se que mesmo acordos celebrados antes de 1980 já apresentavam dispositivos alinhados com esta Convenção Modelo.

A despeito desta posição, é interessante notar que, na grande maioria das vezes, os autores brasileiros que cuidaram do tema em tela afirmam, de forma mais ou menos categórica, que as convenções tributárias assinadas pelo Brasil seguem o Modelo da OCDE.

Alberto Xavier, por exemplo, sustentava que "o fato de a generalidade das convenções celebradas pelo Brasil obedecerem, nas suas linhas mestras, o modelo de Convenção da OCDE justifica que se lhe faça uma referência especial".[233]

A posição de Luís Eduardo Schoueri deve ser analisada com cuidado, uma vez que este autor se manifestou sobre o tema em trabalhos distintos. Em estudo, já referido, escrito em coautoria com Natalie Matos Silva, foi registrada a opinião no sentido de que "o Brasil não é um membro da OCDE, mas, em muitas ocasiões, adotou a Convenção Modelo sobre Tributação da Renda e do Capital da OCDE (Modelo OCDE) em seus tratados".[234]

Talvez sua posição fique mais clara em artigo anterior, onde escreveu que "embora não seja membro da OCDE, a influência da CM-OCDE sobre os acordos de bitributação brasileiros é visível, e foi reconhecida pelos negociadores já nos primeiros acordos. Ultimamente, esta influência vestiu contornos formais, pois o Brasil foi convidado a tomar parte nas discussões da Convenção Modelo. A posição brasileira está incluída entre as Posições dos Países não-Membros ('Positions of Non-Member Countries'). Isso não afasta o mérito de o Brasil não necessariamente seguir a CM-OCDE: pelo contrário, o Brasil deixa claro onde não estará de acordo com o Modelo e seus Comentários".[235] Em 2016, ao analisar a relação do Brasil com a OCDE, o referido autor afirmou o seguinte:

> Efetivamente, enquanto os tratados tributários brasileiros utilizam a estrutura da Convenção Modelo da OCDE e adotam sua redação em

---

233 XAVIER, Alberto. *Direito Tributário Internacional do Brasil*. 8 ed. Rio de Janeiro: Forense, 2015. p. 77.

234 SCHOUERI, Luís Eduardo; SILVA, Natalie Matos. Brazil. In: LANG, Michel et. al. (Coords.). *The Impact of the OECD and UN Model Conventions on Bilateral Tax Treaties*. Cambridge: Cambridge University Press, 2012. p. 172.

235 SCHOUERI, Luís Eduardo. Contribuição à História dos Acordos de Bitributação: a Experiência Brasileira. *Revista Direito Tributário Atual*, São Paulo, n. 22, 2002, p. 283.

muitos de seus dispositivos, grandes desvios em relação ao Modelo são características da política de celebração de tratados do país. Exemplos disso são a inclusão de serviços no escopo do Artigo 12 para evitar a aplicação do artigo 7º – e permitir a tributação de rendimentos de serviços a serem tributados na fonte independentemente de um estabelecimento permanente – e a adoção de regras de *tax sparing*, que seguem sendo uma característica dos tratados fiscais brasileiros a despeito da recomendação da OCDE para uma "reconsideração".[236]

Pode parecer pura semântica, mas segundo os resultados desta pesquisa seria mais correto afirmar que os tratados brasileiros seguem o racional da Convenção Modelo da ONU, e que registra tal posição ao se manifestar sobre o Modelo da OCDE e seus Comentários, ao invés de sustentar que o País segue o Modelo da OCDE, com adaptações à sua política tributária.

Assim, a presente pesquisa indica que a Convenção Modelo da ONU e sua política de atração maior de poderes tributários para o país de fonte guiam a política de celebração de tratados brasileira, e não a política da OCDE de conferir maiores poderes tributários para o país de residência do beneficiário dos rendimentos.

Jonathan Barros Vita argumenta que "o Brasil nunca possuiu um modelo de convenção próprio, fazendo adaptações que se baseiam, majoritariamente, no modelo da OCDE, mas, com algumas premissas do Modelo da ONU, além de cláusulas especificamente desenhadas nos tratados".[237] Posição semelhante parece ser a adotada por Márcio Ávila, para quem "as CCDTs brasileiras são abertamente influenciadas pelo modelo de Convenção da OCDE. Contudo, o modelo utilizado pela Organização é criticável porque procura, através de excessiva delimitação de competência tributária do Estado da fonte, garantir uma maior arrecadação tributária para o Estado de residência. O Brasil adota um modelo híbrido de Convenção, porque são influenciadas tanto pelo modelo de Convenção da OCDE quanto pelo Modelo da ONU".[238] Por fim, vale a pena mencionarmos a posição de Ramon Tomazela Santos, para quem "a maioria dos

---

236 SCHOUERI, Luís Eduardo. Brazil. In: LANG, Michael et. al. (Coords.). *Trends and Players in Tax Policy*. Amsterdam: IBFD, 2016. p. 181.

237 VITA, Jonathan Barros. As Convenções para Evitar a Dupla Tributação Brasileiras: Técnicas de Negociação e Análise Estrutural Segundo os Modelos da OCDE e ONU. *Revista Direito Tributário Atual*, São Paulo, n. 24, 2010, p. 304.

238 ÁVILA, Márcio. *A Constitucionalização do Direito Tributário Internacional*. Rio de Janeiro: Editora Multifoco, 2015. p. 144.

acordos de bitributação firmados pelo Brasil apresenta redação baseada na Convenção Modelo da OCDE, com adaptações específicas para refletir a política brasileira de negociação de tratados internacionais".[239]

Mais uma vez parece-nos que essas posições, embora tenham o mérito de ressaltar a influência concorrente do Modelo da ONU sobre as convenções brasileiras, põem demasiada relevância na Convenção Modelo da OCDE.

Heleno Taveira Tôrres parece seguir a tendência de colocar em relevo a influência da Convenção Modelo da OCDE, ao afirmar que os termos dos tratados brasileiros "seguem, ainda que parcialmente, o modelo proposto pela Organização de Cooperação e Desenvolvimento Econômico –OCDE".[240]

Alguns autores são ainda mais categóricos ao sustentar a importância da Convenção Modelo da OCDE para a política fiscal internacional brasileira. É o caso, por exemplo, de Paulo Caliendo, para quem "os acordos internacionais nos quais o Brasil é parte apresentam uma *estrutura-padrão* de apresentação do tratamento da renda de Estabelecimentos Permanentes semelhante à estipulada pelo Modelo OCDE. Podemos dizer, igualmente, que os acordos internacionais firmados pelo país respeitam a redação e a 'regra de formação' das normas de tratamento da renda contidas no Modelo OCDE".[241]

Na mesma linha manifesta-se Renato Nunes. Em suas palavras, "dado que tais acordos surtem efeitos no âmbito do ordenamento jurídico brasileiro, necessário se faz analisarmos os dispositivos de tais instrumentos que regulam as categorias de renda que analisamos no presente trabalho, especificamente os contidos nos modelos de tratado para a evitar a dupla tributação da Organização para Cooperação e Desenvolvimento Econômico ('OCDE'), já que estes constituem a base de todas as convenções dessa natureza até hoje firmadas pelo Brasil, nada obstante este não ser integrante desta importante Entidade".[242]

---

[239] SANTOS, Ramon Tomazela. *O Regime de Tributação dos Lucros Auferidos no Exterior na Lei nº 12.973/2014*. Rio de Janeiro: Lumen Juris, 2017. p. 325.

[240] TÔRRES, Heleno Taveira. Interpretação das Convenções para Evitar a Dupla Tributação e Prestação de Serviços. In: FERREIRA, Eduardo Paz et. al. (Coords.). *Estudos em Homenagem ao Professor Doutor Alberto Xavier*. Coimbra: Almedina, 2013. v. I. p. 591.

[241] CALIENDO, Paulo. *Estabelecimentos Permanentes em Direito Tributário Internacional*. São Paulo: Revista dos Tribunais, 2005. p. 464.

[242] NUNES, Renato. *Imposto sobre a Renda Devido por Não Residentes no Brasil*. São Paulo: Quartier Latin, 2010. p. 222.

Outro autor assertivo quanto à influência do Modelo da OCDE sobre os tratados brasileiros é João Francisco Bianco. Afirma ele que "se examinarmos o teor dos tratados firmados pelo Brasil para evitar a dupla tributação internacional, vamos verificar que os nossos tratados adotam como base o texto da Convenção Modelo elaborada pela Organização para a Cooperação e Desenvolvimento Econômico – OCDE. A estrutura dos nossos tratados é idêntica à estrutura da Convenção Modelo. A sequência de artigos, a disposição dos temas, a própria redação dos dispositivos, tudo indica que nossos tratados seguem quase que literalmente o texto da Convenção Modelo".[243] Na mesma linha de ideias afirmou Paulo de Barros Carvalho que "o Brasil, conquanto não seja membro da OCDE, adota as diretrizes firmadas por esta organização".[244]

Nesta mesma categoria podemos incluir Leonardo Freitas de Moraes e Castro, para quem "o Brasil adota, de forma geral, a Convenção Modelo da OCDE (CM-OCDE) na celebração de seus acordos, seguindo a versão do modelo vigente à época da assinatura, com algumas pequenas modificações em razão de o Brasil ser, predominantemente, um país importador de capital (na maior parte das vezes figurando como Estado de Fonte) e de a CM-OCDE ser estruturada para países exportadores de capital (normalmente o Estado da Residência), o que implica em diferenças na forma pela qual estes dois tipos de países tributam os rendimentos transnacionais".[245] No mesmo sentido são as opiniões de Ricardo Maitto da Silveira,[246] Luciana Rosanova Galhardo,[247] Alexandre Luiz Moraes do Rêgo Monteiro,[248] Mariana Correia Pereira,[249] Michel

---

[243] BIANCO, João Francisco. Os Lucros das Empresas e o art. 7 dos Tratados Contra Dupla Tributação. In: BELLAN, Daniel Vitor et. al. (Coords.). *Estudos Avançados de Direito Tributário*. Rio de Janeiro: Elsevier, 2012. p. 130.

[244] CARVALHO, Paulo de Barros. Preços de Transferência no Direito Tributário Brasileiro. *Revista de Direito Tributário Internacional*, São Paulo, n. 3, 2006, p. 187.

[245] CASTRO, Leonardo Freitas de Moraes e. *Planejamento Tributário Internacional: Conceito de Beneficiário Efetivo nos Acordos Contra a Bitributação*. São Paulo: Quartier Latin, 2015. p. 34.

[246] SILVEIRA, Ricardo Maitto. *O Escopo Pessoal dos Acordos Internacionais Contra a Bitributação*. São Paulo: Quartier Latin, 2016. p. 33-34.

[247] GALHARDO, Luciana Rosanova. *Rateio de Despesas no Direito Tributário*. São Paulo: Quartier Latin, 2004. p. 190.

[248] MONTEIRO, Alexandre Luiz Moraes do Rêgo. *Direito Tributário Internacional: A Arbitragem nos Acordos de Bitributação Celebrados pelo Brasil*. São Paulo: Quartier Latin, 2016. p. 46.

[249] PEREIRA, Mariana Correia. Fundamentos do Direito Tributário Internacional. In: SAUNDERS, Ana Paula; GOMES, Eduardo Santos; MOREIRA, Francisco Lisboa; MURAYAMA, Janssen (Orgs.). *Estudos de Tributação Internacional*. Rio de Janeiro: 2016. p. 6-7.

Política Fiscal Internacional Brasileira

Siqueira Batista,[250] Francisco Lisboa Moreira,[251] Marcus Lívio Gomes e Renata Cunha S. Pinheiro,[252] Demes Brito,[253] André Mendes Moreira e Fernando Daniel de Moura Fonseca,[254] e Ana Paula Saunders e Daniel Vieira de Biasi Cordeiro.[255] Eu mesmo, em trabalho anterior, manifestei a mesma posição que agora me parece equivocada.[256]

Mesmo quando o autor não se manifesta expressamente sobre o tema, a opinião pela influência da Convenção Modelo da OCDE pode ser inferida da abordagem dada à matéria objeto de análise, que exclui qualquer referência ao Modelo da ONU. Exemplos desta situação podem ser encontrados nos trabalhos de Gilberto de Castro Moreira Júnior,[257] Igor Mauler Santiago[258] e Paulo Ayres Barreto.[259]

---

250 BATISTA, Michel Siqueira. O Artigo 6º da Convenção Modelo da OCDE e os Tratados Internacionais em Matéria Tributária no Brasil. In: SAUNDERS, Ana Paula; GOMES, Eduardo Santos; MOREIRA, Francisco Lisboa; MURAYAMA, Janssen (Orgs.). *Estudos de Tributação Internacional*. Rio de Janeiro: 2016. p. 55.

251 MOREIRA, Francisco Lisboa. O Artigo 8º da Convenção-Modelo da OCDE e sua Adoção pelo Brasil: os Critérios para Evitar a Dupla Tributação da Renda Proveniente do Transporte Aéreo e Marítimo. In: SAUNDERS, Ana Paula; GOMES, Eduardo Santos; MOREIRA, Francisco Lisboa; MURAYAMA, Janssen (Orgs.). *Estudos de Tributação Internacional*. Rio de Janeiro: 2016. p. 75.

252 GOMES, Marcus Lívio; PINHEIRO, Renata Cunha S. As (muitas) Controvérsias Advindas com a Lei nº 12.973/2014 no Regime de Tributação das Controladas Diretas e Indiretas. In: ROCHA, Sergio André; TORRES, Heleno (Coords.). *Direito Tributário Internacional: Homenagem ao Professor Alberto Xavier*. São Paulo: Quartier Latin, 2016. p. 512.

253 BRITO, Demes. A Problemática de Conflito entre o Direito Interno e o Direito Internacional em Matéria Tributária. In: BRITO, Demes; CASEIRO, Marcos Paulo. *Direito Tributário Internacional: Teoria e Prática*. São Paulo: Revista dos Tribunais, 2014. p. 511.

254 MOREIRA, André Mendes; FONSECA, Fernando Daniel de Moura. A Tributação dos Lucros Auferidos no Exterior sob a Perspectiva Brasileira. Uma Análise Crítica da Doutrina e da Jurisprudência. In: ROCHA, Sergio André; TORRES, Heleno (Coords.). *Direito Tributário Internacional: Homenagem ao Professor Alberto Xavier*. São Paulo: Quartier Latin, 2016. p. 98.

255 SAUNDERS, Ana Paula; CORDEIRO, Daniel Vieira de Biasi. O Artigo 15º da Convenção Modelo da OCDE e os Tratados Internacionais em Matéria Tributária no Brasil. In: SAUNDERS, Ana Paula; GOMES, Eduardo Santos; MOREIRA, Francisco Lisboa; MURAYAMA, Janssen (Orgs.). *Estudos de Tributação Internacional*. Rio de Janeiro: 2016. p. 93.

256 Ver: ROCHA, Sergio André. *Interpretation of Double Tax Conventions: General Theory and Brazilian Perspective*. Amsterdam: Kluwer, 2009. p. xxxi.

257 MOREIRA JÚNIOR, Gilberto de Castro. *Bitributação Internacional e Elementos de Conexão*. São Paulo: Aduaneiras, 2003.

258 SANTIAGO, Igor Mauler. *Direito Tributário Internacional: Métodos de Solução de Conflitos*. São Paulo: Quartier Latin, 2006.

259 BARRETO, Paulo Ayres. *Imposto sobre a Renda e Preços de Transferência*. São Paulo: Dialética, 2001.

É interessante observar que mesmo autores que não tomam uma posição a respeito de qual Modelo é mais relevante para a análise da política de celebração de tratados do Brasil, como é o caso de Rodrigo Maito da Silveira, acabam baseando seus estudos no Modelo da OCDE. Afirma este autor, em seu trabalho sobre a tributação de *partnerships*, que "será considerada a Convenção Modelo da OCDE para os fins do presente estudo, tendo em vista que a prática internacional (no que atine à elaboração de tratados contra a bitributação) e a doutrina especializada estão amplamente assentadas neste modelo".[260]

À luz dos comentários acima é possível afirmar que:

- Segundo os resultados identificados nesta pesquisa, as convenções tributárias celebradas pelo Brasil possuem clara influência na Convenção Modelo da ONU. Tal influência é bastante evidente na análise das regras distributivas presentes nos tratados assinados pelo Brasil e está presente mesmo em convenções anteriores a 1980, quando foi editado o primeiro Modelo da ONU.

- Entretanto, ao analisarmos a literatura tributária brasileira, percebe-se que a doutrina se manifesta em sentido diametralmente oposto. Com efeito, grande parte dos autores sustentam, de forma assertiva, que os tratados brasileiros seguem o Modelo da OCDE, sem qualquer referência às influências do Modelo da ONU. De outra parte, mesmo autores que fazem referência a este Modelo, o fazem sempre em segundo lugar, partindo da premissa de que o Brasil segue o Modelo da OCDE com adaptações.

Nota-se, portanto, que claramente a doutrina tributária brasileira deve passar a prestar maior atenção à Convenção Modelo da ONU e seus Comentários, assim como ao histórico dos tratados celebrados pelo Brasil e da política tributária internacional do País. Uma vez que as regras distributivas das convenções brasileiras estão mais alinhadas ao Modelo da ONU, faz pouco sentido analisar tais tratados apenas sob a perspectiva da Convenção Modelo da OCDE e seus Comentários.

---

260 SILVEIRA, Rodrigo Maito da. *Aplicação de Tratados Internacionais Contra a Bitributação: Qualificação de Partnership Joint Ventures*. São Paulo: Quartier Latin, 2006. p. 104.

Tendo em vista a contradição entre o "Regime Fiscal Internacional" segundo o "padrão OCDE", e a política que orienta os tratados brasileiros, utilizar aquele padrão para interpretar estas convenções pode levar a resultados equivocados. É o que se percebe, por exemplo, no caso da tributação de serviços técnicos, quando se pretende interpretar as convenções assinadas pelo Brasil pelo "padrão OCDE", quando esta não inspirou a política de celebração de tratados brasileira.

Partindo desta conclusão preliminar, é relevante perguntarmos: esta tendência, de ignorar os impactos da Convenção Modelo da ONU e a tradição que deu nascimento à política de celebração de tratados brasileira, está presente apenas na doutrina tributária, ou a mesma também prevalece nas decisões das autoridades administrativas e tribunais do País? Esta análise será feita na próxima seção.

1.4. Como os Modelos e os Comentários da OCDE e da ONU às suas Convenções Modelo Impactam a Aplicação de Tratados Tributários pelas Autoridades fiscais e Tribunais no Brasil

O item anterior ressaltou que, mesmo que as regras distributivas dos tratados brasileiros sejam muito mais alinhadas à Convenção Modelo da ONU – em muitos casos, alocando mais poderes tributários ao país de fonte do que esta –, há diversos autores brasileiros que dão maior – se não exclusiva – relevância ao Modelo da OCDE em comparação ao da ONU na análise da política brasileira de celebração de tratados. Este fato é responsável pela constatação de que a maioria da literatura tributária internacional brasileira não faz muitas referências ao Modelo da ONU e seus Comentários.

Neste item, voltaremos nossa atenção para a prática tributária das instituições brasileiras, notadamente a Secretaria da Receita Federal do Brasil ("RFB"), o Conselho Administrativo de Recursos Fiscais ("CARF"), o Superior Tribunal de Justiça ("STJ") e o Supremo Tribunal Federal ("STF").

O Brasil não tem uma longa tradição de controvérsias a respeito da aplicação de convenções tributárias. Portanto, para os propósitos desta pesquisa foram selecionados os cinco temas mais significativos. Nos itens seguintes, cada um desses temas será descrito, analisando-se os fundamentos das respectivas decisões.

Antes de iniciar esta análise, é necessário apresentar alguns comentários introdutórios a respeito de como comparar os Comentários da OCDE e da ONU aos seus Modelos e como verificar a força dos mesmos no Brasil.

1.4.1. Como Ler os Comentários da OCDE e da ONU e como Avaliar sua Força no Brasil

Mais de uma vez foi apontado neste trabalho que, em alguma medida, o Modelo da ONU é o Modelo da OCDE. Isto é devido ao fato de os redatores do Modelo da ONU terem decidido elaborar este sobre a estrutura daquele.[261] Se há convergências entre os Modelos, o mesmo ocorre em relação aos respectivos Comentários. Esta é a razão porquê, em diversos artigos, os Comentários da ONU ao seu Modelo fazem referência explícita aos Comentários da OCDE, citando-os ou incorporando-os ao seu texto.

Desta maneira, não é possível concluir que a referência aos Comentários da OCDE ao invés dos Comentários ao Modelo da ONU fará uma diferença significativa na interpretação de todo e qualquer dispositivo convencional. Este aspecto será considerado na análise a seguir. Sempre que em uma decisão, os Comentários da OCDE tiverem sido preferidos aos da ONU, serão comparados ambos, a fim de concluir se a utilização destes últimos teria levado a uma conclusão distinta.

Este não é o lugar para uma revisão completa de todas as teorias envolvendo a natureza jurídica, a força e o efeito dos Comentários às Convenções Modelo. Tal análise foi feita em outro estudo, ao qual fazemos referência.[262] A esta altura, é necessário apenas reafirmar a posição que foi defendida naquela oportunidade: que os Comentários não são vinculantes no Brasil. Seu *status* é o mesmo de uma passagem doutrinária respeitada, como também apontava Alberto Xavier.[263] Assim sendo, eles possuem uma força persuasiva, mas não são considerados palavra final em qualquer controvérsia envolvendo a aplicação de uma convenção para evitar a dupla tributação da renda.

---

261 Este alinhamento estrutural entre as Convenções Modelo é provavelmente a origem da posição doutrinária no sentido de que os acordos brasileiros se basearam no Modelo da OCDE.

262 Cf. ROCHA, Sergio André. *Interpretação dos Tratados para Evitar a Bitributação da Renda*. 2 ed. São Paulo: Quartier Latin, 2013. p. 201-213.

263 XAVIER, Alberto. *Direito Tributário Internacional do Brasil*. 7 ed. Rio de Janeiro: Forense, 2010. p. 136.

1.4.2. Pagamentos de Serviços Técnicos e a Aplicação do Artigo 7º dos Modelos

Como mencionado anteriormente, de acordo com a versão atual da Convenção Modelo da OCDE, todos os serviços técnicos sem transferência de tecnologia são tributados sob o seu artigo 7º. O mesmo ocorre no Modelo da ONU.

Até a atualização de 2000 do Modelo da OCDE, este possuía um artigo 14, que tratava da tributação de serviços profissionais independentes. Nesta atualização o artigo 14 foi excluído do Modelo, passando tais serviços – tipicamente prestados por profissionais liberais – a serem tributados de acordo com o previsto no artigo 7º. De outro lado, tal dispositivo foi mantido no Modelo da ONU. Da mesma forma, este Modelo ainda contém, em seu artigo 5º, regra prevendo a existência do chamado "estabelecimento permanente de serviços", que reduz o campo de aplicação do seu artigo 7º.

Nos tratados brasileiros, o artigo 7º segue o Modelo da OCDE – embora o País tenha reservado seu direito de utilizar a versão deste ativo anterior à atualização de 2010. Por outro lado, apenas o tratado assinado com a China possui em seu artigo 5º regra prevendo a existência de um "estabelecimento permanente de serviços". Nada obstante, como pontuamos anteriormente, as convenções assinadas pelo Brasil reduzem significativamente a relevância de seus artigos 7º, mediante:

- a influência do Modelo da ONU em relação ao artigo 5º ("Estabelecimento Permanente");
- a manutenção do artigo 14 como parte integrante dos tratados do País;
- a inclusão de pagamentos de alugueis pelo uso, ou direito de uso, de equipamentos industriais, comerciais e científicos na definição de *royalties* (artigo 12); e
- a previsão, nos Protocolos da maioria dos tratados assinados pelo Brasil, de regras equiparando serviços técnicos e de assistência técnica a *royalties*.

Dessa maneira, embora possa parecer paradoxal, é possível afirmar que a política fiscal brasileira faz com que o artigo 7º da grande maioria dos tratados brasileiros tenha uma abrangência significativamente inferior ao artigo 7º do Modelo da ONU.

No início do ano 2000, a RFB manifestou interpretação no sentido de que pagamentos ao exterior relacionados à prestação de serviços técnicos sem transferência de tecnologia estariam sujeitos ao Imposto de Renda Retido na Fonte à alíquota de 15%.[264] Uma alíquota de 25% seria aplicável no caso de beneficiários residentes em países com tributação favorecida.[265]

Segundo o Ato Declaratório Normativo nº 1/2000, "nas Convenções para Eliminar a Dupla Tributação da Renda das quais o Brasil é signatário, esses rendimentos classificam-se no artigo Rendimentos não Expressamente Mencionados, e, consequentemente, são tributados na forma do item I, o que se dará também na hipótese de a convenção não contemplar esse artigo".

A posição adotada neste ato administrativo foi duramente criticada pela doutrina,[266] principalmente pela incorreta interpretação dos artigos 7º e 21 ("Outros Rendimentos") dos tratados brasileiros. Como previamente mencionado, as convenções celebradas pelo Brasil alocam poderes tributários para ambos os Estados contratantes no artigo de "Outros Rendimentos" ou "Rendimentos não Expressamente Mencionados" – em linha com o Modelo da ONU. Portanto, se serviços sem transferência de tecnologia fossem qualificados no artigo 21, o País teria competência para tributá-los na fonte.

A posição das autoridades fiscais brasileiras deu início a um longo contencioso entre a Fazenda e os contribuintes.

Em 01 de junho de 2012, a primeira decisão do Superior Tribunal de Justiça sobre a matéria foi publicada no Diário Oficial. Neste caso,[267] a Corte decidiu

---

264 Artigo 7º da Lei nº 9.779/99 e artigo 2º-A da Lei nº 10.168/00.

265 Artigo 8º da Lei nº 9.779/99.

266 Ver: ROCHA, Sergio André. *Interpretação dos Tratados para Evitar a Bitributação da Renda*. São Paulo: Quartier Latin, 2013. p. 249; ROTHMANN, Gerd Willi. Tributação dos Serviços Importados na Legislação Doméstica e Internacional do Brasil. In: PARISI, Fernanda Drummond; TÔRRES, Heleno Taveira; MELO, José Eduardo Soares de (Coords.). *Estudos de Direito Tributário em Homenagem ao Professor Roque Antonio Carrazza*. São Paulo: Malheiros, 2014. v. 2. p. 79-104; XAVIER, Alberto. *Direito Tributário Internacional do Brasil*. 8 ed. Rio de Janeiro: Forense, 2015. p. 646-647.

267 Recurso Especial nº 1.161.467.

a favor do contribuinte, declarando que os artigos 7º dos tratados brasileiros com a Alemanha[268] e o Canadá não permitem a tributação na fonte de serviços técnicos sem transferência de tecnologia, que não tenham sido prestados por meio de um estabelecimento permanente.

Ao revermos a decisão neste caso, é interessante notar que os Ministros não fizeram qualquer referência à experiência internacional sobre o tema, aos Comentários da OCDE sobre sua Convenção Modelo, ou aos Comentários da ONU ao seu Modelo,[269] da mesma forma que não se fez menção a qual dos Modelos teria influenciado a política brasileira de celebração de tratados.

Em dezembro de 2013, a Procuradoria Geral da Fazenda Nacional editou o Parecer PGFN/CAT nº 2.363,[270] indicando que a interpretação que havia sido adotada no Ato Declaratório Normativo nº 1/2000 era equivocada e deveria ser revista. Transcrevemos, abaixo, a conclusão alcançada neste Parecer:

> 25.1. O Parecer PGFN/CAT/Nº 776/2011 foi exarado em um contexto de defesa judicial da Fazenda Nacional (REsp nº 1.161.467/RS), cuja tese restou vencida no STJ, o qual, por sua vez lançou outros argumentos técnicos sobre a questão, passíveis de acolhimento em sede administrativa, haja vista a sua robustez. Portanto, à luz da possibilidade de se atribuir ao lucro disposto no art. 7º da Convenção Modelo da OCDE um conceito amplo; à vista do princípio da especialidade; e sedimentados sobre uma das finalidades mestras dos tratados para evitar a dupla tributação em matéria de impostos sobre a renda assinados pelo Brasil, que é a de evitar a bitributação internacional, sugere-se a revogação do Parecer PGFN/CAT/Nº 776/2011.
>
> 25.2. Consequentemente, opina-se na linha de que remessas ao exterior decorrentes de contratos de prestação de assistência técnica e de serviços técnicos sem transferência de tecnologia melhor se enquadram no artigo 7º ("Lucros das Empresas") dos mencionados pactos, ao invés dos arts. 21 ou 22 ("Rendimentos não Expressamente Mencionados"). Assim, tais

---

268 O tratado celebrado com a Alemanha foi denunciado por esta em 2005 e não se encontra mais em vigor.

269 A decisão de segunda instância fez referência aos Comentários da OCDE à sua Convenção Modelo. Da mesma maneira, a defesa da União Federal também se referiu a esses Comentários. Em ambos os casos somente foram mencionados os Comentários da OCDE.

270 Sobre o tema, ver: FONSECA, Andreza Ribeiro. A Qualificação dos Rendimentos de Assistência Técnica e Serviços Técnicos no Âmbito dos Acordos contra Dupla Tributação Assinados pelo Brasil. *Revista Direito Tributário Atual*, São Paulo, n. 32, 2014, p. 45-62.

valores seriam tributados somente no país de residência da empresa estrangeira, não estando sujeitos à incidência do IRRF.

25.3. A conclusão acima não se aplica nos casos em que a empresa exerça sua atividade através de um estabelecimento permanente situado no Brasil e tampouco quando, advindos de negociações entre os países signatários, houver disposição expressa nos acordos autorizando a tributação no Brasil. Ou seja, neste último caso, nas hipóteses em que os acordos internacionais ou dispositivo de protocolo autorizem a tributação no Brasil, a exemplo dos tratados e protocolos que caracterizem os valores pagos como royalties, tais serviços poderão ser submetidos ao tratamento previsto no art. 12 da Convenção Modelo – pagamento de royalties, independentemente do caráter em que a prestação do serviço foi efetuada (em caráter principal ou acessório), não incidindo, portanto, o art. 7º.

25.4. A análise aqui empreendida é restrita aos casos de remessas ao exterior decorrentes de contratos de prestação de assistência e de serviços técnicos sem transferência de tecnologia e quando existente tratado para evitar a dupla tributação, sendo o âmbito da apreciação circunscrita aos arts. 7º e 21 (ou 22), com as ressalvas do item anterior. Ademais, é de se alertar que para a aplicação do entendimento ora espelhado é necessária a total subsunção dos casos concretos à discussão aqui exposta e desde que não haja a configuração de planejamentos tributários abusivos.

25.5. Com o fito de positivar a compreensão desenvolvida ao longo desta peça, sugere-se que os representantes do Brasil, nas negociações da espécie, entabulem providências no sentido de acordar explicações ou definições especiais relativas ao termo "lucro", uma vez que isso é em tese possível, conforme se extrai do item 75 dos Comentários da OCDE à Convenção Modelo. Verifica-se que há países que fazem observações particulares aos "Comentários", compartilhando ou não da interpretação da OCDE, e ainda acrescentando, esclarecendo, enfim, externando o seu entendimento sobre os pontos que estão sendo negociados. Abaixo, parte do indigitado item 75:

"75. Fica a critério dos Estados Contratantes acordarem bilateralmente explicações ou definições especiais relativas ao termo "lucros' para o fim de esclarecer a distinção entre esse termo e, por exemplo, o conceito de dividendos. [...]."

O Parecer PGFN/CAT nº 2.363 é relevante para os propósitos desta pesquisa. Logo em seu início (§ 8), foi transcrita passagem do Parecer PGFN/CAT/ Nº 2000/2013, onde se lê que as convenções celebradas pelo Brasil "parecem, de maneira geral, seguir o modelo da Organização para a Cooperação e Desenvolvimento Econômico (OCDE)".

Em outras passagens, a Procuradoria Federal da Fazenda Nacional fez referências ao Modelo da OCDE e ao menos duas vezes transcreveu passagens de seus Comentários.

Essas referências feitas aos Comentários da OCDE demonstram como as autoridades fiscais, por vezes, fazem mal-uso dos mesmos.

Com efeito, em seu § 21, o Parecer PGFN/CAT nº 2.363/13 transcreveu o § 71 dos Comentários da OCDE ao artigo 7 (4) de seu Modelo, segundo o qual "embora não tenha sido entendido necessário definir na Convenção o termo 'lucros', deve-se entender que tal termo, quando usado neste artigo ou em outros momentos na Convenção, tem um sentido abrangente, incluindo todos os rendimentos derivados da atividade empresarial. Tal termo abrangente corresponde ao uso do termo nas legislações tributárias da maioria dos Membros da OCDE".[271]

Os Comentários da ONU à sua Convenção Modelo reproduzem aqueles feitos pela OCDE. Entretanto, referem-se aos Comentários da OCDE em sua versão anterior à atualização de 2010 deste Modelo – os quais não continham a passagem transcrita no Parecer PGFN/CAT nº 2.363/13.

É interessante notar que o Brasil tem uma reserva em relação à versão do artigo 7º da Convenção Modelo da OCDE pós 2010, formalizando a posição do País no sentido de "interpretar o artigo 7º em sua redação anterior à atualização de 2010, juntamente com o Comentário como se apresentava anteriormente à tal atualização".[272]

É possível concluir, portanto, que as autoridades fiscais brasileiras usaram no Parecer em questão uma passagem dos Comentários da OCDE ao seu Modelo que o País havia expressamente rejeitado – uma vez que não se encontrava presente em tais Comentários em sua versão anterior a 2010.

A análise deste parecer parece confirmar a conclusão no sentido de que as autoridades fiscais brasileiras partem, em suas opiniões, da premissa de que os tratados brasileiros têm como grande influência o Modelo da OCDE.

Embora, a uma primeira vista, pudesse-se acreditar que a posição adotada no Parecer PGFN/CAT nº 2.363/13 fosse contrária à tributação de fonte no Brasil, uma leitura mais atenta da conclusão da Procuradoria Geral da Fazenda Nacional rapidamente desfaz esta impressão.

---

271 OECD. *Model Tax Convention on Income and on Capital*. Paris: OECD, 2014. p. 152.
272 OECD. *Model Tax Convention on Income and on Capital*. Paris: OECD, 2014. p. 467.

De fato, neste ato a Procuradoria da Fazenda concluiu que a tributação de fonte será sempre legítima quando o tratado celebrado pelo País tiver, em seu Protocolo, regra equiparando serviços técnicos e de assistência técnica a *royalties*. Da mesma maneira, seria devida a tributação no Brasil nos casos em que aplicável o artigo 14 de uma dada convenção, que cuida dos serviços profissionais independentes.[273]

Esta posição formalizada no Parecer PGFN/CAT nº 2.363/13 foi posteriormente refletida no Ato Declaratório Interpretativo nº 5/14,[274] cuja redação é a seguinte:

> Art. 1º O tratamento tributário a ser dispensado aos rendimentos pagos, creditados, entregues, empregados ou remetidos por fonte situada no Brasil a pessoa física ou jurídica residente no exterior pela prestação de serviços técnicos e de assistência técnica, com ou sem transferência de tecnologia, com base em acordo ou convenção para evitar a dupla tributação da renda celebrado pelo Brasil será aquele previsto no respectivo Acordo ou Convenção:
>
> I - no artigo que trata de royalties, quando o respectivo protocolo contiver previsão de que os serviços técnicos e de assistência técnica recebam igual tratamento, na hipótese em que o Acordo ou a Convenção autorize a tributação no Brasil;
>
> II - no artigo que trata de profissões independentes ou de serviços profissionais ou pessoais independentes, nos casos da prestação de serviços técnicos e de assistência técnica relacionados com a qualificação técnica de uma pessoa ou grupo de pessoas, na hipótese em que o Acordo ou a Convenção autorize a tributação no Brasil, ressalvado o disposto no inciso I; ou
>
> III - no artigo que trata de lucros das empresas, ressalvado o disposto nos incisos I e II.

Dessa maneira, está claro que a edição do Parecer PGFN/CAT nº 2.363/13 e do Ato Declaratório Interpretativo nº 5/14 não deve ser vista como um encerramento das controvérsias a respeito da interpretação/aplicação do artigo 7º dos tratados Brasileiros. Este resultado – não tributação na fonte de serviços técnicos – somente será alcançado nos tratados que não possuem regra no Protocolo equiparando-os a *royalties* – Áustria, Finlândia, França, Japão e Suécia.

---

[273] Ver: ROCHA, Sergio André. Caso COPESUL: Tributação pelo IRRF da Prestação de Serviços, Antes e Depois do ADI RFB n. 5/14. In: CASTRO, Leonardo Freitas de Moraes e (Coord.). *Tributação Internacional Análise de Casos: Volume 3*. São Paulo: MP Editora, 2015. p. 211-238.

[274] Para maiores informações sobre o Ato Declaratório Interpretativo nº 5/13, ver: FERREIRA, Vanessa Arruda. The New Brazilian Position on Service Income under Tax Treaties: If you Can't Beat 'em Join 'em. *Intertax*, Amsterdam, n. 43 (3), 2015, p. 255-262.

Em julho de 2015, a Coordenação Geral de Tributação – COSIT – editou a Solução de Consulta nº 153, a qual, em linha com o afirmado acima, decidiu que os pagamentos de serviços técnicos para beneficiário residente na França não estão sujeitos à retenção no Brasil. Eis a ementa desta decisão:

> REMESSA PARA A FRANÇA. PRESTAÇÃO DE SERVIÇO TÉCNICO E DE ASSISTÊNCIA TÉCNICA. TRATAMENTO TRIBUTÁRIO. Os rendimentos pagos, creditados, entregues, empregados ou remetidos, por fonte situada no País, a pessoa física ou jurídica domiciliada na França, a título de contraprestação por serviço técnico ou de assistência técnica prestado, não se sujeitam à incidência do Imposto de Renda na fonte (IRRF).

Analisando a íntegra desta decisão, notamos que na mesma não foi feita qualquer referência aos Modelos de Convenção ou seus Comentários.

No dia 09 de dezembro de 2015 foi publicada no Diário Oficial a decisão no Recurso Especial nº 1.272.897. Uma vez mais o tribunal posicionou-se no sentido de que o artigo 7º dos tratados brasileiros – neste caso, do tratado assinado com a Espanha – afasta a tributação brasileira de fonte sobre serviços técnicos prestados por não residentes sem a intermediação de um estabelecimento permanente.[275]

Nesta decisão, o Relator do processo, Ministro Napoleão Nunes Maia Filho, foi categórico ao afirmar que "mesmo o Brasil não sendo membro da OCDE, o País tem adotado o modelo proposto por esta organização".

A análise do tema da tributação na fonte de pagamentos por serviços técnicos sem transferência de tecnologia mostra que, tanto as decisões administrativas, quanto as judiciais, têm como ponto de partida a Convenção Modelo da OCDE e seus Comentários, não levando em consideração os mesmos documentos da ONU.

No dia 09 de novembro de 2016 foi publicada a Solução de Consulta nº 109, a qual cuidou da tributação de serviços técnicos, sem transferência de tecnologia, pagos para residente na Finlândia. Mais uma vez as autoridades fiscais da COSIT não fizeram nenhuma referência ao Modelo que teria influenciado a política fiscal internacional brasileira.

---

[275] CASTRO, Leonardo Freitas de Moraes e; MONTEIRO, Alexandre Luiz Moraes do Rêgo. Qualification of Services under Double Tax Treaties in Brazil: Open Issues After *Iberdrola* Case. In: SCHOUERI, Luís Eduardo; BIANCO, João Francisco (Coords.). *Estudos de Direito Tributário em Homenagem ao Professor Gerd Willi Rothmann.* São Paulo: Quartier Latin, 2016. p. 194-196.

Já em 30 de novembro de 2016 a COSIT editou a Solução de Consulta nº 155, a qual teve por objeto a análise da tributação de pagamentos de serviços técnicos para a Argentina. Neste caso, em linha com a posição formalizada no Ato Declaratório Interpretativo nº 5/2014, a posição das autoridades fiscais foi no sentido da incidência do IRRF. Esta decisão foi também integralmente fundamentada no tratado celebrado entre Brasil e Argentina e na legislação doméstica brasileira – notadamente a Instrução Normativa nº 1.455/2014, que traz a definição de serviços técnicos. Nenhuma consideração sobre os Modelos e seus respectivos Comentários foi apresentada. O mesmo ocorreu na Solução de Consulta nº 5 de 2017, na qual foram analisados pagamentos para o Canadá a título de serviços técnicos sem transferência de tecnologia.

1.4.2.1. Decisões do CARF sobre a Caracterização de um Estabelecimento Permanente no Brasil

Toda a polêmica a respeito da aplicação do artigo 7º das convenções celebradas pelo Brasil apenas tem lugar nos casos em que os serviços técnicos, sem transferência de tecnologia, são prestados sem a interveniência de um estabelecimento permanente. Sempre que este se fizer presente, não se pode mais cogitar de um poder tributário exclusivo do país de residência, prevendo o tratado a possibilidade de tributação também pelo país de fonte.

Como foi apontado no item anterior, da maneira como a questão está posta atualmente, a COSIT vem reconhecendo que no caso de pagamentos dos serviços destacados no parágrafo anterior, para beneficiários residentes em países cujo tratado não possua regra de equiparação entre serviços técnicos e *royalties*, não haveria a incidência do IRRF. Isso sempre que o não residente não utilize um estabelecimento permanente no Brasil para a prestação dos serviços.

Diante desse cenário, foram proferidas algumas decisões pelo CARF onde se buscou afastar a aplicação do tratado, não se sustentando que não se tratavam de serviços técnicos, mas sim atribuindo-se, de forma equivocada e artificial, o *status* de detentor de estabelecimento permanente no Brasil ao não residente.[276]

---

[276] Sobre o tema, ver: BIANCO, João Francisco. Análise de caso de tributação de estabelecimento permanente. *Revista Fórum de Direito Tributário*, Belo Horizonte, n. 85, jan.-fev. 2017, p. 63-68.

No Acórdão nº 2202003.063, de 09 de dezembro de 2015, analisou-se caso de aplicação do artigo 7º do tratado entre o Brasil e a França, o qual acabou sendo afastando pelo CARF, ao argumento de que a empresa francesa possuía um estabelecimento permanente no Brasil. Veja-se o seguinte trecho da ementa deste acórdão:

> [...] TRATADO BRASIL FRANÇA PARA EVITAR A DUPLA TRIBUTAÇÃO. EXISTÊNCIA DE ESTABELECIMENTO PERMANENTE. TRIBUTAÇÃO NA FONTE.
>
> São características do estabelecimento permanente a existência de uma instalação material, com caráter de permanência, que esteja à disposição da empresa, a qual deve exercer sua atividade nesta instalação ou por meio desta. Na existência de um estabelecimento permanente, seus lucros podem ser tributados na fonte. [...].

O caso concreto objeto desta decisão tratava de situação onde a empresa francesa havia fretado embarcação para empresa brasileira, tendo, ao mesmo tempo, uma empresa controlada prestadora de serviços no Brasil. Na interpretação do voto vencedor neste caso, tal situação configuraria um estabelecimento permanente. Em textual:

> Os contratos celebrados com empresas sediadas na França são os relativos aos equipamentos referenciados pela Fiscalização como de nºs 117 a 124, em um total de 8 contratos. Todos eles foram firmados com a fretadora PRIDE FORAMER SAS, tendo como interveniente a PRIDE DO BRASIL SERVIÇOS DE PETRÓLEO LTDA e possuem as seguintes características em comum:
>
> a) Contrato de prestação de serviços com a PRIDE DO BRASIL SERVIÇOS DE PETRÓLEO LTDA., vinculado ao contrato de afretamento e assinado na mesma data;
>
> b) rescisão do contrato de serviços é base para rescisão do contrato de afretamento;
>
> c) solidariedade entre a contratada (fretadora) e a interveniente prestadora de serviços);
>
> d) seguro de responsabilidade civil firmado pela interveniente tem a fretadora como cossegurada.
>
> Ressalte-se que a Pride do Brasil era controlada pela Pride International Ltd, a qual detinha 99,99% de suas cotas.

> Observa-se, portanto, que a empresa brasileira que firmou os contratos de prestação de serviços atuou não apenas como intermediadora entre a contratante, ora Recorrente, e a empresa sediada na França, mas também como parte efetiva na execução dos contratos, os quais na realidade formavam um só, pois o fornecimento da unidade era parte integrante e indissociável dos serviços contratados, donde se conclui que a empresa brasileira era um estabelecimento permanente da empresa francesa no Brasil.

Não é o momento para uma análise detalhada do mérito deste caso. Considerando o foco desta pesquisa vale a pena observar que, como nos casos anteriores, foram feitas diversas referências à Convenção Modelo da OCDE e aos seus comentários. De fato, já em seu relatório o Conselheiro Marco Aurélio de Oliveira Barbosa destacou que em diversas passagens o contribuinte fez referências a tais documentos.

Ao apresentar seu voto, o referido Conselheiro fez referências aos artigos 7º e 12 da Convenção Modelo da OCDE. Ao citar os Comentários da OCDE ao artigo 12 do seu Modelo, Marco Aurélio de Oliveira Barbosa aduziu que "considerando-se os comentários ao Modelo da Convenção da OCDE, observa-se que não é todo e qualquer serviço prestado que tem a sua remuneração enquadrada nessa categoria de *royalties*. É necessário que envolva transferência de tecnologia, ou seja, a prestação de informações correspondentes à experiência adquirida, à transmissão de conhecimento, de *know-how*". Nenhuma referência à Convenção Modelo da ONU ou seus Comentários foi feita.

Em 2016, o CARF voltou a julgar a matéria no Acórdão nº 2202003.114. Neste caso, considerou-se que a empresa francesa possuía um estabelecimento permanente no Brasil em razão de ser parte em um contrato de *cost-sharing*, onde a empresa brasileira reembolsava a estrangeira por diversas atividades de apoio. Veja-se, abaixo, trecho desta decisão:

> Pela análise dos autos, verifica-se que a empresa brasileira FAURECIA AUTOMOTIVE DO BRASIL LTDA., ora Recorrente, possuía como únicas sócias no ano de 2009, objeto desse lançamento, as empresas espanholas FAURECIA INTERIOR SYSTEMS ESPAÑA S.A e FAURECIA INTERIOR SYSTEMS SALC ESPAÑA S.L, conforme as 34ª e 35ª Alterações do Contrato Social (fls. 189 a 219). Essas empresas espanholas pertencem ao grupo FAURECIA (fl. 1.491), assim como a Recorrente (fl. 1.484).
>
> As empresas beneficiárias das remessas, FAURECIA SIEGES D'AUTOMOBILE e FAURECIA AUTOMOTIVE HOLDINGS, sediadas na França, são também do grupo FAURECIA, conforme se observa pelos contratos às fls. 1.473 a 1.496.

Os serviços contratados eram de administração em geral, comunicações, vendas e marketing, administração de programa, contabilidade, controle e impostos, tesouraria, questões legais, seguro, imóveis, administração do sistema da informação, recursos humanos, administração da organização de compras, compra de itens relacionados à produção e não ligados à produção, auxílio no processo de fabricação e assessoria para melhoria da qualidade.

Portanto, pela abrangência dos serviços contratados, que englobam desde a administração em geral (inclusive planejamento estratégico), tesouraria, vendas, marketing, recursos humanos e até a atuação nas três etapas da fabricação (preparação, controle e execução), constata-se que as empresas FAURECIA SIEGES D'AUTOMOBILE e FAURECIA AUTOMOTIVE HOLDINGS, beneficiárias dos rendimentos, exerciam na realidade as suas atividades no Brasil por meio da empresa brasileira, consistindo em um verdadeiro estabelecimento permanente das empresas francesas neste país, o que lhe propiciavam manter a prestação do serviço do modo como contratado.

O Conselheiro Relator deste caso foi o mesmo do anterior, Marco Aurélio de Oliveira Barbosa. Em seu voto neste acórdão ele fez os mesmos comentários apresentados no processo anterior, repetindo as referências à Convenção Modelo da OCDE e seus Comentários – ignorando seus pares da ONU.

1.4.3. As "Regras CFC" Brasileiras e os Tratados Celebrados pelo País

Talvez as discussões mais sofisticadas envolvendo a aplicação de tratados internacionais tributários no Brasil tenham ocorrido no contexto do debate da relação entre tais tratados e o regime CFC (*Controlled Foreign Companies*) brasileiro.[277] Nosso foco neste item será analisar como a matéria foi abordada nas decisões administrativas e judiciais. Para que o exame de tais decisões seja mais claro, inicialmente serão apresentados breves comentários sobre a evolução das regras brasileiras de tributação de lucros auferidos por meio de controladas e coligadas no exterior.

---

[277] Há grande debate no Brasil a respeito da possibilidade de se considerarem as regras brasileiras de tributação dos lucros auferidos por controladas no exterior como "regras CFC". Alberto Xavier, por exemplo, nega tal possibilidade. Já nos manifestamos pela correção da caracterização do regime brasileiro como verdadeiro regime CFC em outro estudo, ao qual fazemos referência. Cf. ROCHA, Sergio André. São as Regras Brasileiras de Tributação de Lucros Auferidos no Exterior "Regras CFC"? Análise a Partir do Relatório da Ação n. 3 do Projeto BEPS. In: GOMES, Marcus Lívio; SCHOUERI, Luís Eduardo (Coord.). *A Tributação Internacional na Era Pós-BEPS*. Rio de Janeiro: Lumen Juris, 2016. p. 225-240.

1.4.3.1. Evolução Histórica das Regras Brasileiras de Tributação de Lucros Auferidos por Controladas e Coligadas no Exterior e a Controvérsia Envolvendo as Convenções Internacionais Tributárias

Até a edição da Lei nº 9.249, publicada em 27 de dezembro de 1995, o Brasil utilizava um sistema territorial para a tributação das pessoas jurídicas, de modo que fatos econômicos ocorridos fora do território brasileiro não se sujeitavam à incidência do Imposto de Renda das Pessoas Jurídicas ("IRPJ").

A referida lei introduziu a tributação em bases universais para o IRPJ,[278] sistema que só passou a ser adotado para a Contribuição Social sobre o Lucro Líquido ("CSLL") após a entrada em vigor da Medida Provisória nº 1.858-6/99 (posteriormente Medida Provisória nº 2.158-35/2001, artigo 21[279]).

De acordo com o artigo 25 da Lei nº 9.249/95, "os lucros, rendimentos e ganhos de capital auferidos no exterior serão computados na determinação do lucro real das pessoas jurídicas correspondente ao balanço levantado em 31 de dezembro de cada ano".

Nota-se, portanto, que não só este dispositivo introduziu a universalidade como parâmetro para a tributação das pessoas jurídicas pelo Imposto de Renda, como também previu expressamente como uma das materialidades tributáveis os lucros auferidos no exterior.

---

278 Luís Eduardo Schoueri noticia que já havia sido feita tentativa anterior de instauração da universalidade como regra para a tributação da renda das pessoas jurídicas por meio da edição do Decreto-Lei nº 2.397/87 (artigo 7º). Contudo, a tributação em bases universais foi afastada logo depois, por intermédio do artigo 15 do Decreto-Lei nº 2.429/88. Ver: SCHOUERI, Luís Eduardo. Tributação dos Lucros Auferidos por Controladas e Coligadas no Exterior: um Novo Capítulo no Direito Tributário Internacional do Brasil? In: ROCHA, Valdir de Oliveira (Coord.). *Imposto de Renda: Aspectos Fundamentais*. São Paulo: Dialética, 1996. p. 140-141. Ver, também: ANDRADE, André Martins de. *A Tributação Universal da Renda Empresarial*. Belo Horizonte: Editora Fórum, 2008. p. 197-198.

279 "Art. 21. Os lucros, rendimentos e ganhos de capital auferidos no exterior sujeitam-se à incidência da CSLL, observadas as normas de tributação universal de que tratam os arts. 25 a 27 da Lei nº 9.249, de 1995, os arts. 15 a 17 da Lei nº 9.430, de 1996, e o art. 1º da Lei nº 9.532, de 1997.

Parágrafo único. O saldo do imposto de renda pago no exterior, que exceder o valor compensável com o imposto de renda devido no Brasil, poderá ser compensado com a CSLL devida em virtude da adição, à sua base de cálculo, dos lucros oriundos do exterior, até o limite acrescido em decorrência dessa adição."

Política Fiscal Internacional Brasileira

Este é um aspecto relevante. A tributação introduzida pela Lei nº 9.249/95 fez referência expressa à tributação de lucros, sem qualquer menção quanto à necessidade de sua efetiva distribuição para a consumação do fato gerador do IRPJ.

Conforme observou Alcides Jorge Costa, a Lei nº 9.249/95 criou sistemáticas diferentes para a tributação de rendimentos e ganhos de capital de um lado, e os lucros de filiais, sucursais, coligadas e controladas de outro. Enquanto no primeiro caso, os rendimentos e ganhos de capital seriam refletidos na determinação do lucro líquido do exercício, no segundo, os lucros de filiais, sucursais, coligadas e controladas não seriam computados no lucro líquido do exercício, mas sim adicionados diretamente na apuração do lucro real.[280]

Focando mais diretamente na tributação dos lucros auferidos por controladas e coligadas, estava a mesma prevista nos parágrafos 2º e 3º do artigo 25 da Lei nº 9.249/95, que estabeleceu regras distintas para cada caso.

Com efeito, segundo o § 2º do referido artigo 25, "os lucros auferidos por filiais, sucursais ou controladas, no exterior, de pessoas jurídicas domiciliadas no Brasil serão computados na apuração do lucro real com observância do seguinte":

> I - as filiais, sucursais e controladas deverão demonstrar a apuração dos lucros que auferirem em cada um de seus exercícios fiscais, segundo as normas da legislação brasileira;
>
> II - os lucros a que se refere o inciso I serão adicionados ao lucro líquido da matriz ou controladora, na proporção de sua participação acionária, para apuração do lucro real;
>
> III - se a pessoa jurídica se extinguir no curso do exercício, deverá adicionar ao seu lucro líquido os lucros auferidos por filiais, sucursais ou controladas, até a data do balanço de encerramento;
>
> IV - as demonstrações financeiras das filiais, sucursais e controladas que embasarem as demonstrações em Reais deverão ser mantidas no Brasil pelo prazo previsto no art. 173 da Lei nº 5.172, de 25 de outubro de 1966.

Já para as coligadas, previa o § 3º do mesmo artigo 25 que "os lucros auferidos no exterior por coligadas de pessoas jurídicas domiciliadas no Brasil serão computados na apuração do lucro real com observância do seguinte":

---

280 COSTA, Alcides Jorge. Rendimentos Auferidos no Exterior por Pessoa Jurídica. In: ROCHA, Valdir de Oliveira (Coord.). *Imposto de Renda: Aspectos Fundamentais*. São Paulo: Dialética, 1996. p. 12-13.

I - os lucros realizados pela coligada serão adicionados ao lucro líquido, na proporção da participação da pessoa jurídica no capital da coligada;

II - os lucros a serem computados na apuração do lucro real são os apurados no balanço ou balanços levantados pela coligada no curso do período--base da pessoa jurídica;

III - se a pessoa jurídica se extinguir no curso do exercício, deverá adicionar ao seu lucro líquido, para apuração do lucro real, sua participação nos lucros da coligada apurados por esta em balanços levantados até a data do balanço de encerramento da pessoa jurídica;

IV - a pessoa jurídica deverá conservar em seu poder cópia das demonstrações financeiras da coligada.

Como apontado anteriormente, a materialidade tributável segundo o artigo 25 da Lei nº 9.249/95 era "lucros", de modo que este dispositivo prescindia de qualquer evento de disponibilização de tais lucros para a sua incidência. Claras, a este respeito, as palavras de André Martins de Andrade, para quem o mencionado dispositivo "tributa, isto sim, os rendimentos e ganhos de capital produzidos pela pessoa jurídica brasileira diretamente no exterior, bem como o lucro produzido pela pessoa jurídica brasileira indiretamente no exterior".[281]

Iniciava-se debate que perdura até hoje a respeito da compatibilidade desta modalidade de tributação com a materialidade constitucional do Imposto de Renda das Pessoas Jurídicas. Escrevendo logo após a edição da Lei nº 9.249/95, Luís Eduardo Schoueri já manifestava posição, que se tornou amplamente majoritária na doutrina brasileira, ao afirmar que "malgrado a intenção do legislador federal – os lucros auferidos por controladas e coligadas de empresas brasileiras no exterior não podem ser acrescidos ao lucro real da sócia brasileira, enquanto não forem efetivamente distribuídos (desde que, obviamente, a legislação do país onde se situa a controlada ou coligada não exija a automática e integral distribuição dos lucros)".[282]

Diante da reação doutrinária no sentido da inconstitucionalidade da tributação automática de lucros auferidos por controladas e coligadas no exterior,

---

[281] ANDRADE, André Martins de. *A Tributação Universal da Renda Empresarial*. Belo Horizonte: Editora Fórum, 2008. p. 202-203.

[282] SCHOUERI, Luís Eduardo. Tributação dos Lucros Auferidos por Controladas e Coligadas no Exterior: um Novo Capítulo no Direito Tributário Internacional do Brasil? In: ROCHA, Valdir de Oliveira (Coord.). *Imposto de Renda: Aspectos Fundamentais*. São Paulo: Dialética, 1996. p. 145.

o Fisco deu um passo atrás com a edição da Instrução Normativa nº 38/96, a qual passou a prever o momento em que se daria a disponibilização de tais lucros, em uma tentativa de conciliar a Lei nº 9.249/95 com a Constituição Federal e o Código Tributário Nacional ("CTN").[283]

Embora a utilização de um ato administrativo normativo para modificar a orientação legal seja criticável (mesmo que não seja exatamente algo novo na experiência brasileira), o fato é que a edição da Instrução Normativa nº 38/96 foi a resposta que os contribuintes esperavam do Governo àquela época.

O problema da falta de base legal da Instrução Normativa nº 38/96 foi resolvido com a edição da Lei nº 9.532/97, a qual "legalizou"[284] o aspecto temporal da hipótese de incidência do IRPJ sobre lucros auferidos no exterior por controladas e coligadas de pessoa jurídica brasileira.[285]

---

[283] O momento de disponibilização dos lucros auferidos por controladas e coligadas estava previsto no artigo 2º da Instrução Normativa nº 38/96, cuja redação é a seguinte: "Art. 2º Os lucros auferidos no exterior, por intermédio de filiais, sucursais, controladas ou coligadas serão adicionados ao lucro líquido do período-base, para efeito de determinação do lucro real correspondente ao balanço levantado em 31 de dezembro do ano-calendário em que tiverem sido disponibilizados.

§ 1º Consideram-se disponibilizados os lucros pagos ou creditados à matriz, controladora ou coligada, no Brasil, pela filial, sucursal, controlada ou coligada no exterior.

§ 2º Para efeito do disposto no parágrafo anterior, considera-se:

I - creditado o lucro, quando ocorrer a transferência do registro de seu valor para qualquer conta representativa de passivo exigível da filial, sucursal, controlada ou coligada, domiciliada no exterior;

II - pago o lucro, quando ocorrer:

a) o crédito do valor em conta bancária em favor da matriz, controladora ou coligada, domiciliada no Brasil;

b) a entrega, a qualquer título, a representante da beneficiária;

c) a remessa, em favor da beneficiária, para o Brasil ou para qualquer outra praça;

d) o emprego do valor, em favor da beneficiária, em qualquer praça, inclusive no aumento de capital da filial, sucursal, controlada ou coligada, domiciliada no exterior. [...]."

[284] Cf. BIANCO, João Francisco. *Transparência Fiscal Internacional*. São Paulo: Dialética, 2007. p. 55.

[285] Veja-se o artigo primeiro da Lei nº 9.532/97: "Art. 1º Os lucros auferidos no exterior, por intermédio de filiais, sucursais, controladas ou coligadas serão adicionados ao lucro líquido, para determinação do lucro real correspondente ao balanço levantado no dia 31 de dezembro do ano-calendário em que tiverem sido disponibilizados para a pessoa jurídica domiciliada no Brasil.

§ 1º Para efeito do disposto neste artigo, os lucros serão considerados disponibilizados para a empresa no Brasil:

a) no caso de filial ou sucursal, na data do balanço no qual tiverem sido apurados;

b) no caso de controlada ou coligada, na data do pagamento ou do crédito em conta representativa de obrigação da empresa no exterior.

Uma questão relevante da sistemática de disponibilização prevista no artigo 1º da Lei nº 9.532/97 é que esta não alterou a materialidade tributável pelo IRPJ, que seguiu sendo, no que nos interessa neste livro, lucros auferidos no exterior. Esta regra tratou apenas do momento em que tais lucros seriam considerados disponibilizados para fins de tributação. Em outras palavras, cuidou a Lei nº 9.532/97 do aspecto temporal da hipótese de incidência do IRPJ nesses casos, e não de seu aspecto material. Este ponto foi apontado expressamente por André Martins de Andrade, em passagem que nos permitimos transcrever abaixo:

> Quando, posteriormente a tais atos administrativos, editou-se a Lei nº 9.532/07 inexistiu por parte do legislador a pretensão de alterar a natureza do tributo, criando novo fato gerador. Pretendeu-se, simplesmente, legitimar a alteração anteriormente prevista em ato administrativo relativamente ao momento do recolhimento do tributo.
>
> Desse modo, as regras de disponibilização dos resultados introduzidas pela Lei nº 9.532/97 limitaram-se a fixar o aspecto temporal desta tributação. Com isso, logrou o legislador diferir o recolhimento do imposto devido para o momento de sua distribuição. [...].[286]

No dia 11 de janeiro de 2001, foi publicada a Lei Complementar nº 104. Entre as diversas alterações realizadas no CTN, a aludida lei complementar incluiu um § 2º em seu artigo 43, segundo o qual "na hipótese de receita ou de rendimen-

---

c) na hipótese de contratação de operações de mútuo, se a mutuante, coligada ou controlada, possuir lucros ou reservas de lucros; (Incluída pela Lei nº 9.959, de 2000)

d) na hipótese de adiantamento de recursos, efetuado pela coligada ou controlada, por conta de venda futura, cuja liquidação, pela remessa do bem ou serviço vendido, ocorra em prazo superior ao ciclo de produção do bem ou serviço. (Incluída pela Lei nº 9.959, de 2000)

§ 2º Para efeito do disposto na alínea «b» do parágrafo anterior, considera-se:

a) creditado o lucro, quando ocorrer a transferência do registro de seu valor para qualquer conta representativa de passivo exigível da controlada ou coligada domiciliada no exterior;

b) pago o lucro, quando ocorrer:

1. o crédito do valor em conta bancária, em favor da controladora ou coligada no Brasil;

2. a entrega, a qualquer título, a representante da beneficiária;

3. a remessa, em favor da beneficiária, para o Brasil ou para qualquer outra praça;

4. o emprego do valor, em favor da beneficiária, em qualquer praça, inclusive no aumento de capital da controlada ou coligada, domiciliada no exterior. [...]."

286 ANDRADE, André Martins de. *A Tributação Universal da Renda Empresarial*. Belo Horizonte: Editora Fórum, 2008. p. 285.

to oriundos do exterior, a lei estabelecerá as condições e o momento em que se dará sua disponibilidade, para fins de incidência do imposto referido neste artigo."

Nota-se que se pretendeu, com a inclusão deste dispositivo no CTN, delegar ao legislador ordinário a competência para determinar o aspecto temporal da hipótese de incidência do Imposto de Renda no caso de receita ou rendimento oriundo do exterior.

Após a modificação procedida no CTN, veio então à lume o artigo 74 da Medida Provisória nº 2.158-35/01 (que havia sido incorporado em sua versão nº 34), o qual reintroduziu no ordenamento jurídico brasileiro regra prevendo a tributação automática de lucros auferidos no exterior por intermédio de controladas e coligadas da pessoa jurídica brasileira, isso nos seguintes termos:

> Art. 74. Para fim de determinação da base de cálculo do imposto de renda e da CSLL, nos termos do art. 25 da Lei nº 9.249, de 26 de dezembro de 1995, e do art. 21 desta Medida Provisória, os lucros auferidos por controlada ou coligada no exterior serão considerados disponibilizados para a controladora ou coligada no Brasil na data do balanço no qual tiverem sido apurados, na forma do regulamento.
>
> Parágrafo único. Os lucros apurados por controlada ou coligada no exterior até 31 de dezembro de 2001 serão considerados disponibilizados em 31 de dezembro de 2002, salvo se ocorrida, antes desta data, qualquer das hipóteses de disponibilização previstas na legislação em vigor.

De acordo com este artigo 74, os lucros auferidos por controladas e coligadas no exterior seriam considerados disponibilizados para a controladora ou coligada no Brasil na data do balanço que tiverem sido apurados.

Vê-se, portanto, que a regra prevista na Medida Provisória nº 2.158-35/01 ("MP 2.158") utilizava a competência que havia sido delegada pelo CTN para a determinação do momento de disponibilização dos lucros auferidos por intermédio de controladas e coligadas no exterior. Mais uma vez, foi feita referência expressa ao artigo 25 da Lei nº 9.249/95. Ou seja, a materialidade sujeita à tributação continuava sendo os lucros auferidos no exterior, sendo o artigo 74 regra que dispunha apenas sobre o momento em que tais lucros seriam considerados disponibilizados.[287 - 288]

---

287 Sobre a inserção do § 2º do artigo 43 do CTN, ver: OLIVEIRA, Ricardo Mariz de. O Conceito de Renda - Inovação do art. 43 do CTN pela Lei Complementar nº 104 (a Questão da Disponibilidade sobre Lucros de Coligadas e Controladas no Exterior). *Revista Dialética de Direito Tributário*, São Paulo, n. 73, out. 2001, p. 105-115.

288 Cf. ANDRADE, André Martins de. *A Tributação Universal da Renda Empresarial*, 2008, p. 285; BIANCO, João Francisco. Tributação dos Lucros Auferidos por Empresas Controladas no Exterior: Análise Crítica

Desde a sua edição, o artigo 74 da MP 2.158 foi considerado inconstitucional pela doutrina brasileira majoritária, sendo isoladas posições como a de Marco Aurélio Greco, para quem não haveria incompatibilidade entre a aludida regra e a Constituição Federal ou o CTN.[289]

São tantos os trabalhos produzidos sobre a matéria que a referência a eles se tornaria inviável no estágio atual. A título exemplificativo, citamos Ricardo Mariz de Oliveira, para quem "o art. 74 da Medida Provisória nº 2.158-35 é ilegal, por contrariar o art. 43 do CTN, e é inconstitucional, por prescrever tributação em situação não contida no campo de incidência do imposto de renda previsto no art. 153, inciso III, da Constituição"[290]. O mesmo entendimento foi adotado por Heleno Taveira Tôrres,[291] Humberto Ávila,[292] Alberto Xavier[293] e Luís Eduardo Schoueri, este último condicionando a constitucionalidade do artigo 74 da MP 2.158 à existência de efetiva disponibilidade sobre os lucros auferidos no exterior.[294] Também manifestamos posição pela inconstitucionalidade deste dispositivo, em artigo publicado em 2003[295] e, novamente, em 2012.[296]

Em dezembro de 2001 teve início o questionamento da constitucionalidade do artigo 74 da MP 2.158 perante o Supremo Tribunal Federal ("STF"),

---

do Recurso Extraordinário N. 541.090. In: PRETO, Raquel Elita Alves (Coord.). *Tributação Brasileira em Evolução: Estudos em Homenagem ao Professor Alcides Jorge Costa*. São Paulo: Editora IASP, 2015. p. 1001.

289 Cf. UCKMAR, Victor; GRECO, Marco Aurélio; ROCHA, Sergio André et al. *Manual de Direito Tributário Internacional*. São Paulo: Dialética, 2012. p. 394-395.

290 OLIVEIRA, Ricardo Mariz de. O Imposto de Renda e os Lucros Auferidos no Exterior. In: ROCHA Valdir de Oliveira (Coord.). *Grandes Questões Atuais do Direito Tributário: 7º Volume*. São Paulo: Dialética, 2003. p. 354.

291 TÔRRES, Heleno Taveira. Tributação de Controladas e Coligadas no Exterior e seus Desafios Concretos. In: TÔRRES, Heleno Taveira (Coord.). *Direito Tributário Internacional Aplicado*. São Paulo: Quartier Latin, 2012. v. VI. p. 440-441.

292 ÁVILA, Humberto. O Imposto de Renda e a Contribuição Social sobre o Lucro e os Lucros Auferidos no Exterior. In: ROCHA Valdir de Oliveira (Coord.). *Grandes Questões Atuais do Direito Tributário: 7º Volume*. São Paulo: Dialética, 2003. p. 239.

293 XAVIER, Alberto. *Direito Tributário Internacional do Brasil*. 7 ed. Rio de Janeiro: Forense 2010. p. 400-412.

294 SCHOUERI, Luís Eduardo. Imposto de Renda e os Lucros Auferidos no Exterior. In: ROCHA Valdir de Oliveira (Coord.). *Grandes Questões Atuais do Direito Tributário: 7º Volume*. São Paulo: Dialética, 2003. p. 328.

295 SILVA, Sergio André R. G. da. Transparência Fiscal Internacional no Direito Tributário Brasileiro. *Revista Dialética de Direito Tributário*, São Paulo, n. 99, dez. 2003, p. 123.

296 UCKMAR, Victor; GRECO, Marco Aurélio; ROCHA, Sergio André et al. *Manual de Direito Tributário Internacional*. São Paulo: Dialética, 2012. p. 396.

objeto da Ação Direta de Inconstitucionalidade nº 2.588 ("ADI 2.588"). Após mais de uma década de tramitação, a ADI 2.588 foi julgada em 2013.

Ultimado o julgamento pelo STF na ADI 2.588, tomaram corpo debates que há alguns anos já vinham sendo gestados dentro da Receita Federal do Brasil, no sentido de uma reforma do sistema brasileiro de tributação de lucros auferidos no exterior. Em 10 de outubro de 2013, foi publicada a Lei nº 12.865, a qual trouxe, em seu artigo 40, um programa especial de pagamento para as empresas que haviam questionado ou deixado de observar o regime previsto no artigo 74 da MP 2.158.

Um pouco mais adiante, em 13 de novembro de 2013, foi editada a Medida Provisória nº 627/13 ("MP 627"), a qual trouxe as novas regras brasileiras de tributação de lucros auferidos no exterior por intermédio de filiais, sucursais, controladas e coligadas, em seus artigos 72 a 91.

A MP 627 reformou o sistema de tributação de lucros auferidos no exterior, incorporando ao Direito Brasileiro conceitos comuns no Direito Comparado, como a distinção entre rendas ativas e passivas, além de prever, pela primeira vez, um sistema de tributação automática de lucros auferidos no exterior por empresas controladas por pessoas físicas residentes no Brasil, que gerou muitas controvérsias durante a tramitação do Projeto de Lei de conversão.

Em 14 de maio de 2014 foi publicada no Diário Oficial a Lei nº 12.973 ("Lei 12.973"), lei de conversão da MP 627. O sistema desenhado na medida provisória foi, em linhas gerais, mantido, embora tenha sofrido diversas alterações e refinamentos. Talvez a maior das alterações tenha sido a supressão integral das regras de tributação automática dos lucros de investimentos controlados por pessoas físicas.

Já no dia 8 de dezembro de 2014 foi a vez da publicação da Instrução Normativa nº 1.520 ("IN 1.520"), a qual regulamentou a Lei 12.973 e trouxe as obrigações acessórias que os contribuintes terão que observar na aplicação da nova sistemática de tributação de lucros auferidos no exterior.

O artigo 77 da Lei 12.973, ao contrário do que passava com o artigo 74 da MP 2.158, passou a prever que a tributação brasileira incidiria não sobre os lucros auferidos pela controlada no exterior, mas sim sobre a parcela do ajuste do valor do investimento na controlada no exterior equivalente a tais lucros. Entendemos, contudo, que a despeito da alteração da redação legal a materialidade da tributação pretendida no Brasil segue sendo a mesma: os lucros auferidos pela controlada no exterior.[297]

Exatamente o fato de a tributação brasileira recair sobre os lucros auferidos pela controlada no exterior que serviu de fundamento para outra discussão jurídica relevante, a qual diz respeito não mais à sua compatibilidade com a Constituição Federal e o Código Tributário Nacional, mas sim ao seu relacionamento com os tratados internacionais sobre a tributação da renda e do capital celebrados pelo Brasil.

Com efeito, argumenta-se que a tributação que se encontrava prevista no artigo 74 da MP 2.158, substituído pelo artigo 77 da Lei 12.973, deve ser afastada nos casos em que a controlada estiver situada em país que tenha assinado tratado tributário com o Brasil, uma vez que, como vimos anteriormente, de acordo com o artigo 7º das convenções em questão, a regra geral é que os lucros das empresas sejam tributados apenas no país de residência.[298]

Há, ainda, autores que sustentam que a tributação brasileira nesses casos estaria em desacordo com o artigo 10 das convenções tributárias brasileiras, uma vez que este dispositivo somente autorizaria a tributação de dividendos distribuídos, o que possibilitaria a argumentação de que lucros não distribuídos não seriam passíveis de tributação.[299]

Alguns tratados brasileiros – como os assinados com a Argentina, a Áustria, o Equador, a Espanha e a Índia – trazem regras de isenção da tributa-

---

297 Ver: ROCHA, Sergio André. *Tributação de Lucros Auferidos por Controladas e Coligadas no Exterior*. 2 ed. São Paulo: Quartier Latin, 2016. p. 139-143. Sobre o tema, ver, também: SANTOS, Ramon Tomazela. *O Regime de Tributação dos Lucros Auferidos no Exterior na Lei nº 12.973/2014*. Rio de Janeiro: Lumen Juris, 2017. p. 21-23.

298 Ver: TÔRRES, Heleno Taveira. Tributação de Controladas e Coligadas no Exterior e seus Desafios Concretos. In: TÔRRES, Heleno Taveira (Coord.). *Direito Tributário Internacional Aplicado*. São Paulo: Quartier Latin, 2012. v. VI. p. 436; ROCHA, Sergio André. *Tributação de Lucros Auferidos por Controladas e Coligadas no Exterior*. 2 ed. São Paulo: Quartier Latin, 2016. p. 74-77; SANTOS, Ramon Tomazela. *O Regime de Tributação dos Lucros Auferidos no Exterior na Lei nº 12.973/2014*. Rio de Janeiro: Lumen Juris, 2017. p. 278-284.

299 Ver: TÔRRES, Heleno Taveira. Lucros Auferidos por Meio de Controladas e Coligadas no Exterior. In: TÔRRES, Heleno Taveira (Coord.). *Direito Tributário Internacional Aplicado: Volume III*. São Paulo: Quartier Latin, 2005. p. 161-162; ROCHA, Sergio André. *Tributação de Lucros Auferidos por Controladas e Coligadas no Exterior*. 2 ed. São Paulo: Quartier Latin, 2016. p. 77-79; SANTOS, Ramon Tomazela. *O Regime de Tributação dos Lucros Auferidos no Exterior na Lei nº 12.973/2014*. Rio de Janeiro: Lumen Juris, 2017. p. 284-299.

ção de dividendos efetivamente distribuídos para o beneficiário localizado no Brasil. Argumenta-se, então, que essas convenções afastariam a incidência do artigo 74 da MP 2.158 e do artigo 77 da Lei 12.973, uma vez que haveria uma incompatibilidade lógica entre a isenção de dividendos distribuídos e a tributação dos lucros base de tais dividendos.[300]

Por fim, os tratados celebrados com a Dinamarca, a Eslováquia e a República Tcheca trazem dispositivo específico segundo o qual o Brasil não poderá tributar lucros não disponibilizados auferidos por empresas situadas no outro Estado contratante.[301]

Ao contrário do que se passa nas legislações da maioria dos países, as regras previstas no artigo 74 da MP 2.158 e no artigo 77 da Lei 12.973 não possuem qualquer caráter antielusivo explícito. Por tal razão, parte da doutrina brasileira nega-lhes o caráter de verdadeira "regra CFC".[302] Alberto Xavier é categórico ao afirmar que "a expressão 'regras CFC' faz alusão a um tipo específico de normas anti-abuso que pressupõe para a sua aplicação que a controlada estrangeira esteja domiciliada em país de tributação favorecida e/ou aufira apenas rendas passivas. A lei brasileira, contudo, não se enquadra no conceito de regras CFC justamente porque se aplica a *toda e qualquer controlada ou coligada estrangeira*, independentemente do país do seu domicílio ou da origem dos seus rendimentos".[303]

---

300 Cf. XAVIER, Alberto. *Direito Tributário Internacional do Brasil*. 7 ed. Rio de Janeiro: Forense, 2010. p. 386; ROCHA, Sergio André. *Tributação de Lucros Auferidos por Controladas e Coligadas no Exterior*. 2 ed. São Paulo: Quartier Latin, 2016. p. 79-81; SANTOS, Ramon Tomazela. *O Regime de Tributação dos Lucros Auferidos no Exterior na Lei nº 12.973/2014*. Rio de Janeiro: Lumen Juris, 2017. p. 299-301 / 317-323.

301 Um novo protocolo foi assinado entre Brasil e Dinamarca, excluindo esta regra do tratado. Contudo, o mesmo ainda não entrou em vigor no Brasil. Ver: ROCHA, Sergio André. *Tributação de Lucros Auferidos por Controladas e Coligadas no Exterior*. 2 ed. São Paulo: Quartier Latin, 2016. p. 81; SANTOS, Ramon Tomazela. *O Regime de Tributação dos Lucros Auferidos no Exterior na Lei nº 12.973/2014*. Rio de Janeiro: Lumen Juris, 2017. p. 312-316.

302 Ver, por exemplo: BIANCO, João Francisco. *Transparência Fiscal Internacional*. São Paulo: Dialética, 2007. p. 158; TORRES, Ricardo Lobo. *Planejamento Tributário*. Rio de Janeiro: Campus, 2012. p. 77; BARRETO, Paulo Ayres. A Tributação, por Empresas Brasileiras, dos Lucros Auferidos no Exterior por suas Controladas e Coligadas. In ROCHA, Valdir de Oliveira (Coord.). *Grandes Questões Atuais de Direito Tributário: 17º Volume*. São Paulo: Dialética, 2013. p. 225-228; PEREIRA, Roberto Codoniz Leite. O Novo Regime de Tributação em Bases Universais das Pessoas Jurídicas Previsto na Lei nº 12.973/2014: as Velhas Questões foram Resolvidas? *Revista Direito Tributário Atual*, São Paulo, n. 33, 2015, p. 440.

303 XAVIER, Alberto. *Direito Tributário Internacional do Brasil*. 8 ed. Rio de Janeiro: Forense, 2015. p. 494.

Esta questão – caracterização, ou não, das regras brasileiras como "regras CFC" assume relevância para os propósitos da presente pesquisa. Com efeito, o pano de fundo da discussão é a aplicação ou não dos Comentários da OCDE à sua Convenção Modelo na análise da legislação brasileira. Esta questão aparece em diversas decisões, como passamos a analisar.[304]

1.4.3.2. A Posição da Receita Federal do Brasil na Solução de Consulta Interna COSIT nº 18/2013

Em agosto de 2013, a Receita Federal do Brasil proferiu a Solução de Consulta Interna COSIT nº 18/13, cujo propósito era apresentar sua interpretação a respeito da correlação entre o artigo 74 da MP 2.158 e o artigo 7º dos tratados internacionais tributários assinados pelo Brasil. Sua ementa tem a seguinte redação:

> LUCROS AUFERIDOS POR EMPRESAS COLIGADAS OU CONTROLADAS DOMICILIADAS NO EXTERIOR.
>
> A aplicação do disposto no art. 74 da Medida Provisória nº 2.158-35, de 2001, não viola os tratados internacionais para evitar a dupla tributação.
>
> Dispositivos legais: art. 98 da Lei nº 5.172, de 25 de outubro de 1966, arts. 25 e 26 da Lei nº 9.249, de 26 de dezembro de 1995, arts. 21 e 74 da Medida Provisória nº 2.158-35, de 24 de agosto de 2001, e artigo 7 da Convenção Modelo da Organização para a Cooperação e Desenvolvimento Econômico (OCDE).[305]

Já a leitura desta ementa mostra-se reveladora. Com efeito, nota-se que entre os dispositivos legais referenciados encontra-se a própria Convenção Modelo da OCDE, antecipando-se que este documento seria a base para a interpretação das autoridades fiscais.

Esta posição aparece de forma expressa no parágrafo 26 da Solução de Consulta Interna COSIT nº 18/13, onde restou afirmado que, "para entender

---

304 Sobre o tema, ver: ROCHA, Sergio André. *Tributação de Lucros Auferidos por Controladas e Coligadas no Exterior*. 2 ed. São Paulo: Quartier Latin, 2016. p. 100-111.

305 Esta interpretação da COSIT foi criticada pela doutrina. Ver, por exemplo: SCHOUERI, Luís Eduardo. Lucros no Exterior e Acordos de Bitributação. Reflexões sobre a Solução de Consulta Interna nº 18/2013. *Revista Dialética de Direito Tributário*, São Paulo, n. 219, 2013, p. 67-77; XAVIER, Alberto. *Direito Tributário Internacional do Brasil*. 8 ed. Rio de Janeiro: Forense, 2015. p. 488-493.

a compatibilidade entre os acordos celebrados pelo Brasil para evitar a dupla tributação, que seguem o modelo da OCDE, e a legislação sobre a tributação de lucros de controladas e coligadas no exterior, é importante destacar o Comentário da própria OCDE sobre o Parágrafo 1º do Artigo 7 da Convenção Modelo".

Baseadas nesta premissa, as autoridades fiscais transcreveram, na decisão em comento, o parágrafo 14 dos Comentários da OCDE ao artigo 7º de sua Convenção Modelo:

> O propósito do § 1º é traçar limites ao direito de um Estado contratante tributar os lucros de empresas situadas em outro Estado contratante. O parágrafo não limita o direito de um Estado contratante tributar seus residentes com base nos dispositivos relativos a sociedades controladas no exterior encontradas em sua legislação interna, ainda que tal tributo, imposto a esses residentes, possa ser computado em relação à parte dos lucros de uma empresa residente em outro Estado contratante, atribuída à participação desses residentes nessa empresa. O tributo assim imposto por um Estado sobre seus próprios residentes não reduz os lucros da empresa de outro Estado e não se pode dizer, portanto, que teve por objeto tais lucros.[306]

Vale observar que este mesmo parágrafo é encontrado nos Comentários da OCDE ao seu Modelo de Convenção de 2008 e foi igualmente incorporado aos Comentários da ONU ao seu Modelo. Portanto, embora fique clara, neste caso, a orientação – a nosso ver equivocada – de que a Convenção Modelo da OCDE serve de base para os tratados brasileiros de modo geral, notamos que, neste caso, esta orientação não impactou negativamente a aplicação das convenções brasileiras.

1.4.3.3. *As Decisões do Conselho Administrativo de Recursos Fiscais sobre a Relação entre os Acordos Celebrados pelo Brasil e o Artigo 74 da Medida Provisória nº 2.158-35/01*

Desde meados dos anos 2000 o Conselho Administrativo de Recursos Fiscais ("CARF") vem decidindo sobre a relação entre as convenções celebradas pelo Brasil e o artigo 74 da MP 2.158. Nos itens a seguir, examinaremos alguns

---

306 OECD. *Model Tax Convention on Income and on Capital*. Paris: OECD, 2014. p. 136.

dos precedentes mais relevantes do CARF. O propósito desta análise não é examinar o mérito de cada um dos casos. Com efeito, nosso foco será identificar em cada uma das decisões se a Convenção Modelo da OCDE ou da ONU, e seus respectivos Comentários, foram utilizados como fundamento para as mesmas.[307]

1.4.3.3.1. Acórdão nº 108-08.765 (2006). "Caso REFRATEC"

Este caso foi o primeiro decidido pelo CARF.[308] Ele envolveu a aplicação do tratado com a Espanha e o argumento de que o artigo 7º dessa convenção afastaria a aplicação do artigo 74 da MP 2.158.[309] A decisão final foi no sentido de que não haveria nenhuma contradição entre estes tratados e a legislação doméstica brasileira. O principal fundamento da decisão, que se repetirá em outros casos, foi o de que o mencionado artigo 74 traz uma presunção de distribuição de dividendos e, portanto, a tributação no Brasil seria autorizada pelo artigo 10 do tratado. Veja-se, abaixo, trecho da ementa desta decisão:

> [...] IRPJ - CONTROLADA NA ESPANHA - LUCROS A PARTIR DE 2001 - MP 2158-34/2001 - TRATADO INTERNACIONAL - O art. 74 da MP 2158-34 estabeleceu a presunção absoluta (ficção) de que o lucro auferido por controlada no exterior deve ser considerado distribuído à controladora no Brasil em 31 de dezembro de cada ano. O Tratado entre Brasil e Espanha não afasta a incidência de tributação por empresa sediada no Brasil relativamente ao lucro de empresa espanhola considerado distribuído. [...].

Nesta primeira decisão não foi feita qualquer referência direta aos Modelos de Tratado ou seus respectivos Comentários.

---

307 Esta análise parte do estudo que fizemos em: ROCHA, Sergio André. *Tributação de Lucros Auferidos por Controladas e Coligadas no Exterior*. 2 ed. São Paulo: Quartier Latin, 2016. p. 100-111. Nada obstante, o enfoque aqui é completamente distinto, já que se preocupa com o uso dos Modelos de Tratado e dos seus respectivos Comentários nas decisões.

308 Para ser mais exato, esta decisão foi proferida pelo Primeiro Conselho de Contribuintes.

309 Para maiores informações sobre o Caso REFRATEC, ver: MONGUILOD, Ana Carolina; TORO, Carlos Eduardo M. A. Caso REFRATEC. In: CASTRO, Leonardo Freitas de Moraes e (Coord.). *Tributação Internacional: Análise de Casos Volume 2*. São Paulo: MP Editora, 2015. p. 345-371.

1.4.3.3.2. Acórdão nº 101-95.802 (2006). "Caso Eagle 1"

No Acórdão nº 101-95.802-2006 discutia-se mais uma vez a aplicação do tratado Brasil-Espanha.[310] Neste caso, foi decidido que "nos termos da Convenção Destinada a Evitar a Dupla Tributação e Prevenir a Evasão Fiscal em Matéria de Imposto sobre a Renda entre Brasil e a Espanha, promulgada pelo Decreto nº 76.975, de 1976, em se tratando de lucros apurados pela sociedade residente na Espanha e que não sejam atribuíveis a estabelecimento permanente situado no Brasil, não pode haver tributação no Brasil. Não são também tributados no Brasil os dividendos recebidos por um residente do Brasil e que, de acordo com as disposições da Convenção, são tributáveis na Espanha".

A decisão formalizada neste acórdão partiu da conclusão da Conselheira Relatora, Sandra Faroni, no sentido de que "a tributação com fulcro no art. 74 da MP 2.158-35/2001 incide sobre o lucro das empresas, e não sobre dividendos. Nessa circunstância, tendo em vista o art. 7 da Convenção, não pode haver tributação no Brasil dos lucros auferidos por intermédio da Jalua [empresa situada na Espanha], enquanto não disponibilizados".

Esta decisão abordou, ainda, a aplicação do artigo 23 do tratado Brasil--Espanha, que prevê isenção de dividendos distribuídos. Neste particular, partiu a relatora da possibilidade de caracterização do artigo 74 da MP 2.158 como regra que prevê a tributação de dividendos fictos. Em suas palavras "dentro desta segunda linha de raciocínio, teria que ser observado, também, o Artigo 23 da Convenção, que tem aplicação naqueles casos em que o próprio acordo internacional admite a tributação pelos dois Estados celebrantes. Seus parágrafos 3 e 4 tratam, exatamente, da hipótese de pagamento de dividendos, em que a convenção admite a tributação pelos dois Estados. Determina o parágrafo 4º que 'quando um residente do Brasil receber dividendos que de acordo com as disposições da presente Convenção sejam tributáveis na Espanha, o Brasil isentará de imposto esses dividendos'".

---

310 Para maiores informações sobre o Caso Eagle I, ver: MARCELINO JÚNIOR, Ataíde. Caso Eagle 1. In: CASTRO, Leonardo Freitas de Moraes e (Org.). *Tributação Internacional: Análise de Casos*. São Paulo: MP Editora, 2010. p. 259-278; NETO, Luís Flávio. A Tolerância e a Intolerância ao *Treaty Shopping*: os Casos "Prévost", "Indofood", "Eagle I" e "Eagle II". *Revista Direito Tributário Atual*, São Paulo, n. 23, 2009, p. 333-337.

Tendo em vista nossos objetivos neste item, cabe notar que a Conselheira Relatora apontou em seu voto que "como primeiro recurso ao deslinde da questão, deve-se recorrer aos Comentários aos Artigos da Convenção Modelo da OCDE. Isso tendo em consideração que, embora não sendo membro da OCDE, a Convenção (como a maioria das convenções assinadas pelo Brasil) segue o seu modelo. E ainda, que os 'Comentários' têm utilidade como instrumento para auxiliar a interpretação dos tratados que seguem o Modelo OCDE".

Partindo desta premissa, a Conselheira Sandra Faroni citou os Comentários da OCDE aos artigos 7º e 10 de seu Modelo. É interessante observar que as "observações preliminares", encontradas nos Comentários da OCDE ao artigo 10 de sua Convenção Modelo, não existem nos Comentários ao Modelo da ONU. A Conselheira citou ainda os Comentários da OCDE em relação ao conceito da palavra "pagos". Esta passagem encontra-se presente em ambos Comentários – de fato, o Comentário da ONU simplesmente reproduz o da OCDE.

Nada obstante, seria um erro assumir que, uma vez que os Comentários da ONU incorporaram aqueles da OCDE, a análise daqueles seria irrelevante. De fato, antes de reproduzir o texto dos Comentários da OCDE os Comentários da ONU reforçaram a ideia de que os parágrafos seguintes tinham em conta "regras CFC" típicas. Esta referência reforça a posição de que regras como as brasileiras não estariam incluídas nos Comentários.

Com efeito, mesmo que se adote a posição sustentada neste trabalho, no sentido de que as regras brasileiras de tributação de lucros auferidos por controladas no exterior são "regras CFC", certamente não são "típicas regras CFC" conforme referido nos Comentários da ONU à sua Convenção Modelo.

1.4.3.3.3. Acórdão nº 101-97.070 (2008). "Caso Eagle 2"

Os fatos envolvidos neste outro caso eram os mesmos do acórdão comentado no item anterior, tendo sido o mesmo contribuinte autuado em relação a outro período.[311] Em relação ao tema da aplicação ou não das regras previstas

---

311 Para maiores informações sobre o Caso Eagle II, ver: SILVEIRA, Rodrigo Maito da. Caso Eagle 2. In: CASTRO, Leonardo Freitas de Moraes e (Org.). *Tributação Internacional: Análise de Casos*. São Paulo: MP Editora, 2010. p. 279-304; PEREIRA, Moisés de Sousa Carvalho; RISCADO JÚNIOR, Paulo Roberto. Jurisprudência Comentada: O Artigo 74 da Medida Provisória nº 2.158-35/2001 e o Planejamento Tributário com Base na Utilização de Tratados. O "Caso Eagle II" (Acórdão nº 101-

no tratado Brasil-Espanha, a conclusão alcançada nessa decisão foi a mesma formalizada no Acórdão nº 101-95.802. Conforme registrado em sua ementa "nos termos da Convenção Destinada a Evitar a Dupla Tributação e Prevenir a Evasão Fiscal em Matéria de Imposto sobre a Renda entre Brasil e a Espanha, promulgada pelo Decreto n° 76.975, de 1976, em se tratando de lucros apurados pela sociedade residente na Espanha e que não sejam atribuíveis a estabelecimento permanente situado no Brasil, não pode haver tributação no Brasil".

Contudo, foi neste acórdão que se validou critério de tributação que posteriormente, viria a ser consagrado na Lei nº 12.973/14: a tributação, de forma independente, das controladas indiretas da pessoa jurídica brasileira.[312] Nas palavras do Conselheiro Relator, Valmir Sandri "para efeito de tributação dos lucros auferidos no exterior, deve-se levar em consideração, de forma individualizada, os lucros auferidos por cada controlada no exterior, seja ela controlada direta ou indiretamente pela empresa brasileira, adicionando-os ao lucro da empresa brasileira para efeito de tributação do imposto de renda".

Este argumento restou formalizado na ementa deste acórdão nos seguintes termos: "para fins de aplicação do art. 74 da MP n° 2158-35, os resultados de controladas indiretas consideram-se auferidos diretamente pela investidora brasileira, e sua tributação no Brasil não se submete às regras do tratado internacional firmado com o país de residência da controlada direta, mormente quando esses resultados não foram produzidos em operações realizadas no país de residência da controlada evidenciando o planejamento fiscal para não tributá-los no Brasil".

Portanto, a grande diferença entre esta decisão e a anterior não se referiu à aplicação ou não dos artigos do tratado internacional, mas à aplicação ou não da própria convenção sobre lucros auferidos em outro país.

97.070). *Revista da Procuradoria Geral da Fazenda Nacional*, Brasília, n. 2, jul./dez. 2011, p. 277-299; SCHOUERI, Luís Eduardo. Brazil. In: LANG, Michael et. al. (Coords.). *GAARs – A Key Element of Tax Systems in the Post-BEPS World*. Amsterdam: IBFD, 2016. p.141-143; NETO, Luís Flávio. A Tolerância e a Intolerância ao *Treaty Shopping*: os Casos "Prévost", "Indofood", "Eagle I" e "Eagle II". *Revista Direito Tributário Atual*, São Paulo, n. 23, 2009, p. 337-340.

312 Ver: ROCHA, Sergio André. *Tributação de Lucros Auferidos por Controladas e Coligadas no Exterior*. 2 ed. São Paulo: Quartier Latin, 2016. p. 134-139.

A Conselheira Sandra Faroni participou deste julgamento, tendo retornado às suas considerações sobre a influência da Convenção Modelo da OCDE sobre os tratados brasileiros. Contudo, seu voto foi vencido. O voto vencedor, proferido pelo Conselheiro Valmir Sandri, não fez qualquer referência aos Modelos, Comentários e sua influência sobre a política brasileira de celebração de tratados.

1.4.3.3.4. Acórdão nº 1402-00.391 (2011). "Caso Normus"

Neste outro caso, cuidou-se da aplicação do tratado Brasil-Hungria.[313] Discutia-se, uma vez mais, a respeito da aplicação do artigo 7º da convenção internacional como norma de bloqueio do artigo 74 da MP 2.158.

Esta decisão baseou-se no argumento que orientou posteriormente a Solução de Consulta nº 18/13, assim formalizado em sua ementa "a Legislação Tributária Brasileira não estabelece incidência sobre os lucros da controlada estrangeira (o que é vedado pelo Artigo VII), mas sim sobre lucros da investidora brasileira, isto é, dispõe que o lucro real da contribuinte engloba os lucros disponibilizados por sua controlada, incorporados ao seu patrimônio em função do Método da Equivalência Patrimonial MEP. Logo, a tributação recai sobre os lucros da empresa brasileira, o que afasta a aplicação do aludido Artigo VII do Tratado. O art. 74 da MP nº 2.158-35 é uma autêntica regra CFC (regra de tributação de resultados de controladas no exterior), compreendida como norma voltada para eliminar o diferimento na tributação dos lucros auferidos no exterior. Não há um 'padrão único' de legislação CFC. O ponto comum desse tipo de regra é a tributação dos residentes de um Estado Contratante em relação à renda proveniente de sua participação em empresas estrangeiras".

Com base nesses argumentos, entendeu o CARF que o artigo 7º do tratado Brasil-Hungria não afastaria a aplicação do artigo 74 da MP 2.158. Na verdade, segundo o entendimento manifestado neste caso "no contexto dos tratados, os dividendos pagos correspondem a lucros distribuídos aos sócios da empresa. Por força da MP nº 2.158-35, os lucros apurados pela controlada no exterior

---

313 Para maiores informações sobre o Caso Normus, ver: BOLAN, Ricardo Ferreira; PAES, Gustavo Duarte; COUTO, Ana Cláudia. Caso Normus. In: CASTRO, Leonardo Freitas de Moraes e (Coord.). *Tributação Internacional: Análise de Casos Volume 3*. São Paulo: MP Editora, 2015. p. 325-348.

são considerados distribuídos por ficção legal, incorporados ao patrimônio da contribuinte brasileira via MEP. A não incidência tributária dos dividendos restringe-se aos lucros produzidos e tributados no Brasil".

Em outras palavras, o entendimento manifestado nessa decisão foi no sentido de que a regra aplicável dos tratados internacionais tributários celebrados pelo Brasil seria o artigo 10, tratando-se o disposto no artigo 74 da MP 2.158 como uma regra de tributação de dividendos fictos, os quais seriam considerados pagos por ficção legal.[314]

O voto do Conselheiro Relator Antonio José Praga de Souza conteve diversas referências à Convenção Modelo da OCDE e aos seus Comentários. Em uma nota de rodapé ele asseverou que "apesar de não integrar a Organização de Cooperação e Desenvolvimento Econômico, os tratados para evitar a dupla tributação celebrados pelo Brasil seguem o modelo OCDE — inclusive, a Convenção firmada com a Hungria. Portanto, os comentários da OCDE não são vinculantes para o Brasil, mas auxiliam sobremaneira a interpretação dos acordos internacionais".

Os mesmos comentários apresentados acima em relação ao Caso Eagle 1 são aplicáveis aqui. Embora os Comentários da ONU tenham incorporado partes dos Comentários da OCDE, aqueles poderiam ser utilizados para sustentar uma posição oposta àquela defendida pelo Relator, uma vez que os Comentários da ONU evidenciam que os mesmos somente serão aplicáveis a "regras CFC típicas", o que as regras brasileiras não são.[315]

---

314 Vale notar que esta decisão foi tomada pelo "voto de qualidade", tema que se tornou controvertido, argumentando-se que sua previsão seria incompatível com a Constituição Federal. Sobre o tema, ver: ANDRADE, Fábio Martins de. Dúvida, empate no julgamento e interpretação mais favorável ao contribuinte. *Revista Dialética de Direito Tributário*, São Paulo, n. 215, ago. 2013. p. 88-98.

315 Como apontado acima, temos defendido que as regras brasileiras são verdadeiras "regras CFC". Entretanto, obviamente elas não são "típicas regras CFC". Nesse sentido, ver: ROCHA, Sergio André. *Tributação de Lucros Auferidos por Controladas e Coligadas no Exterior*. 2 ed. São Paulo: Quartier Latin, 2016. p. 254; SANTOS, Ramon Tomazela; PEGORARO, Andressa. A Tributação dos Lucros do Exterior na Lei nº 12.973/2014 e os Acordos de Bitributação – A Questão da Classificação dos Rendimentos Fictos. In: SAUNDERS, Ana Paula; GOMES, Eduardo Santos; MOREIRA, Francisco Lisboa; MURAYAMA, Janssen (Orgs.). *Estudos de Tributação Internacional*. Rio de Janeiro: 2016. p. 239.

1.4.3.3.5. Acórdão nº 1101-00.365 (2012). "Caso Camargo Corrêa"

Neste caso discutia-se a aplicação dos tratados entre Brasil e Portugal e Brasil e Luxemburgo.[316] A decisão do CARF foi no sentido de que o artigo 10 da convenção permitiria a tributação de lucros não distribuídos no Brasil afastando-se, portanto, a aplicação do artigo 7º dos referidos tratados. Veja-se, abaixo passagem da ementa desta decisão:

> [...] TRATADOS E CONVENÇÕES INTERNACIONAIS.
>
> Não obstante o STF tenha se posicionado no sentido de inexistência de primazia hierárquica do tratado internacional, em se tratando de Direito Tributário a prevalência da norma internacional decorre de sua condição de lei especial em relação norma interna.
>
> CONVENÇÃO BRASIL-PORTUGAL PARA EVITAR DUPLA TRIBUTAÇÃO. PREMISSAS PARA ANALISE DO CONFLITO NORMATIVO.
>
> O art. 74 da Medida Provisória nº 2.158-35/2001 estabelece tributação sobre dividendos percebidos por beneficiários situados no país mediante ficção de disponibilização dos resultados auferidos por intermédio de coligadas ou controladas no exterior.
>
> COMPATIBILIDADE COM O TRATADO INTERNACIONAL.
>
> O acordo firmado entre Brasil e Portugal autoriza a tributação de dividendos no Estado onde se situa o beneficiário dos rendimentos e somente proíbe o país onde se situa a fonte pagadora de tributar lucros não distribuídos.
>
> [...]
>
> ARGUMENTAÇÃO SUBSIDIARIA PARA INAPLICABILIDADE DA CONVENÇÃO BRASIL-LUXEMBURGO. PREMISSAS PARA ANALISE DO CONFLITO NORMATIVO.
>
> O art. 74 da Medida Provisória nº 2.158-35/2001 estabelece tributação sobre dividendos percebidos por beneficiários situados no país mediante ficção de disponibilização dos resultados auferidos por intermédio de coligadas ou controladas no exterior.
>
> COMPATIBILIDADE COM O TRATADO INTERNACIONAL.

---

316 Para maiores informações sobre o Caso Camargo Correa, ver: CASTRO, Leonardo Freitas de Moraes e; SILVEIRA, Rodrigo Maito. Caso Camargo Corrêa. In: CASTRO, Leonardo Freitas de Moraes e (Coord.). *Tributação Internacional: Análise de Casos Volume 2*. São Paulo: MP Editora, 2015. p. 391-438.

O acordo firmado entre Brasil e Luxemburgo autoriza a tributação de dividendos no Estado onde se situa o beneficiário dos rendimentos e somente proíbe o país onde se situa a fonte pagadora de tributar lucros não distribuídos. [...].

A Conselheira Relatora neste caso, Edeli Pereira Bessa, não fez qualquer referência expressa aos Modelos e seus respectivos Comentários. Entretanto, ela incorporou ao seu voto vários parágrafos do voto da Conselheira Sandra Faroni no Caso Eagle 1, no qual foram feitas diversas referências ao Modelo da OCDE e seus Comentários. Dessa maneira, é possível afirmar que, a Relatora do Caso Camargo Corrêa subscreveu a posição adotada por Sandra Faroni.

1.4.3.3.6. Acórdão nº 1101-000.811 (2012). "Caso Gerdau"

O chamado "Caso Gerdau" lidou com a interpretação do tratado entre Brasil e Espanha.[317] A importância deste caso decorre de o mesmo ter tornado a analisar a distinção entre controlada direta e indireta para fins fiscais, rejeitando a aplicação da legislação brasileira sobre tributação de lucros auferidos por controladas no exterior às chamadas "controladas indiretas". Eis um trecho de sua ementa:

> [...] CONTROLADA DIRETA E INDIRETA. LEGISLAÇÃO COMERCIAL. A determinação feita no art. 243 da Lei nº 6404, de 1976, para que se considere como controlada as controladas diretas e indiretas só é válida para fins do relatório anual de administração previsto no dispositivo. Sem uma ressalva semelhante a existente no art. 243 da Lei das Sociedades por Ação, controlada significa controlada direta. Não cabe entender que toda menção à controlada, na Lei nº 6404, de 1976, se refira também às controladas indiretas.
>
> CONTROLADA DIRETA E INDIRETA. LEGISLAÇÃO TRIBUTARIA. A translação do conceito posto pelo art. 243 da Lei nº 6404, de 1976, para o art. 74 da Medida Provisória nº 2.158-35, de 2001, não tem fundamento. Para supor que o art. 74 da Medida Provisória nº 2.158-35, de 2001, estivesse se referindo as controladas indiretas, seria preciso ignorar o texto do artigo e, além disso, admitir que ele desconsiderasse tacitamente a personalidade jurídica das controladas diretas. Não é possível supor que o termo controlada possa alcançar as controladas diretas e as indiretas, sob pena de se estabelecer uma dupla tributação do mesmo lucro, pois os resultados das controladas indiretas já estão refletidos nas controladas diretas.

---

317 Para maiores informações sobre o Caso Gerdau, ver: CASTRO, Leonardo Freitas de Moraes e; SANTOS, Carlos Araujo Santos. Caso Gerdau CFC. In: CASTRO, Leonardo Freitas de Moraes e (Coord.). *Tributação Internacional: Análise de Casos Volume 3*. São Paulo: MP Editora, 2015. p. 425-470.

> CONTROLADA DIRETA E INDIRETA. LEGISLAÇÃO TRIBUTA-
> RIA. O inciso I do art. 16 da Lei nº 9.430, de 1996, indica que os lucros das
> controladas no exterior devem ser considerados de forma individualizada,
> por controlada. Mas, isso de modo algum quer dizer os lucros das contro-
> ladas indiretas devam ser considerados diretamente. [...].

Carlos Eduardo de Almeida Guerreiro foi o Conselheiro relator deste caso. Ele não fez muitas referências ao Modelo da OCDE e seus Comentários – e não fez qualquer referência, como era de se esperar, à Convenção Modelo da ONU e seus Comentários. Mesmo tendo sido econômico em suas referências, o Relator afirmou que o artigo 7º nos tratados brasileiros segue o Modelo da OCDE. Ademais, utilizou os comentários ao artigo 1º para suportar sua interpretação no sentido de que as regras brasileiras de tributação de lucros de controladas no exterior não contrariam os tratados celebrados pelo país.

1.4.3.3.7. Acórdão nº 1201-001.024 (2014). "Caso Rexam"

Esta decisão, tomada em sessão realizada em 06 de maio de 2014, abordou a aplicação do tratado Brasil-Chile para limitar a incidência do artigo 74 da Medida Provisória nº 2.158-35/2001. Mais uma vez a interpretação prevalecente foi no sentido de que o artigo 10 do tratado em questão seria aplicável, autorizando a tributação no Brasil, conforme se infere da seguinte passagem da ementa do acórdão:

> TRATADOS PARA EVITAR A DUPLA TRIBUTAÇÃO. Segundo
> o artigo 10 da convenção firmada entre o Brasil e o Chile com vistas a
> evitar a dupla tributação do imposto sobre a renda, os dividendos distri-
> buídos pela empresa controlada no Chile podem ser tributados em sua
> controladora no Brasil.
>
> ASSUNTO: CONTRIBUIÇÃO SOCIAL SOBRE O LUCRO LÍQUI-
> DO CSLL Anocalendário: 2005, 2006 TRATADOS PARA EVITAR A
> DUPLA TRIBUTAÇÃO. A convenção firmada entre o Brasil e o Chile
> com vistas a evitar a dupla tributação não alcança a contribuição social
> sobre o lucro líquido. [...].

Esta decisão analisou especificamente a questão da aplicação do tratado internacional para afastar a incidência da CSLL concluindo que a convenção entre Brasil e Chile não se aplicaria à contribuição e, portanto, sua incidência não poderia ser afastada pelo tratado.[318]

Ao se analisar esta decisão nota-se que não foi feita qualquer referência aos Modelos e seus Comentários, restringindo-se a análise ao exame da convenção assinada entre Brasil e Chile.

1.4.3.3.8. Acórdão nº 1103-001.122 (2014). "Caso Petrobras 1"

Este caso refere-se a auto de infração lavrado contra a Petrobras e teve por objeto a aplicação dos tratados com a Argentina e a Holanda. A decisão do CARF foi no sentido de que o artigo 7º da convenção celebrada com a Holanda impediria a aplicação do artigo 74 da MP 2.158. O tratado com a Argentina acabou não sendo aplicado em razão de a companhia situada em seu território ser uma coligada – embora entendamos que a discussão seja a mesma no que se refere a coligadas.[319] Veja-se a ementa desta decisão:

> IRPJ - LUCROS DE CONTROLADAS NA HOLANDA - DIVIDENDOS FICTOS - LUCROS - TRATADO - ART. 10 OU ART. 7º
>
> 1 - A tributação do art. 74 da MP 2.158/01 não recai sobre dividendos fictos. Não se pode empregar ficção legal para alcançar materialidade ou se antecipar seu aspecto temporal quando a Constituição Federal usa essa materialidade na definição de competência tributária dos entes políticos. Ademais, o art. 10 do Tratado Brasil-Holanda trata dos dividendos pagos, não permitindo que se considerem como dividendos os distribuídos fictamente. O problema da qualificação de dividendos é resolvido pelo próprio art. 10 do Tratado Brasil-Holanda. Inaplicabilidade do art. 10 do tratado.
>
> 2 - O regime de CFC do Brasil do art. 74 da MP 2.158/01 considera transparentes as controladas no exterior (entidade transparente ou pass--through entity): considera como auferidos pela investidora no País os lucros da investida no exterior; são os lucros em dissídio. Isso é considerar auferidos os lucros no exterior pela investidora no País, por intermédio de suas controladas no exterior. Não é o mesmo que ficção legal: é parecença com a consideração do lucro de grupo societário (*tax group regime*). O art.

---

318 Sobre o tema, ver o item 1.4.3.6 adiante.
319 ROCHA, Sergio André. *Tributação de Lucros Auferidos por Controladas e Coligadas no Exterior*. 2 ed. São Paulo: Quartier Latin, 2016. p. 189-190.

7º do Tratado Brasil-Holanda é norma de bloqueio: define competência exclusiva para tributação dos lucros da sociedade residente num Estado contratante a este Estado. Regra específica em face de regra geral. A não aplicação da norma de bloqueio do art. 7º aos lucros em dissídio seria simplesmente desconsiderar, no âmbito de tratado, a personalidade jurídica da sociedade residente na Holanda. No mesmo sentido, bastaria um dos Estados contratantes proceder a uma qualificação a seu talante do que (não) sejam lucros de controlada residente noutro Estado contratante, para frustrar norma de tratado que as partes honraram respeitar. Intributabilidade com o IRPJ dos lucros em discussão, pela aplicação do art. 7º do Tratado Brasil-Holanda. [...].

É interessante notar que esta decisão contrariou expressamente a posição até então majoritária no CARF no sentido de que a tributação prevista no artigo 74 da MP 2.158 recai sobre dividendos fictos. Neste caso o CARF posicionou-se no sentido de que a tributação brasileira recai diretamente sobre o lucro da entidade não residente.

O Conselheiro relator deste acórdão, Marcos Shigueo Takata, seguindo a posição que se consolidou inicialmente no CARF, afirmou que, "no caso, trata-se da questão da aplicabilidade do art. 10 ou do art. 7º dos tratados celebrados com a Holanda e com a Argentina, que seguem o modelo OCDE".

1.4.3.3.9. Acórdão nº 1102-001.247 (2014). "Caso Intercement"

Este processo envolvia a aplicação da convenção celebrada entre Brasil e Argentina. Seguindo sua posição majoritária, entendeu o Conselho que o artigo 74 da MP 2.158 configura tributação de dividendos fictos. Partindo desta qualificação, foi aplicado o artigo 23 da referida convenção, o qual isenta os dividendos pagos por um residente da Argentina para um residente no Brasil de tributação.

Logo na ementa da decisão ficou registrada a posição no sentido de que os tratados brasileiros teriam sofrido a influência da Convenção Modelo da OCDE, ao se afirmar que "os lucros auferidos no exterior e considerados disponibilizados nos termos do art. 74 da Medida Provisória 2.158-35/2001 possuem a natureza de dividendos presumidos e, nos termos dos tratados internacionais firmados com base na Convenção Modelo da OCDE, subsumem-se ao artigo 10 daquela Convenção".

Foram feitas algumas referências à Convenção Modelo da OCDE e seus Comentários. Por exemplo, ao dispor sobre a aplicação do tratado entre Brasil e Argentina, o Conselheiro relator João Otávio Oppermann Thomé, esclareceu que "o que se buscou evidenciar, por meio do exemplo americano trazido, é que é da natureza das regras de transparência considerar a renda assim obtida (ou seja, quando aplicáveis ditas regras) como se dividendos fossem. Mais adiante, ao analisar especificamente a questão envolvendo a aplicação dos Tratados Internacionais (no caso específico, da Convenção Brasil-Argentina para evitar a dupla tributação e prevenir a evasão fiscal em matéria de impostos sobre a renda), veremos que tal determinação não destoa daquela adotada pela Organização para Cooperação e Desenvolvimento Econômico – OCDE na formulação da chamada Convenção Modelo".

Mais adiante, o Relator foi ainda mais categórico, ao afirmar que "no âmbito dos tratados internacionais, não obstante o Brasil não seja membro da OCDE, as convenções firmadas tendo o Brasil como uma das partes seguem, em linhas gerais, a chamada 'Convenção Modelo' proposta por aquele organismo internacional. Por este motivo, como forma auxiliar de interpretação dos tratados que seguem o Modelo OCDE, deve-se recorrer aos 'Comentários dos Artigos', os quais, conforme ali mesmo consta, embora não se destinem a ser por qualquer forma anexadas às convenções celebradas pelos países membros, podem, no entanto, revelar-se extremamente úteis na aplicação e interpretação das convenções e, em particular, na resolução de eventuais litígios".

A análise desta decisão mostra, uma vez mais, a influência do Modelo da OCDE e de seus Comentários na interpretação e aplicação de tratados internacionais tributários pelo CARF.

1.4.3.3.10. Acórdão nº 1302-001.630 (2015). "Caso Petrobras 2"

Este acórdão foi proferido em processo decorrente de auto de infração que também foi lavrado contra a Petrobras, igualmente cuidando do tratado celebrado entre Brasil e Holanda. Contudo, este caso não teve o mesmo resultado do anterior, uma vez que aqui se decidiu que o artigo 7º do mencionado tratado não afastaria a tributação brasileira sobre lucros auferidos por controladas no exterior. Conforme registrado em sua ementa:

> [...] LUCROS OBTIDOS POR CONTROLADA NO EXTERIOR. CONVENÇÃO BRASIL-PAÍSES BAIXOS DESTINADA A EVITAR A DUPLA TRIBUTAÇÃO E PREVENIR A EVASÃO FISCAL EM MATÉRIA DE IMPOSTO SOBRE A RENDA. ART. 74 DA MP Nº 2.158-35/2001. NÃO OFENSA. Não ofende o §1º do art. 7º da Convenção Brasil-Países Baixos a redação do art. 74 da Medida Provisória nº 2.158-35/2001, não sendo caso de aplicação do art. 98 do CTN.

Nesta decisão não foram feitas referências relevantes às Convenções Modelo e aos seus Comentários como instrumentos de interpretação do tratado entre Brasil e Holanda. De fato, a única menção à OCDE se deu para afirmar que a política fiscal internacional brasileira não deve necessariamente se alinhar com aquela da OCDE. Segundo o relator, Eduardo de Andrade, "relativamente à crítica pelo uso de uma legislação CFC, quando, no entender da recorrente Petrobras, a PNBV reúne condições para gozar de proteção do tratado, vale dizer que o fato da legislação brasileira ser de maior amplitude antielisiva não lhe inviabiliza. O país goza de soberania e pode dispor de sua competência legislativa, independentemente do que prescrevem as legislações CFC de outras nações ou mesmo a própria OCDE, da qual, inclusive, o Brasil não faz parte".

1.4.3.3.11. Acórdão nº 9101-002.332 (2016).[320] "Caso Petrobras 3"

No dia 14 de julho de 2016 foi proferida a primeira decisão da Câmara Superior de Recursos Fiscais sobre a matéria. Esta decisão afastou a aplicação da convenção entre o Brasil e a Holanda como impeditivo à aplicação do artigo 74 da Medida Provisória nº 2.158-35/2001, sustentando que, no caso, não haveria incompatibilidade entre o tratado internacional e a legislação doméstica. Transcrevemos abaixo a ementa desta decisão:

> Imposto sobre a Renda de Pessoa Jurídica - IRPJ Ano-calendário: 2007 LUCROS OBTIDOS POR CONTROLADA NO EXTERIOR. DISPONIBILIZAÇÃO. Para fim de determinação da base de cálculo do imposto de renda da pessoa jurídica (IRPJ) e da CSLL os lucros auferidos por controlada ou coligada no exterior são considerados disponibilizados para a controladora no Brasil na data do balanço no qual tiverem sido apurados.

---
[320] Juntamente com este acórdão foram proferidos os Acórdãos nº 9101-002.330 e nº 9101-002.331.

> Lançamento procedente. LUCROS OBTIDOS POR CONTROLADA NO EXTERIOR. CONVENÇÃO BRASIL-PAÍSES BAIXOS DESTINADA A EVITAR A DUPLA TRIBUTAÇÃO E PREVENIR A EVASÃO FISCAL EM MATÉRIA DE IMPOSTO SOBRE A RENDA. ART. 74 DA MP Nº 2.158 35/2001. NÃO OFENSA. Não há incompatibilidade entre a Convenção Brasil-Holanda (Países Baixos) e a aplicação do art. 74 da Medida Provisória nº 2.158-35/2001, não sendo caso de aplicação do art. 98 do CTN, por inexistência de conflito. COMPENSAÇÃO DE PREJUÍZOS FISCAIS DE CONTROLADA NO EXTERIOR COM OS SEUS PRÓPRIOS PREJUÍZOS. Os prejuízos apurados por uma controlada ou coligada, no exterior, podem ser compensados com lucros dessa mesma controlada ou coligada. Recurso Especial do Contribuinte Negado.

Em seu voto vencido, o Conselheiro Luís Flávio Neto evidenciou sua interpretação no sentido de que os tratados brasileiros seguem a Convenção Modelo da OCDE. Veja-se o trecho abaixo transcrito:

> Em termos gerais, o compromisso assumido por Estados que celebram acordos conforme a "Convenção modelo de acordos de bitributação da Organização para a Cooperação e Desenvolvimento Econômico" (doravante "CM-OCDE") pode ser reduzido a três aspectos fundamentais: i) cada Estado permanece legitimado à tributação da renda derivada de atividades econômicas desenvolvidas em seu território; ii) cada Estado permanece legitimado à tributação da renda de seus residentes; iii) diante da possibilidade de cumulação dos dois itens antecedentes, cabe ao Estado da fonte restringir a tributação em algumas hipóteses, bem como deverá o Estado de residência isentar rendimentos ou conceder crédito em relação ao imposto pago àquele primeiro, nas hipóteses em que também lhe couber tributação.
>
> [...]
>
> No coração dos acordos de bitributação celebrados pelo Brasil, nos moldes da CM-OCDE, consta a regra de que os lucros de empresas são tributáveis exclusivamente no Estado de residência da pessoa jurídica que os aufere. [...].

O Conselheiro Luiz Flávio Neto seguiu o que apontamos ser a posição tradicional da doutrina e das decisões brasileiras, tendo feito dezenas de referências à Convenção Modelo da OCDE e seus Comentários. Entretanto, como apontamos acima, tratou-se de voto vencido. O voto vencedor foi proferido por Marcos Aurélio Pereira Valadão. Este voto foi interessantíssimo para os propósitos desta pesquisa, por trazer para o debate a Convenção Modelo da ONU e seus Comentários.

Com efeito, além de sempre fazer o paralelo entre o Modelo da OCDE e o Modelo da ONU – destacando que o Brasil é membro da ONU, enquanto não é membro da OCDE –, no mérito da discussão o Conselheiro Marcos Aurélio Pereira Valadão deu maior ênfase à aplicação dos Comentários da ONU ao seu Modelo, como se extrai do trecho abaixo:

> Aqui cabe uma distinção importante. Ao que consta o Brasil nunca recebeu uma indicação formal de que a Holanda entende incompatível a aplicação da norma brasileira CFC em face da Convenção Brasil-Holanda. Assim, como o Brasil não é membro da OCDE, a restrição posta pela Holanda em um documento da OCDE, diz respeito somente aos países membros da OCDE. Na Convenção Modelo da ONU (organização da qual ambos países são membros) não consta manifestação da Holanda nesse sentido, o que é relevante pois os dispositivos do art. 7º são semelhantes. São se pode tomar deliberações unilaterais constantes em documento de organização internacional de que o Brasil não faça parte como fonte de direito, este tipo de registo sequer pode ser entendido como *soft law*. E ainda que fosse, em matéria tributária este tipo de *soft law* não se presta a ser fonte imediata de direito.

Embora não concordemos com a posição defendida por Marcos Aurélio Pereira Valadão – no sentido de a tributação prevista no artigo 74 da Medida Provisória nº 2.158-35/2001 ser compatível com o artigo 7º dos tratados celebrados pelo Brasil – parece-nos que seu voto refletiu corretamente a política fiscal internacional brasileira ao colocar no centro do debate a Convenção Modelo da ONU e os Comentários à mesma.

Vale observar que esta decisão representou uma mudança na posição que prevaleceu em diversos casos, no sentido de que a tributação no Brasil seria legitimada pelo artigo 10 dos tratados brasileiros. Neste caso o foco foi simplesmente afastar a aplicação do artigo 7º, sem, por outro lado, justificar a tributação no artigo 10.

1.4.3.3.12. Acórdão nº 1301-002.113 (2016). "Caso Yolanda"

O objeto deste acórdão, proferido em sessão de 10 de agosto de 2016, foi a análise da compatibilidade da regra prevista no artigo 74 da MP 2.158 com o tratado celebrado entre Brasil e Holanda. Logo na ementa do acórdão, registrou-se posição a respeito da influência do Modelo da OCDE sobre os tratados brasileiros. Em textual:

LUCROS AUFERIDOS NO EXTERIOR POR CONTROLADA. ART.74 DA MP Nº2.15835/2001. TRATADO CONTRA DUPLA TRIBUTAÇÃO BRASIL-HOLANDA. COMPATIBILIDADE.

O art. 7º do TDT Brasil - Holanda não impede a aplicação do art. 74 da MP nº 2.158- 35/2001 pois este dispositivo não frustra o objetivo do referido art. 7º que é assegurar que cada país tribute seu próprio residente, impedindo que os lucros de uma mesma pessoa fiquem sujeitos à tributação por dois países diferentes. ART. 74 DA MP Nº 2.158.

NORMA ANTI-ELISIVA. CONVENÇÃO OCDE. O art. 74 destina-se a anular ou impedir os efeitos de procedimentos elisivos, o que está em conformidade com os objetivos dos tratados elaborados conforme o modelo OCDE. [...]

Neste julgamento, o Conselheiro Marcos Paulo Leme Brisola Caseiro, cujo voto foi vencido, reforçou a posição acima, afirmando que "as disposições do Acordo devem prevalecer sobre as normas domésticas brasileiras, bem como devem ser interpretadas de acordo com as normas da Organização para Cooperação e Desenvolvimento Econômico (OCDE), ainda que o Brasil não seja um membro da referida organização". A seu turno, o Conselheiro Roberto Silva Júnior, que apresentou declaração de voto, afirmou que "o tratado firmado pelo Brasil e o Reino dos Países Baixos seguiu o modelo proposto pela OCDE", fazendo, ainda, diversas referências aos seus Comentários. A Conselheira Milene de Araújo Macedo, que proferiu o voto vencedor, não analisou especificamente esta questão. Contudo, a referida Conselheira declarou que "por concordar integralmente com os fundamentos da Declaração de Voto efetuada pelo I. Conselheiro Roberto Silva Júnior neste julgamento, relativamente à questão principal da lide, adoto as razões de decidir nela expressas". Dessa maneira, é possível sustentar que a Conselheira Milene de Araújo Macedo subscreveu o entendimento do Conselheiro Roberto Silva Júnior neste particular.

1.4.3.3.13. Acórdão nº 9101002.561 (2017). "Caso Rexam CSRF"

Este caso refere-se ao julgamento do Caso Rexam – ver item 1.4.3.3.7 – pela Câmara Superior de Recursos Fiscais. A posição aqui foi também na linha de que a convenção internacional não afastaria a tributação no Brasil. Ficou registrado na ementa do acórdão que "não se comunicam as materialidades previstas no art. 74 da MP nº 2.15835, de 2001, e as dispostas na Convenção BrasilChile para evitar bitributação de renda. Os lucros tributados pela legislação brasileira são aqueles auferidos pelo investidor brasileiro na proporção de sua participação no investimento localizado no exterior, ao final de cada ano-calendário". O Relator deste caso foi o Conselheiro André Mendes de Moura.

Nesta decisão, o Conselheiro Luís Flávio Neto apresentou declaração de voto, onde reiterou sua posição, já comentada, no sentido de que "no coração dos acordos de bitributação celebrados pelo Brasil, nos moldes da CMOCDE, consta a regra de que os lucros de empresas são tributáveis exclusivamente no Estado de residência da pessoa jurídica que os aufere". Este conselheiro fez algumas referências aos Comentários da OCDE à sua Convenção Modelo.

A seu turno, o Conselheiro André Mendes de Moura não fez nenhuma menção expressa aos Modelos ou seus Comentários. Contudo, o mesmo seguiu a posição da COSIT, registrada na Solução de Consulta Interna nº 18/2013, transcrevendo alguns de seus parágrafos – inclusive o parágrafo 26, que menciona que os tratados brasileiros seguiriam o Modelo da OCDE.

1.4.3.4. Decisões Judiciais sobre a Relação entre as Convenções Brasileiras e o Artigo 74 da Medida Provisória nº 2.158-35/2001

1.4.3.4.1. *A Posição do Superior Tribunal de Justiça sobre a Relação entre as Convenções Brasileiras e o Artigo 74 da Medida Provisória nº 2.158-35/2001*

O debate a respeito da relação entre o artigo 74 da Medida Provisória nº 2.158-35/2001 e os tratados brasileiros chegou ao Superior Tribunal de Justiça ("STJ"). Em 2014, a Corte decidiu que o artigo 7º dos tratados celebrados pelo Brasil com a Bélgica, a Dinamarca e Luxemburgo afastam a aplicação do referido artigo 74.[321] Este caso – Recurso Especial nº 1.325.709 – é um dos prece-

---

321 Sobre esta decisão, ver: ROCHA, Sergio André. *Tributação de Lucros Auferidos por Controladas e Coligadas no Exterior.* São Paulo: Quartier Latin, 2016. p. 112-121.

dentes mais relevantes do Superior Tribunal de Justiça sobre Direito Tributário Internacional. É também um precedente bastante relevante para os propósitos desta pesquisa. Transcrevemos abaixo trecho de sua ementa:

> RECURSO ESPECIAL TRIBUTÁRIO E PROCESSUAL CIVIL. MANDADO DE SEGURANÇA DENEGADO NA ORIGEM. APELAÇÃO. EFEITO APENAS DEVOLUTIVO. PRECEDENTE. NULIDADE DOS ACÓRDÃOS RECORRIDOS POR IRREGULARIDADE NA CONVOCAÇÃO DE JUIZ FEDERAL. NÃO PREQUESTIONAMENTO. SÚMULAS 282 E 356/STF. IRPJ E CSLL. LUCROS OBTIDOS POR EMPRESAS CONTROLADAS NACIONAIS SEDIADAS EM PAÍSES COM TRIBUTAÇÃO REGULADA. PREVALÊNCIA DOS TRATADOS SOBRE BITRIBUTAÇÃO ASSINADOS PELO BRASIL COM A BÉLGICA (DECRETO 72.542/73), A DINAMARCA (DECRETO 75.106/74) E O PRINCIPADO DE LUXEMBURGO (DECRETO 85.051/80). EMPRESA CONTROLADA SEDIADA NAS BERMUDAS. ART. 74, CAPUT DA MP 2.157-35/2001. DISPONIBILIZAÇÃO DOS LUCROS PARA A EMPRESA CONTROLADORA NA DATA DO BALANÇO NO QUAL TIVEREM SIDO APURADOS, EXCLUÍDO O RESULTADO DA CONTRAPARTIDA DO AJUSTE DO VALOR DO INVESTIMENTO PELO MÉTODO DA EQUIVALÊNCIA PATRIMONIAL. RECURSO ESPECIAL CONHECIDO E PARCIALMENTE PROVIDO, PARA CONCEDER A SEGURANÇA, EM PARTE.
>
> [...]
>
> 5. A jurisprudência desta Corte Superior orienta que as disposições dos Tratados Internacionais Tributários prevalecem sobre as normas de Direito Interno, em razão da sua especificidade. Inteligência do art. 98 do CTN. Precedente: (RESP 1.161.467-RS, Rel. Min. CASTRO MEIRA, de 01.06.2012).
>
> **6. O art. VII do Modelo de Acordo Tributário sobre a Renda e o Capital da OCDE utilizado pela maioria dos Países ocidentais, inclusive pelo Brasil**, conforme Tratados Internacionais Tributários celebrados com a Bélgica (Decreto 72.542/73), a Dinamarca (Decreto 75.106/74) e o Principado de Luxemburgo (Decreto 85.051/80), disciplina que os lucros de uma empresa de um Estado contratante só são tributáveis nesse mesmo Estado, a não ser que a empresa exerça sua atividade no outro Estado Contratante, por meio de um estabelecimento permanente ali situado (dependência, sucursal ou filial); ademais, impõe a Convenção de Viena que uma parte não pode invocar as disposições de seu direito interno para justificar o inadimplemento de um tratado (art. 27), em reverência ao princípio basilar da boa-fé.
>
> 7. No caso de empresa controlada, dotada de personalidade jurídica própria e distinta da controladora, nos termos dos Tratados Internacionais, os

lucros por ela auferidos são lucros próprios e assim tributados somente no País do seu domicílio; a sistemática adotada pela legislação fiscal nacional de adicioná-los ao lucro da empresa controladora brasileira termina por ferir os Pactos Internacionais Tributários e infringir o princípio da boa-fé nas relações exteriores, a que o Direito Internacional não confere abono.

8. Tendo em vista que o STF considerou constitucional o caput do art. 74 da MP 2.158-35/2001, **adere-se a esse entendimento, para considerar que os lucros auferidos pela controlada sediada nas Bermudas, País com o qual o Brasil não possui acordo internacional nos moldes da OCDE, devem ser considerados disponibilizados para a controladora na data do balanço no qual tiverem sido apurados.**

9. O art. 7º, § 1º. da IN/SRF 213/02 extrapolou os limites impostos pela própria Lei Federal (art. 25 da Lei 9.249/95 e 74 da MP 2.158-35/01) a qual objetivou regular; com efeito, analisando-se a legislação complementar ao art. 74 da MP 2.158-35/01, constata-se que o regime fiscal vigorante é o do art. 23 do DL 1.598/77, que em nada foi alterado quanto à não inclusão, na determinação do lucro real, dos métodos resultantes de avaliação dos investimentos no Exterior, pelo método da equivalência patrimonial, isto é, das contrapartidas de ajuste do valor do investimento em sociedades estrangeiras controladas.

10. Ante o exposto, conheço do recurso e dou-lhe parcial provimento, concedendo em parte a ordem de segurança postulada, para afirmar que os lucros auferidos nos Países em que instaladas as empresas controladas sediadas na Bélgica, Dinamarca e Luxemburgo, sejam tributados apenas nos seus territórios, em respeito ao art. 98 do CTN e aos Tratados Internacionais em causa; os lucros apurados por Brasamerican Limited, domiciliada nas Bermudas, estão sujeitos ao art. 74, caput da MP 2.158-35/2001, deles não fazendo parte o resultado da contrapartida do ajuste do valor do investimento pelo método da equivalência patrimonial. (Destaques nosso)

A análise do primeiro trecho destacado acima evidencia a posição adotada pelo STJ, no sentido de que "o art. VII do Modelo de Acordo Tributário sobre a Renda e o Capital da OCDE utilizado pela maioria dos Países ocidentais, inclusive pelo Brasil". Esta passagem reforça que a Corte encampou a posição de que a Convenção Modelo da OCDE serviu de base para os acordos assinados pelo País. A mesma posição pode ser inferida do trecho destacado do item 8.

Esta linha de entendimento ficou ainda mais clara no voto do Ministro Relator, Napoleão Nunes Maia Filho:

18. A argumentação a ser enfrentada por este Colegiado diz respeito à alegada incompatibilidade do regime de tributação de lucros de controladas e coligadas da recorrente no Exterior, previsto no art. 25, § 2º., II da Lei 9.249–95 e no art. 74 da MP 2.158-35–01, com o art. VII dos Tratados Internacionais contra a Dupla Tributação, firmados entre o Brasil e a Bélgica (Decreto 72.542–73), o Brasil e a Dinamarca (Decreto 75.106–74) e o Brasil e o Principado de Luxemburgo (Decreto 85.051–80), **todos eles seguindo o Modelo OCDE.**

19. Segundo essa diretriz (Modelo OCDE), os lucros de uma empresa de um Estado Contratante só são tributáveis nesse mesmo Estado, reservando-se, portanto, a competência tributária exclusivamente ao Estado onde a empresa está domiciliada (critério territorial, em contraposição ao critério extraterritorial ou universal); essa é uma diretriz padronizada, de generalizada aceitação nas relações internacionais, inclusive prevendo que o alcance dos termos e dos conceitos utilizados nos instrumentos normativos internacionais deve ser o acordado entre os Estados signatários; portanto, esses instrumentos normativos são uma forma jurídica de altíssima definição, calcados na boa-fé recíproca e na sua constância e, ainda, na celebrada *comitas gentium*. (Destaque nosso)

É interessante observar que, neste relevante precedente, não foi feita qualquer referência aos Comentários da OCDE ao seu Modelo. Portanto, embora o Tribunal tenha claramente se posicionado no sentido de que os tratados Brasileiros se baseiam no Modelo da OCDE, não ocorreu aos Ministros do STJ analisar como a matéria sob julgamento encontrava-se tratada nos Comentários.

1.4.3.4.2. A Posição do Supremo Tribunal Federal sobre a Relação entre as Convenções Brasileiras e o Artigo 74 da Medida Provisória nº 2.158-35/2001

Em 2013, o Supremo Tribunal Federal ("STF") proferiu sua decisão na Ação Direta de Inconstitucionalidade nº 2.588 ("ADI 2.588").[322] Esta foi uma das mais

---

[322] Sobre a decisão do STF, ver: ROCHA, Sergio André. *Tributação de Lucros Auferidos por Controladas e Coligadas no Exterior.* São Paulo: Quartier Latin, 2016. p. 44-68; RAMALHO, Rômulo Pinto. Aspectos Constitucionais da Tributação em Bases Universais do Imposto de Renda das Pessoas Jurídicas. In: VALADÃO, Marcos Aurélio et. al. (Coords.). *Direito Tributário Constitucional.* São Paulo: Almedina, 2015. p. 493-513; QUEIROZ, Luís Cesar Souza de. A Tributação de Lucros Auferidos no Exterior por Controladas e Coligadas: A Posição do STF e a Lei n. 12.973/2014. In: RODRIGUES, Daniele Souto;

relevantes decisões em matéria tributária da última década e o objeto da ação era a declaração da inconstitucionalidade do artigo 74 da Medida Provisória nº 2.158-35/2001, por violação da materialidade constitucional do Imposto de Renda.

A decisão proferida na ADI 2.588 foi baseada principalmente em fundamentos relacionados à legislação doméstica brasileira. Nesta decisão, o STF declarou que as o disposto no artigo 74 da Medida Provisória nº 2.158-35/2001 será sempre constitucional quando se tratar da tributação de lucros auferidos por controlada de empresa brasileira localizada em país com tributação favorecida. De outra parte, segundo o STF, tal tributação será sempre inconstitucional no caso da incidência automática sobre lucros apurados por coligadas situadas em países de tributação normal. Em relação aos lucros auferidos por controladas localizadas em países de tributação regular e aqueles de coligadas situadas em países com tributação favorecida, a Suprema Corte não alcançou maioria para decidir nada de forma vinculante.

Após proferir a decisão na ADI 2.588, o STF julgou outros dois casos que tinham o mesmo objeto:

- o Recurso Extraordinário nº 611.586, no qual a empresa brasileira possuía uma subsidiária localizada em Aruba; e
- o Recurso Extraordinário nº 541.090, no qual a empresa brasileira possuía controladas localizadas na China, nos Estados Unidos, na Itália e no Uruguai.

No julgamento do Recurso Extraordinário nº 611.586, foi aplicada a decisão vinculante que havia sido alcançada na ADI 2.588, reconhecendo-se, portanto, a legitimidade da tributação brasileira.

A peculiaridade do Recurso Extraordinário nº 541.090 era que o mesmo incluía a discussão dos efeitos das convenções tributárias brasileiras sobre o artigo 74 da Medida Provisória nº 2.158-35/2001, em razão das controladas localizadas na China e na Itália.

MARTINS, Natanael (Coords.). *Tributação Atual da Renda*. São Paulo: Noeses, 2015. p. 209-231; GOMES, Marcus Lívio. A tributação das controladas e coligadas no exterior: o que realmente restaria ao Supremo Tribunal Federal julgar? In: GOMES, Marcus Lívio; VELOSO, Andrei Pitten (Orgs.). *Sistema Constitucional Tributário: Dos Fundamentos Teóricos aos Hard Cases Tributários*. Porto Alegre: Livraria do Advogado, 2014. p. 577-597.

Embora os Ministros tenham ensaiado um debate sobre o tema,[323] a decisão do STF foi pelo retorno do processo ao Tribunal Regional Federal da Quarta Região, ao argumento de que a matéria relacionada aos efeitos dos tratados sobre o alcance do artigo 74 da Medida Provisória nº 2.158-35/2001 não havia sido examinado na segunda instância.

Em setembro de 2015 o Tribunal Regional Federal da Quarta Região julgou o caso. A decisão foi favorável ao contribuinte, seguindo a interpretação de que o artigo 7º dos tratados assinados pelo Brasil afastaria a aplicação do aludido artigo 74.

No que interessa ao nosso objeto de pesquisa, o Tribunal, ao proferir esta decisão, afirmou que os tratados brasileiros seguem a Convenção Modelo da OCDE. Nesse sentido, veja-se abaixo a ementa do caso:

> TRIBUTÁRIO. IRPJ. CSLL. LUCROS AUFERIDOS POR EMPRESAS CONTROLADAS SEDIADAS NO EXTERIOR. TRATADOS INTERNACIONAIS PARA EVITAR A DUPLA TRIBUTAÇÃO. CONFLITO DE NORMAS. ART. 74, CAPUT, DA MP Nº 2.158-35/2001. PRINCÍPIO DA ESPECIALIDADE. PREVALÊNCIA DA NORMA VEICULADA NOS TRATADOS. TRIBUTAÇÃO EXCLUSIVA DOS LUCROS NO PAÍS DE DOMICÍLIO. REAVALIAÇÃO POSITIVA DOS INVESTIMENTOS EM CONTROLADAS SITUADAS NO EXTERIOR. NEUTRALIDADE DO MÉTODO DA EQUIVALÊNCIA PATRIMONIAL PARA FINS FISCAIS. ART. 23, PARÁGRAFO ÚNICO, DO DL Nº 1.598/1977.
>
> [...]
>
> **4. O Brasil firmou acordos visando a evitar a dupla tributação e a prevenir a evasão fiscal, em matéria de imposto de renda, com a China (Decreto nº 762/1993) e a Itália (Decreto nº 85.985/1981). Ambos oferecem tratamento uniforme à matéria, seguindo o Modelo de Acordo Tributário sobre Renda e Capital da OCDE. O art. 7º dos Tratados adota o princípio da residência no tocante à tributação dos lucros das empresas, estabelecendo a competência exclusiva do país de domicílio da empresa para a tributação de seus lucros.**
>
> 5. O ponto nodal da controvérsia decorre do disposto no art. 74 da Medida Provisória nº 2.158-35/2001, que considera disponibilizados os lucros

---

323 Cf. ROCHA, Sergio André. *Tributação de Lucros Auferidos por Controladas e Coligadas no Exterior*. São Paulo: Quartier Latin, 2016. p. 70.

auferidos por controlada ou coligada no exterior para a controladora ou coligada no Brasil na data do balanço no qual tiverem sido apurados, independente de sua efetiva distribuição.

6. Equivoca-se a Fazenda Nacional ao sustentar que a tributação incide sobre os lucros obtidos por empresa sediada no Brasil, provenientes de fonte situada no exterior, na medida em que refletem positivamente no patrimônio da controladora, valorizando suas ações e demais ativos, pois a reavaliação positiva dos investimentos realizados em empresas controladas situadas no exterior não constitui renda tributável, conforme o disposto no parágrafo único do art. 23 do DL nº 1.598/1977 (na redação vigente até a Lei nº 12.973/2014). A norma do art. 74 da Medida Provisória nº 2.158-35/2001 em nada alterou o regime fiscal vigorante desde o art. 23 do DL nº 1.598/1977, que estabelece a neutralidade do método da equivalência patrimonial para efeitos fiscais, porque seu resultado positivo, relevante para a contabilidade, não é tributado.

7. Diante do evidente conflito do disposto no art. 74 da MP nº 2.158-35, que determina a adição dos lucros obtidos pela empresa controlada no exterior, para o cômputo do lucro real da empresa controladora, na data do balanço no qual tiverem sido apurados, deve prevalecer a norma do art. 7º dos Decretos nº 762/1993 e nº 85.985/1981, a fim de evitar a tributação dos lucros das empresas controladas pela impetrante na China e na Itália. (Destaque nosso)

Mais uma vez observamos que a orientação jurisprudencial seguiu a linha de que os tratados brasileiros se baseiam no Modelo da OCDE.

Pelos comentários acima notamos que, em relação à matéria em questão, não houve pronunciamento do Supremo Tribunal Federal sobre o tema desta pesquisa. Entretanto, cumpre mencionarmos que esta matéria já chegou novamente ao STF, no Recurso Extraordinário interposto pela Fazenda Nacional contra a decisão do STJ comentada anteriormente (item 1.4.3.4.1).[324] Portanto, a Suprema Corte analisará a questão em um futuro próximo. Caso o STF siga a tendência identificada até o presente momento – de sustentar que vinculação entre os tratados brasileiros e o Modelo da OCDE – pode acabar consolidando esta visão no ordenamento jurídico brasileiro.

---

324 Recurso Extraordinário nº 870.214.

1.4.4. O Artigo de Não Discriminação e o Tratado Brasil-Suécia: Análise do "Caso Volvo"

O objeto do "Caso Volvo" é uma discussão a respeito da aplicação do artigo 24 ("Não Discriminação") do tratado celebrado entre Brasil e Suécia.[325] O artigo 75 da Lei nº 8.383/1991 estabelecia que os dividendos pagos a residentes no Brasil não estariam sujeitos à tributação pelo Imposto de Renda. Contudo, de acordo com o artigo 77 da mesma lei, dividendos pagos para não residentes seriam tributados na fonte.[326] Esta diferença de tratamentos deu base à alegação de que ocorreria uma tributação discriminatória.

O STJ decidiu este caso no Recurso Especial nº 426.945. A decisão foi favorável à empresa. Entretanto, no julgamento pelo Superior Tribunal de Justiça não foi feita qualquer referência às Convenções Modelo e seus Comentários.[327]

Foi interposto um Recurso Extraordinário contra a decisão do STJ, levando o caso para o STF sob o número 460.320. Até o presente momento, apenas o Ministro Gilmar Mendes, relator do caso, proferiu voto, sendo que no mesmo não foi identificada qualquer referência às Convenções Modelo e aos seus respectivos Comentários.

1.4.5. O Artigo 2º dos Tratados Brasileiros e sua Aplicação às Contribuições Sociais

Como nos aponta Thomas Piketty, o Século XX testemunhou o nascimento de uma quarta categoria de tributos, além daqueles incidentes sobre a

---

[325] Para maiores referências a respeito do caso, ver: MONTEIRO, Alexandre Luiz Moraes do Rêgo. Caso Volvo 2. In: CASTRO, Leonardo Freitas de Moraes e (Coord.). *Tributação Internacional: Análise de Casos*. São Paulo: MP Editora, 2010. p. 359-382; GRUPENMACHER, Betina Treiger. O Princípio da Não Discriminação e os Tratados Internacionais em Matéria Tributária. In: SCHOUERI, Luís Eduardo; BIANCO, João Francisco (Coords.). *Estudos de Direito Tributário em Homenagem ao Professor Gerd Willi Rothmann*. São Paulo: Quartier Latin, 2016. p. 74-88; GODOI, Marciano Seabra de. O Superior Tribunal de Justiça e a Aplicação de Tratados para Evitar a Dupla Tributação da Renda: Crítica ao Acórdão do Recurso Especial nº 426.945 (Aplicação do Tratado Brasil-Suécia). In: MARTINS, Ives Gandra da Silva; PASIN, João Bosco Coelho (Orgs.). *Direito Financeiro e Tributário Comparado*. São Paulo: Saraiva, 2014. p. 644-650.

[326] Sobre o tema, ver: ROCHA, Sergio André. *Treaty Override no Ordenamento Jurídico Brasileiro*. São Paulo: Quartier Latin, 2007. p. 92-93.

[327] Ver: ROCHA, Sergio André. *Tributação Internacional*. São Paulo: Quartier Latin, 2013. p. 120-124.

renda, o capital e o consumo: os tributos para financiamento da seguridade social.[328] No Brasil, a tributação vinculada à seguridade social tornou-se cada vez mais presente após a entrada em vigor da Constituição Federal de 1988.

Um dos pilares do federalismo fiscal brasileiro é a repartição de receitas tributárias entre os entes federativos, notadamente a repartição de receitas fiscais da União Federal com Estados e Municípios. Contudo, receitas decorrentes da arrecadação de contribuições sociais não são compartilhadas, o que é uma razão a mais para sua proliferação.

O abuso na criação de contribuições sociais tem sido apontado como uma das patologias do sistema tributário brasileiro, a ponto de autores como Ricardo Lobo Torres indicarem que em alguns casos tais contribuições não são nada além de impostos com vinculação de receita.[329]

Uma dessas contribuições é a Contribuição Social sobre o Lucro Líquido ("CSLL"), cuja hipótese de incidência, conforme inferido do artigo 1º, da Lei nº 7.689/88, é auferir lucro. A CSLL é praticamente um adicional do Imposto de Renda das Pessoas Jurídicas, dispondo o artigo 57 da Lei nº 8.981/95 que "aplicam-se à Contribuição Social sobre o Lucro (Lei nº 7.689, de 1988) as mesmas normas de apuração e de pagamento estabelecidas para o imposto de renda das pessoas jurídicas, inclusive no que se refere ao disposto no art. 38, mantidas a base de cálculo e as alíquotas previstas na legislação em vigor, com as alterações introduzidas por esta Lei".

Com a criação da CSLL surgiu controvérsia a respeito da sua inclusão no escopo objetivo dos tratados celebrados pelo Brasil.[330]

---

328 PIKETTY, Thomas. *Capital in the Twenty-First Century*. Tradução Arthur Goldhammer. Cambridge: The Belknal Press of Harvard University Press, 2014. p. 494.

329 TORRES, Ricardo Lobo. Aspectos Fundamentais e Finalísticos do Tributo. In: MARTINS, Ives Gandra da Silva (Coord.). *O Tributo: Reflexão Multidisciplinar sobre a sua Natureza*. Rio de Janeiro: Forense, 2007. p. 46-47.

330 Sobre o tema, ver: TÔRRES, Heleno Taveira. Convenções Internacionais em Matéria sobre a Renda e o Capital e a Abrangência de Tributos Incidentes sobre as Empresas. In: ROCHA, Valdir de Oliveira (Coord.). *Grandes Questões Atuais do Direito Tributário*. São Paulo: Dialética, 1997. p. 59-86; AMARO, Luciano. Os Tratados Internacionais e a Contribuição Social sobre o Lucro. In: ROCHA, Valdir de Oliveira (Coord.). *Grandes Questões Atuais do Direito Tributário*. São Paulo: Dialética, 1997. p. 155-165; ROSA, Marcelo Miranda Dourado Fontes. A Contribuição Social sobre o Lucro Líquido (CSLL) e os Tratados Internacionais para Evitar a Dupla Tributação. In: MONTEIRO, Alexandre

Com efeito, não faz parte da política brasileira de celebração de tratados internacionais incluir a CSLL entre os tributos sobre os quais a convenção se aplica. De fato, após a criação da contribuição apenas os tratados com Bélgica, Portugal e Trinidad e Tobago fazem referência expressa à contribuição.

Daí, na falta de uma regra expressa, a questão teria que ser resolvida com base na regra prevista no artigo 2º dos tratados celebrados pelo Brasil,[331] que estende a sua aplicação aos impostos idênticos ou substancialmente similares aos abrangidos pelo acordo que forem introduzidos em cada Estado contratante após a celebração da convenção.

Em primeiro lugar, as convenções brasileiras nos apresentam um problema semântico. Com efeito, elas fazem uso da palavra "impostos" no artigo 2º. Assim sendo, uma interpretação meramente formal dos tratados poderia levar à conclusão de que apenas a criação de um novo imposto, enquanto espécie tributária, ensejaria a aplicação desse dispositivo.

Esta linha interpretativa parece-nos inadequada diante da estrutura do Sistema Tributário Nacional, uma vez que, considerando a desvirtuação funcional das contribuições, as mesmas poderiam ser utilizadas para se evitar o cumprimento de obrigações assumidas em tratados internacionais.

Dessa forma, apenas o mais incontido formalismo jurídico para sustentar que a regra que protege a integridade da convenção internacional contra alterações legislativas futuras somente se aplicaria a impostos, não alcançando um tributo como a CSLL, que é substancialmente idêntica ao Imposto de Renda.

Deixando esta questão para trás, surge outra que impõe reflexão. De fato, o dispositivo convencional de que ora tratamos apenas estabelece a aplicação do tratado a tributos substancialmente semelhantes introduzidos após a sua celebração.

Seguindo essa linha de raciocínio, e considerando que a CSLL foi criada pela Lei nº 7.689/88, seria possível afirmar que, em relação a todos os tratados celebrados anteriormente à data de entrada em vigor desta lei, a CSLL estaria

---

Luiz Moraes do Rêgo et. al. (Coords.). *Tributação, Comércio e Solução de Controvérsias Internacionais.* São Paulo: Quartier Latin, 2011. p. 141-155.

331 Trata-se do artigo 2 (4) dos Modelos de Convenção da OCDE e da ONU, que normalmente aparece como artigo 2 (2) nos tratados brasileiros.

automaticamente incluída no escopo objetivo da convenção, por se tratar de tributo novo, substancialmente semelhante ao Imposto de Renda.

A controvérsia a respeito da inclusão da CSLL no escopo objetivo dos tratados foi objeto de algumas decisões administrativas, que serão analisadas adiante. A questão perdeu a relevância com a entrada em vigor do artigo 11 da Lei nº 13.202/2015, segundo o qual "para efeito de interpretação, os acordos e convenções internacionais celebrados pelo Governo da República Federativa do Brasil para evitar dupla tributação da renda abrangem a CSLL".[332]

Trata-se de dispositivo expressamente interpretativo, de modo que lhe seria aplicável a regra extraída do inciso I do artigo 106 do Código Tributário Nacional, segundo o qual "a lei aplica-se a ato ou fato pretérito [...] em qualquer caso, quando seja expressamente interpretativa, excluída a aplicação de penalidade à infração dos dispositivos interpretados".

A despeito desta alteração legislativa, cumpre-nos examinar as decisões existentes sobre o tema delineado neste tópico sob a perspectiva que interessa a esta pesquisa, que é o delineamento da política de celebração de tratados brasileira e como a mesma é refletida nas decisões, administrativas e judiciais. Ademais, o artigo 11 da Lei nº 13.202/2015 resolve a controvérsia relacionada à CSLL, mas não alcança decisões semelhantes que existem em relação à CIDE--Remessas[333] – instituída pela Lei nº 10.168/2000 – e à Contribuição para o PIS/PASEP-Importação e à COFINS-Importação – criadas pela Lei nº 10.865/2004.

---

[332] Sobre este dispositivo, ver: BIANCO, João Francisco; SANTOS, Ramon Tomazela. Lei Interna Interpretativa de Tratado Internacional: Possibilidade e Consequências – O Caso da CSLL e da Lei nº 13.202/2015. In: SCHOUERI, Luís Eduardo; BIANCO, João Francisco (Coords.). *Estudos de Direito Tributário em Homenagem ao Professor Gerd Willi Rothmann*. São Paulo: Quartier Latin, 2016. p. 155- 178.

[333] Sobre a inclusão da CIDE-Remessas no escopo objetivo dos tratados, ver: ROCHA, Sergio André. Planejamento Tributário Abusivo Estatal: O Caso do Brasil. In: SCHOUERI, Luís Eduardo; BIANCO, João Francisco (Coords.). *Estudos de Direito Tributário em Homenagem ao Professor Gerd Willi Rothmann*. São Paulo: Quartier Latin, 2016. p. 473-489; TROIANELLI, Gabriel Lacerda. Aplicabilidade dos Tratados para Evitar a Dupla Tributação às Contribuições. In: ROCHA, Valdir de Oliveira (Coord.). *Grandes Questões Atuais do Direito Tributário: 8º Volume*. São Paulo: Dialética, 2004. p. 136-137. No mesmo sentido, mas baseando sua opinião no princípio da não discriminação, ver: TÔRRES, Heleno Taveira. Pressupostos Constitucionais das Contribuições de Intervenção no Domínio Econômico. A CIDE-Tecnologia. In: ROCHA, Valdir de Oliveira (Coord.). *Grandes Questões Atuais do Direito Tributário: 7º Volume*. São Paulo: Dialética, 2003. p. 169-172. Em sentido contrário, sustentando que a CIDE-Remessas não se encontra abrangida pelos tratados celebrados pelo Brasil – mesmo aqueles anteriores à sua instituição, ver: BIANCO, João Francisco. A CIDE sobre *Royalties* e os Tratados Internacionais contra a Dupla Tributação. In: ROCHA, Valdir de Oliveira (Coord.). *Grandes Questões Atuais do Direito Tributário: 8º Volume*. São Paulo: Dialética, 2004. p. 260-262; VENTURA, Gustavo Henrique Vasconcelos. A Cide Royalties e sua Relação

1.4.5.1. Decisões do CARF sobre a Relação entre o Artigo 2º dos Tratados Brasileiros e sua Aplicação às Contribuições Sociais

Não há muitos precedentes do CARF sobre este tema. Alguns dos casos que envolveram a aplicação de tratados internacionais à CSLL, quando não havia menção expressa à contribuição do texto da convecção, foram casos a respeito da relação entre os acordos internacionais brasileiros e o artigo 74 da Medida Provisória nº 2.158-35/2001, antes comentados, como os casos Rexam, Petrobras 1 e Intercement.

Outro processo onde a questão em tela foi tratada foi um caso do HSBC a respeito da aplicação do artigo 11 da convenção assinada entre o Brasil e a Áustria. A questão de fundo referia-se à incidência da CSLL sobre juros atrelados a títulos públicos emitidos pelo Estado austríaco.

No Acórdão nº 1101000.902 o CARF decidiu que "a substancial semelhança entre o IRPJ e a CSLL impõe a aplicação do disposto na convenção para evitar a dupla tributação".

A Conselheira Edeli Pereira Bessa – cujo voto restou vencido – manifestou-se expressamente no sentido de que os tratados brasileiros se baseiam na Convenção Modelo da OCDE. Em suas palavras, "embora o Brasil não seja país membro da Organização para a Cooperação e Desenvolvimento Econômico – OCDE, vários tratados por ele firmados com vistas a evitar a dupla tributação da renda seguem o Modelo de Convenção tributária sobre o Rendimento e o Capital da OCDE. E, periodicamente, esta Organização publica os comentários a esta Convenção Modelo, inclusive com o acréscimo de observações de vários países não membros, em reconhecimento da influência crescente da Convenção Modelo fora dos países da OCDE." Seguindo esta premissa a Conselheira se valeu do Modelo da OCDE em seu voto.

O voto vencedor neste processo foi preparado pela Conselheira Nara Cristina Takeda Taga. Em sua opinião, uma vez que a convenção entre o Brasil e a Áustria foi assinada antes da entrada em vigor da CSLL, uma interpretação do acordo pelas partes, de boa-fé, levaria à conclusão de que o tratado deveria incluir em seu escopo objetivo a CSLL. Nada obstante, esta Conselheira não fez qualquer referência aos Modelos de tratado e seus Comentários.

---

com os Tratados Internacionais. In: TÔRRES, Heleno Taveira (Coord.). *Direito Tributário Internacional Aplicado*. São Paulo: Quartier Latin, 2005. v. III. p. 701-719.

1.4.5.2. Posição do STJ sobre a Relação entre o Artigo 2º dos Tratados Brasileiros e sua Aplicação às Contribuições Sociais

Em uma decisão recente, no Recurso Especial nº 1.216.610, o Superior Tribunal de Justiça examinou um caso relacionado à inclusão de contribuições sociais no escopo objetivo dos acordos brasileiros. Entretanto, este caso não era sobre a aplicação da convenção à CSLL, mas sim sobre a inclusão da CPMF no âmbito de aplicação do tratado assinado entre Brasil e Alemanha – que não está mais em vigor desde 2006.

Sabe-se que a CPMF deixou de ser cobrada em 2007, sendo que seu fato gerador estava previsto no artigo 2º da Lei nº 9.311/96, cuja redação é a seguinte:

> Art. 2° O fato gerador da contribuição é:
>
> I - o lançamento a débito, por instituição financeira, em contas correntes de depósito, em contas correntes de empréstimo, em contas de depósito de poupança, de depósito judicial e de depósitos em consignação de pagamento de que tratam os parágrafos do art. 890 da Lei nº 5.869, de 11 de janeiro de 1973, introduzidos pelo art. 1° da Lei n° 8.951, de 13 de dezembro de 1994, junto a ela mantidas;
>
> II - o lançamento a crédito, por instituição financeira, em contas correntes que apresentem saldo negativo, até o limite de valor da redução do saldo devedor;
>
> III - a liquidação ou pagamento, por instituição financeira, de quaisquer créditos, direitos ou valores, por conta e ordem de terceiros, que não tenham sido creditados, em nome do beneficiário, nas contas referidas nos incisos anteriores;
>
> IV - o lançamento, e qualquer outra forma de movimentação ou transmissão de valores e de créditos e direitos de natureza financeira, não relacionados nos incisos anteriores, efetuados pelos bancos comerciais, bancos múltiplos com carteira comercial e caixas econômicas;
>
> V - a liquidação de operação contratadas nos mercados organizados de liquidação futura;
>
> VI - qualquer outra movimentação ou transmissão de valores e de créditos e direitos de natureza financeira que, por sua finalidade, reunindo características que permitam presumir a existência de sistema organizado para efetivá-la, produza os mesmos efeitos previstos nos incisos anteriores, independentemente da pessoa que a efetue, da denominação que possa ter e da forma jurídica ou dos instrumentos utilizados para realizá-la.

A decisão do STJ foi desfavorável ao contribuinte. A interpretação da Corte foi no sentido de que não há identidade entre os fatos geradores do Imposto de Renda e da CPMF. Portanto, uma vez que o tratado apenas fazia referência ao Imposto de Renda, a falta de semelhança entre os dois tributos afastaria a aplicação do tratado neste caso.

Para o que interessa a esta pesquisa, o exame deste julgamento não traz qualquer contribuição relevante, uma vez que não foi feita referência aos Modelos e aos seus Comentários.

1.4.6. O Artigo 9º dos Tratados e as Regras de Preços de Transferência

Sabe-se que as regras brasileiras de preços de transferência, estabelecidas pela Lei nº 9.430/96, divergem, em grande medida, de padrões internacionais, especialmente do padrão *arm's length* da OCDE. As margens fixas usadas em algumas regras domésticas são uma nova formulação do referido padrão, distinguindo o sistema brasileiro dos demais.

Voltaremos à análise das regras domésticas de preços de transferência adiante – no item 2.1.1. O que é relevante para os propósitos desta seção é o fato de que alguns autores argumentam que as regras brasileiras seriam incompatíveis com as convenções assinadas pelo País, ou pelo menos de que a regra internacional deveria servir de pauta para a interpretação da legislação doméstica. Vejam-se, por exemplo, as palavras de Paulo Ayres Barreto:

> Podemos concluir, em relação aos acordos de bitributação que contemplam em seu bojo o padrão *arm's length*, nos termos em que enunciado pela Convenção Modelo da OCDE, em seu artigo 9º, que deverá prevalecer, em relação aos preços de transferência, a aplicação das normas construídas pelo intérprete, tendo em consideração o conteúdo desses acordos. Vale dizer, as específicas regras que exsurjam do acordo internacional – porquanto especiais e não produtoras de antinomias totais – prevalecem sobre as demais prescrições normativas sobre o assunto, em relação às partes alcançadas pelo referido acordo. É a única hipótese em que se pode afirmar categoricamente a prevalência do padrão *arm's length*.[334]

---

[334] BARRETO, Paulo Ayres. *Imposto sobre a Renda e Preços de Transferência*. São Paulo: Dialética, 2001. p. 172. Ver, também: OLIVEIRA, Vivian de Freitas e Rodrigues de. *Preço de Transferência como Norma de Ajuste do Imposto sobre a Renda*. São Paulo: Noeses, 2015. p. 59-65.

Heleno Taveira Tôrres apresenta-nos posição distinta, no sentido de prevalência das regras previstas no ordenamento jurídico brasileiro:

> Não obstante essa evolução ter sido descrita a partir dos textos dos modelos de convenções internacionais contra a dupla tributação, e tendo presente que o Brasil não faz parte da OCDE, essas referências somente têm relevo didático. Desse modo, os princípios e critérios previstos no art. 9º das convenções ratificadas pelo Brasil, com base no Modelo da OCDE, voltados para definir a retificação de preços, devem acomodar-se à normativa interna, prevista no ordenamento brasileiro, e à luz do texto constitucional.[335]

Na mesma linha parece ser a posição de Luís Eduardo Schoueri:

> Em conclusão, constata-se que o aplicador da lei, na análise de um caso de preços de transferência envolvendo empresas beneficiadas por um determinado acordo de bitributação, poderá partir deste e, neste sentido, concluir que determinado Estado Contratante somente estará autorizado pelo acordo a efetuar qualquer ajuste se, observada a prática internacional consolidada nos relatórios da OCDE, for entendido que houve desvio no princípio *arm's length*. Para tal entendimento, o aplicador da lei não se limita aos métodos fixados pelo direito interno de qualquer dos Estados Contratantes: deverá ele privilegiar o princípio. Assim, desde que fique comprovado que terceiros em iguais situações teriam efetuado idêntica transação, ou que a transação não implicou qualquer ganho diferente daqueles que teriam sido obtidos não fossem impostas ou aceitas as condições inusuais, descabe qualquer ajuste.[336]

Esta controvérsia a respeito da compatibilidade entre a legislação brasileira e os tratados internacionais celebrados pelo País é o objeto de alguns casos, cuja análise, sob a perspectiva proposta nesta pesquisa, será feita a seguir.

---

335 TÔRRES, Heleno. *Direito Tributário Internacional: Planejamento Tributário e Operações Transnacionais*. São Paulo: Revista dos Tribunais, 2001. p. 303.

336 SCHOUERI, Luís Eduardo. *Preços de Transferência no Direito Tributário Brasileiro*. 3. Ed. São Paulo: Dialética, 2013. p. 442.

1.4.6.1. Posição do CARF sobre a Relação entre o Artigo 9º dos Tratados e as Regras de Preços de Transferência

Embora não tenhamos muitas decisões sobre o tema, no Acórdão nº 1103-00.608, editado em 2012, a posição do CARF foi no sentido de que as regras brasileiras de preços de transferência são compatíveis com o artigo 9º das convenções brasileiras.[337] Eis a ementa desta decisão:

> [...]. TRATADOS INTERNACIONAIS - PREÇOS DE TRANSFERÊNCIA
>
> O Brasil não adotou em seus tratados o previsto no art. 9º, § 2º, da Convenção Modelo da OCDE, mas somente o § 1º dela. O preceito contido neste autoriza a aplicação de ajustes de preços de transferência por um Estado contratante se, nas relações entre empresas associadas ou vinculadas situadas nos Estados contratantes, não for observado o *arm's length price*.
>
> Inexistência de ofensa ao art. 9º dos Tratados celebrados pelo Brasil. [...]

Neste caso, o contribuinte argumentou que as regras brasileiras não estavam de acordo com os tratados assinados pelo País com a Argentina, a Espanha, a França, a Alemanha, a Holanda, a Itália e a Suécia. O fundamento da pretensão do sujeito passivo era que o artigo 9º desses tratados requer uma análise efetiva do preço de transferência. Portanto, a metodologia prevista na legislação brasileira, baseada em margens fixas presumidas, não estaria de acordo com as convenções assinadas pelo Brasil.

O Conselheiro Marcos Takata escreveu o voto vencedor neste caso. Ele fez algumas referências à Convenção Modelo da OCDE, de passagem. Tais referências foram apresentadas apenas para rejeitar a posição de que a legislação brasileira, ao prever as margens predeterminadas, estaria em desacordo com o artigo 9º da Convenção Modelo da OCDE.

---

337 Nesse mesmo sentido foi a interpretação da COSIT na Solução de Consulta nº 12/2000.

1.4.6.2. Posição do Judiciário sobre a Relação entre o Artigo 9º dos Tratados e as Regras de Preços de Transferência

O Tribunal Regional Federal da Terceira Região analisou esta matéria em alguns processos.

Na Apelação nº 0044489-25.208.4.03.0000 a Corte decidiu que não há contradição entre as regras brasileiras e o acordo assinado entre Brasil e Alemanha – o qual não está mais em vigor. Entretanto, a decisão não fez referência à questão relativa a qual Modelo influenciou a política internacional brasileira de celebração de acordos tributários.

Uma discussão similar foi objeto da Apelação nº 0028594-62.2005.4.03.6100. A decisão foi no mesmo sentido – que as regras brasileiras não contrariam os tratados assinados pelo País. Contudo, o tema referente a que Modelo influenciou a política brasileira, mais uma vez, não foi objeto de exame.

1.4.7. Breve Conclusão a Respeito da Posição dos Órgãos de Aplicação do Direito sobre o Modelo que Influenciou os Tratados Brasileiros

Diante da análise acima, percebe-se que os órgãos de aplicação do direito no Brasil – Receita Federal, CARF e Poder Judiciário – posicionam-se, de maneira praticamente absoluta, no sentido de que a Convenção Modelo da OCDE é o ponto de partida dos tratados assinados pelo Brasil. Da mesma forma que comentamos anteriormente, quando tratamos da posição da doutrina brasileira sobre o tema, esta posição não reflete a política brasileira de celebração de tratados, a qual, como visto, tem maior influência da Convenção Modelo da ONU.

1.5. Impacto das Posições Brasileiras de País Não-Membro em Relação ao Modelo da OCDE e seus Comentários

A esta altura, acreditamos ter demonstrado que: (a) os tratados brasileiros são mais influenciados pelo racional da Convenção Modelo da ONU do que pelo Modelo da OCDE; (b) a doutrina brasileira normalmente suporta posição em sentido contrário, argumentando que as convenções do País se baseiam na Convenção Modelo da OCDE; e (c) praticamente a unanimidade das decisões, administrativas e judiciais, que analisaram a matéria, seguem esta posição.

Ao comentarmos a redação dos acordos assinados pelo Brasil, destacamos as posições do País em relação à Convenção Modelo da OCDE. Portanto, é razoável perquirir sobre o papel de tais posições na análise dos tratados brasileiros. De maneira ainda mais clara, temos que analisar se o fato de o Brasil apresentar suas posições a respeito dos artigos do Modelo em questão de alguma maneira contradiz a posição acima, no sentido de que os tratados do País se aproximam mais do Modelo da ONU do que daquele da OCDE.

Em 1996, o Comitê de Assuntos Fiscais da OCDE decidiu organizar encontros anuais que incluiriam representantes de países não membros desta organização. De acordo com a OCDE, "reconhecendo que somente se poderia esperar que economias não são membros da OCDE se associassem ao desenvolvimento da Convenção Tributária Modelo se elas pudessem reter a liberdade para discordar de seu conteúdo, o Comitê também decidiu que essas economias deveriam, como ocorre com os países membros, ter a possibilidade de identificar as áreas onde eles são capazes de concordar com o texto de um Artigo ou com a interpretação dada no Comentário".[338]

Ao proceder dessa maneira, a OCDE deixou claro que "assim como é o caso com as observações e reservas de países membro, nenhuma referência é feita a casos onde o país gostaria de complementar o texto de um artigo com dispositivos que não conflitam com o Artigo, especialmente se essas provisões são oferecidas como alternativas no Comentário, ou pretendem implementar uma interpretação que não conflita com o Comentário".[339]

A relevância das reservas e das posições de países não membros em si é relativa. De fato, é concebível que os países não queiram declarar abertamente sua política fiscal internacional. Como apontado por Jacques Sasseville, "não há nenhuma obrigação legal para um país registrar corretamente sua política de celebração de tratados através de reservas e nenhuma consequência legal resultará de sua falha em fazê-lo".[340]

---

338 OECD. *Model Tax Convention on Income and on Capital*. Paris: OECD, 2014. p. 449.

339 OECD. *Model Tax Convention on Income and on Capital*. Paris: OECD, 2014. p. 450.

340 SASSEVILE, Jacques. The Role and Evolution of Reservations, Observations, Positions and Alternative Provisions in the OECD Model. In: MAISTO, Guglielmo (Coord.). *Departures from the OECD Model and Commentaries*. The Netherlands: IBFD, 2014. p. 9.

Alberto Vega argumenta que omissões de países não membros em registrarem suas posições não devem ser vistas como concordância com o Modelo da OCDE e seus Comentários. Em suas palavras, "países não membros não são nem mesmo destinatários da recomendação da OCDE e, portanto, eles permanecem completamente livres, tanto de uma perspectiva legal quanto de uma perspectiva política, para seguirem ou não o Modelo da OCDE e os Comentários a ele. Este aspecto, junto com o fato de que a participação de países não membros no processo de redação do Modelo da OCDE provavelmente não é tão intenso, são fatores que reforçam a ideia de que o silêncio não deve ser identificado como concordância com o Modelo ou os comentários".[341]

O mesmo Alberto Vega e Ilja Rudyk realizaram interessante estudo no qual foram comparadas as reservas de países membros da OCDE à Convenção Modelo da OCDE e seus Comentários. Esta análise incluiu, ainda, as reservas de alguns países não membros – incluindo o Brasil. A conclusão do estudo foi que, embora as reservas dos países membros da OCDE variem de nenhuma a pouco mais de vinte, o Brasil distingue-se como um País que que discorda com a posição da OCDE em mais de 35 ocasiões.[342]

Considerando o alto número de divergências entre as posições brasileiras e o Modelo da OCDE, parece-nos que tais posições confirmam nossa premissa de que os tratados celebrados pelo Brasil se distanciam deste Modelo e se aproximam da Convenção Modelo na ONU.

Ademais, uma vez que a maioria dos tratados celebrados pelo Brasil foi assinada antes de a OCDE registrar posições de países não membros, é possível concluir que a política brasileira de celebração de tratados está refletida em tais posições, ao invés de se inferir que tais posições influenciaram a política brasileira.

---

341   VEGA, Alberto. The Legal Status and Effects of Reservations, Observations and Positions to the OECD Model. In: MAISTO, Guglielmo (Coord.). *Departures from the OECD Model and Commentaries*. The Netherlands: IBFD, 2014. p. 48.

342   Em suas palavras: "Como pode ser observado nos dois gráficos a seguir, o número de reservas de países membros e não membros da OCDE à Convenção Tributária Modelo da OCDE (em 2010) não é homogêneo. Alguns países membros, como a Áustria e a Islândia, não incluíram uma reserva sequer. Em contraste, a Grécia, os Estados Unidos e o México divergem de mais de 20 aspectos nos artigos do Modelo e seus comentários correspondentes. Da mesma maneira, alguns países não membros da OCDE incluíram algumas posições (menos do que muitos membros da OCDE) enquanto outros, como a Índia, o Brasil e a Tailândia, discordam com mais de 35 aspectos do modelo" (VEGA, Alberto; RUDYK, Ilja. Explaining Reservations to the OECD Model Tax Convention: An Empirical Approach. *InDret*, 2011, 4, p. 3. Disponível em http://www.indret.com/pdf/860_en.pdf. Acesso em 12 de dezembro de 2015).

Diante desses comentários, entendemos que o fato de que o Brasil, como um país não membro da OCDE, apresentar suas posições a respeito do Modelo da OCDE não contradiz a premissa de que este Modelo não reflete de forma decisiva a política fiscal internacional brasileira.

1.6. Conclusão deste Capítulo

Ao revisarmos as convenções internacionais tributárias assinadas pelo Brasil apontamos como o País foi, nas palavras de Luís Eduardo Schoueri, bem-sucedido em implementar sua própria política internacional de celebração de tratados tributários, a qual tem como principal fundamento a reserva de poderes tributários para o país de fonte dos rendimentos.[343]

A análise das soluções de consulta da Receita Federal do Brasil, assim como de decisões administrativas e judiciais, não deixa dúvida de que as instituições brasileiras sustentam a posição de que a Convenção Modelo da OCDE serve de base para os tratados brasileiros.

Ademais, ficou claro que nas decisões examinadas várias referências à Convenção Modelo da OCDE e seus Comentários foram feitas. À exceção do voto de Marcos Aurélio Pereira Valadão no Acórdão nº 9101-002.332, nenhuma referência ao Modelo da ONU foi feita em qualquer das decisões examinadas.

O exame cuidadoso de todas essas decisões aponta, ainda, que não há indicação de que as autoridades em questão, administrativas ou judiciais, tenham levado em consideração as posições e reservas brasileiras à Convenção Modelo da OCDE e seus Comentários.

À luz das considerações anteriores, é possível concluir o seguinte:
- Os artigos das convenções brasileiras, notadamente aqueles que veiculam regras distributivas, foram fortemente influenciados pela posição histórica dos países em desenvolvimento, no sentido de que países de fonte devem reter poderes tributários mais abrangentes.

---
[343] SCHOUERI, Luís Eduardo. Contribuição à História dos Acordos de Bitributação: a Experiência Brasileira. *Revista Direito Tributário Atual*, São Paulo, n. 22, 2002, p. 280.

- Esta característica da política de celebração de tratados brasileira faz com que os tratados assinados pelo País se aproximem mais do Modelo da ONU do que daquele editado pela OCDE.
- Autores brasileiros tendem a ignorar o cenário acima descrito. Assim sendo, a literatura em Direito Internacional Tributário usualmente foca sua atenção no Modelo da OCDE e seus Comentários. O Modelo da ONU e seus Comentários ou são analisados de forma breve ou completamente ignorados.
- Soluções de consulta e decisões, administrativas e judiciais estão em linha com esta tendência, focando no Modelo da OCDE e seus Comentários e, de forma quase absoluta, ignorando a Convenção Modelo da ONU e seus Comentários.

A posição acima sugere que a doutrina brasileira, assim como as instituições que aplicam tratados internacionais tributários no Brasil, deveriam rever seus métodos e procedimentos. Não se está sustentando que aqueles que trabalham com a interpretação de tratados internacionais deveriam ignorar a Convenção Modelo da OCDE e seus Comentários.[344] Contudo, a aplicação desses materiais, sem uma consideração detida a respeito da política fiscal internacional brasileira, tende a distorcer a interpretação das convenções celebradas pelo País.

Esta conclusão reforça a ideia de que a posição adotada pelo Brasil, no que se refere à celebração de tratados internacionais tributários, diverge, de forma significativa, dos modelos recomendados pela OCDE.

Tendo em vista esta conclusão, resta-nos destacar, para que seja possível apresentar uma análise comparativa com os temas dos próximos capítulos, o fundamento da posição brasileira e a razão pela qual a mesma diverge daquela adotada pela OCDE e muitos países desenvolvidos.

---

344 Veja-se, neste mesmo sentido, as palavras de Klaus Vogel, para que "com relação a recentes tratados com países em desenvolvimento, a CM da ONU e seu comentário oficial devem ser considerados. Entretanto, uma vez que ambos os modelos coincidem em grande parte, a CM da OCDE e seu Comentário podem servir de ajuda para tais tratados também" (VOGEL, Klaus. Introduction. In: VOGEL, Klaus (Coord.). *On Double Taxation Conventions*. Tradução John Marin e Bruce Elvin. 3rd ed. The Netherlands: Kluwer Law International, 1998. p. 46).

1.6.1. Razões e Objetivos da Política Brasileira de Celebração de Tratados Internacionais Tributários

Uma vez pontuado que, no campo da política de celebração de tratados, o Brasil não se alinha aos padrões da OCDE, cabe-nos destacar a finalidade de tal divergência e como ela impacta o País. Esta análise considerará os seguintes pontos:

- os impactos da política fiscal internacional brasileira de celebração de tratados sobre a cobrança de tributos em transações internacionais;
- os impactos da política fiscal internacional brasileira de celebração de tratados sobre a relação do País com os demais com o qual celebrou convenções; e
- os impactos da política fiscal internacional brasileira de celebração de tratados sobre o fluxo de serviços e mercadorias.

1.6.1.1. Política Fiscal Internacional de Celebração de Tratados e Arrecadação Tributária sobre Transações Internacionais

Não há estatísticas indicando quanto o Brasil se beneficia, financeiramente, de sua política de celebração de tratados. Entretanto, não é necessária uma matemática sofisticada para concluirmos que o País tem uma arrecadação superior sobre rendimentos auferidos em seu território, por não residentes, do que teria caso baseasse seus tratados na Convenção Modelo da OCDE.

Por exemplo, seguindo a orientação contida no Ato Declaratório Interpretativo nº 5/2014, o Brasil nunca deixou de tributar serviços técnicos na fonte no que concerne à grande maioria de seus tratados – lembrando-se que foi apenas em 2014 que as autoridades brasileiras reconheceram que estes tipos de serviços não estariam sujeitos à tributação em relação a um grupo pequeno de países (Áustria, Finlândia, França, Japão e Suécia).

As limitações impostas pela política fiscal brasileira ao alcance do artigo 7º, aliadas à previsão de maiores competências para a tributação na fonte –

como se percebe, por exemplo, nos artigos 10, 11, 12 e 21 – aumenta a capacidade de arrecadação do Brasil sobre transações interacionais.

Portanto, parece-nos evidente que a política brasileira de celebração de tratados internacionais tributários tem sido vantajosa para o País de uma perspectiva arrecadatória. É importante frisarmos, principalmente para que possamos apresentar comentários comparativos com o que veremos em seções posteriores, que neste caso a posição brasileira tem reflexos e fundamentos **tipicamente internacionais**.

O que se quer destacar, com esta afirmação, é que, neste caso, há um reflexo internacional da postura adotada pelo Brasil. Em outras palavras, a política fiscal internacional brasileira acaba tendo impactos nas relações internacionais e na distribuição internacional de receitas tributárias.

O fato de a política fiscal internacional brasileira, neste caso, mostrar-se favorável ao País de uma perspectiva arrecadatória, poderia ser visto como desfavorável caso tal posição gerasse uma reação negativa por parte dos Países que celebraram tratados com o Brasil ou se tal política afetar investimentos estrangeiros e o comércio internacional de mercadorias, serviços e intangíveis. É o que se passa a analisar.

1.6.1.2. Política Fiscal Internacional de Celebração de Tratados e a Relação com os Países com os quais o Brasil Assinou seus Acordos

De uma maneira geral, a política brasileira de celebração de tratados não gerou uma reação negativa por parte dos países que assinaram tais acordos com o País, identificando-se apenas reações pontuais em relação à posição do Brasil quanto à aplicação do artigo 7º dos tratados aos serviços técnicos sem transferência de tecnologia.

Por exemplo, embora não haja formas oficiais de confirmação da informação, especula-se que um dos motivos que levou a Alemanha buscar renegociar o tratado com o Brasil e, eventualmente, denunciar o mesmo acordo,[345] foi exa-

---

345 Ver: DAGNESE, Napoleão. Is Brazil "Developed"? Termination of the Brazil-Germany Tax Treaty. *Intertax*, Amsterdam, n. 34 (4), 2006, p. 195-196.

tamente a posição adotada pelo País em relação ao tema da aplicação do artigo 7º do tratado entre os dois países a serviços.[346]

O mesmo ocorreu no caso da Finlândia, cuja pressão resultou na edição do Parecer PGFN/CAT nº 2.363/2013 e, posteriormente, do Ato Declaratório Interpretativo nº 5/2014. Anteriormente, a pressão exercida pela Espanha gerou um procedimento amigável entre este país e o Brasil, o qual resultou na edição do Ato Declaratório Interpretativo SRF nº 27, de 21 de dezembro de 2004.[347]

De toda maneira, percebe-se, nesses casos, uma reação mais a interpretações específicas do Brasil a regras previstas em seus tratados do que uma reação à política brasileira em si.

Talvez o melhor ângulo para a análise dessa questão não seja o dos tratados do País, mas sim o daqueles que o Brasil não celebrou, sendo que o melhor exemplo a ser analisado seria o do tratado com os Estados Unidos.

Com efeito, ao longo das últimas décadas, a ausência de um tratado entre o Brasil e os Estados Unidos tem sido objeto de especulação pelos especialistas em tributação internacional. Entretanto, este fato não deveria ser visto como uma surpresa, uma vez que, como apontado por Charles H. Gustafson, "ao longo do tempo, uma série de governos dos Estados Unidos expressaram o desejo de estabelecerem tratados sobre a tributação da renda com países nas Américas do Sul e Central e se esforçaram para isso. Importância particular foi colocada no desenvolvimento de tratados com grandes países no Sul com as maiores economias: Argentina, Brasil, Chile e Venezuela. Os resultados, contudo, foram bastante desapontadores. Embora negociações tenham sido realizadas com dife-

---

346 Ver: OEPEN, Wolfgang. A Alemanha Denuncia seu Tratado de Dupla Tributação com o Brasil – Razões e Consequências da Denúncia do Tratado de um Ponto de Vista Alemão. *Revista de Direito Tributário Internacional*, São Paulo, v. 1, 2005, p. 217-218. Sobre a denúncia da convenção entre Brasil e Alemanha ver, ainda: ROTHMANN, Gerd Willi. A Denúncia do Acordo de Bitributação Brasil-Alemanha e suas Consequências. In: ROCHA, Valdir de Oliveira (Coord.). *Grandes Questões Atuais do Direito Tributário: 9º Volume*. São Paulo: Dialética, 2005. p. 147-148; CASTELON, Marta Oliveros. Perspectivas de Novo Acordo de Bitributação Brasil-Alemanha. *Revista de Direito Tributário Internacional*, São Paulo, n. 8, p. 156-170.

347 Sobre o tema, ver: CASTRO, Leonardo Freitas de Moraes e. *Paralell Treaties* e a Interpretação dos Acordos para Evitar a Dupla Tributação: A Experiência Brasileira em Face dos Artigos 7, 12 e 21 da Convenção Modelo da OCDE. In: MONTEIRO, Alexandre Luiz Moraes do Rêgo et. al. (Coords.). *Tributação, Comércio e Solução de Controvérsias Internacionais*. São Paulo: Quartier Latin, 2011. p. 171-174.

rentes países ao longo dos anos, o único tratado americano tributário em vigor com um país sul americano é com a Venezuela".[348]

No caso brasileiro, como lembrado por Luís Eduardo Schoueri, "o Brasil assinara um acordo em 13 de março de 1967. Contudo, esse foi rejeitado pelo Congresso Americano, com a justificativa de que o acordo continha cláusula de 'tax sparing' – o que era consistente com a política brasileira de acordos de bitributação".[349]

A insistência brasileira de ter regras de *tax sparing* em seus tratados, e resoluta negativa dos Estados Unidos em aceitá-las, é normalmente apontada como uma das principais razões pelas quais os dois países não possuem um acordo internacional tributário.[350]

É possível afirmar, assim, que neste caso a política fiscal internacional brasileira é certamente um entrave para que o País celebre um tratado com os Estados Unidos.

Vale observar que não estamos sustentando que a inexistência de um acordo com os Estados Unidos seja um problema, como fazem alguns autores. Com efeito, entendemos que, regra geral, a celebração de tais acordos traz mais perdas para o Brasil – enquanto país em desenvolvimento – do que benefícios.

O propósito dos comentários acima foi somente mostrar que, de fato, em alguns casos a posição brasileira a respeito das cláusulas a serem incluídas nas convenções internacionais tributárias efetivamente resulta na impossibilidade de celebração de um acordo. Nada obstante, não há nenhuma evidência de que a falta de acordos tributários represente perda significativa para o Brasil

---

348 GUSTAFSON, Charles H. Tax Treaties in the Americas: The United States Experience. In: AMATUCCI, Andrea (Coord.). *International Tax Law*. The Netherlands: Kluwer, 2006. p. 273-274. A Venezuela segue sendo o único país sul americano que celebrou um tratado internacional tributário com os Estados Unidos.

349 SCHOUERI, Luís Eduardo. Contribuição à História dos Acordos de Bitributação: a Experiência Brasileira. *Revista Direito Tributário Atual*, São Paulo, n. 22, 2002, p. 274.

350 Ver: SCHOUERI, Luís Eduardo. Contribuição à História dos Acordos de Bitributação: a Experiência Brasileira. *Revista Direito Tributário Atual*, São Paulo, n. 22, 2002, p. 274; BRAUNER, Yariv. Por que os Estados Unidos Firmam Tratados Tributários? E por que não têm Tratado Tributário com o Brasil? *Revista Direito Tributário Atual*, São Paulo, n. 26, 2011, p. 121; PAÇO, Daniel Hora do; ROSENBLOOM, David. Considerações sobre a Negociação de um Tratado para Evitar a Dupla Tributação da Renda com os EUA. *Revista Dialética de Direito Tributário*, São Paulo, n. 174, 2010, p. 18-18.

1.6.1.3. Política Fiscal Internacional de Celebração de Tratados e o Fluxo de Mercadorias e Serviços

As análises apresentadas nesses itens têm uma característica comum, que impede a apresentação de comentários conclusivos, que é a falta de dados empíricos e estatísticos.

Entretanto, embora não haja estatística específica correlacionando a existência de um tratado internacional com um impacto positivo no fluxo de mercadorias e serviços, da mesma maneira não há qualquer evidência de que tal fluxo seja impactado negativamente na ausência de uma convenção.

Com efeito, ao notarmos que o Brasil não tem tratado os Estados Unidos e que este país é um dos principais parceiros comerciais do País, e um dos maiores investidores externos diretos no Brasil, verifica-se que mesmo na ausência de um acordo não é possível identificar uma queda significativa na balança comercial de mercadorias e serviços.

Outro exemplo significativo é o caso da Alemanha. Mesmo que o Brasil não possua uma convenção com este país há mais de dez anos, não se identificou qualquer queda nas relações comerciais entre os países, ou queda no investimento direto alemão no País.

Dessa maneira, não há evidencias empíricas de que as posições brasileiras a respeito de sua política de celebração de tratados internacionais – ou mesmo a ausência de uma convenção –, tenha de alguma maneira impactado, negativamente, as relações comerciais e os investimentos externos diretos no Brasil.

1.6.2. Respostas às Questões de Pesquisa

As questões de pesquisa propostas para este capítulo foram as seguintes:
- Por que – *i.e.*, qual foi a motivação – o Brasil começou a assinar Convenções para Evitar a Dupla Tributação da Renda?
- Qual modelo de tratado – da OCDE ou na ONU – teve maior influência sobre a política brasileira de celebração de tratados?

- A doutrina brasileira, as autoridades fiscais e as cortes administrativas e judiciais levam em conta a política fiscal internacional do Brasil em suas opiniões e decisões?
- O Brasil alcançou seus objetivos com sua política fiscal internacional envolvendo a celebração de tratados?

Diante dos comentários acima, as respostas a essas perguntas, com base na pesquisa realizada, seriam as seguintes:

- A motivação inicial para a celebração de convenções tributárias pelo Brasil foi o incentivo ao investimento externo direto no País. Tal motivação explica porque os primeiros tratados brasileiros foram assinados com países desenvolvidos.
- A Convenção Modelo da ONU e seu racional de maior atração de poderes tributários para o país de fonte dos rendimentos é a maior influência das regras distributivas previstas nos acordos celebrados pelo Brasil. Em alguns artigos os tratados brasileiros são ainda mais protetivos de tais poderes do que o Modelo da ONU.
- Contrariamente à posição acima, a doutrina, de forma majoritária, e as decisões – administrativas e judiciais – ignoram, de modo quase unânime, qualquer impacto da Convenção Modelo da ONU sobre as convenções brasileiras. Ademais, não foi notada qualquer preocupação nas decisões examinadas com a realização de uma análise mais abrangente da política brasileira de celebração de acordos tratados tributários.
- Além de ter sido bem-sucedido na implementação de sua política de celebração de tratados, o Brasil alcançou seus objetivos com a mesma. O País logrou manter poderes tributários sobre fatos econômicos ocorridos em seu território, com pequena oposição por parte de outros países e sem que fosse notada qualquer redução significativa nos fluxos internacionais de mercadorias e serviços ou do investimento direto estrangeiro no Brasil.

2. Política Fiscal Internacional Brasileira e Legislação Doméstica: Preços de Transferência e Regras de Tributação de Lucros Auferidos por Controladas no Exterior

2.1. Política Fiscal Internacional e Regras Brasileiras de Preços de Transferência

2.1.1. Comentários Gerais

A Lei nº 9.430 introduziu regras para controle de preços de transferência em 1996. Através dos anos, tais regras foram modificadas. Entretanto, o regime geral estabelecido pela referida lei mantém-se inalterado.

Em certa medida, os métodos de controle de preços de transferência previstos na legislação brasileira não fogem da estrutura de métodos transacionais tradicionais. Entretanto, desde sua introdução tais regras diferem das práticas recomendadas pela OCDE e adotadas por outros países. Como salienta Luís Eduardo Schoueri, "quando confrontado com as práticas internacionais, o recurso às margens predeterminadas revela-se a nota de destaque da disciplina brasileira dos preços de transferência inaugurada pela Lei nº 9.430/96. Ao contrário da sistemática que propõe a OCDE, houve por bem o legislador nacional buscar, ele próprio, na experiência, quais seriam as margens de lucro praticadas em transações entre partes não relacionadas, presumindo-as, em lei, a partir dos indícios que encontrou na realidade de mercado".[351] Marcos Aurélio Pereira Valadão destacou essas diferenças entre o modelo brasileiro e a experiência internacional:

---
351 SCHOUERI, Luís Eduardo. Presunções Jurídicas, *Arm's Length* e o Conceito de Custo para Fins de Preços de Transferência. *Revista Direito Tributário Atual*, São Paulo, n. 31, 2014, p. 106. Do mesmo autor, ver: SCHOUERI, Luís Eduardo. *Preços de Transferência no Direito Tributário Brasileiro*. 3 ed. São Paulo: Dialética, 2013. p. 143-144. No mesmo sentido, ver: XAVIER, Alberto. *Direito Tributário Internacional do Brasil*. 8 ed. Rio de Janeiro: Forense, 2015. p. 386-388.

A metodologia introduzida pela lei listou os métodos tradicionais (métodos *Cost Plus* e *Resale Price*) mas negaram o uso de tradicionais métodos baseados em lucros (métodos *Profit Split* e *Transactional Net Margin*) e do *formulary apportionment*. Em relação ao Método CUP, para importações e exportações, a lei introduziu uma metodologia que é semelhante às práticas da OCDE. Entretanto, no que se refere aos métodos *Cost Plus* e *Resale Price*, ao invés de fazer uso de transações comparáveis, a lei estabeleceu margens fixas para lucros e margens de lucros.[352]

Essas diferenças existentes entre o padrão OCDE de controle de preços de transferência e o modelo Brasileiro levaram Paulo Ayres Barreto a afirmar que "é abissal a distância entre a disciplina dos preços de transferência no Brasil e o regime adotado pelos países membros da OCDE".[353] Esta questão foi destacada também por Ricardo Marozzi Gregorio, para quem:

> A positivação das regras que expressam os métodos da OCDE no ordenamento brasileiro, contudo, não escondeu o receio de se trabalhar com a flexibilização exigida na disciplina internacional para se garantir a realização do *arm's length*. Neste sentido, diante de transações internacionais de bens, serviços ou direitos, praticadas no seio dos grupos multinacionais, o legislador criou limites máximos de dedutibilidade de custos ou despesas, no caso da importação, e mínimos de reconhecimento de receitas, no caso da exportação. Ademais, justificado pelas especificidades do sistema constitucional-tributário brasileiro, o legislador preferiu instituir uma variedade de mecanismos para reduzir a mencionada flexibilização a atribuir aos auditores fiscais da Receita Federal do Brasil (RFB) as complexas rotinas procedimentais desenvolvidas para o controle dos preços de transferência em outros países. Essas iniciativas revelam que a preocupação do legislador, ao positivar as regras de controle dos preços de preços de transferência

---

352 VALADÃO, Marcos Aurélio Pereira. Brazil Country Practices. In: United Nations. *Practical Manual on Trasnfer Pricing for Developing Countries*. New York, 2013. p. 358. Sobre o tema, pontuam Márcio Roberto Oliveira e Doris Canen o seguinte: "Diferentemente da legislação da OCDE, a legislação brasileira apresenta uma lista de métodos de preços de transferência taxativa e não alinhada com os padrões internacionais. Portanto, métodos similares ao *Profit Split Method* (PSM), ou mesmo ao *Transactional Net Margin Method* (TNMM), não são encontrados em nosso ordenamento, o qual privilegiou os métodos transacionais. Assim, o contribuinte dispõe de instrumentos de aplicações limitadas ou simplesmente incapazes de avaliar transações complexas envolvendo intangíveis [...]." (OLIVEIRA, Márcio Roberto; CANEN, Doris. Intangíveis na Esfera do Transfer Pricing, âmbito do BEPS e Direito Brasileiro: Uma Nova Era. In: GOMES, Marcus Lívio; SCHOUERI, Luís Eduardo (Coords.). *A Tributação Internacional na Era Pós-BEPS*. Rio de Janeiro: Lumen Juris, 2016. v. II. p. 185). Ver, também: BARRETO, Paulo Ayres; COSTA, Hugo Marcondes Rosestolato da. BEPS e o Plano de Ação n. 10. Considerações sobre serviços de baixo valor agregado, método de commodities e o método da divisão de lucros transacionais. In: GOMES, Marcus Lívio; SCHOUERI, Luís Eduardo (Coords.). *A Tributação Internacional na Era Pós-BEPS*. Rio de Janeiro: Lumen Juris, 2016. v. II. p. 197.

353 BARRETO, Paulo Ayres. *Imposto sobre a Renda e Preços de Transferência*. São Paulo: Dialética, 2001. p. 153. Ver também: BARBOSA, Demétrio Gomes. *Preços de Transferência no Brasil: Uma Abordagem Prática*. 2 ed. São Paulo: Fiscosoft Editora, 2012. p. 15.

não se restringiu à efetivação no País do princípio *arm's length*. Um outro princípio de grande relevância para o direito tributário explica este distanciamento dos parâmetros internacionais: a praticabilidade.[354]

O Brasil tem três métodos para o cálculo dos preços de transferência sobre importações: o Método dos Preços Independentes Comparados (PIC),[355] o Método do Preço de Revenda menos Lucro (PRL),[356] e o Método do Custo de Produção mais Lucro (CPL).[357]

---

354 GREGORIO, Ricardo Marozzi. *Preços de Transferência: Arm's Length e Praticabilidade*. São Paulo: Quartier Latin, 2011. p. 27.

355 Segundo o artigo 8º da Instrução Normativa nº 1.312/12: "Art. 8º A determinação do custo de bens, serviços e direitos, adquiridos no exterior, dedutível na determinação do lucro real e da base de cálculo da CSLL, poderá ser efetuada pelo método dos Preços Independentes Comparados (PIC), definido como a média aritmética ponderada dos preços de bens, serviços ou direitos, idênticos ou similares, apurados no mercado brasileiro ou de outros países, em operações de compra e venda, empreendidas pela própria interessada ou por terceiros, em condições de pagamento semelhantes."

356 Segundo o artigo 12 da Instrução Normativa nº 1.312/12: "Art. 12. A determinação do custo de bens, serviços ou direitos, adquiridos no exterior, dedutível da determinação do lucro real e da base de cálculo da CSLL, poderá, também, ser efetuada pelo método do Preço de Revenda menos Lucro (PRL), calculado, a partir de 1º de janeiro de 2013, conforme a seguinte metodologia:

I - preço líquido de venda: - a média aritmética ponderada dos preços de venda do bem, direito ou serviço vendido, diminuídos:

a) dos descontos incondicionais concedidos;

b) dos impostos e contribuições sobre as vendas; e

c) das comissões e corretagens pagas;

II - percentual de participação dos bens, direitos ou serviços importados no custo total do bem, direito ou serviço vendido: - a relação percentual entre o custo médio ponderado do bem, direito ou serviço importado e o custo total médio ponderado do bem, direito ou serviço vendido, calculado em conformidade com a planilha de custos da pessoa jurídica;

III - participação dos bens, direitos ou serviços importados no preço de venda do bem, direito ou serviço vendido: - a aplicação do percentual de participação do bem, direito ou serviço importado no custo total, apurada conforme o inciso II, sobre o preço líquido de venda calculado de acordo com o inciso I;

IV - margem de lucro: - a aplicação dos percentuais previstos no § 10, conforme setor econômico da pessoa jurídica sujeita ao controle de preços de transferência, sobre a participação do bem, direito ou serviço importado no preço de venda do bem, direito ou serviço vendido, calculado de acordo com o inciso III; e

V - preço parâmetro: - a diferença entre o valor da participação do bem, direito ou serviço importado no preço de venda do bem, direito ou serviço vendido, calculado conforme o inciso III, e a "margem de lucro" calculada de acordo com o inciso IV".

357 Segundo o artigo 15 da Instrução Normativa nº 1.312/12: "Art. 15. A determinação do custo de bens, serviços e direitos, adquiridos no exterior, dedutível na determinação do lucro real e da base de cálculo da CSLL, poderá, ainda, ser efetuada pelo método do Custo de Produção mais Lucro (CPL), definido como o custo médio ponderado de produção de bens, serviços ou direitos, idênticos ou similares, no país onde tiverem sido originariamente produzidos, acrescido dos impostos e taxas cobrados pelo referido país na exportação, e de margem de lucro de 20% (vinte por cento), calculada sobre o custo apurado."

Sergio André Rocha

A modificação mais significativa entre as regras brasileiras de controle de preços de transferência e o padrão da OCDE consiste nas margens prefixadas de lucros estabelecidas pelas primeiras, as quais estão presentes no PRL e no CPL.

Exportações estão sujeitas a quatro distintos métodos, a saber: o Método do Preço de Venda nas Exportações (PVEx),[358] o Método do Preço de Venda por Atacado no País de Destino, Diminuído do Lucro (PVA),[359] o Método do Preço de Venda a Varejo no País de Destino, Diminuído do Lucro (PVV),[360] e o Método do Custo de Aquisição ou de Produção mais Tributos e Lucro (CAP).[361]

Assim como se passa com os métodos aplicáveis às importações, o PVA e o CAP são métodos que incluem a previsão de margens de lucros fixas previstas na legislação.

O artigo 20 da Lei nº 9.430/96 prevê a competência do Ministro da Fazenda para alterar os percentuais fixos – tanto na importação como na exportação – desde que o contribuinte justifique a modificação. Entretanto, embora esta

---

[358] Segundo o artigo 30 da Instrução Normativa nº 1.312/12: "Art. 30. A receita de venda nas exportações poderá ser determinada com base no método do Preço de Venda nas Exportações (PVEx), definido como a média aritmética ponderada dos preços de venda nas exportações efetuadas pela própria pessoa jurídica, para outros clientes, ou por outra exportadora nacional de bens, serviços ou direitos, idênticos ou similares, durante o mesmo período de apuração da base de cálculo do imposto de renda e em condições de pagamento semelhantes."

[359] Segundo o artigo 31 da Instrução Normativa nº 1.312/12: "Art. 31. A receita de venda nas exportações poderá ser determinada com base no método do Preço de Venda por Atacado no País de Destino, Diminuído do Lucro (PVA), definido como a média aritmética ponderada dos preços de venda de bens, idênticos ou similares, praticados no mercado atacadista do país de destino, em condições de pagamento semelhantes, diminuídos dos tributos incluídos no preço, cobrados no referido país, e de margem de lucro de 15% (quinze por cento) sobre o preço de venda no atacado."

[360] Segundo o artigo 32 da Instrução Normativa nº 1.312/12: "Art. 32. A receita de venda nas exportações poderá ser determinada com base no método do Preço de Venda a Varejo no País de Destino, Diminuído do Lucro (PVV), definido como a média aritmética ponderada dos preços de venda de bens, idênticos ou similares, praticados no mercado varejista do país de destino, em condições de pagamento semelhantes, diminuídos dos tributos incluídos no preço, cobrados no referido país, e de margem de lucro de 30% (trinta por cento) sobre o preço de venda no varejo."

[361] Segundo o artigo 33 da Instrução Normativa nº 1.312/12: "Art. 33. A receita de venda nas exportações poderá ser determinada com base no método do Custo de Aquisição ou Produção mais Tributos e Lucro (CAP), definido como a média aritmética ponderada dos custos de aquisição ou de produção dos bens, serviços ou direitos exportados, acrescidos dos impostos e contribuições cobrados no Brasil e de margem de lucro de 15% (quinze por cento) sobre a soma dos custos mais impostos e contribuições."

regra esteja em vigor desde 1996, não há histórico de nenhum caso em que tal alteração tenha sido autorizada.[362]

Além desses métodos, o Brasil tem dois métodos específicos que se aplicam a operações com *commodities* – o Método do Preço sob Cotação na Importação (PCI)[363] e o Método do Preço sob Cotação na Exportação (PECEX)[364] – além de regras específicas aplicáveis a juros.[365]

As regras brasileiras de preços de transferência não preveem a aplicação de um "quarto método" – como previsto no padrão da OCDE. Assim sendo, as empresas brasileiras só podem utilizar os métodos previstos na legislação.[366]

Há outras características peculiares do regime brasileiro. Em primeiro lugar, os chamados *advance pricing agreements* não estão previstos na legislação brasileira. Dessa maneira, uma empresa não pode acordar com as autoridades fiscais como as regras de preços de transferência serão aplicadas às suas operações. De outro lado, as regras brasileiras não se comunicam com eventos ocorridos no exterior. Dessa forma, não há previsão na legislação para a realização dos chamados *secondary adjustments*.

É interessante notar que, embora a legislação brasileira tenha se afastado do padrão recomendado pela OCDE, a Exposição de Motivos que justificou as regras previstas na Lei nº 9.430/96 fizeram referência expressa à experiência da OCDE. Em textual:

> [...] 12. As normas contidas nos arts. 18 a 24 representam significativo avanço da legislação nacional face ao ingente processo de globalização

---

362 Ver: KLUCK, Guilherme. A Possibilidade de Alteração dos Percentuais do Método PRL. In: FERNANDES, Edson Carlos (Coord.). *Preços de Transferência*. São Paulo: Quartier Latin, 2007. p. 319.

363 Segundo o artigo 16 da Instrução Normativa nº 1.312/12: "Art. 16. O Método do Preço sob Cotação na Importação (PCI) é definido como os valores médios diários da cotação de bens ou direitos sujeitos a preços públicos em bolsas de mercadorias e futuros internacionalmente reconhecidas."

364 Segundo o artigo 34 da Instrução Normativa nº 1.312/12: "Art. 34. O Método do Preço sob Cotação na Exportação (Pecex) é definido como os valores médios diários da cotação de bens ou direitos sujeitos a preços públicos em bolsas de mercadorias e futuros internacionalmente reconhecidas."

365 Ver: BARBOSA, Demétrio Gomes. *Preços de Transferência no Brasil: Uma Abordagem Prática*. 2 ed. São Paulo: Fiscosoft Editora, 2012. p. 129-132; SCHOUERI, Luís Eduardo. *Preços de Transferência no Direito Tributário Brasileiro*. 3 ed. São Paulo: Dialética, 2013. p. 337-357.

366 Ver: TÔRRES, Heleno Taveira. *Direito Tributário Internacional: Planejamento Tributário e Operações Transnacionais*. São Paulo: Revista dos Tribunais, 2001. p. 210; RODRIGUES, Deusmar José. *Preços de Transferência*. São Paulo: Quartier Latin, 2006. p. 102-103.

experimentado pelas economias contemporâneas. No caso especifico, em conformidade com regras adotadas nos países integrantes da OCDE, são propostas normas que possibilitam o controle dos denominados 'Preços de Transferência', de forma a evitar a prática, lesiva aos interesses nacionais, de transferência de recursos para o exterior, mediante a manipulação dos preços pactuados nas importações ou exportações de bens, serviços ou direitos, em operações com pessoas vinculadas, residentes ou domiciliadas no exterior. [...].

A referência explícita às práticas dos países membros da OCDE como uma influência sobre as regras brasileiras é a razão pela qual autores como João Dácio Rolim,[367] escrevendo logo após a entrada em vigor da Lei nº 9.430/96, sustentaram a existência de uma relação direta entre o padrão brasileiro e o padrão OCDE.

Nada obstante, como previamente mencionado, mesmo que o ímpeto inicial do Brasil tenha sido estabelecer regras inspiradas no padrão da OCDE, as regras brasileiras acabaram se afastando de tal modelo. Portanto, é relevante analisarmos as razões que levaram a tal distanciamento.

Para os fins desta pesquisa, além de confirmar as divergências entre o padrão brasileiro de controle de preços de transferência e aquele recomendado pela OCDE, mostra-se relevante verificar se algum outro país adota modelo semelhante ao brasileiro. Para tal fim, foram utilizados os guias de preços

---

[367] ROLIM, João Dácio. As Presunções da Lei 9.430/96 e os Casos Especiais nos Preços de Transferência. In: ROCHA, Valdir de Oliveira (Coord.). *Tributos e Preços de Transferência*. São Paulo: Dialética, 1997. p. 41. Ver, também: MANSUR, Débora Ottoni Uébe et. al. Preços de Transferência: os métodos PCI e PCEX nas mais importantes commodities brasileiras e seu alinhamento à ação 10 do BEPS. In: GOMES, Marcus Lívio; SCHOUERI, Luís Eduardo (Coords.). *A Tributação Internacional na Era Pós-BEPS*. Rio de Janeiro: Lumen Juris, 2016. v. II. p. 222.

Política Fiscal Internacional Brasileira

de transferência elaborados por três empresas de auditoria global (Deloitte,[368] EY,[369] e PwC[370]), os quais trazem uma revisão geral dos modelos de diversos países.

Ao revermos as informações contidas nesses estudos não identificamos nenhum país que tenha um modelo similar ao brasileiro, podendo-se, portanto, concluir que este é único considerando os países revisados.

---

368 A Deloitte reviu as legislações dos seguintes países: África do Sul, Alemanha, Angola, Arábia Saudita, Argentina, Austrália, Áustria, Belarus, Bélgica, Brasil, Bulgária, Canada, Cazaquistão, Chile, China, Colômbia, Coréia do Sul, Costa Rica, Croácia, Dinamarca, Egito, El Salvador, Equador, Eslováquia, Eslovênia, Espanha, Estados Unidos, Estônia, Filipinas, Finlândia, França, Grécia, Guatemala, Holanda, Hong Kong, Hungria, Índia, Indonésia, Irlanda, Islândia, Israel, Itália, Japão, Kenia, Letônia, Lituânia, Luxemburgo, Malásia, México, Noruega, Nova Zelândia, Peru, Polônia, Portugal, Reino Unido, República Dominicana, República Tcheca, Romênia, Rússia, Singapura, Suécia, Suíça, Tailândia, Taiwan, Turquia, Ucrânia, Uruguai, Venezuela e Vietnam. Ver: DELOITTE. *2016 Global Transfer Pricing Country Guide*. [S/L]: DELOITTE, 2016. Disponível em: file:///C:/Users/Profe/Downloads/us-tax-2016-global-transfer-pricing-country-guide-051816.pdf. Acesso em 24 de dezembro de 2016.

369 A EY reviu as legislações dos seguintes países: África do Sul, Albânia, Alemanha, Angola, Arábia Saudita, Argélia, Argentina, Armênia, Austrália, Áustria, Azerbaijão, Bahrain, Bangladesh, Bélgica, Bolívia, Botswana, Brasil, Brunei, Bulgária, Camarões, Canada, Cazaquistão, Chile, China, Chipre, Colômbia, Coréia do Sul, Costa Rica, Croácia, Dinamarca, Egito, El Salvador, Emirados Árabes Unidos, Equador, Eslováquia, Eslovênia, Espanha, Estados Unidos, Estônia, Fiji, Filipinas, Finlândia, França, Gabão, Gana, Geórgia, Gibraltar, Grécia, Guam, Guatemala, Guiné Equatorial, Holanda, Honduras, Hong Kong, Hungria, Ilhas Maurício, Índia, Indonésia, Iraque, Irlanda, Islândia, Israel, Itália, Japão, Jordânia, Kenia, Kosovo, Kuwait, Laos, Letônia, Líbano, Líbia, Lituânia, Luxemburgo, Macedônia, Malásia, Malta, Marrocos, México, Mongólia, Montenegro, Myanmar, Namíbia, Nicarágua, Nigéria, Noruega, Nova Zelândia, Oman, Palestina, Panamá, Papua Nova Guiné, Paraguai, Peru, Polônia, Portugal, Qatar, Reino Unido, República Dominicana, República Tcheca, Romênia, Rússia, Senegal, Sérvia, Singapura, Suécia, Suíça, Tailândia, Taiwan, Tanzânia, Turquia, Ucrânia, Uganda, Uruguai, Venezuela, Vietnam, e Zimbabwe. Ver: EY. *Worldwide Transfer Pricing Reference Guide*. 2015-16. [S/L]: EY, 2016. Disponível em http://www.ey.com/Publication/vwLUAssets/EY-Worldwide-transfer-pricing-reference-guide-2015-16/$FILE/EY_Worldwide_Transfer_Pricing_Reference_Guide_2015-16.pdf. Acesso em 24 de dezembro de 2016.

370 A PwC reviu as legislações dos seguintes países: África do Sul, Alemanha, Arábia Saudita, Argentina, Austrália, Áustria, Azerbaijão, Bahrain, Bélgica, Brasil, Bulgária, Camarões, Canada, Cazaquistão, Chile, China, Colômbia, Congo, Coréia do Sul, Costa do Marfim, Costa Rica, Croácia, Dinamarca, Egito, El Salvador, Emirados Árabes Unidos, Equador, Eslováquia, Eslovênia, Espanha, Estados Unidos, Estônia, Filipinas, Finlândia, França, Gana, Geórgia, Grécia, Guatemala, Guiné Equatorial, Holanda, Hong Kong, Hungria, Índia, Indonésia, Iraque, Irlanda, Islândia, Israel, Itália, Japão, Jordânia, Kenia, Kuwait, Letônia, Líbano, Líbia, Lituânia, Luxemburgo, Madagascar, Malásia, México, Moldova, Mongólia, Namíbia, Nigéria, Noruega, Nova Zelândia, Oman, Palestina, Peru, Polônia, Portugal, Qatar, Reino Unido, República Dominicana, República Tcheca, Romênia, Rússia, Singapura, Sri Lanka, Suécia, Suíça, Tailândia, Taiwan, Tanzânia, Turcomenistão, Turquia, Ucrânia, Uganda, Uruguai, Uzbequistão, Venezuela, Vietnam, Zâmbia e Zimbabwe. Ver: PWC. *International Transfer Pricing 2015/2016*. [S/L]: PWC, 2016. Disponível em: http://www.pwc.com/gx/en/international-transfer-pricing/assets/itp-2015-2016-final.pdf. Acesso em 24 de dezembro de 2016.

O autor foi o Relator Geral do Tema 2 do Congresso da International Fiscal Association, realizado no Rio de Janeiro em 2017. Nesta posição, revisou relatórios de quarenta e três países, tendo apontado que nenhum deles tinha um regime como o brasileiro.[371]

2.1.2. Análise de Política Fiscal

Mais do que uma análise detalhada das regras brasileiras de preços de transferência, que foge ao escopo de nossa pesquisa, o foco deste trabalho é esclarecer as decisões de política fiscal que lhe são subjacentes. De uma maneira geral, os autores concordam que a justificação do modelo de controle de preços de transferência adotado pelo Brasil é encontrada na prevalência da praticabilidade sobre a substância econômica em alguns casos. Em outras palavras, o País buscou implementar um regime que fosse mais simples de ser aplicado, tanto pelas autoridades fiscais quanto pelos contribuintes.

Segundo Luís Eduardo Schoueri, "emblemática é a situação das margens predeterminadas, adotadas pela legislação brasileira de preços de transferência. Enquanto expediente voltado a tornar praticável o complexo normativo diante da realidade brasileira, tais margens podem ser aceitas, desde que por meio delas não se aniquilem outros valores igualmente prestigiados pelo ordenamento: ao legislador cabe temperar as concessões efetuadas em nome da praticabilidade, diante da capacidade contributiva e seus desdobramentos".[372]

Na mesma linha de ideias é a posição de Igor Mauler Santiago e Valter Lobato, para quem:

> As margens de lucro presumidas pela lei têm função de facilitar a aplicação da lei pelo contribuinte – dispensando-o dos enormes *compliance costs* envolvidos na comprovação do preço *arm's length* e protegendo-o contra autuações caso as observe – e especialmente para o Fisco, que fica liberado

---

371 ROCHA, Sergio André. General Report. *Cahiers de Droit Fiscal International*. Amsterdam: IFA, 2017. v. 102 A/B.

372 SCHOUERI, Luís Eduardo. Margens Predeterminadas, Praticabilidade e Capacidade Contributiva. In: SCHOUERI, Luís Eduardo (Coord.). *Tributos e Preços de Transferência: 3º Volume*. São Paulo: Dialética, 2009. p. 119. Mais recentemente, ver: SCHOUERI, Luís Eduardo. O *Arm's Length* como Princípio ou como *Standard* Jurídico. In: SCHOUERI, Luís Eduardo; BIANCO, João Francisco (Coords.). *Estudos de Direito Tributário em Homenagem ao Professor Gerd Willi Rothmann*. São Paulo: Quartier Latin, 2016. p. 220.

do ingente e custoso labor de análise da documentação comprobatória que todo particular doutro modo teria de produzir.

São, portanto, inequívoca manifestação do princípio da praticabilidade tributária, sujeitando-se aos limites inerentes a este, dentre os quais a possibilidade de refutação justificada do resultado obtido pela aplicação do método simplificado de apuração, quando este se aplica de forma cogente ao particular.[373]

Ricardo Marozzi Gregorio, em tese de doutorado dedicada ao tema, foi categórico ao afirmar que "a positivação de diversos aspectos da matéria dos preços de transferência no Brasil tem uma origem bastante clara. Ela surgiu do interesse em conciliar os princípios *arm's length* e da praticabilidade num mesmo cenário".[374]

A prevalência da praticidade sobre a substância econômica das transações fica clara também nos comentários de Marcos Valadão, que foi o representante brasileiro no Subcomitê das Nações Unidas sobre Preços de Transferência:

> Os pontos fortes das margens predeterminadas brasileiras, quando usando o Método de Preço de Revenda ou o Método de Custo, que focam na simplicidade, incluem:
>
> - eles evitam a necessidade para comparáveis específicos;
> - o uso de métodos convencionais de Preço de Revenda e de Custo depende da disponibilidade de determinadas informações, bases de dados e margens brutas de lucros. Em geral esses elementos não são facilmente obtidos;
> - eles liberam recursos humanos escassos que podem ser aplicados sem conhecimento específico de temas de preços de transferência;

---

[373] SANTIAGO, Igor Mauler; LOBATO, Valter. Margens Predeterminadas: um Caso de Confronto entre a Praticabilidade e a Capacidade Contributiva? Exigências Constitucionais para sua Adoção. In: SCHOUERI, Luís Eduardo (Coord.). *Tributos e Preços de Transferência: 3º Volume.* São Paulo: Dialética, 2009. p. 110.

[374] GREGORIO, Ricardo Marozzi. *Preços de Transferência: Arm's Length e Praticabilidade.* São Paulo: Quartier Latin, 2011. p. 29.

- eles estabilizam as expectativas dos contribuintes com respeito à carga fiscal brasileira associada a operações entre partes relacionadas;
- é um sistema de custo baixo para as empresas e as administrações tributárias, uma vez que lida com um dos principais aspectos de uma análise de preços de transferência, a necessidade de determinar empiricamente margens de lucro;
- eles têm ênfase na praticabilidade;
- eles não distorcem a competição entre empresas localizadas onde a metodologia é aplicada, uma vez que elas estão sujeitas à mesma carga fiscal e não se beneficiam de assimetrias de informações;
- eles permitem uma implementação simples pelas autoridades fiscais para auditar os contribuintes; e
- eles são simples de serem aplicados pelos contribuintes.[375]

Ao contrário do que se passa com a política brasileira de celebração de tratados tributários, a qual é claramente voltada a proteger a tributação do País sobre rendimentos auferidos em seu território – havendo, portanto, uma "motivação internacional", no sentido de que vinculada à repartição internacional de receitas tributárias –, no caso das regras brasileiras de preços de transferência nota-se algo distinto.

Com efeito, a política tributária brasileira no que se refere às regras de preços de transferência tem como foco objetivos domésticos, relacionados ao enfoque na praticabilidade e na simplicidade aplicativa.

Portanto, embora esteja evidente que neste campo há um desalinhamento entre o modelo brasileiro e certos padrões internacionais, fica evidente que a posição do País se lastreia em fundamentos domésticos relacionados à aplicação de sua legislação, e não à busca por uma maior "fatia" na repartição internacional de receitas tributárias.

---

375 VALADÃO, Marcos Aurélio Pereira. Brazil Country Practices. In: United Nations. *Practical Manual on Trasnfer Pricing for Developing Countries*. New York, 2013. p. 370-371.

2.2. Política Fiscal Internacional e Regras Brasileiras de Tributação de Lucros Auferidos por Controladas no Exterior

2.2.1. Comentários Gerais

Como já apontamos – item 1.4.3.1 –, o Brasil editou regras de tributação de lucros auferidos por controladas no exterior em 1995, com a publicação da Lei nº 9.249.[376]

Esta foi a primeira tentativa mais concreta para o estabelecimento de regras de tributação automática de lucros auferidos por controladas de empresas brasileiras no exterior.[377] Nada obstante, desde este modelo inicial pode-se perceber uma característica que se mantém inalterada: a aplicação da regra de tributação automática a todo e qualquer lucro auferido por controladas no exterior. A regra se aplica independentemente de qualquer característica específica do rendimento auferido no exterior – se renda ativa ou passiva – ou a localização da entidade auferindo o rendimento – se situada em país com tributação favorecida ou jurisdição de tributação regular.

Quando o então Ministro da Fazenda, Pedro Malan, encaminhou o projeto que posteriormente tornou-se a Lei nº 9.249/1995, ele afirmou o seguinte:

> 13. As regras para a tributação dos rendimentos auferidos fora do País constam dos arts. 24 a 27. O Projeto alcança unicamente os lucros, permitindo a compensação do imposto de renda que sobre eles houver incidido no exte-

---

[376] As regras brasileiras, atualmente previstas na Lei nº 12.973/2014, aplicam-se também a lucros auferidos por coligadas de empresas brasileiras no exterior. Entretanto, como veremos, o distanciamento do padrão brasileiro em comparação ao que encontramos no exterior, mostra-se mais presente no que tange aos lucros de controladas do que de coligadas. Portanto, neste trabalho daremos especial atenção àqueles casos.

[377] Luís Eduardo Schoueri noticia que já havia sido feita tentativa anterior de instauração da universalidade como regra para a tributação da renda das pessoas jurídicas por meio da edição do Decreto-Lei nº 2.397/87 (artigo 7º). Contudo, a tributação em bases universais foi afastada logo depois, por intermédio do artigo 15 do Decreto-Lei nº 2.429/88. Ver: SCHOUERI, Luís Eduardo. Tributação dos Lucros Auferidos por Controladas e Coligadas no Exterior: um Novo Capítulo no Direito Tributário Internacional do Brasil? In: ROCHA, Valdir de Oliveira (Coord.). *Imposto de Renda: Aspectos Fundamentais*. São Paulo: Dialética, 1996. p. 140-141. Ver, também: ANDRADE, André Martins de. *A Tributação Universal da Renda Empresarial*. Belo Horizonte: Editora Fórum, 2008. p. 197-198.

rior, e determinando a obrigatoriedade de apuração do imposto com base no lucro real, para as pessoas jurídicas que obtiverem lucros no exterior.

14. Adota-se, com a tributação da renda auferida fora do País, medida tendente a combater a elisão e o planejamento fiscais, uma vez que o sistema atual - baseado na territorialidade da renda - propicia que as empresas passem a alocar lucros a filiais ou subsidiárias em "paraísos fiscais". Interna-se, ainda, harmonizar o tratamento tributário dos rendimentos, equalizando a tributação das pessoas judiciais à das pessoas físicas, cujos rendimentos externos já estão sujeitos ao imposto na forma da legislação em vigor.

É interessante observar que esta exposição de motivos faz referência ao controle de planejamento tributário com o uso de paraísos fiscais, embora a regra efetivamente editada não faça qualquer menção a essas características – tributando tanto entidades com atividades produtivas e não produtivas, situadas ou não em países com tributação favorecida.

Portanto, parece que a motivação para criar o regime de tributação de lucros auferidos por controladas de empresas brasileiras no exterior estava, ao menos conceitualmente, alinhada às práticas internacionais – que via de regra têm uma feição de regra antielusiva específica.[378] Entretanto, a redação final do artigo 25 da Lei nº 9.249/1995 – assim como aquela do artigo 74 da Medida Provisória nº 2.158-35/2001 e do artigo 77 da Lei nº 12.973/2014 – afastou-se desta lógica, prevendo uma tributação mais abrangente do que aquela encontrada nos países que normalmente possuem este tipo de regra em suas legislações.[379]

Este estudo não é o local para o exame detalhado das regras brasileiras de tributação de lucros auferidos por controladas no exterior, atualmente previstas nos artigos 76 a 92 da Lei nº 12.973/2014. Tal análise fizemos em outro estudo, ao qual

---

378 Ver: TÔRRES, Heleno Taveira. Tributação de Controladas e Coligadas no Exterior e seus Desafios Concretos. In: TÔRRES, Heleno Taveira (Coord.). *Direito Tributário Internacional Aplicado*. São Paulo: Quartier Latin, 2012. v. VI. p. 398-399.

379 Nesse sentido, ver: ROSENBLATT, Paulo. Transparência Fiscal Internacional no Brasil: Uma Interpretação Antielisiva. In: MONTEIRO, Alexandre Luiz Moraes do Rêgo et. al. (Coords.). *Tributação, Comércio e Solução de Controvérsias Internacionais*. São Paulo: Quartier Latin, 2011. p. 99; GUEDES, João Victor Guedes. Lucros no Exterior, Direito Comparado e o Princípio da Proporcionalidade. *Revista Dialética de Direito Tributário*, São Paulo, n. 145, out. 2007, p. 71; SCHOUERI, Luís Eduardo. Direito Tributário Internacional. Acordos de Bitributação. Imposto de Renda: lucros auferidos por controladas e coligadas no exterior. Disponibilidade. Efeitos do artigo 74 da Medida Provisória nº 2.158-35 – Parecer. *Revista Direito Tributário Atual*, São Paulo, n. 16, 2001, p. 192.

faz-se referência.[380] Nada obstante, mesmo que não pretendamos rever pormenorizadamente tais regras, vale a pena, para nossos limitados propósitos, apresentar um sumário das características do regime brasileiro de tributação de lucros auferidos por controladas no exterior, em adição aos comentários apresentados no item 1.4.3.1:

- Os lucros auferidos por controladas, diretas e indiretas, de empresas brasileiras devem ser adicionados na apuração do IRPJ e da CSLL de forma individualizada.[381] Assim sendo, se uma empresa brasileira controla uma empresa alemã, que por sua vez, controla uma empresa francesa, os lucros da empresa alemã e da francesa serão adicionados na apuração dos aludidos tributos de forma individualizada.
- Até 2022, a empresa brasileira pode consolidar os resultados de todas suas controladas, diretas ou indiretas, no exterior.[382] Entretanto, tal consolidação somente não será possível nos seguintes casos:
    - a controlada estiver situada em país com o qual o Brasil não mantenha tratado ou ato com cláusula específica para troca de informações para fins tributários. Caso esta condição não seja atendida, a consolidação será possível se for disponibilizada, no Brasil, a contabilidade da empresa estrangeira com a respectiva documentação suporte;
    - a controlada estiver localizada em país ou dependência com tributação favorecida, sejam beneficiárias de regime fiscal privilegiado, ou estejam submetidas a regime de subtributação;
    - a controlada for controlada, direta ou indiretamente, por pessoa jurídica submetida a tratamento tributário mencionado no item anterior;
    - a controlada tiver renda ativa própria inferior a 80% (oitenta por cento).

---

380 ROCHA, Sergio André. *Tributação de Lucros Auferidos por Controladas e Coligadas no Exterior*. 2 ed. São Paulo: Quartier Latin, 2016. p. 129-239.
381 Artigo 77 da Lei nº 12.973/2014.
382 Artigo 78 da Lei nº 12.973/2014.

As discussões que precederam a edição da Lei nº 12.973/2014 marcaram a primeira vez em que houve um grande debate, no Brasil, anterior à edição das regras, dos aspectos de política econômica e fiscal relacionados à mesma.

De modo geral, as empresas brasileiras com investimentos no exterior apresentaram uma forte resistência às novas regras, argumentando que as mesmas seriam prejudiciais à sua capacidade de concorrência no mercado internacional.

Nesta linha de raciocínio, argumentou-se que, enquanto outros países utilizam as regras desta natureza como instrumentos para o combate à transferência artificial de lucros, o Brasil as adotou como regra geral de tributação,[383] o que traria impactos negativos para as empresas brasileiras.

De outra parte, a Receita Federal do Brasil argumenta que não poderia deixar de recolher os tributos incidentes sobre os resultados auferidos por controladas de empresas brasileiras no exterior. Subjacente a esta posição está um argumento de neutralidade da exportação de capital, segundo o qual o capital investido no exterior deveria ter a mesma tributação que o capital investido no Brasil. Outro ponto normalmente sustentado para suportar as regras brasileiras seria o de que, na prática, considerando que a lei autoriza a utilização do crédito do imposto pago no exterior,[384] e que a maioria dos contribuintes tem direito a um crédito presumido de CSLL,[385] a tributação brasileira somente incidiria nos casos em que a controlada da empresa brasileira estiver localizada em um país com baixa tributação.

2.2.2. Análise de Política Fiscal

Em uma análise retrospectiva, parece que quando as regras brasileiras de tributação de lucros de controladas no exterior foram editadas as mesmas buscavam, pelo menos de uma perspectiva de política fiscal, controlar planejamentos fiscais abusivos com o uso de paraísos fiscais. A exposição de motivos da Lei nº 9.249/1995 não dá qualquer indicação de que as regras brasileiras tornar-se-iam tão amplas quanto acabaram se tornando.

---

383 Ver: ROSENBLATT, Paulo. Transparência Fiscal Internacional no Brasil: Uma Interpretação Antielisiva. In: MONTEIRO, Alexandre Luiz Moraes do Rêgo et. al. (Coords.). *Tributação, Comércio e Solução de Controvérsias Internacionais*. São Paulo: Quartier Latin, 2011. p. 99-101.

384 Artigo 87 da Lei nº 12.973/2014.

385 Artigo 87, § 10, da Lei nº 12.973/2014.

A experiência mostra que uma vez que poderes tributários são conferidos os mesmos dificilmente são revogados. A própria história do Imposto de Renda nos dá exemplo deste fato. Criado para ser um imposto extraordinário na Inglaterra, para financiar a guerra contra Napoleão, o Imposto de Renda não só se consolidou naquele país, como se espalhou pelo mundo.[386]

Portanto, uma vez que as autoridades fiscais brasileiras perceberam o alcance da regra prevista no artigo 74 da Medida Provisória nº 2.158-35/2001, passaram a defende-la – e, consequentemente, o artigo 77 da Lei nº 12.973/2014. Contudo, parece-nos que tal defesa se deu mais por razões orçamentárias do que por motivações declaradas de política fiscal.

Atualmente, as regras brasileiras são únicas no mundo[387] e, considerando as discussões que precederam a edição da Lei nº 12.973/2014, não há qualquer indicação que o País venha a alterar seu regime no futuro, alinhando-se aos modelos adotados por outros países, desenvolvidos e em desenvolvimento.

Embora esta seja uma situação onde o padrão fiscal brasileiro claramente se distancia das práticas internacionais, há um aspecto relevante que se deve considerar ao comparar esta situação com as demais já analisadas neste estudo. Tal aspecto é o fato de que a posição brasileira, única no mundo que seja, tem como referência questões exclusiva e integralmente domésticas.

---

386 Ver: ADAMS, Charles. *For Good And Evil: The Impact of Taxes in the Course of Civilization*. New York: Madison Books, 1993. p. 343-351.

387 Nesse sentido, ver: GOMES, Marcus Lívio; KINGSTON, Renata Ribeiro; PINHEIRO, Renata Cunha Santos. O Regime de Transparência Fiscal Instituído pela Lei nº 12.973/2014 e o Action Plan n. 3 do Projeto BEPS da OCDE. In: GOMES, Marcus Lívio; SCHOUERI, Luís Eduardo (Coords.). *A Tributação Internacional na Era Pós-BEPS*. Rio de Janeiro: Lumen Juris, 2016. v. I. p. 198; MOREIRA, André Mendes; FONSECA, Fernando Daniel de Moura. A Tributação dos Lucros Auferidos no Exterior sob a Perspectiva Brasileira. Uma Análise Crítica da Doutrina e da Jurisprudência. In: ROCHA, Sergio André; TORRES, Heleno (Coords.). *Direito Tributário Internacional: Homenagem ao Professor Alberto Xavier*. São Paulo: Quartier Latin, 2016. p. 93-97; TONANI, Fernando; MARRARA, Bruna. Tributação dos Lucros de Controladas no Exterior – A Abordagem da OCDE no Âmbito do BEPS e as Regras Brasileiras de Tributação em Bases Universais – Uma Análise Crítica à Lei nº 12.973/2014. In: ROCHA, Sergio André; TORRES, Heleno (Coords.). *Direito Tributário Internacional: Homenagem ao Professor Alberto Xavier*. São Paulo: Quartier Latin, 2016. p. 169-171; SCHOUERI, Luís Eduardo. Imposto de Renda e os Lucros Auferidos no Exterior. In: ROCHA, Valdir de Oliveira (Coord.). *Grandes Questões Atuais do Direito Tributário: 7º Volume*. São Paulo: Dialética, 2003. p. 306-313.

De fato, a consequência imediata da posição brasileira é um impacto sobre a capacidade de concorrência das empresas do País no exterior, a partir aplicação dos tributos brasileiros sobre lucros auferidos no exterior.

É interessante notar, ainda, que, em razão desses efeitos exclusivamente domésticos, a especificidade das regras brasileiras neste caso não chamaram a atenção internacional, ao contrário do que se passa com a política brasileira de celebração de tratados e mesmo as regras domésticas de preços de transferência.

De fato, não há notícia de que qualquer outro país, que tenha ou não convenção tributária celebrada com o Brasil; ou, ainda, que qualquer organização internacional – seja a OCDE ou a ONU – jamais tenham protestado contra o modelo de tributação de lucros auferidos por controladas no exterior adotado pelo Brasil.

2.3. Respostas às Questões de Pesquisa

Em relação aos dois temas abordados neste capítulo – regras de controle de preços de transferência e regras de tributação automática de lucros auferidos por empresas no exterior controladas por empresas brasileiras – as questões de pesquisa eram as seguintes:

- se há uma justificativa específica para a posição brasileira nessas duas áreas;
- se a justificativa seria a mesma nos dois casos;
- se o Brasil teve algum benefício por utilizar sistemas que diferem dos modelos usados por outros países; e
- se é esperado que o país alinhe suas práticas, nessas duas áreas, com os padrões adotados internacionalmente.

2.3.1. Justificação das Posições de Política Tributária do Brasil em Relação às Regras de Preços de Transferência e às Regras de Tributação dos Lucros de Controladas no Exterior

Uma revisão da política tributária brasileira nas áreas de que cuida este capítulo revela que ambas compartilham uma origem comum: ambas teriam sido inspiradas na experiência da OCDE e de seus países membros. Portanto, quando o Brasil desenvolveu suas regras nessas áreas não estava, em princípio, buscando criar modelos independentes e distintos daqueles encontrados em outros países.

Assim, o Brasil não estava intencionalmente procurando criar um modelo atípico, apenas adaptando regras encontradas em outros países, aos seus interesses arrecadatórios e às circunstâncias de sua capacidade de gestão.

Em relação às regras de preços de transferência, como vimos, o Brasil estava tratando de desenvolver métodos que simplificariam sua aplicação e facilitariam as atividades de suas autoridades. A seu turno, no que se refere às regras de tributação dos lucros de controladas no exterior, a justificação da política brasileira seria o aumento da arrecadação, assegurando a neutralidade da exportação de capital. Ela buscava garantir que investimentos fora do Brasil estariam sujeitos à mesma tributação que aqueles realizados no País.

Em ambos os casos há uma tendência comum: o distanciamento dos padrões dos países membros da OCDE era baseado puramente em aspectos domésticos. Portanto, o País não estava buscando alcançar vantagens em suas relações com outros países. Seu objetivo não era aumentar seus poderes tributários – como foi o caso no delineamento da política brasileira de celebração de tratados internacionais.

A origem doméstica dos fundamentos das posições brasileiras nesses casos é provavelmente a razão pela qual há tão pouca pressão da comunidade internacional para que o País altere suas regras.

Em relação às regras de tributação de lucros auferidos no exterior, especialistas brasileiros e empresas multinacionais do País são fortes críticos das mesmas, uma vez que elas reduziriam a competitividade de tais empresas. Entretanto, se o Brasil entende que deve tributar os lucros não distribuídos de empresas controladas por pessoas jurídicas brasileiras no exterior, esta política não tem qualquer impacto sobre não residentes.

É possível argumentar que a orientação da legislação brasileira desencoraja empresas estrangeiras de estabelecerem empresas *holding* no Brasil.[388] Entretanto, esta também é uma consequência puramente doméstica e uma decisão de política fiscal do País.

A política centralizada em seus próprios interesses no que tange às regras de preços de transferência não é isolada de consequências internacionais.

De fato, embora a abordagem brasileira de regulamentação dos preços de transferência não seja focada em atrair vantagens financeiras para o País, discrepâncias entre as regras domésticas e aquelas de outros países podem impactar grupos internacionais operando no Brasil, assim como multinacionais brasileiras, podendo gerar situações de dupla tributação

Nada obstante, mesmo que as caraterísticas por vezes exóticas das regras brasileiras de preços de transferências impactem, de alguma maneira, multinacionais estrangeiras, tal impacto é consequência de sua decisão de operarem no Brasil. Portanto, é possível argumentar que as regras brasileiras de controle de preços de transferência têm impactos essencialmente domésticos, o que não justificaria uma ação internacional contra o modelo brasileiro.

---

[388] Este aspecto foi apontado por Marciano Seabra de Godoi que, ao comentar passagem de Roberto Duque Estrada, destacou que: "Num ponto estamos de acordo com o autor: a nova lei não incentivará que os grupos multinacionais estrangeiros façam do Brasil um polo de 'coordenação dos investimentos regionais, pela atribuição às subsidiárias brasileiras de multinacionais das funções de *holding* de controle das participações societárias em países da América Latina". Contudo, na visão de Godoi, 'o Brasil não precisa desta condição de *hub* preferencial para concentração de investimentos na América Latina' para alcançar a condição de 'potência regional', condição que, de resto, a economia brasileira já alcançou há muito. Segundo a política econômica ínsita à novel legislação, os investimentos e o capital internacional de que o país mais necessita são os produtivos, relativos ao lado real da economia, que incrementem a infraestrutura e a maturidade tecnológica do país" (GODOI, Marciano Seabra de. A Nova Legislação sobre Tributação de Lucros Auferidos no Exterior (Lei 12.973/2014) como Resultado do Diálogo Institucional Estabelecido entre o STF e os Poderes Executivo e Legislativo da União. In: ROCHA, Valdir de Oliveira (Coord.) *Grandes Questões Atuais do Direito Tributário: 18º Volume*. São Paulo: Dialética, 2014. p. 276). Ver, também: BRANDÃO, Nathalia Xavier da Silveira de Mello. Projeto BEPS e as Implicações nos Planejamentos Fiscais Envolvendo Empresas Brasileiras. In: SAUNDERS, Ana Paula; GOMES, Eduardo Santos; MOREIRA, Francisco Lisboa; MURAYAMA, Janssen (Orgs.). *Estudos de Tributação Internacional*. Rio de Janeiro: 2016. p. 409-410.

2.3.2. O Brasil se Beneficia de sua Posição nessas Áreas?

Não é fácil determinar o que seria "benefício" no contexto dos comentários apresentados neste capítulo. Claro que nossa premissa deve ser no sentido de que as autoridades fiscais entendem que suas posições são mais favoráveis para o País. No caso dos preços de transferência vimos que o foco é simplicidade; já em relação à tributação de lucros no exterior arrecadação e uma certa forma de isonomia – *capital export neutrality*.

Até que ponto tais justificativas são realmente válidas é o objeto de muito debate.

Por exemplo, na já citada tese de doutorado dedicada à análise dos métodos brasileiros de controle de preços de transferência à luz do princípio da praticabilidade, Ricardo Marozzi Gregorio argumentou que o País deveria alterar suas regras. Vale a pena transcrever seus comentários abaixo:

> De uma forma geral, é possível avaliar que o atual regime brasileiro de controle dos preços de transferência é realmente incompatível com aspectos fundamentais do controle desenvolvido pela disciplina internacional. Sobre a questão da compatibilidade de um determinado tema do sistema jurídico nacional com as diretrizes estabelecidas para o direito comparado, Paulo Ayres Barreto, com razão, alerta para o cuidado que se deve ter com a utilização da matéria importado no cenário jurídico nacional. Reforçando esta cautela, o autor lembra que as recomendações da OCDE, apesar de gozarem de renomado prestígio, não vinculam nem mesmo a seus países-membro. Neste sentido, não há que se questionar o fato de um país não integrante dessa organização, como o Brasil, construir um regime para o controle dos preços de transferência bastante divergente do que se verifica no ambiente internacional.
>
> Sem embargo, a questão que o País deve meditar é se vale a penas renunciar a todo vasto conhecimento acumulado com o passar de tantos anos de profundos estudos sobre a matéria no âmbito da OCDE. [...].[389]

Portanto, não se pode afirmar com plena certeza que a abordagem brasileira ao controle de preços de transferência é efetivamente benéfica para o País. Entretanto, está claro que a Receita Federal do Brasil entende que este modelo é mais adequado para o País e que, a despeito da falta de alinhamento internacional, o Brasil tem sido bem-sucedido em manter sua política em relação a este tema.

---

389 GREGORIO, Ricardo Marozzi. *Preços de Transferência: Arm's Length e Praticabilidade*. São Paulo: Quartier Latin, 2011. p. 413.

A mesma discussão é válida em relação à tributação de lucros auferidos pelas controladas de empresas brasileiras no exterior, a qual tem grande relevância em relação ao desenho da política econômica brasileira.

Especialistas em tributação internacional e economistas via de regra criticam as regras brasileiras neste caso. Por exemplo, Bernard Appy, Marcos Ross e Lorreine Messias escreveram um artigo convincente sobre as desvantagens de tais regras. Transcrevemos abaixo o entendimento desses autores, em passagem longa que reflete bem as críticas usualmente apresentadas às regras brasileiras:

> No caso do Brasil, o regime CFC é o próprio regime básico, uma vez que toda a renda auferida no exterior — seja ela ativa ou passiva, originada ou não de países de tributação favorecida — é tributada em bases correntes. Ou seja, a regra de exceção dos demais países — aplicável apenas a algumas categorias de renda, com finalidade antielisiva — é a regra básica e universal adotada pelo Brasil.
>
> A principal consequência desta característica do regime brasileiro é a potencial perda de competitividade das empresas brasileiras em suas operações no exterior, o que ocorre por diversas razões.
>
> De início, cabe destacar que o Brasil é o único entre os países analisados[390] que tributa o lucro reinvestido no exterior. Isto significa que sempre que uma subsidiária de empresa brasileira estiver localizada em país cuja alíquota do imposto de renda seja inferior à brasileira, o lucro reinvestido por esta subsidiária será tributado no Brasil em percentual correspondente à diferença entre a alíquota brasileira, de 34%, e a alíquota do país de destino dos investimentos.
>
> Se, por exemplo, a alíquota do país da subsidiária for de 25% — como é o caso do Japão, do Reino Unido e da China —, então para um lucro bruto de 100 que seja reinvestido, o lucro líquido da subsidiária brasileira será de 66, 12% inferior à rentabilidade líquida de 75, obtida por uma empresa do próprio país, ou por subsidiárias de empresas residentes em outros países.
>
> A perda de competitividade da subsidiária da empresa brasileira é óbvia neste caso. Outro exemplo bastante comum de como a competitividade da empresa brasileira pode ser afetada é aquele em que o país em que se localiza a subsidiária concede benefícios fiscais de redução do imposto de renda de natureza setorial ou regional, ou para empresas que cumpram certas exigências — como, por exemplo, a realização de determinados investimentos.

---

[390] A pesquisa realizada por esses autores incluiu os seguintes países: Austrália, Canadá, China, Estados Unidos, França, Japão e Reino Unido.

Neste caso, enquanto as empresas do próprio país — e as subsidiárias de empresas residentes em outros países — se beneficiam integralmente do benefício concedido, o lucro auferido pelas subsidiárias das empresas brasileiras é tributado a 34%. Se o benefício for de isenção integral do imposto, então a rentabilidade líquida da subsidiária da empresa brasileira será 34% inferior à de suas concorrentes.[391]

Luís Eduardo Schoueri sustenta a mesma posição. Em suas palavras:

> O abismo entre a disciplina dada pelo Brasil ao tema e a prática internacional é enorme. Para longe do que faz a regra brasileira, dirige-se a legislação CFC encontrada em praticamente todos os sistemas jurídicos modernos a situações específicas e relacionadas, via de regra, a casos de abuso, cujo exemplo notório é o de empresas constituídas em paraísos fiscais.
>
> O regime de transparência fiscal é, assim, excepcional e utilizado como instrumento de combate à evasão fiscal. Em que pesem os padrões internacionais, o legislador brasileiro ignorou o fato de que nem sempre uma subsidiária está localizada em um paraíso fiscal. A legislação CFC brasileira, distanciando-se das experiências norte-americana e europeia, simplesmente desconsiderou a possibilidade de que uma empresa controlada esteja servindo, no exterior, a propósitos econômicos legítimos. Aos olhos da lei nacional, investimentos ativos e produtivos possuem o mesmo tratamento dado a casos de evasão e paraísos fiscais; tomou-se por regra aquilo que foi desenvolvido para casos patológicos e excepcionais.
>
> Ao não fazer qualquer restrição e estender-se a todos os investimentos, a lei pátria acaba por exportar a tributação brasileira aos alvos dos investimentos nacionais. Ao dirigir-se ao exterior, o investimento brasileiro leva consigo o imposto brasileiro.
>
> Logo se vê que a atual legislação CFC estabelece regime de transparência fiscal amplíssimo que, além de não possuir paralelo conhecido no mundo, é altamente nocivo aos investimentos brasileiros no exterior, comprometendo a competitividade de multinacionais brasileiras em relação às suas pares estrangeiras.[392]

---

[391] APPY, Bernard et. al. Impactos do modelo brasileiro de tributação de lucros de subsidiárias estrangeiras sobre a competitividade das empresas brasileiras. *Revista Brasileira de Comércio Exterior*, Rio de Janeiro, n. 113, 2012, p. 23.

[392] SCHOUERI, Luís Eduardo. Globalização, investimentos e tributação: desafios da concorrência internacional ao sistema tributário brasileiro. *Revista Brasileira de Comércio Exterior*, Rio de Janeiro, n. 113, 2012, p. 113-114. Ver, também: XAVIER, Alberto. A Lei nº 12.973, de 13 de maio de 2014, em Matéria de Lucros no Exterior. Objetivos e Características Essenciais. In: ROCHA, Valdir de Oliveira (Coords). *Grandes Questões Atuais de Direito Tributário: 18º Volume*. São Paulo: Dialética, 2014. p. 12.

Autores como Paulo Ayres Barreto e Caio Augusto Takano argumentam que o Brasil trocou arrecadação de curto-prazo por receitas tributárias de longo-prazo, em razão do impacto negativo das regras sobre as multinacionais brasileiras.[393]

Diante desses comentários, nota-se que não há clareza a respeito das vantagens ou desvantagens dessas regras para o Brasil embora, da perspectiva das autoridades fiscais, a arrecadação imediata seja razão suficiente para justificar, em termos de política econômica, a manutenção do modelo brasileiro.

2.3.3. Esperam-se Mudanças no Futuro Próximo?

Mudanças na política fiscal internacional de um país são usualmente decorrentes de decisões domésticas independentes (influenciadas ou não por fatores externos) – como, por exemplo, quando o Brasil decidiu adotar a tributação em bases universais para as rendas e proventos auferidos por pessoas jurídicas com a edição da Lei nº 9.249/1995 –, ou consequência direta de pressões internacionais.

No primeiro caso, o país reorienta sua política fiscal internacional tendo seus próprios interesses domésticos como vetor principal. Às vezes, tais modificações consideram o que os outros países estão fazendo ou são inspiradas pela política fiscal de outros países. A despeito dessa "inspiração" internacional, este tipo de reorientação de política tributária deriva exclusivamente de uma decisão do próprio país.

Já no segundo caso, a modificação da política tributária do país é uma consequência de pressões de outras nações ou instituições internacionais.

Um exemplo desta segunda situação é a recente busca de transparência fiscal internacional – este tema será analisado no próximo capítulo. Dada a relevância internacional deste tema, o mesmo não foi deixado à discricionariedade de cada país.

Tendo em vista as duas fontes das modificações na política tributária dos países – internas e externas – não há nenhuma indicação de que o Brasil altera-

---

[393] BARRETO, Paulo Ayres; TAKANO, Caio Augusto. Tributação do Resultado de Coligadas e Controladas no Exterior em Face da Lei nº 12.973/2014. In: ROCHA, Valdir de Oliveira (Coords). *Grandes Questões Atuais de Direito Tributário: 18º Volume*. São Paulo: Dialética, 2014. p. 363.

rá sua distinta política fiscal em relação ao controle de preços de transferência ou à tributação dos lucros de controladas no exterior.

Portanto, mudanças relevantes nessas duas áreas são improváveis, uma vez que teriam que resultar de forte pressão internacional. Considerando a natureza doméstica e os efeitos das regras de tributação de lucros de controladas no exterior, não se pode esperar qualquer pressão internacional neste campo. De outro lado, no que se refere às regras de preços de transferência, embora algum grau de adaptação a alterações sugeridas pelo Projeto BEPS da OCDE seja possível – voltaremos a este tema adiante – não parece que se possa esperar modificações mais fundamentais e estruturais nesta área.

3. A Influência da OCDE e de seu Fórum Global sobre Transparência Fiscal e troca de Informações e a Política Fiscal Internacional Brasileira

O desenvolvimento de canais para o intercâmbio de informações entre as autoridades fiscais dos diversos países é um dos mais relevantes tópicos da tributação internacional atual. Embora não seja um tema novo – as discussões sobre transparência fiscal internacional ganharam importância a partir de 2001 em razão da chamada Guerra ao Terror – o tema tornou-se ainda mais importante desde 2008 com a crise econômica mundial, sendo um dos aspectos centrais do Projeto BEPS da OCDE/G-20.[394]

Este contexto deu início a uma batalha contra os países com tributação favorecida, regimes fiscais privilegiados e o sigilo bancário ao redor do mundo. A luta contra a opacidade deu à troca de informações um papel protagonista, como uma das mais importantes formas de concretização dos *standards* de transparência fiscal.

Além dos desafios que a globalização, a economia digital e a concorrência fiscal prejudicial apresentam para as administrações fiscais,[395] não se pode perder de vista que em um cenário onde os países tributam seus residentes sobre sua renda universal, mas têm sua capacidade de fiscalização limitada ao seu território,[396] a troca de informações torna-se um elemento essencial para a administração fiscal dos Estados contemporâneos.[397]

---

[394] Ver: ROCHA, Sergio André. *Troca Internacional de Informações para Fins Fiscais*. São Paulo: Quartier Latin, 2015. p. 26-27.

[395] Ver: CALDERÓN CARRERO, José Manuel. *Intercambio de Información y Fraude Fiscal Internacional*. Madrid: Ediciones Estudios Financieros, [S/D]. p. 25-29.

[396] Como observou Tonny Schenk-Geers, "o mundo se tornou uma 'vila global', onde as economias dos estados se tornou mais interconectada. Partes da renda e dos lucros globais dos contribuintes cada vez mais terão origem em países distintos de seu país de residência ou serão fortemente influenciados por fatos e circunstâncias externos" (SCHENK-GEERS, Tonny. *International Exchange of Information and the Protection of Taxpayers*. The Netherlands: Kluwer, 2009. p. 1).

[397] Ver: ROCHA, Sergio André. *Troca Internacional de Informações para Fins Fiscais*. São Paulo: Quartier Latin, 2015. p. 77-82.

Como notado por María Esther Sánchez López, a OCDE vem exercendo um papel central no desenvolvimento dos padrões internacionais de transparência.[398] Atualmente, a maioria das regras internacionais sobre troca de informações está incorporada em tratados tributários bilaterais que seguem a Convenção Modelo da OCDE – como apontado anteriormente, há uma convergência do Modelo da ONU em direção ao Modelo da OCDE neste campo.[399] Ademais, a Convenção Multilateral sobre Assistência Administrativa Mútua em Matéria Fiscal, da OCDE/Conselho da Europa,[400] está rapidamente se tornando a nova base global para a troca de informações para fins fiscais.[401]

Além das atividades desenvolvidas diretamente pela OCDE, esta criou o já mencionado Fórum Global sobre Transparência e Troca de Informações para Fins Fiscais (adiante referido apenas como Fórum Global). Este órgão iniciou suas atividades no ano 2000 como um grupo *ad hoc* da OCDE e, atualmente, ele envolve mais de 100 países que participam no desenvolvimento e aplicação dos padrões fiscais de transparência.[402]

Um Grupo Diretivo (*Steering Group*) coordena as atividades gerais do Fórum Global. De outra parte, o chamado Grupo dos Pares (*Peer Group*) é especificamente responsável pela revisão da regulação e da prática de troca de informações dos países membros do Fórum Global.

As revisões feitas pelo *Peer Group* são realizadas em duas fases: durante a Fase 1, um grupo de revisores analisa a legislação do país para verificar se ela está em linha e permite a aplicação do padrão global de transparência. Já na Fase 2, a aplicação prática de tais padrões é avaliada.

---

398 SÁNCHEZ LÓPEZ, María Esther. *El Intercambio de Información Tributaria entre Estados*. Barcelona: Bosch, 2011. p. 9. Ver, também: DEBORAH. The Legal Relevance of the OECD Standard. In: GÜNTHER, Oliver-Christoph; TÜCHLER, Nicole (Coords.). *Exchange of Information for Tax Purposes*. Wien: Linde, 2013. p. 53-72.

399 Ver: NGANTUNG, Wankko. Tax Treaties and Developing Countries. In: PETRUZZI, Rafaelle; SPIES, Karoline (Coords.). *Tax Policy Challenges in the 21st Century*. Wien: Linde, 2014. p. 545.

400 Sobre esta convenção multilateral, ver: ROSEMBUJ, Tulio. *Intercambio Internacional de Información Tributaria*. Barcelona: Edicions Universitat de Barcelona, 2004. p. 38-40.

401 Ver: ROCHA, Sergio André. *Troca Internacional de Informações para Fins Fiscais*. São Paulo: Quartier Latin, 2015. p. 113-119.

402 Sobre o papel do Fórum Global e sua relevância no desenvolvimento do padrão de transparência fiscal, ver: AFANDI, Romy. The Role of the Global Forum on Transparency and Exchange of Information for Tax Purposes. In: GÜNTHER, Oliver-Christoph; TÜCHLER, Nicole (Coords.). *Exchange of Information for Tax Purposes*. Wien: Linde, 2013. p. 35-51.

O Brasil é membro de ambos os Grupos. No *Progress Report on the Jurisdictions Surveyed by the OECD Global Forum in Implementing the Internationally Agreed Tax Standard* (editado em 3 de junho de 2010) o Brasil foi listado como um país que que substancialmente implementou os padrões para a troca de informações para fins fiscais.

Nos capítulos anteriores, verificou-se que a política brasileira de celebração de tratados internacionais tributários tende a se distanciar dos padrões da OCDE e se aproximar da Convenção Modelo da ONU, especialmente no que se refere às chamadas regras distributivas. Ademais, apontamos, também, que em áreas como controle de preços de transferência e tributação de lucros auferidos por controladas no exterior, o Brasil claramente se distancia dos padrões adotados pela OCDE.

Neste capítulo, a primeira questão a ser respondida é se há alguma diferença entre os padrões internacionais e o direcionamento brasileiro no caso da transparência fiscal e da troca de informações para fins fiscais.

Em segundo lugar, já foi indicado que a OCDE (diretamente ou através do Fórum Global) está liderando globalmente os esforços para a construção de um padrão global de troca de informações. Portanto, é relevante questionar se, neste caso, o Brasil segue o padrão internacional e se, em caso positivo, o faz em defesa de seus próprios interesses ou em razão de eventuais pressões internacionais.

3.1. Alinhamento Entre a Política Fiscal Internacional Brasileira e o Padrão Global de Transparência Fiscal da OCDE

Além de ser um membro ativo do Fórum Global, o Brasil é um membro do G-20, participando do movimento em direção à transparência fiscal internacional.

Portanto, a área da transparência fiscal internacional é marcadamente distinta de outras da política fiscal internacional brasileira. Sendo membro do Fórum Global, o País está alinhado ao padrão internacional de transparência e troca de informações.

Com efeito, o Fórum Global já realizou as revisões brasileiras de Fase 1 e 2, as quais comentamos a seguir. Essas revisões são relevantes uma vez que confirmam que no campo da transparência fiscal internacional o País está se aproximando, cada vez mais, do dito "Regime Fiscal Internacional", ditado pela OCDE e pelo próprio Fórum Global.

3.2. O Relatório de Primeira Fase do Fórum Global sobre a Troca de Informações no Brasil

Em 2009, o Brasil passou a integrar o Fórum Global de Transparência e Troca de Informações (*Global Forum on Transparency and Exchange of Information for Tax Purposes*) da OCDE. Criado em 2000 como um grupo *ad hoc* da OCDE, atualmente o Fórum Global conta com mais de cem países e tem trabalhado fortemente para o desenvolvimento e a aplicação de padrões globais de transparência fiscal.

O Fórum tem suas atividades futuras coordenadas por um *Steering Group*, enquanto um *Peer Group* é responsável por conduzir revisões dos sistemas legais dos próprios países membros, buscando verificar sua adequação aos padrões internacionais de troca de informações ficais. O Brasil é membro de ambos os grupos.

As revisões realizadas pelo *Peer Group* são desenvolvidas em duas fases. Na fase 1, é examinado o ordenamento jurídico do país, com vistas a determinar se este viabiliza a troca de informações fiscais. Já na fase 2, revisa-se a implementação prática de tais regras.

Em 2011, o Brasil foi revisado, em fase 1, pelo *Peer Group*. Em abril de 2012, a OCDE divulgou o relatório da revisão brasileira.

Tal revisão buscou identificar a base regulatória do Brasil para a troca de informações fiscais entre o nosso Fisco e as autoridades fiscais de outros países, tendo atenção principal: (a) à disponibilidade da informação; (b) ao acesso à informação; e (c) às regras específicas, domésticas e internacionais (tratados celebrados pelo Brasil), sobre troca de informações.

De uma maneira geral, a conclusão do relatório do *Peer Group* do Fórum Global foi positiva, reconhecendo que a legislação brasileira possui regras que viabilizam às autoridades fiscais acesso às informações referentes a contribuintes e transações, inclusive operações bancárias, de modo que o Brasil estaria em condições de atender às solicitações de informações feitas por outros países.[403]

No que se refere à disponibilidade das informações, a única ressalva dos revisores foi quanto à possibilidade de o sigilo que protege informações obtidas por advogados vir a ser um obstáculo à obtenção de informações solicitadas

---

[403] OECD. *Brazil: Peer Review Reports, Phase 1, Legal and Regulatory Framework*. Paris: OECD, 2012. p. 7.

por outro país.[404] Neste particular, parece descabida a posição do *Peer Group*, já que o sigilo profissional dos advogados, que é essencial à justiça, não pode ser colocado de lado por conta dos interesses fiscais de autoridades nacionais ou estrangeiras. Além disso, é difícil imaginar uma situação em que determinada informação fiscal somente exista nas mãos do advogado do sujeito passivo.

Outra crítica, a nosso ver infundada, foi referente à obrigação de notificação do contribuinte antes que a autoridade fiscal possa ter acesso direto a informações bancárias.[405] Ora, se ainda há sérias dúvidas a respeito da própria constitucionalidade da quebra de sigilo bancário pelo Fisco, não se pode imaginar que a intimação prévia do contribuinte possa ser afastada por conta de interesses da administração fiscal de outro país.

Fora esses comentários, os pontos levantados pelo *Peer Group* foram pertinentes. Como vimos, a troca de informações pelas autoridades brasileiras está prevista nos trinta tratados tributários brasileiros em vigor. Porém, como tais tratados foram assinados em momentos distintos, a redação da regra de troca de informações não é homogênea, e nem sempre segue o padrão previsto no modelo da OCDE. Dessa forma, os revisores apontaram a necessidade de se fazer diversos ajustes redacionais nas regras de alguns tratados brasileiros para que as mesmas se amoldem ao padrão internacional.[406]

Mais um ponto procedente, apontado durante a revisão, refere-se à demora para que os tratados internacionais celebrados pelo Brasil entrem em vigor. Como notado pelo *Peer Group*, normalmente levam-se anos para que um tratado assinado pelo Brasil efetivamente entre em vigor e seja aplicável.[407] Aqui, não há como se questionar a opinião formalizada na revisão do arcabouço legislativo brasileiro.

---

404 OECD, *Brazil: Peer Review Reports, Phase 1, Legal and Regulatory Framework*, 2012, p. 76. Sobre o tema, ver: SCHNEEWEIS, Kristal Heine. BEPS: Desafios Nacionais na Adoção dos Padrões Internacionais de Transparência Fiscal e Troca de Informações. In: GOMES, Marcus Lívio; SCHOUERI, Luís Eduardo (Coords.). *A Tributação Internacional na Era Pós-BEPS*. Rio de Janeiro: Lumen Juris, 2016. v. I. p. 342.

405 OECD, *Brazil: Peer Review Reports, Phase 1, Legal and Regulatory Framework*, 2012, p. 59.

406 OECD, *Brazil: Peer Review Reports, Phase 1, Legal and Regulatory Framework*, 2012, p. 61.

407 OECD, *Brazil: Peer Review Reports, Phase 1, Legal and Regulatory Framework*, 2012, p. 82.

3.3. O relatório de segunda fase do Fórum Global sobre a troca de informações no Brasil

Em 31 de julho de 2013, foi divulgado o relatório da fase 2 da revisão pelo *Peer Group*. Considerando que a Receita Federal do Brasil não divulga qualquer informação sobre os procedimentos de trocas de informações pelo Brasil, este relatório é a melhor chance para termos algum conhecimento sobre as práticas adotadas pelas autoridades fiscais nessa área.[408]

Segundo o relatório do Fórum Global, no período de três anos revisado, entre 2009 e 2011, o Brasil recebeu 89 pedidos de informações, dos quais 18 foram respondidos em 90 dias, 23 foram respondidos entre 91 e 180 dias, 20 casos respondidos entre 181 dias e um ano, 13 solicitações foram respondidas em mais de um ano, enquanto 15 pedidos permaneciam em aberto.[409] No mesmo período, o Brasil enviou pedidos de informação em 7 casos, a 4 países diferentes.[410] Embora alguns dos países que solicitaram informações tenham reclamado da demora da resposta e da falta de atualizações sobre o *status* da solicitação, de uma maneira geral os comentários sobre o Brasil foram positivos.[411]

Um dos aspectos destacados pelo relatório foi uma mudança ocorrida nos procedimentos internos da Receita Federal diante de pedidos de troca de informações. Agora, quando a autoridade competente não possui a informação, transfere a solicitação diretamente para a autoridade regional, que tem melhores condições para obter as informações sobre o sujeito passivo. De acordo com o relatório, este procedimento estaria sendo adotado desde janeiro de 2013 e, desde a sua implementação, todas as solicitações teriam sido atendidas em um prazo mais curto.[412]

A disponibilidade das informações foi um dos pontos positivos apontados pelo *Peer Group*. Segundo o relatório, de um modo geral as informações estão disponí-

---

408 Em um tema permeado pelo princípio da transparência há que se reconhecer que há poucas áreas em que a atuação da Receita Federal do Brasil seja mais opaca do que em relação à tributação internacional em geral e à troca de informações em particular. As autoridades fiscais não disponibilizam nenhuma informação ao público sobre suas práticas e procedimentos nesta área.
409 OECD. *Brazil: Peer Review Reports, Phase 2, Implementation of the Standard in Practice*. Paris: OECD, 2013. p. 9.
410 OECD, *Brazil: Peer Review Reports, Phase 2, Implementation of the Standard in Practice*, 2013, p. 89.
411 OECD, *Brazil: Peer Review Reports, Phase 2, Implementation of the Standard in Practice*, 2013, p. 9.
412 OECD, *Brazil: Peer Review Reports, Phase 2, Implementation of the Standard in Practice*, 2013, p. 21-22.

veis, seja com autoridades públicas (Receita Federal, Banco Central, Comissão de Valores Mobiliários, Registro Civil das Pessoas Jurídicas, Junta Comercial, etc.), seja com a própria entidade, ou com terceiros, como instituições financeiras.[413]

Um dos aspectos sensíveis da troca de informações refere-se à disponibilização de dados que estejam disponíveis apenas para instituições financeiras, passando pelo debate a respeito do sigilo bancário.

Durante os três anos revistados pelo Fórum Global, o Brasil recebeu 10 pedidos de informação bancária. Em 4 casos a Receita Federal já tinha a informação solicitada e em 6 teve de pedir a informação ao sujeito passivo.[414] De toda maneira, o procedimento que o Brasil tem adotado nos casos de solicitação de informações bancárias tem sido: (a) verificar a disponibilidade da informação no sistema da Receita; (b) solicitar a informação ao sujeito passivo; e (c) buscar a informação junto à instituição financeira que a possua.[415]

Como este relatório é de 2013, a equipe revisora apontou que a questão da quebra de sigilo bancário era ainda controvertida no Brasil, vez que se encontrava pendente de decisão final pelo Supremo Tribunal Federal. Ainda assim, o relatório fez questão de destacar que os países não devem se negar a fornecer informação com base em suas regras sobre sigilo (bancário, societário ou profissional).[416]

Em recentes decisões, o Supremo Tribunal Federal, ao julgar o Recurso Extraordinário nº 601.314 e as Ações Diretas de Inconstitucionalidade números 2.386-1, 2.390-0, 2.397-7, 2.859-6 e 4.010-3, posicionou-se pela constitucionalidade do acesso, pelas autoridades fiscais, a informações bancárias dos contribuintes. É interessante observar que o Ministro Edson Fachin, ao proferir voto no Recurso Extraordinário nº 601.314, fez clara referência ao contexto internacional, trazendo para os marcos da decisão os trabalhos sobre transparência do Fórum Global e até o Projeto BEPS da OCDE/G-20. Veja-se o seguinte trecho:

> Por outro lado, ressalta-se que o autogoverno coletivo relacionado ao sigilo bancário não se restringe aos limites da territorialidade brasileira, dado que se trata de uma questão transconstitucional, de maneira a demandar

---

413 OECD, *Brazil: Peer Review Reports, Phase 2, Implementation of the Standard in Practice*, 2013, p. 23.
414 OECD, *Brazil: Peer Review Reports, Phase 2, Implementation of the Standard in Practice*, 2013, p. 66.
415 OECD, *Brazil: Peer Review Reports, Phase 2, Implementation of the Standard in Practice*, 2013, p. 67.
416 OECD, *Brazil: Peer Review Reports, Phase 2, Implementation of the Standard in Practice*, 2013, p. 76.

tratamento em múltiplos níveis jurídicos. Refere-se, aqui, a um novo paradigma de tributação o qual o notável Professor Titular da USP Heleno Taveira Torres denominou de "Fisco Global".

Nesse sentido, é digno de nota que o G20, em conjunto com a OCDE, tenham estabelecido um Fórum Global, em abril de 2009, com a missão de acabar com a "era do segredo bancário".

Desde então, a República brasileira aderiu a diversos tratados internacionais em matéria tributária voltados para trocas, automáticas ou a pedido, de informações fiscais entre mais de cem países signatários, notadamente a "Convenção Multilateral sobre Assistência Mútua Administrativa em Matéria Fiscal"; e a "Convenção para Troca Automática de Informação Financeira em Matéria Tributária" (Automatic Exchange of Financial Information in Tax Matters).

Ademais, o Brasil aderiu ao Programa da OCDE "Base Erosion and Profit Shifting", de modo a evitar os efeitos negativos da chamada concorrência fiscal entre Estados soberanos, especialmente no tocante aos "paraísos fiscais". Recentemente, também chancelou sua adesão ao Programa "Foreign Account Tax Compliance Act – FACTA", o qual permitirá aos EUA enviar ao Governo brasileiro informações que se referem às contas correntes e situações patrimoniais de brasileiros disponíveis no sistema financeiro americano.

No plano empírico, observam-se sérias críticas à legislação tributária do Brasil no tocante à transparência fiscal. A título exemplificativo, no segundo semestre de 2015, a Transparência Internacional (Transparency International), organização não-governamental de nível global, divulgou estudo em que se constatou a baixa adequação do quadro legal brasileiro aos princípios de transparência acordados na ambiência do G20, em Sydney, no fim de 2014. Concluiu-se que "O país ainda não possui uma adequada definição de proprietário beneficiário e mecanismos para assegurar que as autoridades competentes estejam aptas para identificar o efetivo proprietário de entidades legais domésticas e internacionais que operam no Brasil".

Em suma, no plano internacional, o Estado brasileiro tem reiteradamente tomado decisões soberanas a fim de se integrar ao conjunto de esforços globais de combate à fraude fiscal internacional, evasão de divisas, lavagem de dinheiro e paraísos fiscais, por meio do aprimoramento da transparência fiscal em relação às pessoas jurídicas e arranjos comerciais.

Outro ponto relevante do relatório é que possível notar uma preferência pela eficácia da troca de informações em comparação à manutenção de direitos de notificação e participação do sujeito passivo.

A revisão da prática brasileira também passou pelo exame das convenções celebradas pelo Brasil. Foram apontadas modificações que deveriam ser feitas em alguns tratados para que estes estejam de acordo com o padrão da OCDE. Em todos os casos, foi identificado que o Brasil já estaria em contato com o outro país para fazer os ajustes necessários no tratado respectivo.[417] Neste ponto foi feita, novamente, crítica ao tempo que se leva aqui entre a assinatura do tratado e a sua aprovação final pelo Congresso Nacional.[418]

3.4. O Brasil e os Padrões de Transparência e Troca de Informações da OCDE

A análise das posições manifestadas pela Receita Federal do Brasil durante as revisões do Fórum Global de Fases 1 e 2 deixa claro que a posição do País, neste caso, é de se alinhar aos padrões internacionais na área de transparência e troca de informações para fins fiscais. Tal posição fica evidente ao se notar que o Brasil começou a renegociar seus tratados bilaterais, para adaptá-los ao padrão ditado pela OCDE/Fórum Global, já tendo sido renegociados os tratados com a Índia e a Noruega.

Ademais, em 2011 o Brasil assinou a Convenção Multilateral sobre Assistência Mútua Administrativa em Matéria Tributária, a qual foi aprovada pelo Decreto Legislativo nº 105/2016 e veiculada através do Decreto nº 8.842/2016, acentuando o reconhecimento de que o Brasil está se adaptando ao padrão global desenvolvido pela OCDE. Mais recentemente, em outubro de 2016, o Brasil assinou o Acordo Multilateral entre Autoridades Competentes sobre o Intercâmbio Automático de Informações Financeiras (MCAA - CRS).

Portanto, é evidente que o País pretende se alinhar aos padrões estabelecidos pela OCDE no caso específico da transparência fiscal e da troca de informações. De fato, tal alinhamento foi declarado pelo Brasil na reunião realizada pelo Fórum Global, no México, em 2009. Nesta ocasião o Brasil retirou suas

---

417 OECD, *Brazil: Peer Review Reports, Phase 2, Implementation of the Standard in Practice*, 2013, p. 87.

418 OECD, *Brazil: Peer Review Reports, Phase 2, Implementation of the Standard in Practice*, 2013, p. 100.

reservas ao artigo 26 da Convenção Modelo da OCDE, sinalizando sua intenção de aderir ao seu padrão de transparência.[419]

Uma vez que tudo aponta para um alinhamento do Brasil com a OCDE em relação à transparência fiscal e à troca de informações, é relevante questionarmos a respeito das razões da postura distinta adotada pelo País neste caso.

3.4.1. Razões para a Adoção do "Padrão OCDE" no Campo da Transparência Fiscal e da Troca de Informações

Há duas razões principais para que o Brasil esteja alinhado ao padrão OCDE no caso da transparência fiscal, e seguir um padrão essencialmente doméstico nos outros casos analisados.

Primeiramente, ao contrário das regras distributivas em tratados internacionais, onde há uma clara divergência entre países desenvolvidos e em desenvolvimento, ou os casos das regras de preços de transferência e daquelas que regem a tributação de lucros auferidos por controladas situadas no exterior, onde o Brasil tem interesses arrecadatórios e administrativos domésticos claros, no campo da transparência fiscal os países, de maneira geral, parecem estar do mesmo lado.

Com efeito, a transparência fiscal permite aos países expandirem o alcance de suas administrações fazendárias. Em um mundo onde a tributação recai sobre a renda mundial e as administrações fiscais são territoriais, a transparência fiscal e o intercâmbio de informações para fins fiscais tornaram-se relevantíssimas para que os países obtenham informações sobre fatos econômicos localizados no exterior realizados por seus residentes fiscais.[420]

A transparência fiscal e a troca de informações têm como finalidade a facilitação das atividades de fiscalização dos diversos países. Portanto, além da carga administrativa adicional decorrente da obrigação de fornecer informações, não há prejuízos para os países no desenvolvimento de um padrão global

---

419 Ver: VALADÃO, Marcos Aurélio Pereira. Troca de Informações com Base em Tratados Internacionais: Uma Necessidade e uma Tendência Irreversível. *Revista de Direito Internacional Econômico e Tributário*, Brasília, n. 4 (2), 2009, p. 270.

420 Ver: ROCHA, Sergio André. *Troca Internacional de Informações para Fins Fiscais*. Quartier Latin, 2015. p. 80.

de transparência. Esta deve ser a principal razão de o Brasil não buscar, neste campo, um padrão doméstico desalinhado dos padrões internacionais.

A relevância da troca de informações para fins fiscais para o Brasil ficou evidente recentemente com a edição do Regime Especial de Regularização Cambial e Tributária – RERCT, instituído pela Lei nº 13.254/2016,[421] cujo objeto era "declaração voluntária de recursos, bens ou direitos de origem lícita, não declarados ou declarados com omissão ou incorreção em relação a dados essenciais, remetidos ou mantidos no exterior, ou repatriados por residentes ou domiciliados no País, conforme a legislação cambial ou tributária" (artigo 1º).[422]

A edição e implementação do RERCT estiveram em grande parte vinculados à transparência fiscal e à troca de informações, que permitiram às autoridades fiscais brasileiras sinalizar aos contribuintes que, em um curto espaço de tempo, teriam acesso a informações referentes a fatos ocorridos em outros países.

Uma segunda razão para o Brasil mostrar-se alinhado nesse caso pode estar relacionada à maior legitimidade do Fórum Global em comparação à OCDE.

De fato, a OCDE não é um órgão internacional independente dedicado ao desenvolvimento do Direito Tributário Internacional. Trata-se, isso sim, de um órgão criado com a finalidade específica de proteger os interesses econômicos de seus países membros, de modo que sua legitimidade para apresentar soluções globais, aplicáveis igualmente a países desenvolvidos e em desenvolvimento, é bastante questionável.[423]

Nesse contexto, não surpreende que, não raro, o Brasil prefira adotar posições independentes em relação à OCDE no campo da tributação internacional. Por outro lado, a situação altera-se, de maneira significativa, quando consideramos o formato do Fórum Global.

---

421 O RERCT foi reaberto com a edição da Lei nº 13.428/2017, regulamentada pela Instrução Normativa RFB nº 1.704/2017.

422 Sobre a relação entre o RERCT e a troca de informações para fins fiscais entre Estados, ver: TÔRRES, Heleno Taveira. Programa de Regularização de Ativos Lícitos no Exterior e Direitos à Proteção da Propriedade Privada. In: PAULA JUNIOR, Aldo; SALUSSE, Eduardo Perez; ESTELLITA, Heloisa (Coords.). *Regime Especial de Regularização Cambiam e Tributária (RERCT): Aspectos Práticos*. São Paulo: Noeses, 2016. p. XIII-XVII; TAGA, Nara Cristina Takeda. O cenário internacional de troca de informações tributárias e a importância da instituição do RERCT no Brasil. In: PAULA JUNIOR, Aldo; SALUSSE, Eduardo Perez; ESTELLITA, Heloisa (Coords.). *Regime Especial de Regularização Cambiam e Tributária (RERCT): Aspectos Práticos*. São Paulo: Noeses, 2016. p. 381-393.

423 Ver: ROCHA, Sergio André. *Interpretation of Double Tax Conventions: General Theory and Brazilian Perspective*. Amsterdam: Kluwer, 2009. p. 189-190.

Uma das principais características do Fórum Global atualmente é a sua estrutura mais democrática. O fato de que ele possui mais países não membros da OCDE do que membros desta organização é claramente uma fonte de maior legitimidade de suas posições.

Como já apontamos, o Brasil participa tanto do *Steering Group* quanto do *Peer Review Group* do Fórum Global. Assim sendo, é possível que a maior aderência do País neste campo seja uma consequência de sua participação, a qual, sem dúvida, é um elemento de legitimação.[424]

3.4.2. Pressão Internacional e Alinhamento Brasileiro

Anotamos anteriormente que, por vezes, a política fiscal internacional de um país é moldada por pressões externas. Salientamos, ainda, que no caso da transparência e da troca de informações não notamos, em princípio, prejuízos que possam advir para o País ao alinhar-se aos padrões internacionais, pelo contrário.

De toda forma, não se pode deixar de mencionar que no presente caso identifica-se situação onde pressões internacionais feitas sobre o Brasil mostraram-se bem-sucedidas.

Com efeito, para ser considerada uma jurisdição que se alinha ao padrão internacional de transparência, o Brasil, como dito, retirou as reservas que historicamente mantinha em relação ao artigo 25 da Convenção Modelo da OCDE.[425]

Foi também em decorrência da pressão dos Estados Unidos que o Tratado de Troca de Informações assinado entre o Brasil e aquele país foi aprovado.[426] A aprovação e entrada em vigor ocorreu em alguns meses, após anos de controvérsias constitucionais a respeito do tratado, levantadas durante sua tramitação no Congresso Nacional.[427] A aprovação deste tratado foi a primeira etapa da imple-

---

424 Cf. ROCHA, Sergio André. *Processo Administrativo Fiscal: Controle Administrativo do Lançamento Tributário*. 4 ed. Rio de Janeiro: Lumen Juris, 2010. p. 14-19.

425 Ver: ROCHA, Sergio André. *Troca Internacional de Informações para Fins Fiscais*. São Paulo: Quartier Latin, 2015. p. 32.

426 Decreto nº 8.003/2013.

427 Sobre o tema, ver: ROCHA, Sergio André. *Troca Internacional de Informações para Fins Fiscais*. São Paulo: Quartier Latin, 2015. p. 135-138.

mentação do FATCA[428] (*Foreign Account Tax Compliance Act*) no Brasil,[429] o qual também foi objeto de considerável pressão – não só dos Estados Unidos, como também dos bancos brasileiros, receosos pela retenção tributária naquele país.

A história da aprovação da Convenção Multilateral sobre Assistência Mútua Administrativa em Matéria Tributária não é muito diferente.[430] Este tratado foi assinado em uma reunião do G-20 em 2011 e sofreu grande pressão internacional pela sua aprovação, diante de sua relevância para fins da implementação de recomendações do Projeto BEPS da OCDE/G-20. Mais recentemente, como parte da implementação da troca automática de informações no contexto deste tratado o Brasil assinou o Acordo Multilateral entre Autoridades Competentes sobre o Intercâmbio Automático de Informações Financeiras (MCAA - CRS).

Esses fatos levantam a questão referente a qual a diferença da transparência fiscal em relação a outras áreas, já que, neste campo, outros países e organizações internacionais se deram ao trabalho de pressionar o Brasil para adotar os padrões internacionais. Esta questão levanta outra, que seria por que, neste caso, a pressão internacional teve efeito sobre a política fiscal brasileira.

Como mencionamos na introdução dessa pesquisa, a transparência fiscal é uma área onde os desafios postos pela tributação contemporânea não podem ser superados mediante ações essencialmente unilaterais. A transparência fiscal requer algum nível de atuação multilateral e coordenada dos países. Esta situação talvez explique porque, neste caso, não se cogitou permitir que o Brasil seguisse um caminho independente e isolado, percebendo-se uma pressão – e uma preocupação – internacional não notada em outras áreas.

---

428 Como esclarece Heleno Taveira Tôrres, "o FATCA americano é um sofisticado sistema de controle fiscal que exige o fornecimento de informações, a serem prestadas por instituições financeiras, das contas de correntistas nacionais ou residentes do outro País signatário, para os fins de trocas espontâneas, automáticas ou a pedido. As instituições financeiras, nacionais ou estrangeiras, que não cooperarem ou não cumprirem as regras de fornecimento de informações corretas serão oneradas em 30% sobre o montante integral de quaisquer transações financeiras realizadas nos EUA" (TÔRRES, Heleno Taveira. Programa de Regularização de Ativos Lícitos no Exterior e Direitos à Proteção da Propriedade Privada. In: PAULA JUNIOR, Aldo; SALUSSE, Eduardo Perez; ESTELLITA, Heloisa (Coords.). *Regime Especial de Regularização Cambiam e Tributária (RERCT): Aspectos Práticos*. São Paulo: Noeses, 2016. p. XIV).

429 Decreto nº 8.506/2015.

430 Decreto nº 8.842/2016.

3.5. Conclusão deste Capítulo

Considerando as observações acima, é possível concluir este capítulo da seguinte maneira:

- A transparência fiscal internacional e a troca de informações para fins fiscais são áreas onde a política fiscal internacional Brasileira mostra-se alinhada aos padrões internacionais.

- Tal alinhamento pode ser explicado: (i) pela natureza mais democrática do Fórum Global; e (ii) pelo interesse geral do Brasil em relação a este tópico, o qual, à primeira vista, não limita os poderes tributários do país.

- Ademais, nesta área parece que a necessidade de uma abordagem multilateral e coordenada fez com que o Fórum Global e a OCDE exercessem maior pressão para que os países em geral adotassem o padrão global de transparência.

- Nada obstante, embora possamos afirmar que a transparência e a troca de informações para fins fiscais são campos onde o Brasil aderiu aos padrões internacionais – ao contrário de outros temas da tributação internacional – não nos parece que este fato esteja, em si, em contradição com a postura adotada pelo Brasil em outras áreas.

- Com efeito, como vimos, há razões justificadas para que, neste campo, a política tributária internacional Brasileira aproxime-se de padrões internacionais, os quais não contrariam, mas antes protegem, o interesse fiscal doméstico do País.

A conclusão apresentada neste capítulo torna o próximo ainda mais relevante. O Projeto BEPS da OCDE/G-20 inclui discussões sobre transparência, troca de informações e instrumentos mais efetivos de arrecadação; mas também traz discussões a respeito dos elementos de conexão adequados para a tributação de atividades na economia digital e a divisão justa de receitas tributárias. O Projeto BEPS lida com temas como preços de transferência e regras de tributação de lucros de controladas no exterior. Portanto, será relevante para esta pesquisa analisarmos como se apresentam as posições do Brasil no contexto do Projeto BEPS e se este tem potencial para alterar a política fiscal do País.

3.5.1. Respostas às Questões de Pesquisa

As questões de pesquisa propostas para este capítulo foram as seguintes:
- Qual a diferença entre a transparência e a troca de informações e as outras áreas na tributação internacional objeto desta pesquisa?
- O alinhamento do Brasil com padrões internacionais nesta área é devido aos seus próprios interesses fiscais ou consequência de pressões internacionais?

A principal diferença entre a transparência fiscal e as outras áreas analisadas nesta pesquisa é que, neste campo, existe um alinhamento de interesses entre o Brasil e outros países e instituições, a justificar também um alinhamento de posicionamento entre o País e a prática internacional – o "Regime Fiscal Internacional". Desta maneira, não são identificadas, aqui, questões domésticas que justificam, como visto, a adoção de posições singulares, que se distanciam da experiência de outros países.

Em relação aos fundamentos do alinhamento brasileiro, a conclusão dessa pesquisa é que os mesmos são tanto domésticos como internacionais. Em outras palavras, tal alinhamento decorre da existência de interesses domésticos e também de uma pressão internacional que não foi identificada em relação à política brasileira de celebração de tratados ou no que se refere às regras de preços de transferência ou de tributação de lucros auferidos por controladas no exterior.

4. O Projeto BEPS da OCDE/G-20 e seus Impactos sobre a Política Fiscal Internacional Brasileira

O Projeto BEPS da OCDE/G-20 é certamente o acontecimento mais relevante no campo da tributação internacional desde a edição do primeiro Modelo de Convenção da OCDE, publicado em 1963. Embora o Projeto tenha sido lançado em 2013, ele foi, em verdade, o ápice de diversas iniciativas anteriores e eventos históricos que pavimentaram o caminho até o Projeto BEPS.

Um dos importantes acontecimentos que deve ser destacado foi a edição, em 1998, do Relatório da OCDE sobre a competição fiscal prejudicial,[431] o qual colocou em destaque a luta contra os países com tributação favorecida e os regimes fiscais privilegiados.[432] Segundo Heleno Taveira Tôrres "o objetivo deste relatório foi: (a) identificar e eliminar medidas danosas à concorrência fiscal internacional; (b) identificar PTF *[países com tributação favorecida]* e buscar o seu comprometimento com os princípios de transparência e cooperação internacional; (c) incentivar países não membros da OCDE a contribuir para o combate às práticas prejudiciais".[433]

Este trabalho inicial sobre a concorrência fiscal prejudicial também colocou no centro do debate o princípio da transparência, o qual se tornou um dos principais pilares do sistema tributário internacional.[434]

---

[431] OECD. *Harmful Tax Competition: An Emerging Global Issue*. Paris: OECD, 1998.

[432] Ver: ALMEIDA, Carlos Otávio Ferreira de. *Tributação Internacional da Renda: A Competitividade Brasileira à Luz das Ordens Tributária e Econômica*. São Paulo: Quartier Latin, 2014. p. 103-121; MALHERBE, Jacques. Harmful Tax Competition and the Future of Financial Centres in the European Union. In: KIRCHHOF, Paul et. al. (Orgs.). *International and Comparative Taxation: Essays in Honour of Klaus Vogel*. The Netherlands: Kluwer, 2002. p. 111-114.

[433] TÔRRES, Heleno Taveira. Operações com Países de Tributação Favorecida – Algumas Reflexões. In: ROCHA, Valdir de Oliveira (Coord.). *Grandes Questões Atuais do Direito Tributário: 13º Volume*. São Paulo: Dialética, 2009. p. 155.

[434] Ver: ROCHA, Sergio André. *Troca de Internacional de Informações para Fins Fiscais*. São Paulo: Quartier Latin, 2015. p. 58-62.

É de se assinalar, contudo, que este primeiro impulso da OCDE ao combate à concorrência fiscal prejudicial e à promoção da transparência fiscal internacional não alcançou os resultados almejados.[435]

No ano 2000, a OCDE separou o trabalho sobre transparência fiscal e troca de informações para o já referido Fórum Global sobre Transparência Fiscal e Troca de Informações, que desenvolveu o modelo de Tratado sobre Troca de Informações sobre Assuntos Fiscais.[436] A OCDE reconheceu a conexão entre este documento e o Relatório de 1998 sobre competição fiscal prejudicial:

> O Tratado foi desenvolvido pelo Grupo de Trabalho sobre Efetiva Troca de Informação do Fórum Global da OCDE (o "Grupo de Trabalho"). O Grupo de Trabalho consistiu de representante de países membros da OCDE e também de delegados, assim como delegados das Antilhas Holandesas, Aruba, Bermuda, Bahrain, Chipre, Ilhas Cayman, Ilhas Man, Malta, Maurício, Seicheles e San Marino.
>
> O Acordo se desenvolveu a partir do trabalho da OCDE para abordar as práticas de concorrência fiscal abusiva. Veja-se o Relatório "Harmful Tax Competition: An Emerging Issue" de 1998 (o "Relatório de 1998"). O Relatório de 1998 identificou "a falta de efetiva troca de informações" como um dos critérios principais para determinar práticas fiscais prejudiciais. O mandato do Grupo de Trabalho foi para desenvolver um instrumento legal que pudesse ser usado para estabelecer efetiva troca de informações. O Acordo representa o padrão para a efetiva troca de informações para os propósitos da iniciativa da OCDE sobre práticas fiscais abusivas.[437]

Os ataques terroristas de 11 de setembro de 2001 nos Estados Unidos e a chamada "Guerra contra o Terror" que os seguiu reforçaram a necessidade de restrições sobre transações financeiras realizadas por meio de paraísos fiscais e regi-

---

435　Ver: GARCIA NOVOA, César. Sobre la Posibilidad de un Tratado Multilateral en el Marco de la Acción 15 de BEPS. In: *Memorias de las XXVII Jornadas Latinoamericanas de Derecho Tributario*. ILADT: México, 2015. p. 1.020.

436　DOURADO, Ana Paula. Article 26. Exchange of Information. In: REIMER, Ekkehart; RUST, Alexander (Orgs.). *Klaus Vogel on Double Taxation Conventions*. 4th ed. The Netherlands: Kluwer, 2015. v. I. p. 1.864-1.867.

437　OECD. *Agreement on Exchange of Information on Tax Matters*. Disponível em: http://www.oecd.org/tax/exchange-of-tax-information/2082215.pdf. Acesso em 27 de dezembro de 2015.

mes fiscais privilegiados. A "morte" do segredo bancário foi declarada[438] quando a transparência foi considerada uma das prioridades da tributação internacional.[439]

Nada obstante, foi apenas após a crise financeira global iniciada em 2007/2008 – e o empobrecimento dos países desenvolvidos – que a luta conta a concorrência fiscal prejudicial, os países com tributação favorecida e os regimes fiscais privilegiados alcançou uma nova fase.[440] As grandes empresas multinacionais foram apontadas como grandes "malfeitores tributários" do Século XXI, enquanto que o chamado planejamento tributário "agressivo" se tornou o alvo das autoridades fiscais dos diversos países.[441] As multinacionais foram julgadas culpadas no tribunal da opinião pública, legitimando as iniciativas dos Estados contra elas.[442]

Contudo, como apontado por Hugh Ault, Wolfgang Schön e Stephen Shay, "o comportamento das multinacionais é apenas um lado da moeda. A transferência de lucros e a erosão de base buscada pelas grandes multinacionais seriam ineficazes sem que os países lhes oferecessem regras fiscais preferenciais, incluindo regimes de baixa ou nula tributação para certos contribuintes ou categorias de rendimentos e regras favoráveis sobre a mensuração de lucros".[443] Luís Eduardo Schoueri sustenta a mesma posição, ao afirmar que "a responsabilidade dos próprios Estados não pode ser negada, pois em muitos casos os contribuintes nada mais fazem, senão valem-se de alternativas que os ordenamentos tributários apresentam, seja de modo explícito (incentivos fiscais os

---

438 Ver: ZAKI, Myret. *Le Secret Bancaire est Mort*. Lausane: Favre, 2010. p. 31.

439 Concordamos com Pasquale Pistone, quando afirma que, sem a transparência fiscal não teria sido possível a ocorrência do Projeto BEPS (Cf. PISTONE, Pasquale. General Report. In: LANG, Michael et. al. (Coords.). *Trends and Players in Tax Policy*. Amsterdam: IBFD, 2016. p. 71).

440 Ver: SANTOS, Ramon Tomazela. A Ampliação da Troca de Informações nos Acordos Internacionais para Evitar a Dupla Tributação da Renda – entre o Combate à Evasão Fiscal e a Proteção dos Direitos dos Contribuintes. *Revista Direito Tributário Atual*, São Paulo, n. 31, 2014, p. 117.

441 Ver: ROCHA, Sergio André. Imperial Taxation: The Awkward Protection for States Against the Taxpayers in Contemporary International Taxation. In: _____. *Estudos de Direito Tributário Internacional*. Rio de Janeiro: Lumen Juris, 2016. p. 195-201.

442 Cf. ROCHA, Sergio André. Countries' Aggressive Tax Treaty Planning: Brazil's Case. *Intertax*, Amsterdam, n. 44 (4), 2016, p. 340.

443 AULT, Hugh J.; SCHÖN, Wolfgang; SHAY, Stephen E. Base Erosion and Profit Shifting: A Roadmap to Reform. *Bulletin for International Taxation*, Amsterdam, n. 68 (8), 2014, p. 276. Ver, também: PATÓN GARCIA, Gema. Análisis de las Medidas Españolas Alineadas con el Plan de Acción BEPS: Desafíos en la Implementación e Incidencia en Latinoamérica. In: ILADT. *Memorias de las XXVII Jornadas Latinoamericanas de Derecho Tributario*. ILADT: Mexico, 2015. p. 186.

mais variados), seja em virtude de falhas e lacunas paradoxalmente surgidas em virtude do excessivo detalhamento das legislações".[444] Esta conexão entre planejamento tributário e indução estatal já havia sido notada por Heleno Taveira Tôrres há mais de uma década, tendo este autor escrito que "se existe o planejamento tributário, como atividade por excelência dos contribuintes, predispostos a uma organização de negócios com a menor repercussão fiscal, tal plano somente é possível de ser elaborado, em muitos dos casos, porque existem as 'opções fiscais', concedidas *bene gratia* pelos Estados".[445]

O Projeto BEPS da OCDE/G-20 foi a resposta para os desafios postos pelo alcance global das multinacionais em um ambiente onde a economia digital e os intangíveis têm um papel sem precedência nos fluxos comerciais internacionais. Em sua introdução, o primeiro documento da OCDE sobre o tema esclarecia que:

> Há uma percepção crescente de que os governos perdem receita substancial da tributação corporativa em razão de planejamento focado na transferência de lucros de forma que erodem a base tributável para locais onde eles são sujeitos a tratamentos fiscais mais favoráveis. Notícias recentes como "A Grande Esquiva Fiscal Corporativa" da Bloomberg, a "Mas Ninguém Paga Tributos", do New York Times, a "Segredos dos Evasores de Tributo" do The Times, e "Lacuna Fiscal" do The Guardian são apenas alguns exemplos de maior atenção que a mídia tem dado a assuntos fiscais corporativos. A sociedade civil e organizações não governamentais (ONGs) tem também debatido essas questões, por vezes abordando assuntos tributários complexos de uma forma simplista e apontando o dedo para as regras de preços de transferência baseadas no padrão *arm's length* como a causa desses problemas.
>
> A maior atenção e o desafio inerente a lidar de forma abrangente com tais temas complexos encorajaram a percepção de que as regras domésticas e internacionais sobre a tributação de lucros internacionais estão quebradas, e que os tributos são pagos apenas pelos inocentes. Empresas multinacionais (MNEs) estão sendo acusadas de se esquivarem de tributos globalmente, e particularmente em países em desenvolvimento, onde as receitas fiscais são mais críticas para suportar desenvolvimento de longo-prazo.

---

444 SCHOUERI, Luís Eduardo. O Projeto BEPS: Ainda uma Estratégia Militar. In: GOMES, Marcus Lívio; SCHOUERI, Luís Eduardo (Coords.). *A Tributação Internacional na Era Pós-BEPS*. Rio de Janeiro: Lumen Juris, 2016. v. I. p. 30.

445 TÔRRES, Heleno Taveira. *Direito Tributário Internacional: Planejamento Tributário e Operações Transnacionais*. São Paulo: Revista dos Tribunais, 2001. p. 68.

Líderes empresariais usualmente argumentam que eles têm uma responsabilidade em relação a seus acionistas de reduzir legalmente os tributos pagos pela empresa. Alguns deles podem considerar a maioria das acusações sem fundamento, em alguns casos entendendo que os governos são responsáveis por políticas fiscais incoerentes e por desenharem sistemas fiscais que proporcionam incentivos para a Erosão de Base e a Transferência de Lucros (BEPS). Eles também apontam que MNEs têm que enfrentar a dupla tributação de seus lucros de atividades internacionais, com procedimentos amigáveis por vezes incapazes de resolver disputas entre governos de forma tempestiva, quando conseguem resolvê-las.[446]

No centro do Projeto BEPS está o reconhecimento de que os países não podem lidar com os problemas relacionados à tributação internacional contemporânea de forma unilateral. Dessa maneira, tornou-se necessária a adoção de alguma forma de abordagem multilateral para lidar com o tema, coordenando-se ações conjuntas de diversos países.

Em 2015, os Relatórios finais sobre todas as Ações do Projeto BEPS foram publicados. É justo afirmar que o resultado deste Projeto foi menos uma revolução dos princípios da tributação internacional do que o esperado. Como apontado por Fernando Serrano Antón, os resultados do Projeto BEPS foram mais adaptações de conhecidos princípios de tributação internacional do que sua significativa modificação.[447]

Portanto, parece que o cenário para as disputas envolvendo países desenvolvidos e em desenvolvimento manteve-se o mesmo após o Projeto BEPS, uma vez que nada no mesmo indica que maiores poderes tributários deveriam ser atribuídos a países de fonte.[448]

---

[446] OECD. *Addressing Base Erosion and Profit Shifting*. Paris: OECD, 2013. p. 13.

[447] SERRANO ANTÓN, Fernando. Los Retos de la Fiscalidad Internacional Latinoamericana en el Contexto Actual. ¿Hacia una Convivencia de un Convenio Multilateral BEPS con Convenios Bilaterales para Evitar la Doble Imposición Internacional? In: ILADT. *Memorias de las XXVII Jornadas Latinoamericanas de Derecho Tributario*. ILADT: Mexico, 2015. p. 687.

[448] De fato, tudo indica o contrário. A luta contra a "BEPS" foi deflagrada pelos países desenvolvidos, os quais sofreram com a queda das receitas fiscais e seus impactos sobre o bem-estar social. Dessa maneira, parece que o mesmo é visto por tais países como um instrumento para a retenção de poderes tributários. Nesse sentido, ver: ESCRIBANO LÓPEZ, Eva. An Opportunistic, an yet Appropriate, Revision of the Source Threshold for the Twenty-First Century Tax Treaties. *Intertax*, Amsterdam, v. 43 (1), 2015, p. 7.

Ao se analisar se o Brasil aderirá aos resultados do Projeto BEPS, o primeiro aspecto a ser considerado é que, em diversas maneiras, tais resultados não contrariam, substancialmente, práticas que são padrão em diversos países, incluindo o Brasil. Portanto, há Ações onde a política tributária brasileira atual encontra-se alinhada – ao menos em linhas gerais – com o Projeto BEPS. Por exemplo, um exame das regras brasileiras de tributação de lucros auferidos por controladas no exterior mostrará que, em diversos aspectos, elas são mais restritivas da erosão de base tributária e da transferência de lucros do que as recomendações da OCDE – ver item 4.2.3 abaixo.

Nas áreas onde o lado de coordenação do Projeto BEPS for mais significativo, a adesão brasileira dependerá da existência ou não de uma tentativa – ou risco – de se transferir competências tributárias para os países de residência, ou da adoção de mecanismos que não têm nenhuma tradição na experiência brasileira, como é o caso da arbitragem. Embora a transferência de poderes tributários para países de residência das empresas multinacionais não seja a intenção declarada do Projeto BEPS,[449] qualquer tentativa nesta direção deve – acertadamente – ser rejeitada pelo Brasil.[450]

Ademais, ainda não está claro qual será o nível da pressão que os países membros da OCDE colocarão sobre os países em desenvolvimento para sua aceitação de alguns dos resultados do Projeto BEPS considerados obrigatórios.[451]

Como mencionado anteriormente, quando analisamos as razões da adesão brasileira ao padrão internacional de transparência fiscal, uma das justificativas para tal adesão foi a pressão externa. A história se repetiu quando os Estados Uni-

---

[449] Esta é a visão de Jacques Malherbe, para quem, "é verdade que não é o objetivo do BEPS alterar a alocação de competências tributárias entre países de fonte e de residência, o que vários países em desenvolvimento ressentirão. Ele foca na falta de substância e o local da criação de valor, que são duas questões factuais responsáveis por gerar disputas relacionadas à sua determinação, deixando de lado a economia digital e a possibilidade de criação de novos conceitos" (MALHERBE, Jacques. The Issues of Dispute Resolution and Introduction of a Multilateral Treaty. *Intertax*, Amsterdam, v. 43 (1), 2015, p. 91).

[450] Ver: WAGENAAR, Leonard. The Effect of the OECD Base Erosion and Profit Shifting Action Plan on Developing Countries. *Bulletin for International Taxation*, Amsterdam, v. 69 (2), 2015, p. 85.

[451] María del Pilar Diez Caparroso faz referência ao tipo de pressão exercida pela OCDE sobre países não membros da organização como uma forma de coação. Ver: DIEZ CAPARROSO, María del Pilar. A Menor Confianza, Mayor Control. Hacia una Nueva Estrategia Tributaria: BEPS, un Control más Sofisticado. In: ILADT. *Memorias de las XXVII Jornadas Latinoamericanas de Derecho Tributario*. ILADT: Mexico, 2015. p. 1128.

dos criaram o FATCA, o qual acabou sendo aceito pelo Brasil. Agora, resta acompanhar qual será a pressão feita sobre o País – e outros países em desenvolvimento – para que sejam implementadas algumas recomendações do Projeto BEPS.

4.1. A Participação do Brasil no Projeto BEPS

4.1.1. Qual a relevância da "BEPS" para o Brasil?

Antes de analisar a participação do Brasil no Projeto BEPS, vale a pena questionar a relevância da "BEPS" a partir de uma perspectiva brasileira. O discurso oficial, conforme detalhado abaixo, é que o Projeto BEPS trata de um assunto muito relevante para o País. No entanto, lidar com a "BEPS" não parece uma prioridade atual para o Brasil.

O Brasil, como a maioria dos países, está lutando para arrecadar receitas fiscais suficientes para cobrir suas despesas. No entanto, parece que no caso brasileiro o aumento na arrecadação de tributos decorreria mais do combate a planejamentos fiscais abusivos relacionados a operações internas,[452] do que daqueles relativos a operações internacionais. Esta hipótese é confirmada pela análise dos Relatórios da Administração Fiscal do Brasil sobre suas atividades em 2014[453] e 2015[454] e o planejamento da fiscalização para 2015[455] e 2016.[456]

---

[452] Não parece adequado utilizar a expressão planejamento tributário "agressivo" para fazer referência a situações exclusivamente domésticas. Como será visto adiante – item 4.2.2 – o conceito de planejamento tributário "agressivo", ao menos no contexto do Projeto BEPS, inclui situações onde não se verifica qualquer comportamento artificial por parte do contribuinte, o que, na realidade doméstica, jamais poderia ser questionável da perspectiva de legitimidade. Portanto, em referência a situações exclusivamente domésticas parece-nos mais adequado o uso da expressão planejamento tributário abusivo.

[453] Disponível em: https://idg.receita.fazenda.gov.br/publicacoes/relatorio-anual-de-atividades/receita_federal_relatorioatividades-1.pdf. Acesso em 02 de dezembro de 2016.

[454] Disponível em: https://idg.receita.fazenda.gov.br/dados/resultados/fiscalizacao/arquivos-e-imagens/plano-anual-fiscalizacao-2016-e-resultados-2015.pdf. Acesso em 02 de dezembro de 2016.

[455] Disponível em: http://idg.receita.fazenda.gov.br/dados/resultados/fiscalizacao/arquivos-e-imagens/12015_03_05-plano-anual-da-fiscalizacao-2015-e-resultados-2014.pdf. Acesso em 02 de dezembro de 2016.

[456] Disponível em: https://idg.receita.fazenda.gov.br/dados/resultados/fiscalizacao/arquivos-e-imagens/plano-anual-fiscalizacao-2016-e-resultados-2015.pdf. Acesso em 02 de dezembro de 2016.

Portanto, um fato que precisa ser levado em consideração nesta análise é que a erosão da base tributária e a transferência de lucros em operações internacionais não é geralmente apontada nos relatórios elaborados pela Secretaria da Receita Federal do Brasil como uma das principais causas para a redução das receitas fiscais do País.

Esta constatação é corroborada pelo fato de que o Brasil enfrenta atualmente uma séria crise financeira, apresentando um déficit orçamentário considerável. Neste contexto, todas as fontes potenciais de aumento de receita estão sendo exploradas e não há nenhuma ação sendo cogitada em áreas relacionadas com a "BEPS" como parte da solução dos problemas.

Provavelmente a razão para a pouca importância dada à "BEPS" é que o Brasil tem um extenso conjunto de regulamentações e práticas anti-BEPS. Se essas regulamentações não impedem a erosão da base tributária e a transferência de lucros por completo, elas definitivamente fazem com que tais objetivos sejam difíceis de serem alcançados pelas empresas e indivíduos.

Muitas destas regras serão comentadas adiante, mas é relevante resumi-las abaixo:

- O Brasil tem o mais extenso conjunto de "regras CFC" do mundo. Exceto pelo fato de que elas não se aplicam quando a entidade estrangeira é controlada por uma pessoa física residente no Brasil, as "regras CFC" do País são praticamente imunes à "BEPS".
- O Brasil tem regras de subcapitalização que limitam a dedução de juros quando a dívida pactuada com partes relacionadas, ou com entidades localizadas em paraísos fiscais ou sob regimes fiscais privilegiados, excede determinados limites.
- Todos os pagamentos feitos a entidades residentes em paraísos fiscais, ou a entidades sob regimes fiscais privilegiados, não são dedutíveis para fins do IRPJ e da CSLL como regra geral, a menos que a entidade brasileira possa provar que a estrangeira: (i) é beneficiária efetiva dos pagamentos, (ii) que os serviços foram efetivamente prestados e os bens efetivamente transferidos, e (iii) que haja prova da capacidade operacional da pessoa física ou jurídica no exterior para realizar a operação.[457]

---
457 Ver: ROCHA, Sergio André. *Tributação Internacional*. São Paulo: Quartier Latin, 2013. p. 258-268.

- Todas as transações intragrupo, assim como todas as operações com entidades sediadas em paraísos fiscais e sob regimes fiscais privilegiados estão sujeitas a controles de preços de transferência.
- A abordagem doméstica de substância sobre a forma é usada para evitar o uso inadequado de benefícios previstos em tratados internacionais.
- Como amplamente explorado anteriormente nesta pesquisa, o Brasil tem alta tributação na fonte aplicável à importação de serviços e *royalties* em geral. Pela interpretação da Receita Federal, tal tributação também se aplica a serviços prestados intragrupo.[458]
- O Brasil ignora ostensivamente as disposições das convenções celebradas pelo País sobre Estabelecimentos Permanentes, tornando-se bastante difícil utilizar planejamentos com tais estruturas para evitar o pagamento de tributos no País.
- A Secretaria da Receita Federal do Brasil tem um dos sistemas de administração fiscal digital mais avançados do mundo, o que permite que as autoridades fiscais brasileiras monitorem as transações dos contribuintes no momento que elas ocorrem. Ademais, há um sistema ("SISCOSERV") no qual é necessário todo e qualquer serviço e *royalties* pagos a não residentes.[459]

Com todos esses mecanismos "anti-BEPS" em vigor, é justo afirmar que o Brasil tem um grande conjunto interno de regras que neutralizam a "BEPS", e que pouco pode ser feito para reforçá-las. Talvez a maior falha no sistema brasileiro seja o fato de que ele está desconectado dos outros países. Em outras palavras, o Brasil tem uma vasta regulamentação doméstica anti-BEPS, mas fica aquém em termos de coordenação com outros países.[460]

---

458 Ver: Solução de Consulta COSIT nº 43/2015 e Solução de Consulta COSIT nº 50/2016.

459 Ver: BIFANO, Elidie Palma. Anotações sobre o Sistema Integrado de Comércio Exterior de Serviços, Intangíveis e Outras Operações que Produzam Variações Patrimoniais – SISCOSERV. In: BRITO, Demes; CASEIRO, Marcos Paulo. *Direito Tributário Internacional: Teoria e Prática*. São Paulo: Revista dos Tribunais, 2014. p. 843-861.

460 Ver: ROCHA, Sergio André. *Tributação Internacional*. São Paulo: Quartier Latin, 2013. p. 340-341.

Além disso, por vezes as próprias regulamentações domésticas "anti-BEPS" dão espaço para o planejamento fiscal "agressivo". Um exemplo é o caso das regras de preço de transferência do Brasil. O uso extensivo de margens de lucro fixas pode ser utilizado para fins de planejamento tributário quando essas margens são menores do que o preço real de mercado.[461] Este tipo de situação gera um caso de planejamento tributário "agressivo", mas não abusivo – ver item 4.2.2.

Não obstante, não estamos argumentando que o sistema "anti-BEPS" do Brasil é perfeito. O que se está sustentando é que ele é suficientemente extenso e eficiente para não fazer da luta contra a "BEPS" uma prioridade para o País no campo da otimização da arrecadação tributária.

4.1.2. A Contribuição do Brasil para a OCDE

A OCDE liderou o Projeto BEPS e coordenou todo o trabalho técnico relacionado a ele.[462] Desde o início, a aprovação dos países-membros do G-20 foi essencial para o sucesso do Projeto. Portanto, como membro do G-20, o Brasil, pelo menos, aprovou e apoiou a iniciativa da OCDE, aceitando, de um ponto de vista político, seus resultados – embora, como muito bem pontuado por Allison Christians, "a despeito do espectro do G-20 como um 'novo modelo de engajamento multilateral', os Estados Unidos e a Europa continuam a dominar uma arquitetura virtualmente impenetrável de elaboração de política tributária na forma da Organização para Cooperação e Desenvolvimento Econômico, uma rede internacional de 30 dos mais ricos países do mundo".[463]

---

461 Ver: ROCHA, Sergio André. Modelos de Regulação Jurídica, Preços de Transferência e os Novos Métodos PCI e Pecex. *Revista Direito Tributário Atual*, São Paulo, n. 28, 2012, p. 353-366.

462 Ver: PALMITESSA, Elio. The Major Players in Recent and Future Tax Policy. In: PETRUZZI, Rafaelle; SPIES, Karoline (Coords.). *Tax Policy Challenges in the 21st Century*. Wien: Linde, 2014. p. 52.

463 CHRISTIANS, Allison. Taxation in a Time of Crisis: Policy Leadership from the OECD to the G20. *Northwestern Journal of Law & Social Policy*, Illinois, n. 5 (1), 2010, p. 19-20. Temos nos referido a esse domínio do Direito Internacional Tributário pela OCDE como uma espécie de "imperialismo fiscal internacional" (Cf. ROCHA, Sergio André. International Fiscal Imperialism and the "Principle" of the Permanent Establishment. *Bulletin for International Taxation*, Amsterdam, n. 68 (2), 2014, p. 83-87). Ver, também, GARCÍA ANTÓN, Ricardo. The 21st Century Multilateralism in International Taxation: The Emperor's New Clothes? *World Tax Journal*, Amsterdam, 8 (2), 2016, p. 175-176.

No primeiro documento emitido pela OCDE sobre o Projeto BEPS, o suporte do países-membros do G-20 foi mencionado logo no primeiro parágrafo. Veja-se abaixo:

> A erosão da base tributária constitui um sério risco para as receitas fiscais, a soberania fiscal e justiça fiscal para os países-membros e não-membros da OCDE igualmente. Embora existam muitas maneiras em que as bases tributárias nacionais possam ser erodidas, uma fonte significativa de erosão da base está na transferência de lucros. Apesar de futuros trabalhos sobre os dados relativos à erosão da base tributária e transferência de lucros (BEPS) serem importantes e necessários, não há dúvida de que o BEPS é uma questão premente e atual para uma série de jurisdições. Neste contexto, o G-20 saudou o trabalho que a OCDE está realizando nesta área e solicitou um relatório sobre o progresso dos trabalhos para a reunião fevereiro 2013.[464]

Mais tarde, em 2013, quando as Ações do Projeto foram apresentadas pela OCDE, os ministros de finanças dos países que compõem o G-20 mais uma vez aprovaram a iniciativa em uma reunião em Moscou. De acordo com o Plano de Ação "os ministros de finanças do G20 pediram que a OCDE desenvolvesse um plano de ação para abordar questões de BEPS de uma forma coordenada e abrangente".[465] O mesmo aconteceu em 2015, quando os relatórios finais do Projeto BEPS foram apresentados aos ministros de finanças do G-20 no Peru, que, por sua vez, aprovaram-no.

É verdade que a aprovação pelos ministros de finanças do G-20 tem natureza política, e não técnica.[466] Dessa forma, não significa em absoluto que as recomendações da OCDE serão real e integralmente aceitas pelos países-membro do G-20. Por outro lado, não se pode dizer que estes países desconhecem o Projeto BEPS e suas recomendações, e isso definitivamente se aplica ao Brasil.

---

464 OECD. *Addressing Base Erosion and Profit Shifting*. Paris: OECD, 2013. p. 5.

465 OECD. *Action Plan on Base Erosion and Profit Shifting*. Paris: OECD, 2013. p. 11.

466 Muito interessante a seguinte colocação de Yariv Brauner: "A OCDE não foi apenas demandada pelo G-20 para liderar o Projeto BEPS sem qualquer supervisão senão pelos nível políticos mais altos, mas também foi bem-sucedida em se posicionar como um parceiro independente do G-20, tornando-se proprietária do Projeto, ao invés de agir em um papel subordinado" (BRAUNER, Yariv. Transfer Pricing Aspects of Intangibles: The Cost Contribution Arragement Model. In: LANG, Michael; STORCK, Alfred; PETRUZZI, Raffaele (Coords.). *Transfer Pricing in a Post-BEPS World*. The Netherlands: Kluwer, 2016. p. 100).

Em novembro de 2015, o Brasil e a OCDE lançaram o "Programa de Trabalho OCDE-Brasil". Também em 2015, a OCDE publicou o relatório "Ativa com o Brasil". De acordo com este relatório, uma das áreas em que o Brasil está trabalhando em conjunto com a OCDE é o Projeto BEPS:

> Em maio de 2013, por ocasião da Reunião Ministerial da OCDE, o Brasil assinou a Declaração Sobre a Erosão da Base Tributária e Transferência de Lucros. A Declaração reconhece que o BEPS é uma questão global crítica, conforme identificado no Relatório sobre a Abordagem da Erosão de Base Tributária e Transferência de Lucros, e encoraja esforços coordenados para desenvolver soluções inclusivas e eficazes. Realizado a pedido dos líderes do G-20, a OCDE desenvolveu o Plano de Ação BEPS, que identificou 15 ações para pôr fim à evasão fiscal internacional. Em outubro de 2015, os ministros de finanças do G-20 aprovaram o pacote final de medidas para uma reforma abrangente, coerente e coordenada das regras fiscais internacionais.[467]

Vale ressaltar que a participação do Brasil no Projeto BEPS não se infere apenas de documentos internacionais. Ainda em 2013, quando o Brasil foi convidado pela OCDE para participar do Projeto, o apoio financeiro necessário para a OCDE foi analisado pela Procuradoria Geral da Fazenda Nacional (PGFN). Sua posição era favorável à participação do País no Projeto.[468] Na verdade, a PGFN seguiu a posição da Secretaria da Receita Federal do Brasil de que a participação do Brasil no Projeto BEPS era um assunto urgente e relevante.

Como consequência do pedido da Secretaria da Receita Federal do Brasil e da recomendação da PGFN, a Lei nº 12.649/2014 autorizou formalmente o Governo Brasileiro a contribuir financeiramente com o Projeto BEPS (ver o artigo 5º, inciso VI).

Alguns relatórios do Projeto BEPS confirmam a participação do Brasil em seu desenvolvimento. Por exemplo, no Relatório sobre as ações 8, 9 e 10, há uma nota esclarecendo a posição do país em relação às recomendações sobre preços de transferência:

> O Brasil prevê uma abordagem em sua legislação nacional que faz uso de margens fixas derivadas de práticas da indústria e considera isso em conformidade com o princípio da plena concorrência. O Brasil continuará a aplicar esta abordagem e vai usar as orientações deste relatório neste contexto.

---
467 OECD. *Active with Brazil*. Paris: OECD, 2015. p. 20.
468 Ver a Nota PGFN nº 799/2013.

Quando os Tratados Fiscais do Brasil contiverem o Artigo 9º, primeiro parágrafo, do Modelo de Convenções Fiscais da OCDE e da ONU e um caso de dupla tributação que se enquadre neste dispositivo surja, o Brasil fornecerá acesso a MAP, em linha com o padrão mínimo da Ação 14.[469]

No Relatório sobre a Ação 11, faz-se referência a um questionário que o Grupo de Trabalho 2 enviou para trinta e oito países – incluindo o Brasil – acerca de administração fiscal e transparência.[470] Este relatório destaca a experiência do Brasil com a unificação das informações fiscais e de contabilidade através de um sistema digital como uma das melhores práticas globais (*best practices*).[471]

Finalmente, no Relatório sobre a Ação 13 também há referência à posição do Brasil sobre o tipo de informação que deve ser incluída na declaração País por País (*Country-by-Country Report*). De acordo com o Relatório:

> O conteúdo específico dos diversos documentos reflete um esforço para equilibrar as necessidades de informação da administração tributária, as preocupações sobre uso inadequado das informações, e os custos de *compliance* e os encargos impostos às empresas. *Alguns países atingem esse equilíbrio de uma maneira diferente, exigindo declarações de dados transacionais adicionais no Relatório de País-por-País (além daquelas disponíveis no arquivo mestre e no arquivo local sobre transações de entidades que operam em suas jurisdições) sobre os pagamentos de juros com partes relacionadas, pagamentos de royalties e especialmente taxas de serviço entre partes relacionadas. Países que expressam este ponto de vista são principalmente os de mercados emergentes (Argentina, Brasil, República Popular da China, Colômbia, Índia, México, África do Sul e Turquia) que afirmam serem necessárias essas informações para a realização de uma avaliação de risco e que entendem ser um desafio a obtenção dessas informações sobre operações globais de um grupo de empresas multinacionais com sede em outro lugar.* Outros países manifestaram o seu apoio para a maneira em que o equilíbrio foi abordado neste documento. Levando todas estas opiniões em consideração, é determinado que os países que participam no Projeto BEPS examinarão cuidadosamente a implementação destas novas normas e reavaliarão, até o final de 2020, se modificações no conteúdo desses relatórios devem ser feitas para exigir a comunicação de dados adicionais ou diferentes.[472] (Destaque nosso)

---

469 OECD. *Aligning Transfer Pricing Outcomes with Value Creation*. Paris: OECD, 2015. p. 185.
470 OECD. *Measuring and Monitoring BEPS*. Paris: OECD, 2015. p. 267.
471 OECD. *Measuring and Monitoring BEPS*. Paris: OECD, 2015. p. 254.
472 OECD. *Transfer Pricing Documentation and Country-by-Country Reporting*. Paris: OECD, 2015. p. 10.

Estes trechos indicam que o Brasil tem influenciado de alguma forma no desenvolvimento dos Relatórios, fornecendo ideias e informação.[473] É claro que a participação e aquiescência são conceitos distintos. Na verdade, as contribuições feitas pelo Brasil no Relatório sobre Ações 8, 9 e 10 foram no sentido de reforçar a posição do País em relação à sua própria política e prática de preços de transferência.

Mais recentemente, em reunião realizada em Kyoto em 30 de junho e 01 de julho de 2016, a OCDE promoveu o primeiro encontro do "inclusive framework", com a finalidade de engajar países em desenvolvimento no Projeto.[474] Foi criada então a categoria de "BEPS associates", na qual o Brasil se inclui.[475] Neste contexto, o País assumiu o compromisso de implementação dos padrões mínimos (*minimum standards*), os quais, em uma primeira fase, incluem principalmente as Ações 5, 6, 13 e 14.[476] Como veremos adiante, o Brasil vem cumprindo a obrigação assumida.

O "inclusive framework" busca levar para o Projeto BEPS a bem-sucedida experiência legitimadora do Fórum Global. Com efeito, em sua fundação o Fórum Global era um espelho da OCDE. Somente quando ele passou a ser um órgão praticamente independente, com mais participantes não membros da OCDE do que membros foi que o Fórum Global ganhou força e acabou liderando o esforço mundial de combate à opacidade no campo tributário. A lógica por trás do "inclusive framework" é parecida,[477] buscando dar mais voz aos países não membros da OCDE – e países em desenvolvimento não membros do G-20 – e, consequentemente, mais legitimidade às recomendações do Projeto BEPS, aumentando a probabilidade de sua adoção por países individuais.

---

473 Ver: TAVARES, Romero. What Will a Post-BEPS Latin America Look Like? *Tax Notes International*, [S/L], n. 83 (7), ago. 2016, p. 551.

474 Ver: http://www.oecd.org/tax/developing-countries-and-beps.htm. Acesso em 02 de dezembro de 2016.

475 Uma lista dos países integrantes do *inclusive framework* pode ser encontrada em: http://www.oecd.org/tax/beps/inclusive-framework-on-beps-composition.pdf. Acesso em 31 de dezembro de 2016.

476 Ver: https://www.oecd.org/tax/background-brief-inclusive-framework-for-beps-implementation.pdf. Acesso em 25 de dezembro de 2016.

477 Ver: PICCIOTTO, Sol. International Taxation and Economic Substance. *Bulletin for International Taxation*, Amsterdam, n. 70 (12), 2016, p. 752.

Em conclusão, não há dúvida de que o Brasil, como membro do G-20, tem seguido de perto o Projeto BEPS participando das iniciativas da OCDE.[478] No entanto, o impacto real que o projeto terá no Brasil irá variar de Ação para a Ação, como será analisado nas seções a seguir.

4.1.3. A Contribuição do Brasil para a ONU

Em paralelo ao trabalho da OCDE, a ONU criou uma subcomissão para acompanhar a evolução do Projeto BEPS em conexão com os países em desen-

---

[478] Sobre a participação brasileira nas atividades da OCDE é relevante o relato de Marcos Aurélio Pereira Valadão: " Em 1998, a OCDE iniciou seu trabalho em um programa específico para países como o Brasil e, desde 2007, o Brasil aumentou seus vínculos com a OCDE, tornando-se um 'parceiro-chave' no nível do 'relacionamento aprimorado'. Atualmente o Brasil aderiu a 16 instrumentos legais da OCDE, isto é, convenções e declarações, e é um membro efetivo de sete órgãos da OCDE, isto é, fóruns e grupos, estando envolvido em 18 comitês da OCDE.

O Brasil não é um membro da OCDE. Entretanto, ele se juntou a importantes fóruns da OCDE, especialmente aqueles relacionados à tributação, atendendo as reuniões do Centro de Política e Administração Fiscal e contribuindo para vários documentos da OCDE ao longo dos últimos 20 anos. Por exemplo, como um membro do *Steering Group* e do *Peer Review Group* do Fórum Global, o Brasil é um associado do Fórum Global sobre Transparência e Troca de Informações para Fins Fiscais (o 'Fórum Global'). Adicionalmente, o Brasil é um parceiro da iniciativa da OCDE sobre Orientações para Empresas Multinacionais relacionadas à conduta empresarial e participa da Força Tarefa sobre Ação Financeira (sobre lavagem de dinheiro)/*Groupe d'action financière* (FATF/GAFI), que é uma organização para combater a lavagem de dinheiro e financiamento ao terrorismo, cuja direção é baseada na OCDE em Paris. O Brasil também está envolvido na iniciativa contra propinas e corrupção, como parte da Convenção da OCDE sobre o Combate de Propinas a Servidores Públicos em Transações Empresariais Internacionais, e participa em comitês tratando de temas como agricultura e estatísticas. O Brasil também se tornou parte da iniciativa contra 'BEPS' da OCDE e, como um membro do G-20, participa da coordenação do Projeto BEPS da OCDE. Em adição, o Plano de Ação BEPS foi endossado pelo Brasil em 2013. [...]

Em sua capacidade de membro do G-20, o Brasil participa ativamente e contribui para o desenvolvimento de documentos e relatórios com relação à iniciativa de BEPS da OCDE. A participação do País nas iniciativas de BEPS da OCDE se dão no âmbito da Secretaria da Receita Federal do Brasil. Autoridades, isto é, auditores fiscais da Receita Federal, participaram de reuniões da Projeto BEPS da OCDE desde o final de 2013. Eles participaram das reuniões CFA 'Bureau Plus", prestando atenção ao planejamento tributário agressivo (Grupo de Trabalho 11), competição fiscal prejudicial, análise de política fiscal e estatística (Grupo de Trabalho 6), troca de informações (Grupo de Trabalho 10) e padrão comum de reporte e economia digital (Ação BEPS 1), assim como solução de disputas, regras de juros e CFC, abuso de tratados e procedimentos amigáveis (MAPs)" (VALADÃO, Marcos Aurélio Pereira. Transfer Pricing in Brazil and Actions 8, 9, 10 and 13 of the OECD Base Erosion and Profit Shifting Initiative. *Bulletin for International Taxation*, Amsterdam, n. 70 (5), 2016, p. 301).

volvimento.[479] Esta subcomissão elaborou um questionário que foi enviado para alguns países em desenvolvimento, com a finalidade de obter informações sobre as preocupações de cada jurisdição.[480] As informações a seguir sobre a subcomissão estão disponíveis no sítio da ONU na *internet*:

> A Subcomissão dos Países em Desenvolvimento para Questões sobre Erosão da Base Tributária e Transferência de Lucro foi criada na nona sessão do Comitê de Peritos sobre Cooperação Internacional em Matéria Fiscal das Nações Unidas (Comitê Fiscal da ONU) em outubro de 2013.
>
> O mandato da Subcomissão é a acompanhar a evolução das questões sobre erosão de base tributária e transferência de lucro, comunicar-se com funcionários nos países em desenvolvimento e envolver-se com os organismos relevantes, como a OCDE, sobre estas questões. Este trabalho irá alimentar os pontos de vista expressos no atual Projeto BEPS da OCDE / G20, mas também em trabalhos de cooperação fiscal das Nações Unidas em curso.
>
> No início deste ano, a Subcomissão lançou um questionário solicitando feedback dos países em desenvolvimento sobre a sua experiência com erosão de base tributária e transferência de lucro. Esta informação em primeira mão é importante, pois irá influenciar diretamente a compreensão do Subcomitê acerca das prioridades e preocupações dos países em desenvolvimento.
>
> As respostas foram solicitadas até 2 de maio de 2014. Até à data, temos recebido observações muito úteis e inspiradoras do México, Cingapura, Brasil e um outro país em desenvolvimento, juntamente com respostas

---

479 "Países em desenvolvimento" é uma categoria que inclui países com diferentes níveis de desenvolvimento econômico (sobre o tema, ver: ROSENBLATT, Paulo. *General Anti-Avoidance Rules for Major Developing Countries*. The Netherlands: Kluwer, 2015. p. 9-14). Alguns autores preocupam-se com a capacidade administrativa de tais países para implementar as recomendações do Projeto BEPS. Nesse sentido, ver: DOURADO, Ana Paula Dourado. The Base Erosion and Profit Shifting (BEPS) Initiative under Analysis. *Intertax*, Amsterdam, n. 43 (1), 2015, p. 3. O Brasil é certamente um País em relação ao qual tal preocupação não é aplicável, sendo certo que as autoridades brasileiras terão capacidade para implementar as recomendações que o País entenda cabíveis. Destacando que os interesses de países em desenvolvimento menores, não membros do G-20, não estão necessariamente alinhados com aqueles de países em desenvolvimento maiores, membros do G-20, ver: PALMITESSA, Elio. The Major Players in Recent and Future Tax Policy. In: PETRUZZI, Rafaelle; SPIES, Karoline (Coords.). *Tax Policy Challenges in the 21st Century*. Wien: Linde, 2014. p. 55.

480 Para uma análise da iniciativa da Organização das Nações Unidas, ver: PETERS, Carmel. Developing Countries' Reactions to the G20/OECD Action Plan on Base Erosion and Profit Shifting. *Bulletin for International Taxation*, Amsterdam, v. 69 (8), 2015, p. 375-381; TABAKOV, Ludomir. Counteracting Tax Evasion and Avoidance (focus on non-compliance by MNEs). In: PETRUZZI, Rafaelle; SPIES, Karoline (Coords.). *Tax Policy Challenges in the 21st Century*. Wien: Linde, 2014. p. 418-421.

conjuntas da Christian Aid e da Action Aid, além da Economic Justice Network and Oxfam South Africa.[481]

A resposta do Brasil à Subcomissão dos Países em Desenvolvimento para Questões sobre Erosão da Base Tributária e Transferência de Lucro é, provavelmente, a mais extensa informação pública sobre a posição do País sobre a "BEPS" e o Projeto BEPS – embora date de 2014. Por não ser muito longo, o questionário e as resposta das autoridades fiscais brasileiras encontram-se anexos a esta pesquisa como Anexo 1 (neste caso, foi mantida a redação original em inglês).

Em sua resposta, as autoridades da Secretaria da Receita Federal do Brasil sustentaram que "a erosão da base tributável e a transferência de lucros constituem uma séria ameaça à competição justa, e gera impactos negativos sobre as receitas tributárias. Tais práticas são geralmente utilizadas por grandes contribuintes, e causam um aumento da regressividade tributária, comparada com outros contribuintes que não podem realocar seus lucros para jurisdições de baixa tributação. Em razão dessa regressividade, há um aumento da carga tributária sobre outros contribuintes e impacto sobre o desenvolvimento econômico do País".[482]

Após manifestar posição no sentido de que a "BEPS" é um problema a ser enfrentado, os representantes do Brasil identificaram aquelas que, em sua visão, seriam as Ações mais relevantes no Plano de Ação BEPS, conforme abaixo:[483]

- Ação 1 ("Abordar os desafios fiscais da economia digital")
- Ação 3 ("Reformar as normas relativas a Controlled Foreign Companies")
- Ação 4 ("Limitar a erosão da base tributária por intermédio da dedução de juros e outras compensações financeiras")
- Ação 5 ("Combater de modo mais eficaz as práticas tributárias prejudiciais, considerando a transparência e a substância")

---

481 Disponível em: http://www.un.org/esa/ffd/wp-content/uploads/2015/01/BepsIssues.pdf. Acesso em 22 de dezembro de 2015.

482 Disponível em: http://www.un.org/esa/ffd/tax/Beps/CommentsBrazil_BEPS.pdf. Acesso em 25 de dezembro de 2016.

483 Disponível em: http://www.un.org/esa/ffd/tax/Beps/CommentsBrazil_BEPS.pdf. Acesso em 25 de dezembro de 2016.

- Ação 7 ("Prevenir que o status de Estabelecimento Permanente seja artificialmente evitado")
- Ações 8, 9 e 10 ("Garantir que os resultados dos preços de transferência estejam alinhados com a criação do valor")
- Ação 12 ("Exigir que o contribuinte revele o seu planejamento tributário agressivo")
- Ação 13 ("Reexaminar as regras sobre documentos relativos a preços de transferência")

A resposta do Brasil não deve ser interpretada como uma indicação de que o país pretende aderir às recomendações da OCDE nos Relatórios relativos a essas Ações. Por exemplo, o Brasil incluiu as quatro Ações sobre preços de transferência em sua lista – ainda que o país não pretenda alterar o núcleo das suas regras de preços de transferência no futuro próximo. O Brasil também incluiu a Ação 7, sobre Estabelecimento Permanente, na lista. No entanto, como mencionado anteriormente, o País não tem grande histórico de aplicação de disposições sobre o tema.

4.1.4 Objetivo deste Capítulo

A "BEPS" e o Projeto BEPS tornaram-se os temas mais debatidos em tributação internacional nos últimos três ou quatro anos. Autores especialistas na área tributária de todo o mundo estão estudando os impactos do Projeto, internacional e nacionalmente. O foco deste Capítulo não é fornecer uma análise aprofundada de cada uma das Ações do Projeto BEPS, nem criticar os objetivos da OCDE. Pelo contrário, o objetivo é analisar as recomendações do Projeto BEPS a partir de uma perspectiva brasileira, com a finalidade de demonstrar se, e de que forma, eles devem impactar a política fiscal internacional do Brasil.

Como observado por Gemma Patón Garcia, "a adoção das recomendações do Plano de Ação do Projeto BEPS deve ser o resultado de um processo pensado por cada Estado, considerando a evolução do plano na cena internacional. No entanto, não é menos certo que as iniciativas nacionais devem ser ajustadas à realidade social e econômica de cada país. Ademais, essas iniciativas devem evitar conflitos com a administração de outros países com os quais existem relações comerciais, tendo em vista a possibilidade de tais relacionamentos serem afetados em sua competitividade".[484]

Levando este comentário em conta, serão analisadas as Ações do Projeto BEPS sob a perspectiva da política fiscal internacional brasileira.

4.2 Impactos de cada Ação BEPS na Política Fiscal Internacional do Brasil

4.2.1 Ação 1: Abordando os Desafios Fiscais da Economia Digital

A Ação 1 do Projeto BEPS tem foco nos desafios da economia digital.[485] No Sumário Executivo do Relatório da OCDE, foram destacadas as características mais relevantes da economia digital – presentes e futuras – e como a transformação digital de modelos de negócios tradicionais pode ter impactos significativos sobre a tributação. As seguintes características mais relevantes da economia digital foram incluídas no Relatório:[486]

- A Tecnologia da Informação e Comunicação (TIC) modificou os modelos de negócios, permitindo novos consumidores e que os fornecedores de serviços, intangíveis e bens façam negócios com consumidores que estariam fora do seu alcance.

- É impossível separar a economia digital da economia tradicional.

- Futuros desenvolvimentos em TIC devem ser acompanhados de perto, pois eles podem gerar impactos fiscais. Moedas virtuais,

---

[484] PATÓN GARCIA, Gemma. Análisis de las Medidas Españolas Alineadas con el Plan de Acción BEPS: Desafíos en la Implementación e Incidencia en Latinoamérica. In: ILADT. *Memorias de las XXVII Jornadas Latinoamericanas de Derecho Tributario*. ILADT: Mexico, 2015. p. 189.

[485] Sobre o tema, ver: BAL, Aleksandra; GUTIÉRREZ, Carlos. Taxation of the Digital Economy. In: COTRUT, Madalina. (Coord.). *International Tax Structures in the BEPS Era: An Analysis of Anti-Abuse Measures*. Amsterdam: IBFD, 2015. p. 249-280.

[486] OECD. *Addressing the Tax Challenges of the Digital Economy*. Paris: OECD, 2015. p. 142-146.

robótica avançada e impressão 3D, consumo colaborativo, etc. trarão mudanças que precisam ser levadas em consideração.
- A economia digital tem características que são potencialmente relevantes para efeitos fiscais – a mobilidade de intangíveis, usuários e funções de negócio, dependência de dados, os efeitos de rede, a difusão de modelos de negócios multilaterais, tendência para monopólio ou oligopólio, e volatilidade.
- "Avanços em TIC, reduções de diversas barreiras monetárias e alfandegárias, e a mudança para produtos digitais e uma economia baseada em serviços, no entanto, combinadas para quebrar obstáculos à integração, permitindo que grupos MNE operem muito mais como empresas globais".
- Estas características da economia digital aumentam as oportunidades de BEPS. "Por exemplo, a importância dos intangíveis no contexto da economia digital, combinado com a mobilidade de bens intangíveis para efeitos fiscais sob as regras fiscais existentes, geram oportunidades substanciais para a 'BEPS' na área dos impostos diretos".

O Relatório da OCDE também abordou questões fiscais mais específicas. No domínio da tributação direta, a OCDE apontou três desafios principais de política fiscal.

- Nexo: o aumento contínuo no potencial das tecnologias digitais e a necessidade reduzida, em muitos casos, de grande presença física para o exercício da atividade, combinado com o papel crescente dos efeitos de rede gerados por interações com o cliente, podem levantar questões quanto ao fato de as regras atuais para determinar nexo com uma jurisdição para efeitos fiscais serem adequadas ou não.
- Dados: o crescimento da sofisticação das tecnologias de informação tem permitido a empresas na economia digital coletarem e usarem informações para além das fronteiras em um grau sem precedentes. Isto levanta questões sobre a forma de atribuir valor criado a partir da geração de dados por meio de produtos e serviços digitais, e de como caracterizar, para fins fiscais, o fornecimento de dados por uma pessoa ou entidade em uma

transação, por exemplo, como um fornecimento gratuito de um bem, como uma operação de troca, ou alguma outra forma.

* Caracterização: o desenvolvimento de novos produtos digitais ou meios de prestação de serviços cria incertezas em relação à caracterização adequada dos pagamentos efetuados no contexto de novos modelos de negócios, particularmente em relação à computação em nuvem.[487]

A regulação do Estabelecimento Permanente é definitivamente uma área muito impactada pela economia digital.[488] A TIC permite às empresas realizarem negócios em outras jurisdições, sem uma presença física, desafiando os habituais limites de reconhecimento de estabelecimento permanente.[489] Conforme observado pela OCDE, "outra questão específica suscitada pela mudança de formas em que as empresas são conduzidas é se certas atividades que antes eram considerados preparatórias ou auxiliares (e, consequentemente, beneficiam-se das exceções à definição de EP) podem ser componentes cada vez mais importantes de empresas na economia digital".[490]

O relatório também apontou alguns desafios nos impostos indiretos, criados pela economia digital, nomeadamente aqueles relacionadas com "(i) a importação de encomendas de baixo valor de vendas on-line, que são tratadas como isentas de IVA em muitas jurisdições; e (ii) o forte crescimento do comércio de serviços e intangíveis, especialmente as vendas a consumidores particulares, em que muitas vezes ocorre o não pagamento ou o pagamento inadequadamente baixo de IVA devido à complexidade da aplicação do IVA para pagamentos referentes a essas operações".[491]

---

487 OECD. *Addressing the Tax Challenges of the Digital Economy*. Paris: OECD, 2015. p. 99.

488 Sobre o tema, ver: ANGELUCCI, Pierpaolo. A Tributação do Comércio Eletrônico: Problemas e Perspectivas no Âmbito dos Impostos Diretos. *Revista Direito Tributário Atual*, São Paulo, n. 18, 2004, p. 109-113; RISOLIA, Rodrigo Cipriano dos Santos. Economia Digital e Estabelecimento Permanente Digital – Considerações sobre a Ação 1. In: GOMES, Marcus Lívio; SCHOUERI, Luís Eduardo (Coords.). *A Tributação Internacional na Era Pós-BEPS*. Rio de Janeiro: Lumen Juris, 2016. v. III. p. 319-338.

489 Ver: GARCÍA NOVOA, César. La Influencia de las BEPS en el Poder Tributario Internacional. In: ILADT. *Memorias de las XXVII Jornadas Latinoamericanas de Derecho Tributario*. ILADT: Mexico, 2015. p. 491; ESCRIBANO LÓPEZ, Eva. An Opportunistic, an yet Appropriate, Revision of the Source Threshold for the Twenty-First Century Tax Treaties. *Intertax*, Amsterdam, n. 43 (1), 2015, p. 10.

490 OECD. *Addressing the Tax Challenges of the Digital Economy*. Paris: OECD, 2015. p. 102.

491 OECD. *Addressing the Tax Challenges of the Digital Economy*. Paris: OECD, 2015. p. 120.

Ainda que o relatório tenha identificado algumas opções para a abordagem de preocupações de "BEPS" na economia digital – tais como mudanças nas regras de reconhecimento estabelecimento permanente e a cobrança do IVA sobre as transações transfronteiriças – é interessante notar que a OCDE decidiu não recomendar nenhuma das opções nesta fase. De acordo com o Relatório:

> Isto porque, entre outras razões, espera-se que as medidas desenvolvidas no Projeto BEPS terão um impacto substancial sobre questões de BEPS previamente identificadas na economia digital; que certas medidas de BEPS irão atenuar alguns aspectos dos desafios fiscais mais amplos; e que impostos sobre o consumo serão cobrados de forma eficaz no país de mercado. As opções analisadas pelo TFDE para enfrentar os desafios de impostos diretos mais amplos, nomeadamente, o novo Nexo sob a forma de uma presença econômica significativa, a retenção na fonte sobre certos tipos de transações digitais e da obrigação de equalização, exigiriam alterações substanciais das principais normas fiscais internacionais e exigiriam mais trabalho. Diante do ambiente fiscal internacional em mudança, uma série de países manifestou preocupação acerca da forma como as normas internacionais sobre quais tratados fiscais bilaterais são baseados alocam direitos de tributação entre o Estado de origem e Estado de residência. Nesta etapa, no entanto, não é claro se essas mudanças são suficientes para lidar com as mudanças trazidas pelos avanços da TIC. Levando em conta o exposto, e na ausência de dados sobre o alcance real desses desafios mais amplos em impostos diretos, o TFDE não recomendou nenhuma das três opções de como sendo os padrões internacionalmente aceitos.[492]

A insuficiência dos resultados da Ação 1 até agora é decepcionante.[493] Esta é uma das poucas ações em que uma mudança na alocação de competências tributárias poderia, de fato, acontecer, privilegiando-se o país onde se encontra o mercado consumidor em detrimento daquele onde se encontra localizado o fornecedor.[494] Seria este um sinal de que as nações desenvolvidas estão atrasando mudanças que

---

[492] OECD. *Addressing the Tax Challenges of the Digital Economy*. Paris: OECD, 2015. p. 137.

[493] Sobre o tema, ver: GALENDI JÚNIOR, Ricardo André; GALDINO, Guilherme Silva. Desafios da Economia Digital: do problema hermenêutico ao desequilíbrio na alocação de jurisdição. In: GOMES, Marcus Lívio; SCHOUERI, Luís Eduardo (Coords.). *A Tributação Internacional na Era Pós-BEPS*. Rio de Janeiro: Lumen Juris, 2016. v. III. p. 312-313.

[494] Em estudo escrito em coautoria com Marco Aurélio Greco já havíamos destacado a importância do mercado como elemento de conexão, principalmente no contexto da economia digital. (Cf. UCKMAR, Victor; GRECO, Marco Aurélio; ROCHA, Sergio André et. al. *Manual de Direito Tributário Internacional*. São Paulo: Dialética, 2012. p. 285-286).

podem resultar em uma perda de receitas fiscais? Pode ser este o caso. Esta é a opinião, por exemplo, de Eva Escribano López, para quem "a reforma corajosa e inovadora prometida pelo Relatório BEPS tem sido enfraquecida por um Plano de Ação que, de um só golpe, deixou de fora do debate dois dos principais pilares que sustentam o sistema fiscal (abordagem de entidades separadas e normas sobre a alocação dos direitos de tributação). E o que é pior, a mais disruptiva das ações, a de número 1, parece condenada ao fracasso, dadas as resistências internas previsíveis dentro do fórum da OCDE. Assim, o resultado que poderíamos esperar do Projeto BEPS não será a reforma abrangente prometida, mas uma combinação de medidas destinadas a restabelecer a eficácia dos princípios atuais".[495]

A presente Ação é definitivamente de interesse para o Brasil. Cada vez mais empresas da economia digital estão fazendo negócios no País sem pagar tributos. Este problema está chamando a atenção das autoridades fiscais, que já manifestaram no passado a intenção de criar regras específicas para lidar com esse problema no futuro.

---

495 ESCRIBANO LÓPEZ, Eva. An Opportunistic, an yet Appropriate, Revision of the Source Threshold for the Twenty-First Century Tax Treaties. *Intertax*, Amsterdam, n. 43 (1), 2015, p. 13. São precisas as colocações de Roberto França de Vasconcellos. Em textual: "Como observado anteriormente, o aspecto jurídico não pode ser dissociado do econômico e do político na discussão sobre a tributação do comércio eletrônico. Os países em desenvolvimento demonstram grande receio pela perda da capacidade de tributar os negócios celebrados no mundo virtual, caso sejam mantidas as regras atuais de tributação internacional.

Teme-se que, aplicadas as regras de tributação atuais, o país onde se encontra o mercado consumidor, em virtude de não existir um estabelecimento permanente em seu território ou resquício de presença física que lhe confira o direito de tributar, estaria perdendo a capacidade de tributar para o país da residência do fornecedor ou prestador do serviço.

Entretanto, não é possível ainda determinar com segurança quais serão os países que perderão com tal situação, pois, potencialmente, todo país poderá assumir a condição de país de fonte ou de país de residência. Ademais, o comércio eletrônico promove um incremento da indústria e do comércio de todos os países, que poderão, mesmo sem manter presença física no exterior, alcançar o mercado consumidor do mundo inteiro" (VASCONCELLOS, Roberto França. Os Desafios da Tributação de Operações Internacionais na Economia Digital. In: SCHOUERI, Luís Eduardo; BIANCO, João Francisco (Coords.). *Estudos de Direito Tributário em Homenagem ao Professor Gerd Willi Rothmann*. São Paulo: Quartier Latin, 2016. p. 425). Ver, também: SCHOUERI, Luís Eduardo. Tributação e Cooperação Internacional. *Revista Direito Tributário Atual*, São Paulo, n. 18, 2004, p. 73-75.

4.2.1.1. Análise da Ação 1 do Projeto BEPS da Perspectiva da Política Fiscal Internacional Brasileira

Diante dos comentários acima e considerando as colocações sobre a política fiscal brasileira apresentadas nos capítulos 1, 2, 3 e 4 desta pesquisa, é possível concluir que não há uma contradição entre a Ação 1 do Projeto BEPS e as finalidades buscadas pelo Brasil. Do contrário, percebe-se um alinhamento entre as mesmas, uma vez que um dos potenciais efeitos desta Ação seria a viabilização da tributação, pelos países em desenvolvimento – cujos mercados são explorados pela atuação das empresas digitais – de rendas que atualmente ou não são tributadas ou são tributadas integralmente por países desenvolvidos.

Dessa maneira, em relação à esta Ação, é possível concluir o seguinte:

- Não há incompatibilidade entre os objetivos da Ação 1 do Projeto BEPS e a política fiscal internacional brasileira.
- A depender das recomendações da OCDE, é possível que o País acolha as mesmas, desde que elas sejam alinhadas com os propósitos subjacentes à tributação da economia digital, permitindo a tributação pelo país de destino, onde se encontra o mercado que gera a renda.
- Neste momento não há informação pública a respeito de qualquer iniciativa do País relacionada a alterações em sua legislação relacionadas à tributação da economia digital em linha com esta Ação do Projeto BEPS – salvo algumas movimentações estaduais relacionadas à tributação indireta, sem vinculação com o Projeto BEPS.

4.2.2 Ação 2: Neutralizando os Efeitos dos Instrumentos Híbridos

Uma das expressões mais utilizadas dos Relatórios do Projeto BEPS é planejamento fiscal "agressivo", no entanto, não é fácil definir o alcance desta expressão. Este é definitivamente um dos maiores desafios do projeto BEPS: traçar a linha entre os planejamentos fiscais legítimos e os ditos planejamentos fiscais "agressivos".

Várias Ações do Projeto BEPS lidam com o conceito de planejamento fiscal "agressivo". No entanto, talvez nenhuma delas esteja mais próxima do assunto do que a Ação 12, que trata da divulgação de planejamentos fiscais "agressivos".[496] De acordo com o Plano de Ação BEPS da OCDE, o principal objetivo da Ação 12 – que será analisada adiante – é "desenvolver recomendações sobre a criação de regras de divulgação obrigatória para transações, arranjos, ou estruturas agressivas ou abusivas, tendo em conta os custos administrativos para as administrações fiscais e para as empresas, e com base em experiências em um número crescente de países que adotaram tais regras".

No entanto, embora o conceito de planejamento fiscal "agressivo" seja central para o Projeto BEPS, nem o Plano de Ação BEPS, nem nenhum dos Relatórios das Ações do Projeto BEPS – inclusive o da Ação 12 – buscam fornecer uma definição de planejamento fiscal "agressivo".

No glossário incluído em seu "Estudo sobre o Papel de Intermediários Fiscais", de 2008, a OCDE apresentou uma definição um pouco mais clara de planejamento fiscal "agressivo", conforme abaixo:

> **Planejamento fiscal agressivo.** Isto refere-se a duas áreas de preocupação para os órgãos de receita:
>
> **Planejamento envolvendo uma posição fiscal que é sustentável, mas possui consequências não intencionais e inesperadas nas receitas tributárias.** As preocupações dos órgãos de receita referem-se ao risco de que a legislação fiscal possa ser mal utilizada para alcançar resultados que não foram previstos pelos legisladores. Esta situação é agravada pelo período frequentemente longo entre o momento em que os esquemas são criados e vendidos e o tempo que os órgãos de receita têm para descobri-los, e que a legislação de reparação seja promulgada.
>
> **Tomar uma posição fiscal que seja favorável ao contribuinte, sem revelar abertamente que há incerteza se as questões significativas na declaração de imposto estão de acordo com a lei.** As preocupações dos órgãos de receita referem-se ao risco de que os contribuintes não revelarão seu ponto de vista sobre a incerteza ou ao risco incorrido em relação às

---

[496] Para uma análise a respeito da evolução do conceito de planejamento fiscal "agressivo", ver: CALDAS, Marta. *O Conceito de Planejamento Fiscal Agressivo*. Lisboa, Almedina, 2015. p. 67-76. Para um estudo da distinção entre planejamento tributário "agressivo" e planejamento tributário "abusivo", ver: Piantavigna, Paolo. Tax Abuse and Aggressive Tax Planning in the BEPS Era: How EU Law and the OECD Are Establishing a Unifying Conceptual Framework in International Tax Law, despite Linguistic Discrepancies. *World Tax Journal*, Amsterdam, n. 9 (1), Maio 2017, p. 47-98.

áreas cinzentas da lei (por vezes, os órgãos de receitas sequer concordam que a lei está sendo questionada).[497]

A autora portuguesa Marta Caldas, ao examinar este relatório da OCDE, destacou a extensão do conceito de planejamento tributário "agressivo" a situações onde não se identifica qualquer traço de artificialidade ou abuso. Em suas palavras, "ao nível da OCDE, no Relatório OCDE (2008) Study on the Role Tax Intermediaries, por exemplo, o planejamento fiscal agressivo é exatamente delimitado numa das suas vertentes como planejamento que envolve uma situação fiscal que é legítima, mas **com inesperadas consequências** ao nível das receitas fiscais e no qual se assume o acesso à informação como um instrumento fundamental para a boa governação fiscal, que não só permitirá às Administrações Fiscais reduzirem os custos administrativos de fiscalização, como também **permitirá ao legislador fiscal corrigir as incongruências das normas fiscais involuntariamente geradas**".[498] (Destaques no original)

Esta "definição" apresentada pela OCDE foi criticada por Philip Baker, que argumentou que ela "sugere que o foco de preocupação da OCDE no que diz respeito ao planejamento fiscal agressivo refere-se ou a esquemas ou acordos que permitam atingir um resultado não previsto pelos legisladores, ou aos casos que dependem de uma posição fiscal incerta. Francamente, isso não é uma abordagem particularmente útil para a identificação de planejamento fiscal agressivo. A primeira parte depende de uma compreensão do que foi e não foi previsto pelos legisladores: em muitos casos, o legislador não tem nem uma ideia clara ou não sabe o que deseja alcançar com a legislação tributária, nem torna suas intenções claras em nenhuma forma que possa dar orientações úteis aos contribuintes. A segunda parte da definição não dá nenhuma indicação clara do grau de incerteza na posição fiscal".[499]

A crítica que Philip Baker faz à definição exposta acima vai diretamente ao ponto. Parece razoável afirmar que a OCDE não tem uma definição clara sobre o que é planejamento fiscal "agressivo". Entretanto, parece-nos que ela inclui ao menos duas situações: (i) os ditos planejamentos tributários abusivos,

---

497 OECD. *Study into the Role of Tax Intermediaries*. Paris: OECD, 2008. p. 87.
498 CALDAS, Marta. *O Conceito de Planejamento Fiscal Agressivo*. Lisboa, Almedina, 2015. p. 119.
499 BAKER, Philip. The BEPS Project: Disclosure of Aggressive Tax Planning Schemes. *Intertax*, Amsterdam, n. 43 (1), 2015, p. 86.

onde o contribuinte se vale de uma estrutura ou transação artificial para alcançar um efeito fiscal mais vantajoso – o que autores brasileiros como Heleno Taveira Tôrres[500] e Marciano Seabra de Godoi[501] referem como "elusão fiscal"; e (ii) situações onde não se identifica artificialidade, mas se entende que o contribuinte aufere uma vantagem fiscal não intencional – no sentido da existência de um efeito fiscal não intencionalmente previsto pelo legislador.[502]

Uma das características que torna mais difícil a neutralização dos planejamentos fiscais "agressivos" diz respeito ao fato de que às vezes ele é uma consequência de lacunas e descasamentos dos sistemas tributários nacionais, que têm consequências inesperadas. Conforme observado por Ana Paula Dourado, "em contraste com o princípio do abuso, o planejamento fiscal agressivo abrange também a existência de lacunas legais ou descasamentos explorados em situações transnacionais".[503]

Feitos esses comentários, o que é relevante para a análise apresentada nesta seção é que poucas ações do Plano de Ação do BEPS estão tão relacionadas com a questão de lacunas e descasamentos entre as leis nacionais do que a Ação 2 – os quais são explorados pelo contribuinte, abusivamente ou não.[504]

Descasamentos híbridos (*hybrid mismatches*) são uma consequência direta do exercício regular da soberania fiscal de cada país na concepção de seus respectivos sistemas tributários. Tal concepção cria oportunidades que são então utilizadas pelas empresas multinacionais para que desfrutem de uma car-

---

500 TÔRRES, Heleno Taveira. *Direito Tributário e Direito Privado*. São Paulo: Revista dos Tribunais, 2003. p. 182-198.

501 Cf. GODOI, Marciano Seabra de. Uma Proposta de Compreensão e Controle dos Limites da Elisão Fiscal no Direito Brasileiro. Estudo de Casos. In: YAMASHITA, Douglas (Coord.). *Planejamento Tributário à Luz da Jurisprudência*. São Paulo: Lex, 2007. p. 239-238.

502 Parece-nos incompleta – ao menos da perspectiva do Projeto BEPS –, portanto, a definição de James Alm, para quem "o PTA é frequentemente visto como uma transação de elisão fiscal que cumpre com a literalidade, porém abusa do espírito da lei" (ALM, James. Um Sistema Tributário Transparente Desencorajaria o "Planejamento Tributário Agressivo"? Tradução Nara C. Takeda Taga. In: SANTI, Eurico Marcos Diniz de. *Transparência Fiscal e Desenvolvimento: Homenagem ao Professor Isaias Coelho*. São Paulo: Editora FISCOsoft, 2013. p. 276).

503 DOURADO, Ana Paula. Aggressive Tax Planning in EU Law and in the Light of BEPS: The EC Recommendation on Aggressive Tax Planning and BEPS Actions 2 and 6. *Intertax*, Amsterdam, n. 43 (1), 2015, p. 48. Ver, também: CALDERÓN CARRERO, José Manuel; QUINTAS SERRA, Alberto. *Cumplimiento Tributario Cooperativo y Buena Governanza Fiscal en la Era BEPS*. Navarra: Civitas, 2015. p. 45-50.

504 Sobre este tema, é leitura obrigatória a dissertação de Ramon Tomazela Santos: SANTOS, Ramon Tomazela. *Os Instrumentos Financeiros Híbridos à Luz dos Acordos de Bitributação*. Rio de Janeiro: Lumen Juris, 2017.

ga tributária global reduzida em suas transações. Como pontua Luís Eduardo Schoueri, "sendo cada Estado livre para esquadrinhar suas regras tributárias, não causa surpresa a falta de harmonia entre elas, implicando qualificações diversas para um mesmo instrumento ou estrutura societária".[505]

Seria possível argumentar que não há nada de errado com o que as multinacionais fazem quando exploram esses descasamentos híbridos – desde que não o façam artificialmente. De acordo com Reinout de Boers e Otto Marres, "uma visão cínica poderia compreender apenas dois princípios universais que se aplicam à tributação internacional: o primeiro princípio diz que os Estados terão as receitas fiscais que consigam obter (sempre que possível e à custa de outros Estados, através da concorrência fiscal); o segundo princípio diz que os contribuintes vão pagar o mínimo de imposto que eles (legalmente) puderem (quando possível, usando planejamento fiscal agressivo)".[506]

Existe uma discussão fundamental no cerne do problema sobre descasamentos híbridos, sobre qual país teria o direito de tributar receitas decorrentes de operações internacionais. Fazendo referência novamente ao artigo do Reinout de Boers e Otto Marres, "a própria natureza do regime de descasamentos híbridos – que se beneficiam de pelo menos dois sistemas fiscais e que operam plenamente nos limites do escopo de cada um desses sistemas – torna impossível identificar o Estado perdedor que deve reparar o descasamento".[507]

---

[505] SCHOUERI, Luís Eduardo. O Projeto BEPS: Ainda uma Estratégia Militar. In: GOMES, Marcus Lívio; SCHOUERI, Luís Eduardo (Coords.). *A Tributação Internacional na Era Pós-BEPS*. Rio de Janeiro: Lumen Juris, 2016. v. I. p. 37.

[506] DE BOERS, Reinout; MARRES, Otto. BEPS Action 2: Neutralizing the Effects on Hybrid Mismatches Arrangements. *Intertax*, Amsterdam, n. 43 (1), 2015, p. 14. Sobre o tema, ver: BRIGAGÃO, Gustavo; PEPE, Flávia Cavalcanti Pepe. Neutralizing Hybrid Financial Instruments – Selected Tax Policy Issues. In: SAUNDERS, Ana Paula; GOMES, Eduardo Santos; MOREIRA, Francisco Lisboa; MURAYAMA, Janssen (Orgs.). *Estudos de Tributação Internacional*. Rio de Janeiro: 2016. p. 586-587.

[507] DE BOERS, Reinout; MARRES, Otto. BEPS Action 2: Neutralizing the Effects on Hybrid Mismatches Arrangements. *Intertax*, Amsterdam, n. 43 (1), 2015, p. 14. Nesse mesmo sentido argumenta Ramon Tomazela Santos, para quem "o problema da justificativa acima *[apresentada pela OCDE no Relatório da Ação 2]* é que a perda de arrecadação pressupõe a existência de um direito ao recebimento de determinada receita pública, o que é questionável nas operações com instrumentos financeiros híbridos, pois o contribuinte cumpre os pressupostos exigidos pelos sistemas tributários dos dois Estados envolvidos. Assim, sob a perspectiva de cada um dos Estados envolvidos, não há perda de arrecadação fiscal, pois a economia tributária obtida pelo contribuinte apenas pode ser verificada a partir da assimetria entre os tratamentos tributários prescritos pelos dois Estados envolvidos. Por consequência, não há como identificar se cada Estado, individualmente considerado, realmente sofreu

O combate aos descasamentos híbridos pode até desencadear conflitos entre Estados. Considere-se, por exemplo, o caso apresentado por Jan van de Steek ao discorrer sobre híbridos reversos. Em poucas palavras, o planejamento tributário consiste no uso de uma entidade transparente na Europa, de modo que o país europeu considere que a renda está sendo paga diretamente para os Estados Unidos – não a tributando – enquanto, por outro lado, os Estados Unidos consideram que o mesmo rendimento pertence à entidade europeia – e, portanto, só seriam tributáveis no país caso fossem repatriados.[508]

A questão levantada por este autor é: será que os Estados Unidos aceitariam alguma ação por parte da União Europeia para tributar os lucros da empresa controlada norte-americana? Em outras palavras, qual país tem o direito sobre essas receitas fiscais?

Este é o cenário complexo por trás da Ação 2 do Projeto BEPS, que trata da neutralização dos efeitos dos descasamentos híbridos e dá andamento a trabalhos anteriores da OCDE sobre a matéria.[509]

Ainda em 2012, a OCDE destacou que os descasamentos híbridos "podem ser usados para explorar as diferenças de regras tributárias dos países e alcançar resultados, tais como (i) a dedução múltipla de uma mesma despesa em diferentes países, (ii) a dedução de um pagamento no país do pagador, sem uma inclusão correspondente no país do beneficiário e (iii) múltiplos créditos fiscais para um único montante de imposto pago no exterior. Os descasamentos híbridos, portanto, levantam uma série de questões de política fiscal, com impactos, por exemplo, em receitas tributárias, concorrência, eficiência econômica, transparência e justiça".[510] Estas são basicamente as mesmas questões abordadas pelo Relatório sobre a Ação 2.

---

uma perda de arrecadação fiscal" (SANTOS, Ramon Tomazela. Instrumentos Financeiros Híbridos e a Arbitragem Fiscal Internacional – As Considerações de Política Fiscal na Ação 2 do Projeto BEPS. In: GOMES, Marcus Lívio; SCHOUERI, Luís Eduardo (Coords.). *A Tributação Internacional na Era Pós-BEPS*. Rio de Janeiro: Lumen Juris, 2016. v. I. p. 121).

508 DE STEEK, Jan van. The United States of America is the most powerful nation on Earth." What does this mean for the future of CV/BV-structures. *Kluwer International Tax Blog*. Disponível em http://www.kluwertaxlawblog.com/blog/2016/01/21/the-united-states-of-america-is-the-most-powerful-nation-on-earth-what-does-this-mean-for-the-future-of-cvbv-structures/. Acesso em 22 de Janeiro de 2016.

509 OECD. *Hybrid Mismatch Arrangements: Tax Policy and Compliance Issues*. Paris: OECD, 2012.

510 OECD. *Hybrid Mismatch Arrangements: Tax Policy and Compliance Issues*. Paris: OECD, 2012. p. 11.

Este Relatório foi dividido em duas partes. A Parte I "estabelece recomendações para regras destinadas a resolver o descasamento de resultados fiscais onde eles surjam, em relação a pagamentos efetuados sob a forma de instrumento financeiro híbrido ou pagamentos feitos para ou por uma entidade híbrida. Recomenda também regras para resolver descasamentos indiretos que surgem quando os efeitos de um instrumento de descasamento híbrido são importados para uma terceira jurisdição".[511] A recomendação geral da OCDE nesta Parte I foi a seguinte:

> A regra principal recomendada é que os países impeçam a dedução pelo contribuinte, na medida em que não está incluído no rendimento tributável do beneficiário na jurisdição da contraparte ou que também seja dedutível na jurisdição contraparte. Se a regra principal não for aplicada, então a jurisdição da contraparte geralmente pode aplicar uma regra defensiva, exigindo que o pagamento dedutível seja incluído nos rendimentos ou negando a dedução duplicada, dependendo da natureza do descasamento.[512]

Embora uma grande quantidade de problemas de descasamentos híbridos esteja relacionada a lacunas nas legislações tributárias domésticas, há também situações em que as estruturas dos contribuintes estão baseadas em dispositivos de tratados tributários. O objetivo da Parte II do Relatório é abordar "a parte da Ação 2 destinada a garantir que os instrumentos e entidades híbridas, bem como entidades de dupla residência, não sejam utilizados para obter indevidamente benefícios de tratados tributários e que os tratados tributários não impeçam a aplicação das alterações do direito interno recomendadas na Parte I".[513]

Não há dúvidas de que as multinacionais que operam no Brasil utilizam descasamentos híbridos em seus planejamentos tributários. No entanto, é questionável se tais arranjos tributários representam perdas significativas de receita fiscal para o País. O Brasil não tem entidades transparentes – e não vê entidades de qualquer outro país como transparentes. Além disso, como analisado anteriormente, o Brasil tem, provavelmente, as mais extensas "regras CFC" no mundo.

Portanto, parece improvável que o Brasil embarque em uma cruzada contra descasamentos híbridos que possa exigir esforço administrativo significativo e, no final, ter impactos pouco relevantes sobre a arrecadação do País.

---

511 OECD. *Neutralising the Effects of Hybrid Mismatch Arrangements*. Paris: OECD, 2015. p. 11.
512 OECD. *Neutralising the Effects of Hybrid Mismatch Arrangements*. Paris: OECD, 2015. p. 12.
513 OECD. *Neutralising the Effects of Hybrid Mismatch Arrangements*. Paris: OECD, 2015. p. 12.

Por exemplo, duas características das regras brasileiras de tributação da renda que têm sido apontadas como desencadeadoras de "BEPS", por motivos de descasamentos híbridos, são a dedutibilidade dos juros sobre o capital próprio ("JCP")[514] e a isenção do pagamento de dividendos.

De acordo com o artigo 9º da Lei nº 9.249/1995, uma pessoa jurídica brasileira está autorizada a deduzir do seu Imposto de Renda e da Contribuição Social sobre o Lucro Líquido juros calculados sobre as contas do patrimônio líquido e limitados à variação *pro rata die* da Taxa de Juros de Longo Prazo (TJLP). O pagamento efetivo ou crédito relativo aos JCP depende da existência de lucros – correntes ou acumulados – em uma quantidade igual ou superior a duas vezes o montante dos juros a serem pagos ou creditados.

Pagamentos de JCP fazem parte de planejamentos tributários de descasamentos híbridos quando a entidade brasileira realiza os mesmos, provocando uma dedução de 34% no Brasil,[515] e o país do destinatário caracteriza os JCP como dividendos isentos, por exemplo.[516]

Devido ao potencial desencadeamento de efeitos de "BEPS", a OCDE recomendou que o Brasil extinguisse a dedutibilidade dos JCP. É justo questionar se o Brasil deveria realmente seguir a recomendação da OCDE nesta área.

A dedutibilidade dos JCP no Brasil não foi projetada para conceder qualquer incentivo especial para que empresas não residentes investissem no país.[517] Pelo contrário, de acordo com Luís Eduardo Schoueri, estas regras são desti-

---

514 Ver: TAVARES, Diego Ferraz Lemos et. al. A Ação n. 2 do Projeto BEPS da OCDE e seus Possíveis Efeitos no Brasil. In: GOMES, Marcus Lívio; SCHOUERI, Luís Eduardo (Coords.). *A Tributação Internacional na Era Pós-BEPS*. Rio de Janeiro: Lumen Juris, 2016. v. I. p. 87-88; MARE, Débora Alexandroni. Dividendos ou Juros? Empréstimos ou "Repo"? Arranjos ou Entidades? Conflitos no Tratamento Fiscal dos Pagamentos por Estruturas Híbridas. In: GOMES, Marcus Lívio; SCHOUERI, Luís Eduardo (Coords.). *A Tributação Internacional na Era Pós-BEPS*. Rio de Janeiro: Lumen Juris, 2016. v. I. p. 108-109.

515 Pagamentos de JCP estão sujeitos a uma retenção do IRRF à alíquota de 15% quando o beneficiário está localizado em um país de tributação regular e à alíquota de 25% quando o beneficiário está situado em um país com tributação favorecida.

516 Exatamente para evitar a coincidência da dedução no Brasil com não tributação alguns países, como a Espanha e a Holanda, modificaram suas legislações domésticas para prever a tributação dos JCP recebidos por seus residentes.

517 Sobre o tema, ver: TÔRRES, Heleno Taveira. Juros sobre Capital Próprio – autonomia privada nos investimentos societários e suas implicações em matéria tributária. In: TÔRRES, Heleno Taveira (Coord.). *Direito Tributário Internacional Aplicado*. São Paulo: Quartier Latin, 2007. v. IV. p. 349-407.

nadas a colocar o investimento de capital e de dívida em pé de igualdade, desencorajando o planejamento tributário que utiliza endividamento excessivo.[518] Portanto, não parece razoável esperar que o Brasil altere sua legislação neste campo – ao menos não em decorrência do Projeto BEPS

A mesma observação é válida no que respeita à isenção do pagamento de dividendos. Ela é totalmente impulsionada por razões de política fiscal nacional e não tem nada a ver com "BEPS".[519] Definitivamente, não seria razoável impactar a situação de todos os contribuintes no Brasil devido ao fato de que alguns estão envolvidos com planejamento fiscal "agressivo" utilizando-se de tais descasamentos entre as regras do Brasil e de outros países.

Em novembro de 2016 a OCDE divulgou o resultado do trabalho da Ação 15, publicando a "Convenção Multilateral para Implementar Medidas Relacionadas a Tratados Tributários para Prevenir a Erosão da Base Tributável e a Transferência de Lucros" (referida adiante apenas como "Convenção Multilateral").[520] A Parte II da Convenção Multilateral tratou exatamente dos *hybrid mismatches*, nos artigos 3º a 5º do tratado.

A previsão das regras sobre descasamentos híbridos na Convenção Multilateral forçará os países a tomarem uma posição formal a respeito da introdução das recomendações da Ação 2 em sua legislação. Tais dispositivos preveem expressamente a possibilidade de um país signatário apresentar reservas aos mesmos – ver os artigos 3 (5) "a"; 4 (3) "a"; e 5 (1) da Convenção Multilateral. Assim, é de se aguardar para verificar qual será à adesão internacional – e brasileira – a esta parte da convenção.

---

518 Ver: SCHOUERI, Luís Eduardo. Juros sobre Capital Próprio: Natureza Jurídica e Forma de Apuração Diante da "Nova Contabilidade". In: MOSQUERA, Roberto Quiroga; LOPES, Alexsandro Broedel (Coords.). *Controvérsias Jurídico-Contábeis (Aproximações e Distanciamentos): 3º Volume*. São Paulo: Dialética, 2012. p. 172.

519 Sobre os fundamentos para a isenção do Imposto de Renda na distribuição de dividendos, ver: SANTOS, Ramon Tomazela. A Isenção Outorgada aos Dividendos e Integração da Tributação das Pessoas Jurídicas e das Pessoas Físicas: o Pagamento de Dividendos à Conta de Reserva de Capital e a Influência da Recente Edição da Lei nº 12.973/2014. *Revista Direito Tributário Atual*, São Paulo, n. 31, 2014, p. 297-320.

520 Sobre a Convenção Multilateral, ver: AUSTRY, Stéphane; AVERY JONES, John; BAKER, Philip et. al. The Proposed OECD Multilateral Instrument Amending Tax Treaties. *Bulletin for International Taxation*, Amsterdam, 70 (12), 2016, p. 683-689.

4.2.2.1. Análise da Ação 2 do Projeto BEPS da Perspectiva da Política Fiscal Internacional Brasileira

Não parece que o regime de descasamentos híbridos seja uma fonte significativa de BEPS no Brasil. Portanto, o País deve ter cuidado antes de se envolver em um acordo internacional complexo que poderia representar: (i) encargos administrativos para as autoridades fiscais brasileiras; (ii) restrição à soberania tributária do País; e (iii) transferência dos direitos de tributação para países que não devem tê-los.

Dessa maneira, em relação à esta Ação, é possível concluir o seguinte:

- Não há incompatibilidade entre os objetivos da Ação 2 do Projeto BEPS e a política fiscal internacional brasileira. Contudo, não deve o Brasil alterar sua legislação doméstica – como a que estabelece a dedução dos JCP ou a isenção dos dividendos – em função exclusivamente de recomendações decorrentes desta Ação.

- Uma vez que o tema dos *hybrid mismatches* está incluído na Convenção Multilateral, o Brasil deverá tomar uma posição a respeito da adesão aos artigos 3º a 5º do tratado. Não identificamos nenhum obstáculo para que o Brasil adote tais dispositivos ao assinar a Convenção Multilateral.[521]

- Neste momento não há informação pública a respeito de qualquer iniciativa do País relacionada a alterações em sua legislação relacionadas à tributação de descasamentos híbridos, em linha com esta Ação do Projeto BEPS. Também não há notícia da intenção do Brasil de assinar a Convenção Multilateral incluindo os dispositivos mencionados acima.

---

[521] No mesmo sentido, ver: SANTOS, Ramon Tomazela. Brazil's Approach Towards the BEPS Multilateral Convention. Disponível em: http://kluwertaxblog.com/2016/12/22/brazils-approach-towards-the-beps-multilateral-convention/. Acesso em 31 de dezembro de 2016.

4.2.3 Ação 3: Desenhando Regras CFC Efetivas

As "regras CFC" brasileiras foram analisadas anteriormente – ver itens 1.4.3.1 e 2.2.1. Neste tópico nosso objetivo é comentar os potenciais impactos da Ação 3 do Projeto BEPS sobre a política fiscal internacional brasileira.

De acordo com o Relatório final da Ação 3 do Projeto BEPS o mesmo tem seis pilares (*building blocks*):

- regras para definir uma CFC (incluindo a definição de controle);
- exceções e limites para a aplicação de regras CFC;
- definição do lucro de uma CFC;
- regras para calcular o lucro de uma CFC;
- regras para atribuir lucro a uma CFC; e
- regras para evitar a dupla tributação do lucro.[522]

Examinaremos adiante o Relatório da OCDE à luz das regras brasileiras. Nada obstante, é possível desde já concordar com Yariv Brauner quando este autor afirma que aparentemente "a OCDE vê as regras CFC como regimes domésticos que – talvez em razão de pressões políticas internas ou até mesmo incompetência – não seguem melhores práticas. Em resposta, a OCDE presumivelmente espera especificar tais melhores práticas para assistir os países em implementarem essas normas necessárias".[523]

Portanto, este é um tema essencialmente doméstico[524] e o máximo que a OCDE pode fazer é apresentar sugestões que os países podem incluir em suas legislações domésticas, ou não. Não há uma abordagem multilateral – esta matéria não faz parte do escopo da Convenção Multilateral – que poderia ser utilizada para harmonizar as "regras CFC" globalmente, embora, como notado

---

522 OECD. *Designing Effective Controlled Foreign Company Rules, Action 3 - 2015 Final Report*. OECD: Paris, 2015. p. 11.

523 BRAUNER, Yariv. What the BEPS? *Florida Tax Review*, Florida, n. 16 (2), 2014, p. 85.

524 Nesse sentido, ver: FIGUEIREDO, Diogo de Andrade. A Transparência Fiscal Brasileira e o Plano de Ação nº 3: Considerações sobre a Adequação do Modelo Adotado pelo Brasil como Mecanismo de Combate ao BEPS e de Fomento à Competitividade das Empresas Brasileiras no Exterior. In: GOMES, Marcus Lívio; SCHOUERI, Luís Eduardo (Coords.). *A Tributação Internacional na Era Pós-BEPS*. Rio de Janeiro: Lumen Juris, 2016. v. I. p. 261.

por Ricardo André Galendi Júnior, apenas com a coordenação entre países tais regras poderão ser utilizadas de forma ótima para o combate da "BEPS".[525]

Este fato – tratamento doméstico da matéria – é especialmente verdadeiro em consequência das limitações que os países membros da União Europeia têm ao elaborarem suas "regras CFC". Com efeito, desde a decisão proferida pelo Tribunal Europeu no caso *Cadbury-Schweppes*, foi decidido que "regras CFC" dos países membros da somente podem alcançar os chamados "arranjos artificiais" (*wholly artificial arrangements*).[526] Do contrário, são consideradas contrárias às liberdades fundamentais da União Europeia.[527]

As "regras CFC" brasileiras são tão abrangentes que é difícil imaginar que este Relatório irá expor limitações das mesmas. De outro lado, países membros da União Europeia não seriam autorizados a implementar regras tão abrangentes quanto as brasileiras.

4.2.3.1. Regras para Definir uma CFC

Um dos principais focos do Relatório da Ação 3 nesta área estava relacionado à caracterização de entidades transparentes, *trusts* e estabelecimentos permanentes como CFCs.[528] Neste particular, os resultados da Ação 3 foram relativamente indiferentes para o Brasil, tendo em vista que nossa legislação não prevê esses tipos de entidades.

---

525 GALENDI JÚNIOR, Ricardo André. Fundamentos da Tributação de Lucros no Exterior: entre Competitividade e Harmonização. *Revista Direito Tributário Atual*, São Paulo, n. 33, 2015, p. 409-410.

526 Ver: XAVIER, Alberto. *Direito Tributário Internacional*. Coimbra: Almedina, 2007. p. 429; MALHERBE, Jacques. *Controlled Foreign Corporations*: Revisitadas à Luz dos Tratados de Bitributação e do Direito Comunitário Europeu. Tradução Ricardo Maitto da Silveira. *Revista Direito Tributário Atual*, São Paulo, n. 21, 2007, p.117-119; MALHERBE, Jacques. Controlled Foreign Corporations in the EU After Cadbury Schweppes. In: TÔRRES, Heleno Taveira (Coord.). *Direito Tributário Internacional Aplicado*. São Paulo: Quartier Latin, 2008. v. V. p. 667-760.

527 Sobre o tema, ver: SAUNDERS, Ana Paula. Tributação na Europa e a Aplicação das Liberdades Fundamentais. In: SAUNDERS, Ana Paula; GOMES, Eduardo Santos; MOREIRA, Francisco Lisboa; MURAYAMA, Janssen (Orgs.). *Estudos de Tributação Internacional*. Rio de Janeiro: 2016. p. 643-675; LANG, Michael; HEIDENBAUER, Sabine. Wholly Artificial Arrangements. In: HINNEKENS, Luc; HINNEKENS, Philippe (Orgs.). *A Vision of Taxes Within and Outside European Borders*. The Netherlands: Kluwer, 2008. p. 597-615.

528 OECD. *Designing Effective Controlled Foreign Company Rules, Action 3 - 2015 Final Report*. OECD: Paris, 2015. p. 21.

O Relatório também se preocupou com a definição de controle para fins de aplicação de "regras CFC", fazendo referência aos seguintes tipos de controle:

- Controle legal.
- Controle econômico.
- Controle de fato.
- Controle baseado na consolidação.[529]

O Brasil adota um critério formal de controle, baseado na preponderância da empresa brasileira nas deliberações da investida no exterior; ou no vínculo entre a empresa brasileira e a empresa controladora da investida no exterior – caso das coligadas equiparadas a controladoras.

Após definir controle, o Relatório se preocupou com a determinação do nível de controle necessário para a aplicação de uma "regra CFC".[530]

O Relatório da OCDE na Ação 3 foca claramente na possibilidade de a empresa investidora exercer influência sobre a CFC. O Relatório prevê formas de controle em conjunto – próximas das regras de equiparação a controladora previstas no artigo 83 da Lei nº 12.973/2014 – e regras de tributação de controladas indiretas – como as previstas no artigo 77 da Lei nº 12.973/2014.[531]

Em vista desses breves comentários, parece-nos que as regras brasileiras não se distanciam do padrão recomendado pela OCDE neste primeiro pilar.

4.2.3.2. Exceções e Limites para a Aplicação de Regras CFC

Este é um dos pilares do Relatório que mais contraria a política fiscal brasileira relacionada à aplicação de "regras CFC". A razão para tal contradição é o fato de este pilar ressaltar a preocupação da OCDE com a utilização de "regras CFC" apenas para evitar a erosão de base tributária e transferência de lucros, e não como regra geral de tributação, como faz o Brasil.

---

[529] OECD. *Designing Effective Controlled Foreign Company Rules, Action 3 - 2015 Final Report*. OECD: Paris, 2015. p. 24.

[530] OECD. *Designing Effective Controlled Foreign Company Rules, Action 3 - 2015 Final Report*. OECD: Paris, 2015. p. 25.

[531] OECD. *Designing Effective Controlled Foreign Company Rules, Action 3 - 2015 Final Report*. OECD: Paris, 2015. p. 25-28.

A recomendação da OCDE neste segundo pilar – focada basicamente na previsão de exceções e limites à aplicação de "regras CFC" – discrepa ainda mais da política fiscal brasileira uma vez que ela vocaliza a preocupação da OCDE com o balanceamento entre a efetividade das "regras CFC" e o custo administrativo das empresas ao aplicá-las.[532]

O relatório da OCDE propõe, por exemplo, a não aplicação das "regras CFC" quando o resultado da controlada no exterior for inferior a determinado montante. Também sugere o Relatório que as regras não sejam aplicadas quando a CFC estiver sujeita à tributação em um nível adequado no país onde se encontra localizada.[533] A legislação brasileira não traz nenhuma previsão neste sentido e, em verdade, estas recomendações se afastam da política brasileira neste campo.

4.2.3.3. Definição de lucro de uma CFC

O propósito deste terceiro pilar do Relatório é averiguar se o tipo de renda auferido pela CFC é daqueles que gera preocupações quanto à erosão de base tributária e à transferência de lucros, e se a mesma deveria ser atribuída para seus sócios ou controladores.[534]

Como vimos, a característica mais marcante do regime brasileiro de tributação de lucros auferidos por controladas no exterior é o fato de o mesmo ser aplicável a todo e qualquer lucro auferido, independentemente de qualquer análise a respeito de sua natureza ou do tipo de atividade exercida.

Por outro lado, tal característica é exatamente o principal argumento para que se negue às regras brasileiras a caracterização como verdadeiras "regras CFC".

Neste particular, o Relatório da Ação 3 parece confirmar o comentário já apresentado, no sentido de que as regras brasileiras são sim "regras CFC".

Com efeito, em relação a este tema o Relatório indica claramente que os países têm uma margem de discricionariedade para decidir o alcance da defini-

---

532 OECD. *Designing Effective Controlled Foreign Company Rules, Action 3 - 2015 Final Report*. OECD: Paris, 2015. p. 33.

533 OECD. *Designing Effective Controlled Foreign Company Rules, Action 3 - 2015 Final Report*. OECD: Paris, 2015. p. 33-41.

534 OECD. *Designing Effective Controlled Foreign Company Rules, Action 3 - 2015 Final Report*. OECD: Paris, 2015. p. 43.

ção de "lucros CFC". Em suas palavras, "jurisdições podem também aplicar um sistema de inclusão plena, o qual alcançaria rendas que geram preocupações de BEPS incluindo todas as rendas auferidas por uma CFC no conceito de lucro CFC, independentemente de sua natureza. Sistemas de inclusão plena também buscam evitar o diferimento da tributação no longo prazo, o que é uma preocupação relevante no contexto de sistemas de tributação em bases mundiais".[535]

O sistema brasileiro é exatamente o que o relatório chama de sistema de inclusão plena (*full inclusion system*). Uma vez que o Relatório da OCDE tem como propósito evitar a erosão de base tributável e a transferência de lucros, não surpreende que um regime como o brasileiro não seja incompatível com o mesmo.

A única preocupação levantada pela OCDE em relação aos sistemas de inclusão plena é que os mesmos podem colocar o país que usa tal sistema, assim como suas multinacionais, em uma posição negativa em termos de competição no mercado internacional.[536] Contudo, esta seria uma preocupação a ser tratada domesticamente pelos países, não havendo uma contrariedade entre tais sistemas de inclusão total e o Relatório da Ação 3 do Projeto BEPS.

Dessa maneira, parece-nos que o Relatório em comento realmente corrobora a interpretação no sentido de que o regime brasileiro de tributação de lucros auferidos por controladas no exterior é, de fato, caracterizável como uma espécie de "regra CFC".

4.2.3.4. Regras para Calcular o Lucro de uma CFC

Após determinar o que é o lucro de uma CFC, o Relatório volta sua atenção para as regras relacionadas ao cálculo do lucro de uma CFC. Os principais aspectos deste pilar seriam determinar: (i) quais regras deveriam ser aplicadas para calcular o lucro da CFC – de qual país; e (ii) se regras específicas para o cálculo do lucro de uma CFC são necessárias.[537]

---

535 OECD. *Designing Effective Controlled Foreign Company Rules, Action 3 - 2015 Final Report*. OECD: Paris, 2015. p. 44.

536 OECD. *Designing Effective Controlled Foreign Company Rules, Action 3 - 2015 Final Report*. OECD: Paris, 2015. p. 16.

537 OECD. *Designing Effective Controlled Foreign Company Rules, Action 3 - 2015 Final Report*. OECD: Paris, 2015. p. 57.

No que se refere a quais regras deveriam ser aplicadas para o cálculo do lucro de uma CFC, o Relatório apresenta quatro modelos:

- aplicação das regras do país da controladora, que é a recomendação do relatório;
- aplicação das regras do país da controlada – que é o modelo adotado pelo Brasil (artigo 25, § 7º, da Lei nº 9.249/1995);
- permitir a escolha do contribuinte; e
- utilizar um padrão internacional comum, como seria o caso da adoção do IFRS.

O outro aspecto relacionado ao cálculo do lucro refere-se à utilização de prejuízos fiscais. A recomendação da OCDE é no sentido de que "jurisdições devem ter uma regra específica limitando a compensação de prejuízos de uma CFC de modo que eles somente possam ser usados contra lucros da mesma CFC ou contra lucros de outras CFCs na mesma jurisdição".[538]

Mais uma vez as regras brasileiras estão, de modo geral, em linha com as recomendações da OCDE. Na verdade, tais regras são mais rígidas do que aquelas propostas pela OCDE, uma vez que elas apenas permitem a utilização de prejuízos acumulados para compensar lucros da própria controlada que os gerou.

4.2.3.5. Regras para Atribuir Lucro a uma CFC

De acordo com o Relatório da Ação 3, "a atribuição de lucros pode ser quebrada em cinco passos: (i) a determinação de quais contribuintes devem ter lucros atribuídos a eles; (ii) a determinação de quanto lucro deve ser atribuído; (iii) a determinação de quando o lucro deve ser incluído na declaração do contribuinte; (iv) a determinação de como o lucro deve ser tratado; e (v) a determinação da alíquota que deve ser aplicada ao lucro".[539]

Os aspectos tratados neste pilar são mais procedimentais do que substantivos. Qual contribuinte deve ter o lucro a si atribuído? Obviamente o contribuin-

---

[538] OECD. *Designing Effective Controlled Foreign Company Rules, Action 3 - 2015 Final Report*. OECD: Paris, 2015. p. 57.

[539] OECD. *Designing Effective Controlled Foreign Company Rules, Action 3 - 2015 Final Report*. OECD: Paris, 2015. p. 61.

te que, de acordo com a legislação, é considerado o controlador da empresa no exterior. Quanto lucro deve lhe ser atribuído? Mais uma vez a resposta parece óbvia. O montante de lucro a ser atribuído ao contribuinte deve ser proporcional à sua participação societária. Quando o lucro deve ser incluído na apuração do imposto, qual natureza lhe será atribuída – dividendos fictos, lucros da própria CFC, etc., e qual a alíquota aplicável são temas a serem decididos por cada país.

Uma vez mais não identificamos nenhuma contradição relevante entre as recomendações da OCDE e as regras brasileiras.

4.2.3.6. Regras para Evitar a Dupla Tributação do Lucro

Neste pilar, o Relatório foca nas regras para prevenir ou eliminar a dupla tributação do lucro auferido por uma CFC. Ele considera três casos diferentes:

- "situações onde o lucro atribuído a uma CFC também está sujeito à tributação no exterior;
- situações onde regras CFC de mais de um país são aplicáveis ao mesmo lucro CFC; e
- situações onde uma CFC distribui dividendos a partir do lucro que já foi atribuído ao sócio sob as regras CFC, ou onde o sócio aliena a participação na CFC."[540]

O Relatório recomenda que as duas primeiras situações de dupla tributação sejam afastadas por meio da concessão de crédito do imposto pago no exterior. Por outro lado, no terceiro caso a bitributação seria evitada pela previsão de uma isenção que afastaria a dupla incidência sobre dividendos ou ganhos de capital.[541]

De modo geral, as regras brasileiras estão alinhadas com as recomendações da OCDE, uma vez que, como vimos, preveem a possibilidade de utilização de crédito do imposto pago no exterior, da mesma maneira que não tributam os dividendos efetivamente distribuídos pela controlada no exterior.

---

540 OECD. *Designing Effective Controlled Foreign Company Rules, Action 3 - 2015 Final Report*. OECD: Paris, 2015. p. 65.

541 OECD. *Designing Effective Controlled Foreign Company Rules, Action 3 - 2015 Final Report*. OECD: Paris, 2015. p. 65.

4.2.3.7. Análise da Ação 3 do Projeto BEPS da Perspectiva da Política Fiscal Internacional Brasileira

O Relatório da Ação 3 inicialmente apresenta a opinião da OCDE no que concerne às considerações políticas relativas a regras CFC. As quatro considerações gerais de política são: "(i) o seu papel como medida de dissuasão; (ii) como elas complementam as regras de preços de transferência; (iii) a necessidade de equilibrar a efetividade com a redução dos encargos administrativos e de *compliance*; e (iv) a necessidade de equilibrar a efetividade com a prevenção ou eliminação da dupla tributação".[542]

Durante as discussões que precederam a promulgação da Lei nº 12.973/2014, ficou claro que a posição das autoridades brasileiras em relação às "regras CFC" do País foi além de considerá-las uma mera medida de dissuasão. Na verdade, as regras CFCs são vistas pelas autoridades como um instrumento para aumentar a arrecadação de impostos.

Além disso, não parece que o equilíbrio entre a efetividade e a redução de encargos administrativos e de *compliance* desempenhe um papel significativo na política brasileira de tributação dos lucros auferidos por controladas de empresas brasileiras no exterior.

Os outros dois pilares presentes nas normas brasileiras preveem mecanismos para evitar uma sobreposição entre as regras de preços de transferência e as "regras do CFC"[543] e, como mencionado anteriormente, também estabelecem mecanismos para evitar a dupla tributação de renda.

Este Relatório inclui também alguns objetivos políticos específicos: (i) estabelecer um equilíbrio entre a tributação dos rendimentos estrangeiros e a manutenção da competitividade; (Ii) impedir a redução de base; e iii) interação entre as regras de CFC e as regras e jurisprudência da União Europeia.

O mais interessante desses objetivos políticos específicos, considerando a política tributária do Brasil, é o equilíbrio necessário entre tributar renda externa e manter a competitividade. De acordo com o Relatório:

---

542 OECD. *Designing Effective Controlled Foreign Company Rules, Action 3 - 2015 Final Report*. OECD: Paris, 2015. p. 13.

543 Ver Artigo 86, da Lei nº 12.973/2014.

14. Na concepção das regras de CFC, deve-se estabelecer um equilíbrio entre a tributação dos rendimentos estrangeiros e as preocupações sobre competitividade inerentes às regras que tributam a renda das filiais estrangeiras. As regras de CFC levantam dois tipos principais de preocupações sobre competitividade. Em primeiro lugar, as jurisdições com regras de CFC que se aplicam amplamente podem encontrar-se em desvantagem competitiva em relação às jurisdições sem regras de CFC (ou com regras de CFC mais restritas), porque as subsidiárias estrangeiras de propriedade de empresas residentes serão tributadas mais pesadamente do que as empresas locais na jurisdição estrangeira. Essa desvantagem competitiva pode, por sua vez, levar a distorções, por exemplo, pode afetar em que local os grupos escolhem estabelecer sua matriz ou aumentar o risco de inversões, e pode afetar também estruturas de propriedade ou de capital nos lugares em que os grupos tentam evitar o impacto das regras de CFC. Desse modo, as regras de CFC podem correr o risco de restringir ou distorcer a atividade económica real. Em segundo lugar, as empresas multinacionais residentes em países com regras robustas de CFC podem encontrar-se em desvantagem competitiva em relação às empresas multinacionais residentes em países sem essas regras (ou com regras CFC que se aplicam a uma taxa significativamente menor ou com base mais restrita). Esta preocupação em termos de competitividade decorre do fato de que as filiais estrangeiras das primeiras EMN estarão sujeitas a uma taxa efetiva de imposto mais elevada sobre o rendimento destas filiais do que as filiais estrangeiras das segundas EMNs, devido à aplicação de regras CFC, mesmo quando ambas as filiais funcionem no mesmo país.[544]

O Relatório é claro ao reconhecer que um "sistema de inclusão total" tem efeitos adversos sobre a competitividade – tanto para o país que o institui, como para as multinacionais do país.

Essa é exatamente a crítica principal contra as regras do Brasil – que, por serem regras de inclusão integral, comprometem a capacidade das empresas brasileiras de competirem internacionalmente. No entanto, apesar dessas críticas, o País não mostra sinais de que irá mudar sua política no futuro próximo.

Dessa maneira, em relação à esta Ação, é possível concluir o seguinte:
- Considerando as observações apresentadas nesta seção, percebe-se que, embora as regras do Brasil e as recomendações da OCDE divirjam, não parece ser adequado afirmar que elas não podem

---

[544] OECD. *Designing Effective Controlled Foreign Company Rules, Action 3 - 2015 Final Report*. OECD: Paris, 2015. p. 16.

ser conciliadas – considerando, aqui, o foco de combate à "BEPS" e não outros objetivos. De fato, como mencionado anteriormente, sob uma perspectiva de evitar "BEPS", as regras do Brasil são mais duras do que as propostas pela OCDE, exceto pelo fato de que não alcançam pessoas físicas. Por outro lado, na maioria dos casos em que há divergência entre as duas regras, a OCDE reconhece a liberdade de cada jurisdição para escolher seu próprio caminho. De toda maneira, não parece que a legislação brasileira será modificada para se ajustar às recomendações da OCDE.[545]

- Neste momento não há informação pública a respeito de qualquer iniciativa do País relacionada a alterações em sua legislação relacionadas às "regras CFC", em linha com esta Ação do Projeto BEPS.

4.2.4. Ação 4: Limitando a Erosão da Base Tributária por Intermédio da Dedução de Juros e Outras Compensações Financeiras

Como observou a OCDE no início do Relatório da Ação 4, "o uso de juros de terceiros e de partes relacionadas talvez seja uma das técnicas mais simples de transferência de lucros existentes no planejamento tributário internacional. A fluidez e a fungibilidade do dinheiro tornam uma prática relativamente simples ajustar o mix da dívida e de capital em uma entidade controlada".[546] Segundo o Relatório, "a existência atual de transferência da dívida internacional tem sido demonstrada em uma série de estudos acadêmicos que mostram que os grupos alavancam mais dívida em subsidiárias localizadas em países de alta tributação".[547]

---

545 Nesse mesmo sentido: QUEIROZ, Luís Cesar Souza de; SAUNDERS, Ana Paula Braga; PINHEIRO, Renata Cunha Santos. O Projeto BEPS da OCDE e o Plano de Ação 3: Fortalecimento das Regras de CFC. In: GOMES, Marcus Lívio; SCHOUERI, Luís Eduardo (Coords.). *A Tributação Internacional na Era Pós-BEPS*. Rio de Janeiro: Lumen Juris, 2016. v. I. p. 194.

546 OECD. *Limiting Base Erosion Involving Interest Deductions and Other Financial Payments*. Paris: OECD, 2015. p. 15.

547 OECD. *Limiting Base Erosion Involving Interest Deductions and Other Financial Payments*. Paris: OECD, 2015. p. 17.

As recomendações do Relatório para uma abordagem de melhores práticas para limitar a erosão de base tributária envolvendo dedução de juros incluem os seguintes elementos:

Limite monetário mínimo para remover entidades de baixo risco

Com base na despesa de juros líquida do grupo local

Opcional

+

Regra de proporção fixa

Permite que uma entidade deduza a despesa de juros líquida até uma proporção de referência entre juros / EBITDA

Fatores relevantes ajudam um país a definir sua taxa de referência dentro de uma faixa entre 10% e 30%

+

Regra de proporção de grupo

Permite que uma entidade deduza a despesa de juros líquida até a relação de juros líquidos/EBITDA do seu grupo, quando esta for superior à proporção fixa de referência

Opção para um país aplicar uma elevação da despesa líquida com juros de terceiros de um grupo em até 10%

Opção para um país aplicar uma regra de proporção de grupo diferente ou nenhuma regra de proporção de grupo

+

Compensação futura de juros não permitidos / de capacidade juros não utilizados e / ou compensação antecipada de juros não permitidos

Opcional

+

Regras visadas que suportam as regras de limitação de juros gerais e endereçamento de riscos específicos

+

Regras específicas para endereçar questões levantadas pelos setores bancário e de seguros.[548]

Na escolha entre uma limitação direta de juros gerais – que restringe o "montante de juros que uma entidade pode deduzir para fins tributários" – e uma limitação indireta – que restringe "o montante da dívida em relação a qual uma entidade pode reivindicar deduções de juros",[549] a OCDE optou por uma abordagem direta. De acordo com o Relatório, "dado que o principal objetivo da política é lutar contra a erosão de base tributária e a transferência de lucros com juros e pagamentos economicamente equivalentes a juros, a melhor prática apresentada neste relatório inclui regras que limitam diretamente o nível de despesa de juros que uma entidade pode deduzir para efeitos fiscais. Incluem-se também características, como a regra de proporção de grupo, que devem endereçar algumas das possíveis questões que essa limitação levanta".[550]

A base para aplicar uma regra de razão fixa é o EBITDA (*Earnings Before Interest, Taxes, Depreciation and Amortization*) da empresa. De acordo com o Relatório, "a premissa subjacente à regra de razão fixa é que uma entidade deve ser capaz de deduzir a despesa de juros até uma determinada proporção do EBITDA, garantindo que parte do lucro da entidade permaneça sujeita a tributação em um país. Regras de proporção fixa podem ser aplicadas a todas as entidades, incluindo as de um grupo multinacional, de um grupo doméstico e as entidades independentes. A proporção fixa de referência subjacente é determinada pelo governo de um país e aplica-se independentemente da alavancagem real de uma entidade ou seu grupo. Os juros pagos a terceiros, partes relacionadas e entidades do grupo são dedutíveis até esta proporção fixa, porém qualquer juro que ultrapasse essa proporção de referência é desautorizado".[551]

---

548 OECD. *Limiting Base Erosion Involving Interest Deductions and Other Financial Payments*. Paris: OECD, 2015. p. 25.
549 OECD. *Limiting Base Erosion Involving Interest Deductions and Other Financial Payments*. Paris: OECD, 2015. p. 37.
550 OECD. *Limiting Base Erosion Involving Interest Deductions and Other Financial Payments*. Paris: OECD, 2015. p. 39.
551 OECD. *Limiting Base Erosion Involving Interest Deductions and Other Financial Payments*. Paris: OECD, 2015. p. 47.

Conforme destacado por Yariv Brauner, assim como no Relatório sobre a Ação 3, este Relatório sobre a Ação 4 "parece visar – no máximo – o desenvolvimento de melhores práticas. As limitações na dedução das despesas com juros são, naturalmente, uma questão de direito interno, na prática".[552] Essa conclusão parece ser corroborada pela opinião de Emilio Cencerrado Millán e María Teresa Soler Roch, que argumentam que "parece óbvio que tais regras devem ser implementadas por meio de legislação nacional, tendo em conta ambas as perspectivas (entrada e saída), embora a redação da proposta apresente uma mistura pouco clara de ambas as perspectivas; o tipo de contribuintes (relacionados ou terceiros), bem como o objetivo de evitar a dupla não-tributação também dever ser considerado".[553] Este tema está fora do escopo da Convenção Multilateral e, portanto, dependerá de alterações legislativas por parte dos países que pretendam aplicar as recomendações da OCDE.

4.2.4.1. Regras do Brasil contra BEPS Envolvendo Deduções de Juros e Outros Pagamentos Financeiros

A legislação brasileira estabelece vários mecanismos para evitar a erosão de base tributável e a transferência de lucros envolvendo deduções de juros e outros pagamentos financeiros, conforme brevemente descrito abaixo:

- Aplicação de regras de preços de transferência: O artigo 22 da Lei nº 9.430/96 estabelece que os pagamentos de juros intragrupo estão sujeitos a testes de preços de transferência. De acordo com os artigos 24 e 24-A da mesma lei, qualquer pagamento de juros a um residente em paraíso fiscal ou a uma entidade sujeita a regime fiscal privilegiado também estará sujeito ao controle de preços de transferência.[554]

- Aplicação de regras de subcapitalização: O artigo 24 da Lei nº 12.249/2010 estabelece um limite de dedução de juros sobre os

---

552 BRAUNER, Yariv. What the BEPS? *Florida Tax Review*, Florida, n. 16 (2), 2014, p. 89.
553 CENCERRADO MILLÁN, Emilio; SOLLER ROCH, María Teresa. Limit Base Erosion via Interest Deduction and Others. *Intertax*, Amsterdam, n. 43 (1), 2015, p. 59.
554 Ver: SCHOUERI, Luís Eduardo. *Preços de Transferência no Direito Tributário Brasileiro*. 3 ed. São Paulo: Dialética, 2013. p. 337-357.

empréstimos intragrupo. As deduções não são permitidas caso a dívida intragrupo seja superior a 50% do patrimônio líquido da empresa. De acordo com o artigo 25 da mesma lei, o teto da dívida permitida será menor se o credor estiver localizado em um paraíso fiscal ou estiver sob regime fiscal privilegiado.[555]

- Não dedutibilidade para fins de Imposto de Renda e Contribuição Social de quaisquer pagamentos a residentes em paraísos fiscais ou regimes fiscais privilegiados, a menos que a entidade brasileira possa provar o seguinte.
    - o Identificação do beneficiário efetivo do pagamento
    - o Prova da capacidade operacional da pessoa física ou jurídica no exterior para realizar a transação
    - o Prova documentada do pagamento e recebimento de bens e serviços.
- Retenção de impostos na fonte a uma alíquota de 25% sobre quaisquer juros pagos a residentes em paraísos fiscais. Em todos os outros casos, aplica-se uma taxa de 15%.

4.2.4.2. Análise da Ação 4 do Projeto BEPS da Perspectiva da Política Fiscal Internacional Brasileira

Esta é definitivamente uma área de interesse para o Brasil. A maioria das regras do País neste campo está em vigor há mais de uma década, chegando Edgar Santos Gomes, Rafael Dinoá Mann Medeiros e Felipe Senges a afirmarem que "em última análise, as regras brasileiras parecem mais severas que as sugeridas pelo BEPS".[556] O Brasil as mudaria para se adaptar às recomendações

---

555 Ver: CASEIRO, Marcos Paulo; PINTOR, Thaísa Bombicini. As Regras de Subcapitalização no Ordenamento Jurídico Brasileiro. In: BRITO, Demes; CASEIRO, Marcos Paulo. *Direito Tributário Internacional: Teoria e Prática*. São Paulo: Revista dos Tribunais, 2014. p. 725-740.

556 GOMES, Edgar Santos; MEDEIROS, Rafael Dinoá Mann; PEREIRA, Felipe Senges. O Plano de Ação nº 4 do Projeto BEPS da OCDE – Limites à Erosão de Base Tributária Através da Dedução de Juros e Outras Compensações Financeiras. In: GOMES, Marcus Lívio; SCHOUERI, Luís Eduardo (Coords.). *A Tributação Internacional na Era Pós-BEPS*. Rio de Janeiro: Lumen Juris, 2016. v. I. p. 281. Paulo Penteado de Faria e Silva Neto também argumenta que seria "desnecessário adotar a Ação 4 no Brasil", considerando os mecanismos "anti-BEPS" já existentes na legislação do País (SILVA NETO, Paulo Penteado de Faria e.

da OCDE? Provavelmente não. Existe algo que indique uma oposição entre as regras atuais do Brasil e essas recomendações? Definitivamente não. Portanto, se o Brasil ajustar suas regras para aproximá-las dos resultados do Projeto BEPS, será essencialmente uma questão de análise custo-benefício da mudança de um sistema que está funcionando atualmente.

Dessa maneira, em relação à esta Ação, é possível concluir o seguinte:

- O objeto da Ação 4 está alinhado com a política fiscal internacional brasileira. Contudo, uma vez que o Brasil já tem suas próprias regras para evitar a erosão da base tributável por intermédio da dedução de juros, não parece que as recomendações da OCDE terão qualquer reflexo na legislação do País.

- Este tema não está incluído na Convenção Multilateral, dependendo de uma iniciativa do país para a sua implementação.

- Neste momento não há informação pública a respeito de qualquer iniciativa do País relacionada a alterações em sua legislação relacionadas às regras domésticas que tratam do tema desta Ação do Projeto BEPS.

4.2.5. Ação 5: Combatendo de Modo mais Eficaz as Práticas Tributárias Prejudiciais, Considerando a Transparência e a Substância

A Ação 5 está totalmente alinhada com a política fiscal do Brasil.[557] Trata-se basicamente de um seguimento dos trabalhos anteriores da OCDE sobre a luta contra a concorrência fiscal prejudicial. Contudo, como se afirma claramente no Relatório editado pela OCDE em relação a esta Ação, "o trabalho sobre práticas fiscais prejudiciais não tem por objetivo promover a harmonização dos impostos

---

Dedutibilidade de Juros e Outros Pagamentos Financeiros – A Ação n. 4 do BEPS sob a Ótica dos Países em Desenvolvimento. In: GOMES, Marcus Lívio; SCHOUERI, Luís Eduardo (Coords.). *A Tributação Internacional na Era Pós-BEPS*. Rio de Janeiro: Lumen Juris, 2016. v. I. p. 329).

557 Sobre o tema, ver: STARK, João Ricardo Barbieri; VITA, Jonathan Barros. Ação 05 do BEPS e sua Aplicabilidade no Planejamento Tributário Brasileiro. *Revista de Direito Tributário Contemporâneo*, São Paulo, n. 5, mar.-abr. 2017, p. 17-38.

sobre renda, nem das estruturas fiscais dentro ou fora da OCDE, nem de impor a qualquer país qual deveria ser o nível adequado das alíquotas de imposto. Em vez disso, trata-se de reduzir a influência distorciva da tributação sobre a localização das atividades financeiras e de serviços móveis, incentivando assim um ambiente em que a concorrência fiscal livre e justa possa ocorrer".[558]

A abordagem renovada para combater as práticas fiscais prejudiciais baseia-se em dois pilares principais: a exigência de atividade substancial e a necessidade de transparência – incluindo a troca de informações sobre decisões (*rulings*).[559]

De acordo com o Relatório da Ação 5, "exige-se especificamente uma atividade substancial para qualquer regime privilegiado. Analisado no contexto mais amplo do trabalho sobre a "BEPS", este requisito contribui para o segundo pilar do Projeto BEPS, que consiste em alinhar a tributação com a substância, assegurando que os lucros tributáveis não possam mais ser artificialmente afastados dos países onde o valor é criado".[560]

Na análise dos requisitos substanciais de atividade, o Relatório foca atenção em oito tipos de regimes, nomeadamente: i) regimes de PI; ii) regimes de sede; iii) regimes de centros de distribuição e de serviço; iv) regimes de financiamento e de locação; v) regimes de gestão de fundos; (vi) regimes bancários e de seguros; (vii) regimes marítimos; e (viii) regimes de *holdings*.[561]

Após décadas de formalismo tributário no Brasil, os planejamentos, estruturas e operações feitos pelos contribuintes passaram a ser revistos a partir de uma abordagem de substância-sobre-forma no século XXI. Há, assim, uma grande preocupação com a análise da essência das atividades desenvolvidas por empresas controladas e coligadas estrangeiras, especialmente no caso de *holdings* e *trading companies*.

---

[558] OECD. *Countering Harmful Tax Practices More Effectively, Taking into Account Transparency and Substance*. Paris: OECD, 2015. p. 11.

[559] OECD. *Countering Harmful Tax Practices More Effectively, Taking into Account Transparency and Substance*. Paris: OECD, 2015. p. 23.

[560] OECD. *Countering Harmful Tax Practices More Effectively, Taking into Account Transparency and Substance*. Paris: OECD, 2015. p. 23.

[561] OECD. *Countering Harmful Tax Practices More Effectively, Taking into Account Transparency and Substance*. Paris: OECD, 2015. p. 24-40.

No campo da tributação na fonte, o Brasil tem sérias dificuldades em identificar se os destinatários dos pagamentos oriundos do País são os seus efetivos beneficiários, ou meros instrumentos para canalizar os rendimentos para seus beneficiários reais.

No que diz respeito à transparência, o Relatório afirma que "a segunda prioridade no âmbito da Ação 5 para reformular o trabalho sobre práticas fiscais prejudiciais é melhorar a transparência, incluindo a troca espontânea obrigatória de informações sobre certas decisões *["rulings"]*. Este trabalho contribui para o terceiro pilar da Ação 5 do Projeto BEPS, que tem por objetivo assegurar a transparência, promovendo simultaneamente uma maior certeza e previsibilidade".[562]

O Relatório define "decisão" como "qualquer conselho, informação ou compromisso prestado por uma autoridade fiscal para um contribuinte, ou grupo de contribuintes específicos, relativamente a sua situação fiscal e sobre os quais têm direito de se basear".[563]

Levando-se em conta esta definição tão ampla, pode-se dizer que as regulamentações tributárias internas do Brasil caracterizam "decisões" para os propósitos desta Ação.[564] No entanto, as decisões brasileiras não podem ser "negociadas" com as autoridades fiscais – os contribuintes apresentam uma pergunta à Receita Federal do Brasil que, em seguida, analisam o assunto e fornecem uma resposta.

A partir de 2013, todas as decisões de consultas na esfera Federal são públicas e publicadas no sítio da Receita Federal do Brasil na *internet*.[565] Tais decisões são vinculantes para as autoridades fiscais e, portanto, aplicam-se a todos os contribuintes na mesma situação – e não apenas aos contribuintes que buscaram a decisão.[566] Portanto, as decisões fiscais brasileiras são totalmente transparentes.

Por outro lado, algumas estruturas de planejamento tributário utilizadas pelas empresas brasileiras envolvem países como a Áustria, a Holanda e Luxemburgo. Estas estruturas muitas vezes se baseiam em "decisões" emitidas nessas jurisdições, o que demonstra que a Ação 5 está substancialmente alinhada com a política fiscal do Brasil.

---

562 OECD. *Countering Harmful Tax Practices More Effectively, Taking into Account Transparency and Substance*. Paris: OECD, 2015. p. 45.

563 OECD. *Countering Harmful Tax Practices More Effectively, Taking into Account Transparency and Substance*. Paris: OECD, 2015. p. 47.

564 Artigos 46 a 58 do Decreto nº 70.235 de 1972.

565 Artigo 27 da Instrução Normativa nº 1.396/2013.

566 Artigo 9 da Instrução Normativa nº 1.396/2013.

4.2.5.1. Análise da Ação 5 do Projeto BEPS da Perspectiva da Política Fiscal Internacional Brasileira

Os dois principais pilares da Ação 5 do Projeto BEPS, substância e transparência, são também dois pilares da atual política tributária do Brasil – tanto doméstica quanto internacional. Não parece haver qualquer contradição entre os objetivos da OCDE e os objetivos do Brasil nessa área. De fato, parece que o Brasil pode se beneficiar substancialmente do trabalho desenvolvido nesta Ação.

Motivada pelo trabalho da OCDE na Ação 5, a Receita Federal do Brasil alterou o artigo 2º da Instrução Normativa nº 1.037/2010, incluindo neste dispositivo um parágrafo único com a seguinte redação:

> Art. 2º São regimes fiscais privilegiados:
>
> [...]
>
> III - com referência à legislação da Dinamarca, o regime aplicável às pessoas jurídicas constituídas sob a forma de holding company que não exerçam atividade econômica substantiva;
>
> IV - com referência à legislação do Reino dos Países Baixos, o regime aplicável às pessoas jurídicas constituídas sob a forma de holding company que não exerçam atividade econômica substantiva; [...]
>
> Parágrafo único. Para fins de identificação de regimes fiscais privilegiados previstos nos incisos III e IV do art. 2º, entende-se que a pessoa jurídica que exerce a atividade de holding desempenha atividade econômica substantiva quando possui, no seu país de domicílio, capacidade operacional apropriada para os seus fins, evidenciada, entre outros fatores, pela existência de empregados próprios qualificados em número suficiente e de instalações físicas adequadas para o exercício da gestão e efetiva tomada de decisões relativas:
>
> I - ao desenvolvimento das atividades com o fim de obter rendas derivadas dos ativos de que dispõe; ou
>
> II - à administração de participações societárias com o fim de obter rendas decorrentes da distribuição de lucro e do ganho de capital.

A edição da Instrução Normativa nº 1.658/2016, que incluiu a alteração acima na Instrução Normativa nº 1.037/2010, reforça o compromisso brasileiro de implementação da Ação 5 do Projeto BEPS.

Dessa maneira, em relação à esta Ação, é possível concluir o seguinte:
- O objeto da Ação 5 está alinhado com a política fiscal internacional – e doméstica – do Brasil. O País se comprometeu a adotá-la e, como visto, já alterou sua legislação nesse sentido – mesmo que a edição da Instrução Normativa nº 1.658/2016 não signifique a adoção da integralidade das recomendações da Ação 5.

4.2.6. Ação 6: *Prevenindo* a Utilização dos Acordos para Evitar a Dupla Tributação em Circunstâncias Inadequadas

A Ação 6 do Projeto BEPS é definitivamente uma de suas iniciativas mais relevantes. A Ação levanta questões interessantes e ao mesmo tempo difíceis. Na verdade, para determinar o que são «circunstâncias inadequadas», é preciso verificar o que são "circunstâncias adequadas". Esta tarefa leva à determinação de quais são as finalidades servidas por um tratado tributário, que podem variar entre as perspectivas de um país desenvolvido e de um país em desenvolvimento.

De fato, conforme observaram Paulo Ayres Barreto e Caio Augusto Takano, argumenta-se que, no caso das políticas fiscais dos países em desenvolvimento, o *treaty shopping*,[567] como instrumento para atrair investimentos estrangeiros, pode ser considerado como um dos objetivos de um tratado. Em suas palavras:

---

567 Reconhece-se que a utilização das convenções pode se dar de forma ilegítima, sendo a principal forma de abuso o chamado *treaty shopping*, o uso impróprio do tratado, o qual, nas palavras de Rosembuj "indica o uso de um convênio de dupla tributação por parte de uma pessoa jurídica, física ou sujeito de direito que, com propriedade, carece de legitimidade para fazê-lo" (ROSEMBUJ, Tulio. *Fiscalidad Internacional*. Madrid: Marcial Pons, 1998. p. 111). Na mesma linha, Luc De Broe afirma que o "treaty shopping refere-se a uma situação em que uma pessoa que não tem direito aos benefícios de um tratado tributário faz uso de outra pessoa (normalmente jurídica) para obter aqueles benefícios convencionais que não lhe estariam disponíveis diretamente" (DE BROE, Luc. *International Tax Planning and Prevention of Abuse*. Amsterdam: IBFD, 2008. p. 10).

Em linha com os referidos autores está Luís Eduardo Schoueri, para quem o "treaty shopping ocorre quando, com a finalidade de obter benefícios de um acordo de bitributação, um contribuinte que, de início, não estaria incluído entre seus beneficiários, estrutura seus negócios, interpondo, entre si e a fonte de rendimento, uma pessoa ou um estabelecimento permanente, que faz jus àqueles benefícios" (SCHOUERI, Luís Eduardo. *Planejamento Fiscal Através dos Acordos de Bitributação: Treaty Shopping*. São Paulo: Editora Revista dos Tribunais, 1995. p. 21). Também Heleno Tôrres analisou a matéria, afirmado que "o treaty shopping consiste no ato planejado de selecionar, dentre os tratados contra a

De nossa parte, parece-nos que a efetiva atração de tecnologia e o incremento de investimento estrangeiro em um Estado, que conceda os benefícios do tratado, mesmo perante a interposição de uma terceira pessoa ou estabelecimento permanente em seu território, cujo intuito foi unicamente possibilitar que um terceiro usufruísse dos benefícios de um tratado, não é contrária às finalidades e objetivos dos tratados internacionais que visam evitar a dupla tributação da renda, não configurando, por si, um abuso ("uso impróprio") do tratado.

Constatados a existência de estrutura negocial do contribuinte e o incremento do nível de investimento e de capital estrangeiro naquele Estado, legitimadas estarão tanto a conduta elisiva do contribuinte, quanto a conduta do Estado, tolerante ao *Treaty Shopping*.

Nesse sentido, é a paradigmática a decisão da Suprema Corte da Índia no caso Azadi Bachao Andolan vs Union of Índia. Não é este o espaço para um estudo aprofundado do caso. Ainda assim, sua análise é bastante interessante, pois houve o reconhecimento pelas próprias autoridades indianas de que o tratado celebrado entre as Ilhas Maurício e a Índia pudesse ser utilizado como um instrumento para captação de investimentos, mesmo que pela sua utilização por residentes em terceiros países, com o único propósito de obter os benefícios daquele tratado.

A nosso ver, a decisão da Suprema Corte da Índia teve o mérito de reconhecer que, à míngua da incorporação de uma cláusula de limitação de benefícios dos tratados, devem ser assegurados os benefícios àqueles que, sob uma perspectiva formal, possam ser considerados residentes em um dos Estados contratantes e façam jus aos benefícios do tratado. [...].[568]

Esses comentários de Paulo Ayres Barreto e Caio Augusto Takano analisam sob uma perspectiva pouco usual, os debates acerca do chamado "uso indevido de tratados tributários" sob o ponto de vista dos países em desenvolvimento. Esta concepção já há mais de dez anos era sustentada por Luís Eduardo Schoueri.[569]

---

dupla tributação internacional existentes, o que melhor convier para efeito de uma dada operação que deva ser praticada [...]" (TÔRRES, Heleno. *Direito Tributário Internacional*: Planejamento Tributário e Operações Transnacionais. São Paulo: Revista dos Tribunais, 2001. p. 324).

568 BARRETO, Paulo Ayres Barreto; TAKANO, Caio Augusto. A Prevenção de Abusos dos Tratados Internacionais que Visam Evitar a Dupla Tributação no Plano de Ação do Projeto BEPS: Perspectiva Brasileira. In: ROCHA, Sergio André; TORRES, Heleno (Coords.). *Direito Tributário Internacional: Homenagem ao Professor Alberto Xavier*. São Paulo: Quartier Latin, 2016. p. 565-566. Sobre o tema, ver, também: ASSEIS, Pedro Augusto do Amaral Abujamra. Ação nº 6 do BEPS e a Prevenção de "Abusos": Análise Crítica. In: GOMES, Marcus Lívio; SCHOUERI, Luís Eduardo (Coords.). *A Tributação Internacional na Era Pós-BEPS*. Rio de Janeiro: Lumen Juris, 2016. v. II. p. 42-44.

569 Ver: SCHOUERI, Luís Eduardo. Tributação e Cooperação Internacional. *Revista Direito Tributário Atual*, São Paulo, n. 18, 2004, p. 62.

Embora concordemos, de um ponto de teórico, que esta pode ser uma posição válida – de que o *treaty shopping*, em alguns casos, poderia ser visto de forma favorável por países em desenvolvimento, não nos parece que haja evidência de que a Receita Federal do Brasil e o CARF sigam esta lógica em suas práticas e decisões. Assim sendo, em nossa opinião o Brasil não compartilharia a posição da Índia, pois não favoreceria formalmente o *treaty shopping* como um instrumento para atrair investimentos estrangeiros.

Uma análise mais aprofundada das complexidades de planejamentos fiscais "agressivos" com o uso de tratados tributários vai além do escopo deste estudo. No entanto, esses comentários iniciais destacam que os debates sobre este tema não são tão unidimensionais como alguns gostariam de acreditar.

O Relatório da Ação 6 propõe uma "abordagem de três vertentes" para lidar com *treaty shopping*, nos seguintes termos:

> Em primeiro lugar, uma declaração clara de que os Estados Contratantes, ao celebrar um tratado, desejam evitar a evasão fiscal e, em particular, pretendem evitar a criação de oportunidades para *treaty shopping*, serão incluídas nos tratados fiscais (ver Seção B deste Relatório).
>
> Em segundo lugar, será incluída no modelo da OCDE uma regra específica de combate ao abuso baseada em dispositivos de limitação de benefícios incluídos nos tratados celebrados pelos Estados Unidos e alguns outros países (a "regra LOB"). Essa regra específica abordará um grande número de situações de *treaty shopping* com base na natureza jurídica, propriedade e atividades gerais de residentes de um Estado Contratante (ver subseção A.1 (a) (i) abaixo).
>
> Terceiro, a fim de abordar outras formas de abuso de tratados, incluindo as situações de *treaty shopping* que não seriam abrangidas pela regra LOB descrita no ponto anterior (como certos mecanismos de financiamento por intermédio de entidades), será incluída no modelo da OCDE uma regra geral de combate ao abuso com base nos propósitos principais das transações ou acordos (o teste de propósitos principais ou a regra "PPT"). Essa regra incorporará os princípios já refletidos nos parágrafos 9.5, 22, 22.1 e 22.2 do Comentário ao Artigo 1, segundo o qual os benefícios de um tratado fiscal não deveriam ser aplicáveis quando um dos principais objetivos de acordos ou transações seja garantir benefício baseado em um tratado fiscal e a obtenção desse benefício nestas circunstâncias seria contrário ao objeto e ao propósito das disposições pertinentes previstas no tratado (ver a subsecção A.1 (a) (ii) abaixo).[570]

---

570 OECD. *Preventing the Granting of Treaty Benefits in Inappropriate Circumstances*. Paris: OECD, 2015. p. 18-19. Ver: DE BROE, Luc; LUTS, Joris. BEPS Action 6: Tax Treaty Abuse. *Intertax*, Amsterdam, 43 (2), 2015, p. 124.

Como regras LOB (*limitation of benefits*) já existem há algum tempo,[571] inclusive em tratados brasileiros,[572] a grande novidade da recomendação da OCDE foi a chamada regra PPT (*principal purpose test*). Segundo esta regra, o tratamento previsto na convenção tributária deve ser negado se a obtenção de tal tratamento tiver sido um dos objetivos principais do arranjo ou transação que resultou, diretamente ou indiretamente, em tal benefício.[573]

O Relatório da Ação 6 dá a entender que a recomendação da OCDE seria que essas mudanças fossem feitas prioritariamente em tratados bilaterais, que deveriam incluir tais disposições contra abuso. De acordo com o Sumário Executivo do Relatório, "os países concordaram, portanto, em incluir disposições antiabuso em seus tratados tributários, incluindo um padrão mínimo para combater o *treaty shopping*".[574]

A ideia de que essas mudanças poderiam ser implementadas bilateralmente foi objeto de crítica de Yariv Brauner, que afirmou que "se este é, de fato, um projeto multilateral com o objetivo de proporcionar soluções úteis por meio de coordenação, é a coordenação e o multilateralismo que devem ser enfatizados desde o início, e não a bilateralidade como tal".[575]

---

[571] Como pontua Félix Alberto Vega Borrego, "o objetivo dessas cláusulas é limitar o acesso ao regime do tratado para prevenir a sua aplicação em casos de *treaty shopping*. De acordo com as LOBs, o tratado somente deve ser aplicado se o contribuinte tiver obtido rendimentos do Estado de Residência em decorrência de reais propósitos empresariais ou se o contribuinte tiver vínculo suficiente com o Estado de Residência.

Essas são as duas ideias básicas sobre as quais as LOBs são fundadas. As regras não fazem nenhuma consideração quanto à efetiva tributação do rendimento no Estado de Residência. Embora esses critérios possam aparecer em tratados por vezes, ele não é decisivo para a aplicação do tratado, desde que uma das duas condições mencionadas acima sejam atendidas" (VEGA BORREGO, Félix Alberto. *Limitation of Benefits Clauses in Double Taxation Conventions*. The Netherlands: Kluwer, 2006. p. 92).

[572] Ver: CASTRO, Leonardo Freitas de Moraes e. *Controversial Topics in International Taxation: USA, OECD & Brazil*. [S/L]: Lambert Academic Publishing, 2014. p. 187-200; SCHOUERI, Luís Eduardo. Brazil. In: LANG, Michael et. al. (Coords.). *GAARs – A Key Element of Tax Systems in the Post-BEPS World*. Amsterdam: IBFD, 2016. p. 139-141.

[573] OECD. *Preventing the Granting of Treaty Benefits in Inappropriate Circumstances*. Paris: OECD, 2015. p. 54-55. DOURADO, Ana Paula. Aggressive Tax Planning in EU Law and in the Light of BEPS: The EC Recommendation on Aggressive Tax Planning and BEPS Actions 2 and 6. *Intertax*, Amsterdam, n. 43 (1), 2015, p. 55; PINETZ, Erik. Use of a Principal Purpose Test to Prevent Treaty Abuse. In: LANG, Michael et. al. (Coords.). *Base Erosion and Profit Shifting (BEPS): The Proposal to Revise the OECD Model Convention*. Wien: Linde, 2016. p. 271-301.

[574] OECD. *Preventing the Granting of Treaty Benefits in Inappropriate Circumstances*. Paris: OECD, 2015. p. 9.

[575] BRAUNER, Yariv. BEPS: An Interim Evaluation. *World Tax Journal*, Amsterdam, n. 6, 2014, p. 28.

Contudo, embora o Relatório da Ação 6 faça apenas brevíssima referência à Ação 15,[576] o Relatório desta Ação, a ser comentado adiante, já ressaltava a inclusão das alterações relacionadas aos abusos na utilização de tratados bilaterais no instrumento multilateral objeto da Ação 15.[577]

A matéria acabou incluída na Parte III da Convenção Multilateral. O seu artigo 6º traz alterações aos preâmbulos dos tratados bilaterais, enquanto o seu artigo 7º dispôs sobre regras antielisivas – ou antielusivas – específicas, a regra PPT e a regra LOB. O artigo 8º tratou de operações de transferência de dividendos; o artigo 9º de ganhos de capital decorrentes da alienação de participações societárias em sociedades que tenham seus rendimentos decorrentes de propriedade imobiliária; o artigo 10 cuidou de regras antiabuso relacionadas a Estabelecimentos Permanentes localizadas em terceiros países; enquanto o artigo 11 disciplinou a aplicação de tratados tributários para restringir o poder de um Estado de tributar seus próprios residentes.

Além de lidar com disposições antiabuso a serem incluídas em tratados tributários, Relatório da Ação 15 também esclareceu a velha questão sobre se tais acordos deveriam ter como um dos seus objetivos evitar a dupla não tributação.[578] Segundo o Relatório, "a fim de proporcionar o esclarecimento exigido pela Ação 6, decidiu-se declarar claramente, no título recomendado pelo Modelo de Convenção Tributária da OCDE, que a prevenção da elisão e evasão fiscais é um objetivo dos tratados tributários. Também foi decidido que o Modelo de Convenção Tributária da OCDE deve recomendar um preâmbulo que preveja expressamente que os Estados que firmem um tratado tributário pretendem eliminar a dupla tributação sem criar oportunidades de elisão e evasão fiscais".[579]

Um último aspecto do Relatório da Ação 6 foi a análise de considerações sobre política tributária que um país deve levar em conta antes de assinar ou renegociar um tratado tributário. Os seguintes aspectos são destacados como

---

576 OECD. *Preventing the Granting of Treaty Benefits in Inappropriate Circumstances*. Paris: OECD, 2015. p. 20.

577 OECD. *Developing a Multilateral Instrument to Modify Bilateral Tax Treaties*. Paris: OECD, 2015. p. 25.

578 Sobe o tema da dupla não tributação, ver: XAVIER, Alberto. *Direito Tributário Internacional do Brasil*. 8 ed. Rio de Janeiro: Forense, 2015. p. 33-36; TEIXEIRA, Alexandre Alkmim. Dupla Não-Tributação Entre o Poder de Tributar e as Convenções Internacionais em Matéria Fiscal. In: TÔRRES, Heleno Taveira (Coord.). *Direito Tributário Internacional Aplicado*. São Paulo: Quartier Latin, 2007. v. IV. p. 241-269.

579 OECD. *Preventing the Granting of Treaty Benefits in Inappropriate Circumstances*. Paris: OECD, 2015. p. 91.

considerações políticas relevantes, que justificam a iniciativa do país para assinar ou renegociar um tratado:

- o risco real de dupla tributação em transações transfronteiriças;
- a necessidade de limitar a retenção excessiva de impostos que possa impactar negativamente o comércio ou investimento transfronteiriças;
- proteção contra tributação discriminatória;
- certeza para os investidores estrangeiros acerca da tributação de transações transfronteiriças e a possibilidade de utilizar disposições de tratados para solucionar disputas tributárias;
- prevenção da evasão fiscal e prestação de assistência administrativa e troca de informações.[580]

A intenção desta seção do Relatório é recomendar que os países devem evitar a assinatura de tratados tributários com países que tenham pouca ou nenhuma carga tributária, o que pode ser usado para direcionar investimentos e transações para o país, com base no uso indevido do tratado.

4.2.6.1. Análise da Ação 6 do Projeto BEPS da Perspectiva da Política Fiscal Internacional Brasileira

Não parece haver divergências relevantes entre as recomendações da OCDE nesta Ação e a política de tratados do Brasil. Não é novidade para o Brasil incluir disposições antielisivas, gerais ou específicas, em tratados fiscais – vejam-se, por exemplo, as convenções assinadas entre pelo Brasil com a África do Sul, Israel, o México, o Peru, Trinidad e Tobago, a Turquia, a Venezuela, as possui.[581]

Como os padrões mínimos de implementação desta Ação estão previstos nos artigos 6º a 11 da Convenção Multilateral, a posição do Brasil a respeito da utilização do *treaty shopping* como um instrumento de política para a atração

---

[580] OECD. *Preventing the Granting of Treaty Benefits in Inappropriate Circumstances.* Paris: OECD, 2015. p. 94-96.
[581] Sobe o tema, ver: CARVALHO, André de Souza; OLIVEIRA, André Gomes. Planejamento Tributário Internacional. In: GOMES, Marcus Lívio; ANTONELLI, Leonardo Pietro (Coords.). *Curso de Direito Tributário Brasileiro.* São Paulo: Quartier Latin, 2010. v. III. p. 569-570.

de investimentos externos diretos terá que ser descortinada. Se, de fato, o País acredita que empresas estrangeiras valem-se do *treaty shopping* para canalizar investimentos externos diretos para o Brasil, e tal conduta é desejada, não deveria incorporar as regras LOB trazidas pela Convenção Multilateral, ou mesmo as regras PPT, que abririam espaço para o outro Estado contratante negar o tratamento previsto na convenção.

De outra parte, se o Brasil não vê os tratados internacionais como instrumento de atração de investimento externo direto – como nos parece ser o caso –, então não haveria qualquer perda para o País em assinar a Convenção Multilateral incluindo esses dispositivos.

Além da discussão a respeito da compatibilidade dessa Ação com a política fiscal internacional brasileira, há que se questionar se a regra PPT seria constitucional no País. Há autores, como Carlos Renato Vieira e Flavio Carvalho, que põem em xeque a compatibilidade de uma disposição como o PPT com a Constituição Federal, alegando que o País não poderia adotar uma regra como esta, "com baixo grau de determinação, sem que esteja acompanhada de normas internas que imponham mais transparência e previsibilidade nas relações entre fiscos e contribuintes, permitindo-se que sejam estabelecidas relações dialogais e construídas soluções de consenso".[582]

Talvez pior do que o baixo grau de densidade normativa, que, em si, não seria um problema em nossa visão, há uma clara divergência entre a regra PPT, para cuja aplicação basta que uma das principais razões de uma transação seja tributária e a política brasileira, no sentido de que uma transação pode ser desconsiderada se tiver uma motivação exclusivamente tributária.

Parece evidente que a regra PPT, da maneira como redigida, pode restringir significativamente as situações onde um tratado seria aplicado. Entretanto, pode ser que esta seja, de fato, a política brasileira – recordando que, de uma maneira geral, a aplicação de tratados tributários por países em desenvolvimento via de regra resulta na redução de seu poder tributário.

Dessa maneira, em relação à esta Ação, é possível concluir o seguinte:

---

[582] VIEIRA, Carlos Renato; CARVALHO, Flavio. A Ação 6 do BEPS e a PPT Rule. In: GOMES, Marcus Lívio; SCHOUERI, Luís Eduardo (Coords.). *A Tributação Internacional na Era Pós-BEPS*. Rio de Janeiro: Lumen Juris, 2016. v. II. p. 22.

- Não está claro, a esta altura, se as recomendações da OCDE no Relatório da Ação 6 são compatíveis, ou não, com a política fiscal internacional brasileira – uma vez que não há elementos empíricos para evidenciar se a o País entende o *treaty shopping* como uma forma de atrair investimentos externos diretos.

- Uma vez que o tema do uso impróprio das convenções está incluído na Convenção Multilateral, o Brasil deverá tomar uma posição a respeito da adesão aos artigos 6º a 11º do tratado.

- Neste momento não há informação pública a respeito de qualquer iniciativa do País relacionada a alterações em sua legislação relacionadas ao uso impróprio de tratados internacionais, em linha com esta Ação do Projeto BEPS. Também não há notícia da intenção do Brasil de assinar a Convenção Multilateral incluindo os dispositivos mencionados acima.

4.2.7. Ação 7: Prevenindo que o Status de Estabelecimento Permanente seja Artificialmente Evitado

Já demonstramos previamente que o Brasil não tem uma tradição de aplicar regras de Estabelecimento Permanente – salvo as exóticas decisões proferidas pelo CARF, que também foram examinadas acima, e raras soluções de consulta.[583] Portanto, com exceção das discussões envolvendo a tributação da economia digital, parece que a Ação 7 é de pouco interesse para o País, embora esta Ação seja notoriamente de interesse de países em desenvolvimento.[584]

---

[583] Ver: ROCHA, Sergio André. Agency Permanent Establishment "Brazilian Style": Taxation of Profits Earned Through Commission Merchants, Agents and Representatives. *Intertax*, Amsterdam, n. 42 (8 & 9), 2013, p. 447-448.

[584] Ver: APELBAUM, Ronaldo. O Conceito de Estabelecimento Permanente – Evolução do Conceito e as Alternativas Propostas pelo Plano de Ação 7 do BEPS. In: GOMES, Marcus Lívio; SCHOUERI, Luís Eduardo (Coords.). *A Tributação Internacional na Era Pós-BEPS*. Rio de Janeiro: Lumen Juris, 2016. v. II. p. 69.

O objetivo deste Relatório era neutralizar as estruturas comuns de planejamento utilizadas pelas empresas para contornar a aplicação das regras de estabelecimento permanente,[585] nomeadamente:

- arranjos de comissão que permitem que uma empresa estrangeira venda bens em um país no qual não tenha uma subsidiária;
- o uso das exceções do inciso IV, do artigo 5º do Modelo de Convenção da OCDE para evitar o *status* de estabelecimento permanente – principalmente na economia digital;
- o uso de exceções aplicáveis aos locais de construção por meio da fragmentação dos contratos – que devem ser controladas usando o Teste de Propósito Principal, proposto no Relatório da Ação 6.[586]

Os arranjos de comissão não são de interesse para o Brasil, uma vez que a regulamentação doméstica trata tais arranjos dentro do conceito de agentes dependentes.[587] Portanto, a legislação tributária do Brasil permite que o País tribute as empresas estrangeiras que fazem negócios no Brasil por meio de acordos de comissão – embora não haja histórico de aplicação desses dispositivos pelas autoridades fiscais brasileiras.

Não há informações oficiais sobre o impacto do uso de exceções ao Estabelecimento Permanente como uma estratégia de planejamento tributário no Brasil. No entanto, não parece que este seja um tema relevante no País – seria surpreendente uma matéria que é basicamente inédita no Brasil desempenhasse um papel significativo.

A principal preocupação, a partir de uma perspectiva brasileira, parece ser como tributar as empresas digitais que operam no Brasil sem qualquer presença física, que é o objeto da Ação 1.

O Estabelecimento Permanente de locais de construção não é preocupante do ponto de vista brasileiro. O País simplesmente não aplica essas regras.

---

585 Sobre o tema, ver: CARVALHO, André et. al. Recusa Artificial ao Estabelecimento Permanente – BEPS Action 7. In: GOMES, Marcus Lívio; SCHOUERI, Luís Eduardo (Coords.). *A Tributação Internacional na Era Pós-BEPS*. Rio de Janeiro: Lumen Juris, 2016. v. II. p. 75-114.

586 OECD. *Preventing the Artificial Avoidance of Permanent Establishment Status*. Paris: OECD, 2015. p. 9-11.

587 Ver o artigo 398 do Regulamento do Imposto de Renda.

Conforme mencionado anteriormente, nestes casos, o Brasil aplica a tributação na fonte sobre a renda bruta dos serviços de construção.

Os ajustes convencionais necessários à implementação desta Ação foram incluídos nos artigos 12 a 15 da Convenção Multilateral. Desta maneira, o Brasil terá a oportunidade de demonstrar seu alinhamento às recomendações da OCDE ao se manifestar sua adesão – ou não – aos dispositivos da Convenção Multilateral.

4.2.7.1. Análise da Ação 7 do Projeto BEPS da Perspectiva da Política Fiscal Internacional Brasileira

Não parece que a Ação 7 gerará debates significativos no Brasil. A negligência do País em relação às regras de Estabelecimento Permanente indica que os resultados deste Relatório não terão qualquer impacto na política fiscal do Brasil. De fato, a política sistemática do Brasil de tributar o rendimento bruto de pagamentos de serviços para o exterior,[588] de um lado, e a ausência de pretensão de tributação de vendas feitas por não residentes no País, de outro, reduzem a importância desta Ação.

Como visto, as recomendações do Relatório da Ação 7 transformaram-se em dispositivos da Convenção Multilateral. Em princípio, sua adoção pelo Brasil não deveria trazer consequências mais graves.[589]

Dessa maneira, em relação à esta Ação, é possível concluir o seguinte:

- O objeto da Ação 7 não indica, *a priori*, qualquer efeito negativo para o Brasil. Ademais, não se pode afirmar que o tratamento dos Estabelecimentos Permanentes seja uma preocupação da política fiscal internacional brasileira.

---

588 Ver: ROCHA, Sergio André. Brazilian Report. *Cahiers de Droit Fiscal International*. Amsterdam: IFA, 2012. v. 97a. p. 155-167.

589 Como aponta Ramon Tomazela, "o Brasil não usa o conceito de estabelecimento permanente em sua legislação doméstica, em geral optando pela incidência do Imposto de Renda Retido na Fonte (IRRF) sobre pagamento feitos a não residentes, por vezes mesmo quando este mecanismo não é compatível com obrigações convencionais. Portanto, mesmo que o Brasil concorde em alterar seus tratados com base na Convenção Multilateral, as modificações no conceito de EP provavelmente não terão efeitos significativos no País" (SANTOS, Ramon Tomazela. Brazil's Approach Towards the BEPS Multilateral Convention. Disponível em: http://kluwertaxblog.com/2016/12/22/brazils-approach-towards-the-beps-multilateral-convention/. Acesso em 31 de dezembro de 2016).

- O tema é objeto dos artigos 12 a 15 da Convenção Multilateral.
- Neste momento, não há informação pública a respeito de qualquer iniciativa do País relacionada a alterações em sua legislação relacionadas às regras domésticas que tratam do tema desta Ação do Projeto BEPS. Também não há notícia da intenção do Brasil de assinar a Convenção Multilateral incluindo os dispositivos mencionados acima.

4.2.8. Ações 8, 9, e 10: Alinhando Preços de Transferência com a Criação de Valor

As ações 8, 9 e 10 são algumas das mais importantes do Projeto BEPS.[590] Como observado por Yariv Brauner, "os preços de transferência agressivos são o coração pulsante do planejamento de 'BEPS' – a condição *sine qua non* das transações que desencadearam o interesse universal no BEPS e eventualmente o projeto BEPS".[591]

Talvez um ponto de partida interessante seja questionar se o trabalho do Projeto BEPS sobre preços de transferência destaca uma mudança no foco das regras de preços de transferência, como argumentou Luís Eduardo Schoueri.

De acordo com este autor, "embora tenha sido inicialmente concebido como um mecanismo antievasão, os preços de transferência e os debates relacionados têm gradualmente se movido na direção de considerar-se uma tributação da 'parte justa' sobre os lucros obtidos pelas empresas multinacionais, independentemente de qualquer preocupação com base na renda real derivada de uma atividade sujeita à jurisdição de um estado".[592]

Em sua visão, as regras de preços de transferência não se destinavam, inicialmente, a lidar com a partilha de receitas tributárias entre países, mas a lidar com "a necessidade de igualdade entre empresas relacionadas e não relacionadas".[593]

---

590 Cf. SCHRÖGER, Matthias. Transfer Pricing: Next Steps in the International Debate. In: PETRUZZI, Rafaelle; SPIES, Karoline (Coords.). *Tax Policy Challenges in the 21st Century*. Wien: Linde, 2014. p. 310.
591 BRAUNER, Yariv. What the BEPS? *Florida Tax Review*, Florida, n. 16 (2), 2014, p. 96.
592 SCHOUERI, Luís Eduardo. Arm's Length: Beyond the Guidelines of the OECD. *Bulletin for International Taxation*, Amsterdam, n. 69 (12), 2015, p. 690.
593 SCHOUERI, Luís Eduardo. Arm's Length: Beyond the Guidelines of the OECD. *Bulletin for International Taxation*, Amsterdam, n. 69 (12), 2015, p. 695.

Se este for o caso, ainda que nada no Projeto BEPS indique claramente que um dos seus objetivos seja alterar as atuais regras de atribuição de poder tributário, a combinação das Ações 8, 9 e 10 com a Ação 13 poderá preparar o terreno para debates sobre a legítima – ou justa – atribuição de poderes de tributação entre os Estados, o que definitivamente poderia prejudicar países em desenvolvimento como o Brasil – ou gerar casos significativos de dupla tributação.

Em termos gerais, o Relatório sobre as Ações 8, 9 e 10 tem impacto limitado sobre as regras brasileiras de preços de transferência – que já foram comentadas no item 2.1.1 acima. Vale a pena citar novamente a nota incluída neste Relatório indicando a posição do País sobre a interação entre suas regras de preços de transferência e os resultados do Projeto BEPS.

> O Brasil prevê uma abordagem em sua legislação interna que utiliza margens fixas, derivadas de práticas industriais, e considera que isso está de acordo com o princípio da plena concorrência. O Brasil continuará aplicando essa abordagem e utilizará as diretrizes deste relatório neste contexto. Quando os tratados tributários brasileiros contiverem o Artigo 9, parágrafo 1, das Convenções Tributárias da OCDE e da ONU e um caso de dupla tributação seja capturado por esta disposição do Tratado, o Brasil dará acesso ao MAP de acordo com o padrão mínimo de Ação 14.[594]

No entanto, há informações no trabalho da OCDE que podem ser usadas para melhorar as regras de preços de transferência do Brasil.

Por exemplo, a ascensão de intangíveis na economia digital trouxe mudanças significativas na forma como as multinacionais fazem negócios. A aplicação de regras de preços de transferência para transações com ativos intangíveis tem sido um desafio e está no centro do Relatório das Ações do Projeto BEPS 8-10.[595]

---

[594] OECD. *Aligning Transfer Pricing Outcomes with Value Creation*. Paris: OECD, 2015. p. 185.

[595] É verdade que, como aponta Marcos Aurélio Pereira Valadão, os *royalties* estão fora do escopo das regras de preços de transferência brasileiras (VALADÃO, Marcos Aurélio Pereira. Transfer Pricing in Brazil and Actions 8, 9, 10 and 13 of the OECD Base Erosion and Profit Shifting Initiative. *Bulletin for International Taxation*, Amsterdam, n. 70 (5), 2016, p. 305. Ver, também: TROIANELLI, Gabriel Lacerda. Preços de Transferência: Intangíveis, Acordos de Repartição de Custos e Serviços de Grupo. In: SCHOUERI, Luís Eduardo (Coord.). *Tributos e Preços de Transferência: 3º Volume*. São Paulo: Dialética, 2009. p. 78-84). Contudo, há outras transações com intangíveis, como a sua transferência definitiva, que geram grandes dificuldades na aplicação das regras de controle dos preços de transferência.

Muitas jurisdições não têm definições claras de intangíveis, o que é o caso do Brasil.[596] Conforme observado pela OCDE, as definições de intangíveis que são demasiadamente amplas ou demasiadamente restritas podem gerar problemas de preço de transferência.[597] Um dos objetivos do Projeto BEPS é fornecer uma definição clara e uniforme de intangíveis. Tal definição deve considerar que, em muitos casos, os intangíveis que são relevantes para fins de preços de transferência não são contabilizados nos livros da empresa multinacional.

Uma situação é definir ativos intangíveis; outra é identificar transações com intangíveis. O Relatório sobre as Ações 8, 9 e 10 também tratou de analisar quem é o proprietário legal dos ativos e como eles beneficiam cada entidade de um grupo multinacional.

As transações envolvendo intangíveis têm sido fundamentais para o planejamento tributário internacional. Muitos dos casos que ganharam notoriedade nos últimos anos estão relacionados à transferência de bens intangíveis ou ao direito de usá-los.

Este cenário encorajou uma abordagem de "substância sobre a forma" para as transações com intangíveis, exigindo uma análise além da propriedade legal. Por conseguinte, o direito a rendimentos decorrentes de intangíveis deve igualmente basear-se numa análise de "substância sobre forma". De acordo com as alterações propostas às Diretrizes da OCDE sobre Preços de Transferência, "embora o proprietário legal de um intangível possa receber o produto da exploração do intangível, outros membros do grupo multinacional do proprietário legal podem ter desempenhado funções, utilizado bens, ou assumido riscos que provavelmente contribuem para o valor do intangível. Os membros do grupo multinacional que desempenham tais funções, que utilizam esses ativos e assumem esses riscos devem ser compensados pelas suas contribuições com fundamento no princípio da plena concorrência".[598]

O Brasil pode usar o trabalho da OCDE para melhorar sua própria regulamentação de preços de transferência em relação a transações com ativos intan-

---

596 Ver: MALHEIRO, Eliete de Lima Ribeiro. *Preços de Transferência – Intangíveis, Serviços e Cost-Sharing*. In: SCHOUERI, Luís Eduardo (Coord.). *Tributos e Preços de Transferência: 3º Volume*. São Paulo: Dialética, 2009. p. 58.

597 OECD. *Aligning Transfer Pricing Outcomes with Value Creation*. Paris: OECD, 2015. p. 67.

598 OECD. *Aligning Transfer Pricing Outcomes with Value Creation*. Paris: OECD, 2015. p. 73.

gíveis. É claro que a abordagem "substância sobre a forma" sugerida pela OCDE mostra-se desnecessária no Brasil, diante da exclusão dos *royalties* do escopo das regras de preços de transferência. No entanto, isso não significa que o Brasil não possa usar o trabalho da OCDE e experiências de outros países a seu favor.

Não só o trabalho do Projeto BEPS quanto aos intangíveis, mas também aquele desenvolvido em outras áreas, pode ser relevante para o Brasil. Aparentemente, um tema de particular interesse para o País é a prestação de serviços intragrupo, que faz parte das operações de qualquer grupo multinacional. Conforme salientou a OCDE, "quase todos os grupos multinacionais devem fornecer uma ampla gama de serviços para os seus membros, em especial os serviços administrativos, técnicos, financeiros e comerciais. Esses serviços podem incluir funções de gerenciamento, coordenação e controle para todo o grupo".[599]

De acordo com o Relatório das Ações 8-10, "existem duas questões na análise dos preços de transferência para os serviços intragrupo. Uma questão é saber se os serviços intragrupo foram efetivamente prestados. A outra questão é que a cobrança intragrupo por tais serviços para fins tributários deve estar de acordo com o princípio da plena concorrência".[600]

O tratamento tributário do compartilhamento internacional de custos é uma questão desafiadora no Brasil,[601] e parece que o País pode aproveitar o trabalho desenvolvido pela OCDE neste campo.

Outra área muito relevante tratada no Projeto BEPS é a aplicação de regras de preços de transferência para transações com *commodities*. Muitos países, como o Brasil, dependem das *commodities* como uma fonte relevante de atividade econômica. Dada a importância do setor de *commodities*, há uma grande preocupação com o controle artificial de transações envolvendo as mesmas por grupos multinacionais, o que tem sido o cerne de vários esquemas de planejamento fiscal agressivo.

---

[599] OECD. *Aligning Transfer Pricing Outcomes with Value Creation*. Paris: OECD, 2015. p. 143.
[600] OECD. *Aligning Transfer Pricing Outcomes with Value Creation*. Paris: OECD, 2015. p. 144.
[601] Ver: ROCHA, Sergio André; BARRETO, Ana Carolina. Tributação do Reembolso de Despesas e do Compartilhamento de Custos e o CPC 30. In: ROCHA, Sergio André (Coord.). *Direito Tributário, Societário e a Reforma da Lei das S/A*. São Paulo: Quartier Latin, 2012. v. III. p. 585-604; GALHARDO, Luciana Rosanova. *Rateio de Despesas no Direito Tributário*. São Paulo: Quartier Latin, 2004; KOURY, Paulo Arthur Cavalcante. Os Serviços Intragrupo no Plano de Ação nº 10 e o Contexto Brasileiro. In: GOMES, Marcus Lívio; SCHOUERI, Luís Eduardo (Coords.). *A Tributação Internacional na Era Pós-BEPS*. Rio de Janeiro: Lumen Juris, 2016. v. II. p. 245-270.

De acordo com o Relatório das Ações 8-10, "o método PIC seria geralmente um método adequado de fixação de preços de transferência para estabelecer o preço de plena concorrência aplicável na transferência de commodities entre empresas associadas". Além disso, "de acordo com o método PIC, o preço de plena concorrência para transações de commodities pode ser determinado por meio de referência a transações não controladas comparáveis e por referência a arranjos não controlados comparáveis representados pelo preço cotado".[602]

O Brasil tem suas próprias regras de preços de transferência aplicáveis às transações com *commodities* e certamente pode se beneficiar ao observar o que os outros países estão fazendo nesta área e quais são as recomendações da OCDE.

4.2.8.1. Análise das Ações 8-10 do Projeto BEPS da Perspectiva da Política Fiscal Internacional Brasileira

Como visto, as regras de preços de transferência do Brasil foram projetadas para atender aos próprios interesses administrativos do País. Sua metodologia simplificada leva em conta a estrutura da Receita Federal do Brasil e sua capacidade de aplicar regras de preços de transferência para multinacionais. O País já declarou que não tem intenção de alterar suas políticas de preços de transferência. Assim, em princípio, o trabalho da OCDE sobre as Ações 8, 9 e 10 não terá um impacto significativo nas atuais normas e práticas do Brasil.

No entanto, será interessante observar como a independência do Brasil em relação aos padrões de preços de transferência da OCDE será vista pela própria Organização e por outros países.

De fato, se o Projeto BEPS é uma iniciativa multilateral e os preços de transferência estão no centro do Projeto, qual é a consequência de o Brasil aplicar suas abordagens unilaterais e não alinhadas? Será que, com a bandeira do multilateralismo, a pressão sobre o Brasil para mudar suas práticas de preços de transferência aumentará? E, caso o faça, o País deve ceder?

Uma posição que resulta da presente pesquisa é a de que o Brasil deve manter as políticas que considera mais adequadas para seus próprios interesses fiscais, até um certo limite. As regras do País foram concebidas para garantir

---

602 OECD. *Aligning Transfer Pricing Outcomes with Value Creation*. Paris: OECD, 2015. p. 53.

a competitividade entre transações intragrupo e as realizadas entre partes independentes. Seu foco não é – e não deve ser – alocar a chamada parcela justa de tributo para diferentes países. Concorda-se, aqui, com a posição manifestada por Raphael Assef Lavez, para quem:

> Os três aspectos analisados até aqui permitem concluir um razoável afastamento das orientações da OCDE do princípio *arm's length*, especialmente em matéria de sinergia, recaracterização de operações e intangíveis, na medida em que não refletem ajustes que impliquem condições que seriam contratadas entre partes independentes.
>
> Assentados os distanciamentos mais significativos, cabe analisar a hipótese de que o relatório final é, a um só tempo, inconsistente com a justificação das regras de preços de transferência e inconveniente que venha a ser implementado, especialmente por aqueles países periféricos no debate das políticas fiscais internacionais, em geral capturado pelos membros da OCDE.
>
> [...]
>
> Se são inconsistentes, também é inconveniente a adoção de tais medidas aos países subdesenvolvidos. Isso porque, se afastado o princípio *arm's length* em seu conteúdo aqui estipulado, deixa de existir um critério genuinamente e *a priori* preferencial para a determinação de ajustes. Tanto é assim que, da leitura do relatório final da OCDE, pôde-se perceber uma concepção segundo a qual a criação do valor de determinada atividade econômica se encontra justa e exclusivamente no local em que desenvolvida a ideia, a pesquisa, o intangível: vale dizer, em países desenvolvidos. [...].[603]

No mesmo sentido é a opinião de Roberto Codorniz Leite Pereira, para quem "o princípio de criação de valor, por partir das análises funcional e de controle defendidas pela OCDE que atribuem competência tributária aos países na medida da contribuição dos seus residentes para a agregação de valor aos intangíveis, não reflete a alocação de competências que o princípio *arm's length* até então estabeleceu. Daí ser criticável a afirmação feita pela OCDE de que o princípio *arm's length* estará tanto mais prestigiado quanto mais o princípio da criação de valor estiver sendo concretizado nas situações envolvendo intan-

---

[603] LAVEZ, Raphael Assef. BEPS: para quem? Avaliando o Projeto da OCDE a partir do Princípio Arm's Length. In: GOMES, Marcus Lívio; SCHOUERI, Luís Eduardo (Coords.). *A Tributação Internacional na Era Pós-BEPS*. Rio de Janeiro: Lumen Juris, 2016. v. II. p. 139-140.

gíveis, alocação de riscos, capital e em casos envolvendo operações intragrupo que não possuem comparáveis no mercado".[604]

Talvez um campo onde o Projeto BEPS possa ter algum impacto sobre o Brasil seja no que se refere à coordenação e a implementação de *secondary adjustments*. De fato, diante da possibilidade de dupla tributação generalizada, a coordenação será necessária para que casos de bitributação sejam evitados.

Dessa maneira, em relação à esta Ação, é possível concluir o seguinte:

- As Ações 8-10 do Projeto BEPS devem ser consideradas cuidadosamente pelo Brasil, uma vez que a modificação da lógica por trás das regras de preços de transferência pode levar a uma transferência de receitas tributárias do País para outros países.

- Como destacado, o próprio Relatório dessas Ações salientou que o Brasil não pretende alterar sua prática em relação ao controle de preços de transferência.

- É possível que algumas das recomendações desse Relatório, que não contrariem o racional do regime brasileiro, sejam assimiladas pela legislação doméstica nacional.

- Neste momento não há informação pública a respeito de qualquer iniciativa do País relacionada a alterações em sua legislação relacionadas às regras domésticas que tratam do tema desta Ação do Projeto BEPS.

4.2.9. Ação 11: Medindo e Monitorando a Erosão da Base Tributária e Transferência de Lucros (BEPS)

Uma das críticas mais contundentes ao Projeto BEPS no momento em que foi lançado foi que a erosão da base tributária e a transferência de lucros não eram um grande problema. Não há estatísticas ou dados confiáveis sobre o impacto real que a "BEPS" teve sobre a arrecadação de tributos dos países. Embora não haja

---

604 PEREIRA, Roberto Codoniz Leite. O Controle de Preços de Transferência em Operações com Intangíveis no Contexto do BEPS e a Perda da Hegemonia do Princípio Arm's Length. In: GOMES, Marcus Lívio; SCHOUERI, Luís Eduardo (Coords.). *A Tributação Internacional na Era Pós-BEPS*. Rio de Janeiro: Lumen Juris, 2016. v. II. p. 169.

muita dúvida de que o planejamento tributário "agressivo" – e seus efeitos sobre a arrecadação fiscal – é uma realidade,⁶⁰⁵ argumenta-se que suas consequências não são tão relevantes como foi afirmado pela OCDE e pelo G-20.

Esta análise talvez não seja tão incorreta em alguns países. No caso do Brasil, por exemplo, é claro que a "BEPS" existe. No entanto, como já mencionado, tendo em conta todas as medidas em vigor – preços de transferência, retenção de impostos com uma taxa mais elevada para pagamentos feitos a paraísos fiscais, regras de subcapitalização, restrições à dedutibilidade de pagamentos feitos a paraísos fiscais e entidades sob regimes fiscais privilegiados, abordagem "substância sobre a forma" em relação a planejamentos tributários e "regras de CFC" muito abrangentes – não parece que combater a "BEPS" internacional seja uma prioridade para o Brasil.

O foco da Ação 11 é demonstrar quão grandes são os efeitos da erosão da base tributável e da transferência de lucros.⁶⁰⁶ De acordo com o Relatório desta Ação, "um levantamento da literatura acadêmica e empírica revela que mais de cem estudos encontraram a presença de BEPS. Uma revisão recente da literatura por Dharmapala (2015) não relata um único estudo empírico que não encontre alguma evidência de BEPS. Uma outra revisão da literatura acadêmica feita por Riedel (2015) conclui: 'Estudos existentes, por unanimidade, relatam evidências que indicam transferência de lucros motivada por impostos (apesar de usar diferentes fontes de dados e estratégias de estimativa)".⁶⁰⁷

---

605 Ver: TABAKOV, Ludomir. Counteracting Tax Evasion and Avoidance (focus on non-compliance by MNEs). In: PETRUZZI, Rafaelle; SPIES, Karoline (Coords.). *Tax Policy Challenges in the 21ˢᵗ Century*. Wien: Linde, 2014. p. 399.

606 Sobre o tema, ver: NASCIMENTO NETTO, Agostinho; CAMPOS, Juliana Candido. A Ação 11 do Projeto BEPS da OCDE e seus Possíveis Efeitos no Brasil. In: GOMES, Marcus Lívio; SCHOUERI, Luís Eduardo (Coords.). *A Tributação Internacional na Era Pós-BEPS*. Rio de Janeiro: Lumen Juris, 2016. v. III. p. 1-18; PIERONI, Luiz Felipe de Toledo. Os Problemas Relacionados à Ação nº 11 para o Combate ao BEPS. In: GOMES, Marcus Lívio; SCHOUERI, Luís Eduardo (Coords.). *A Tributação Internacional na Era Pós-BEPS*. Rio de Janeiro: Lumen Juris, 2016. v. III. p. 19-37.

607 OECD. *Measuring and Monitoring BEPS*. Paris: OECD, 2015. p. 81.

No entanto, a OCDE reconheceu que, "enquanto vários estudos acadêmicos, governamentais e empíricos realizados verificam que a "BEPS" está ocorrendo, há menos certeza sobre a escala ou extensão em que está ocorrendo".[608] Este Relatório inclui seis indicadores da "BEPS":

    A. Descasamento entre atividades econômicas reais e financeiras

    1. Concentração de elevados níveis de investimento direto estrangeiro (IDE) em relação ao PIB

    B. Diferenciais de taxas de lucro dentro das maiores empresas multinacionais globais (por exemplo, top 250)

    2. Taxas diferenciais de lucro em relação às alíquotas efetivas de tributos

    3. Taxas diferenciais de lucro entre locais de baixa tributação e operações mundiais de MNE

    C. Diferenciais de alíquotas de imposto entre multinacionais *versus* não-multinacionais "comparáveis"

    4. Alíquotas efetivas de tributos das grandes filiais de empresas multinacionais relativas a entidades não-multinacionais, com características semelhantes

    D. Transferência de lucros por meio de intangíveis

    5. Concentração de elevados níveis de receita de royalties relativa às despesas de pesquisa e desenvolvimento (P&D)

    E. Transferência de lucros por meio de juros

    6. Despesas de juros contra índices de renda das afiliadas da MNE em locais de alta tributação.[609]

De acordo com a análise da OCDE, "fica claro, a partir da avaliação de dados atuais, que as análises de BEPS a partir de informações fora das declarações tributárias fornecem um quadro incompleto. A utilização de dados fora das declarações tributárias disponíveis publicamente mostrou a presença e o significado do BEPS, mas não forneceu medidas claras do tamanho e do escopo do BEPS". Por conseguinte, na opinião da OCDE, "uma melhor análise da 'BEPS' no futuro exigirá uma análise mais aprofundada dos dados das declarações tributárias pelas administrações fiscais de cada país e/ou pelos seus escritórios de

---

608 OECD. *Measuring and Monitoring BEPS*. Paris: OECD, 2015. p. 81. Sobre o tema, ver: GRAVELLE, Jane G. *Tax Havens: International Tax Avoidance and Evasion*. CRS: USA, 2013. p. 13-21.

609 OECD. *Measuring and Monitoring BEPS*. Paris: OECD, 2015. p. 46.

política fiscal. Dado o grande volume de dados disponíveis para as administrações fiscais, que estão prestes a serem expandidos, as recomendações deste relatório centram-se na necessidade de os governos trabalharem mais próximos entre si para fazerem um melhor uso das informações que já foram recolhidas (ou concordou-se que serão recolhidas, como parte do Projeto BEPS)".[610] Apresentamos, abaixo, as principais recomendações da OCDE neste Relatório:

- "A OCDE deverá trabalhar com todos os membros da OCDE, Associados do Projeto BEPS e qualquer país interessado em disponibilizar, em caráter regular, uma nova publicação sobre Estatísticas Fiscais das Empresas, que compilaria uma série de dados e análises estatísticas relevantes para a análise econômica da 'BEPS' em um formato internacional consistente. Entre outras informações, esta publicação incluiria análises estatísticas agregadas e anônimas, preparadas pelos governos com base nos dados coletados no âmbito dos Relatórios país por país da Ação 13".[611]

- "A OCDE deve trabalhar com todos os membros da OCDE, Associados BEPS e qualquer governo participante disposto a produzir relatórios periódicos sobre os impactos estimados das contramedidas de 'BEPS', propostas e aprovadas, sobre receitas".[612]

- "A OCDE deve continuar a produzir e aperfeiçoar ferramentas analíticas e indicadores de 'BEPS' para monitorar a escala e o impacto econômico da 'BEPS', e avaliar a eficácia e o impacto econômico das contramedidas da 'BEPS'".[613]

- "Os governos devem melhorar a divulgação pública de estatísticas de tributos corporativos, especialmente para as empresas multinacionais".[614]

- "Os governos devem continuar a melhorar os dados não tributários relevantes para o Projeto BEPS, como a ampliação do alcance dos

---

610 OECD. *Measuring and Monitoring BEPS*. Paris: OECD, 2015. p. 262.
611 OECD. *Measuring and Monitoring BEPS*. Paris: OECD, 2015. p. 262.
612 OECD. *Measuring and Monitoring BEPS*. Paris: OECD, 2015. p. 263.
613 OECD. *Measuring and Monitoring BEPS*. Paris: OECD, 2015. p. 263.
614 OECD. *Measuring and Monitoring BEPS*. Paris: OECD, 2015. p. 264.

países e a melhoria de dados sobre IDE associados às SPE residentes, ao comércio de serviços e aos investimentos incorpóreos".[615]

- "Os governos devem considerar as melhores práticas atuais e explorar novas abordagens de colaboração na pesquisa da 'BEPS' com doutrinadores e outros pesquisadores. Os governos devem encorajar mais pesquisas sobre a atividade das empresas multinacionais no bojo das administrações fiscais, nos escritórios de política fiscal, nos escritórios nacionais de estatística e, por meio de pesquisadores acadêmicos, melhorar a compreensão do Projeto BEPS, segregando melhor a 'BEPS' dos efeitos econômicos reais e privilégios fiscais não-BEPS".[616]

A análise destas recomendações indica que este trabalho sobre a medição da "BEPS" ainda é muito preliminar. Trata sobretudo de trabalhos futuros que a OCDE coordenaria, mas muito pouco está posto de forma concreta nesta fase.

O Brasil é uma referência na coleta de informações dos contribuintes. As declarações de Imposto de Renda das empresas e dos indivíduos são amplamente abrangentes. Todas as notas fiscais são emitidas eletronicamente. O país está atualmente implementando um controle de estoque eletrônico, que permitirá às autoridades fiscais controlar as operações das empresas digitalmente, com muito pouco atraso.

Desde 2012, obrigações de informação no chamado SISCOSERV já existem.[617] Trata-se de um sistema *on-line* digital no qual as empresas brasileiras precisam inserir informações sobre a importação de serviços e intangíveis.

É indubitável que o Brasil tem informações para mapear a "BEPS". Trata-se de uma questão de aproveitá-las. No entanto, isso não significa que o País possa aderir às práticas gerais de divulgação de informações dos contribuintes.

No artigo 145, § 1º, a Constituição Federal do Brasil estabelece os poderes das autoridades fiscais. Esta disposição estabelece que tais poderes são limitados pelos direitos individuais fundamentais estabelecidos na Constituição, que incluem a proteção da privacidade e intimidade de cada indivíduo. Estes direitos

---

615 OECD. *Measuring and Monitoring BEPS*. Paris: OECD, 2015. p. 264.
616 OECD. *Measuring and Monitoring BEPS*. Paris: OECD, 2015. p. 265.
617 Ver a Instrução Normativa nº 1.277/2012.

implicam a proteção de todos os dados e informações obtidos pelas autoridades fiscais durante auditorias e fiscalizações de qualquer tipo. Como argumenta Paulo de Barros Carvalho, «é vedado à Receita Federal ou a qualquer de seus funcionários a divulgação de informações econômicas ou financeiras relativas a contribuintes obtidos em decorrência de suas operações oficiais».[618]

A proteção das informações fornecidas às autoridades fiscais está prevista no artigo 198 do Código Tributário Nacional. O dispositivo estabelece que "sem prejuízo do disposto na legislação criminal, é vedada a divulgação, por parte da Fazenda Pública ou de seus servidores, de informação obtida em razão do ofício sobre a situação econômica ou financeira do sujeito passivo ou de terceiros e sobre a natureza e o estado de seus negócios ou atividades". Pelo artigo 325, do Código Penal, a divulgação de tais informações constitui um crime punível com 6 meses a 2 anos de detenção.

A possibilidade de troca de informações tributárias entre as autoridades fiscais brasileiras e de outros países está estabelecida no parágrafo único, do artigo 199, do Código Tributário Nacional. O dispositivo estabelece que "a Fazenda Pública da União, na forma estabelecida em tratados, acordos ou convênios, poderá permutar informações com Estados estrangeiros no interesse da arrecadação e da fiscalização de tributos". Assim, para que as autoridades brasileiras troquem informações, é necessário que: (a) esse intercâmbio seja estabelecido em um tratado internacional, e (b) esse intercâmbio seja destinado a permitir a fiscalização ou a cobrança de tributos.[619]

Portanto, a Receita Federal do Brasil pode certamente coletar dados relacionados à "BEPS" e trocar essas informações com países com os quais assinou tratados internacionais. No entanto, o Brasil não pode divulgar publicamente informações dos contribuintes. Por essa razão, precisa ser cauteloso ao assumir obrigações que não possa cumprir.

Uma questão importante a respeito desta Ação é a quantidade de encargos administrativos que ela representará para as autoridades tributárias dos países. É uma suposição justa que as autoridades na maioria de países tenham uma grande carga de trabalho. Por outro lado, a "BEPS" impacta os países de forma

---

[618] CARVALHO, Paulo de Barros. *Curso de Direito Tributário*. 15 ed. São Paulo: Saraiva, 2003. p. 535.

[619] Ver: ROCHA, Sergio André. *Troca Internacional de Informações para Fins Fiscais*. São Paulo: Quartier Latin, 2015. p. 167-168.

diferente. Em nossa opinião, o Brasil é menos afetado pela "BEPS" do que as economias desenvolvidas. Portanto, se as iniciativas desenvolvidas pela OCDE representarem uma sobrecarga administrativa significativa para as autoridades tributárias, pode ser difícil obter um compromisso real de países como o Brasil.

4.2.9.1. Análise da Ação 11 do Projeto BEPS da Perspectiva da Política Fiscal Internacional Brasileira

O objetivo desta Ação está relacionado a dados e informação. Em princípio, não há objeção do Brasil aos estes objetivos. O País tem uma grande base de dados e tem a capacidade de produzir as estatísticas necessárias.[620] No entanto, existem algumas questões que necessitam ser cuidadosamente analisadas. Em primeiro lugar, o Brasil não deve compartilhar qualquer informação dos contribuintes que venham a se tornar públicas – uma vez que isso violaria suas obrigações constitucionais e legais internas de não divulgar informações. Em segundo lugar, o Brasil precisa equilibrar as vantagens dos esforços para produzir a informação e as estatísticas requeridos com seu interesse fiscal doméstico – o potencial aumento da arrecadação de tributos internos.

Dessa maneira, em relação à esta Ação, é possível concluir o seguinte:

- Não há contradição aparente entre o objeto da Ação 11 e a política fiscal internacional brasileira. Nada obstante, o País deve ponderar o custo-benefício de sua implementação. Mais importante ainda é a observância das obrigações de sigilo relacionadas às informações dos contribuintes obtidas no curso das atividades de fiscalização.

- Neste momento não há informação pública a respeito de qualquer iniciativa do País relacionada a alterações em sua legislação relacionadas às regras domésticas que tratam do tema desta Ação do Projeto BEPS.

---

[620] Ver: TAVARES, Romero J. S. Política tributária internacional: OCDE, BEPS e Brasil Como deve se posicionar o setor industrial brasileiro? *Revista Brasileira de Comércio Exterior*, Rio de Janeiro, n. 121, out.-dez. 2014, p. 60.

4.2.10. Ação 12: Regras Obrigatórias de Declaração de Planejamento Tributário

De acordo com o Relatório da Ação 12 do Projeto BEPS, "o objetivo principal das regras de declaração obrigatória é fornecer informações tempestivas sobre arranjos de planejamento tributário potencialmente agressivos ou abusivos e identificar os promotores e utilizadores desses sistemas. A detecção precoce a partir da obtenção de informações rápidas e relevantes aumenta a eficácia das autoridades fiscais em suas atividades de *compliance*. Como resultado, alguns dos recursos que de outra forma seriam dedicados à detecção de evasão fiscal, por exemplo através de auditoria, poderiam ser reutilizados para rever e responder às divulgações do esquema. Além disso, a informação antecipada pode permitir que as administrações fiscais respondam rapidamente a mudanças no comportamento dos contribuintes através de políticas operacionais, alterações legislativas ou regulamentares".[621]

Segundo o Relatório, os princípios básicos de concepção das regras obrigatórias de declaração são os seguintes:

- serem claras e fáceis de entender;
- equilibrarem custos adicionais de *compliance* para os contribuintes com os benefícios obtidos pela administração tributária;
- serem eficazes na consecução dos objetivos políticos pretendidos e identificarem com precisão os esquemas relevantes;
- permitirem que as informações coletadas sejam usadas efetivamente.[622]

Um dos aspectos mais relevantes deste Relatório está relacionado com as consequências do não cumprimento da obrigação de declaração. O documento menciona quatro tipos diferentes de consequências: (i) pena pecuniária por não declaração de um regime; (ii) pena pecuniária por não fornecer ou manter lista de clientes; (iii) multa pecuniária por não fornecer um número de referência do regime; e (iv) multa pecuniária por não declarar um número de referência do esquema.[623]

---

621 OECD. *Mandatory Disclosure Rules*. Paris: OECD, 2015. p. 18.
622 OECD. *Mandatory Disclosure Rules*. Paris: OECD, 2015. p. 19-20.
623 OECD. *Mandatory Disclosure Rules*. Paris: OECD, 2015. p. 57.

Como apontam Ana Carolina Monguilod e Pedro Araújo Chimelli, "especial atenção foi dedicada pelo Relatório Final da Ação 12 do BEPS à elaboração de recomendações e modelos de regras de declaração obrigatória que possam alcançar operações internacionais, isto é, planejamentos que envolvam operações em diversas jurisdições".[624] De fato, como destacado no Relatório, "parte do trabalho requerido sob a Ação 12 é considerar como fazer a declaração obrigatória mais efetiva no contexto internacional".[625]

4.2.10.1. Análise da Ação 12 do Projeto BEPS da Perspectiva da Política Fiscal Internacional Brasileira

Essa é definitivamente uma das Ações do Projeto BEPS que mais interessa ao Brasil e foi a primeira a ter um impacto real na legislação tributária brasileira.

Em 22 de julho de 2015, o Brasil promulgou a Medida Provisória nº 685, que introduziu regras obrigatórias de declaração no País. De acordo com a justificativa destas regras (elaborada pelo Ministro da Fazenda), esta medida foi baseada no Projeto BEPS. Em textual:

> A segunda medida proposta estabelece a necessidade de revelação de estratégias de planejamento tributário, que visa aumentar a segurança jurídica no ambiente de negócios do país e gerar economia de recursos públicos em litígios desnecessários e demorados. A ausência de informações completas e relevantes a respeito das estratégias de planejamentos tributários nocivos é um dos principais desafios enfrentados pelas administrações tributárias no mundo. O acesso tempestivo a tais informações oferece a oportunidade de responder rapidamente aos riscos de perda de arrecadação tributária por meio de fiscalização ou de mudança na legislação.
>
> Nesta linha, o Plano de Ação sobre Erosão da Base Tributária e Transferência de Lucros (Plano de Ação BEPS, OCDE, 2013), projeto desenvolvido no âmbito da OCDE/G20 e que conta com a participação do Brasil, reconheceu, com base na experiência de diversos países (EUA, Reino Unido, Portugal, África do Sul, Canadá e Irlanda), os benefícios das regras de revelação obrigatória a administrações tributárias. Assim, no âmbito

---

[624] MONGUILOD, Ana Carolina; CHIMELLI, Pedro Araújo. Medida Provisória nº 685/2015, Ação do BEPS e Norma Geral Antielisiva. In: ROCHA, Sergio André; TORRES, Heleno (Coords.). *Direito Tributário Internacional: Homenagem ao Professor Alberto Xavier*. São Paulo: Quartier Latin, 2016. p. 81.

[625] OECD. *Mandatory Disclosure Rules*. Paris: OECD, 2015. p. 68.

do BEPS, há recomendações relacionadas com a elaboração de tais regras quanto a operações, arranjos ou estruturas agressivos ou abusivos.

O principal objetivo dessa medida é instruir a administração tributária com informação tempestiva a respeito de planejamento tributário, além de conferir segurança jurídica à empresa que revela a operação, inclusive com cobrança apenas do tributo devido e de juros de mora caso a operação não seja reconhecida, para fins tributários, pela RFB. Ademais, destaca-se que a medida estimula postura mais cautelosa por parte dos jurisdicionados antes de fazer uso de planejamentos tributários agressivos.

Esta justificativa da Medida Provisória nº 685/2015 é relevante por muitas razões. Primeiro, nela o Ministro da Fazenda reconheceu formalmente que o País faz parte do Projeto BEPS.[626] Em segundo lugar, e mais importante ainda, o Ministro da Fazenda reconheceu explicitamente que o País estava mudando sua legislação interna, influenciado pelo Projeto BEPS.

De acordo com o artigo 7º da referida Medida Provisória, os contribuintes seriam obrigados a declarar:

- atos ou transações legais executadas que não tenham razões relevantes não-tributárias;
- atos ou transações legais que (a) usam uma forma legal não usual, (b) objetivam indiretamente outros fins, ou (c) incluem cláusulas que distorcem, mesmo parcialmente, os efeitos legais do contrato;
- atos ou transações jurídicas elencadas em um documento a ser editado pela Secretaria de Receita Federal do Brasil.

A redação da norma de declaração obrigatória do Brasil foi objeto de muitas críticas. Como em outros casos, o país foi além das recomendações da OCDE. De fato, de acordo com o Relatório da Ação 12, "de um modo geral, o fato de uma transação ser reportável não significa necessariamente que envolva a evasão fiscal. Por outro lado, a divulgação não implica qualquer reconhecimento da validade, ou tratamento tributário, da transação pela autoridade fiscal".[627]

---

626 Sobre o tema, ver: ANDRADE, Fábio Martins de. Considerações Preliminares sobre a DPLAT. In: ROCHA, Sergio André; TORRES, Heleno (Coords.). *Direito Tributário Internacional: Homenagem ao Professor Alberto Xavier*. São Paulo: Quartier Latin, 2016. p. 141-143. Ver, também: RIBEIRO, Ricardo Lodi. O Plano BEPS – Ação 12 e a Introdução das Mandatory Disclosure Rules no Brasil. In: ROCHA, Sergio André; TORRES, Heleno (Coords.). *Direito Tributário Internacional: Homenagem ao Professor Alberto Xavier*. São Paulo: Quartier Latin, 2016. p. 740-745.

627 OECD. *Mandatory Disclosure Rules*. Paris: OECD, 2015. p. 56.

Portanto, o pressuposto da OCDE é que a declaração da transação do contribuinte não pressupõe que se esteja diante um tipo de planejamento fiscal "agressivo". Por outro lado, o descumprimento não significa que o contribuinte esteja envolvido em um "esquema agressivo" de planejamento tributário.

A redação da regra brasileira seguiu uma direção diferente.[628] De fato, de acordo com o artigo 12 da Medida Provisória nº 685/2015, a consequência do descumprimento (como no caso da não declaração de uma transação) seria a caracterização de fraude fiscal – que resultaria na aplicação de uma multa de 150%.

A regra não era muito clara sobre situações onde a divulgação completa seria necessária. Por conseguinte, não parece adequado caracterizar todas as situações em que o contribuinte não comunicou uma transação ou uma estrutura como uma forma de fraude fiscal.

Após meses de debate, a Câmara dos Deputados do Brasil rejeitou as regras de declaração obrigatória da Medida Provisória nº 685/2015, e os respectivos dispositivos não estão mais em vigor. No entanto, é improvável que as autoridades fiscais do país abandonem a tentativa de implementar a Ação 12 do Projeto BEPS no Brasil.

Dessa maneira, em relação à esta Ação, é possível concluir o seguinte:

- Não há contradição aparente entre o objeto da Ação 12 e a política fiscal internacional brasileira.
- Neste momento não há informação pública a respeito de qualquer iniciativa do País relacionada a alterações em sua legislação relacionadas às regras domésticas que tratam do tema desta Ação do Projeto BEPS.

---

[628] Ver: FONSECA, Fernando Daniel de Moura. O Brasil Face ao Plano de Ação nº 12 do BEPS. In: GOMES, Marcus Lívio; SCHOUERI, Luís Eduardo (Coords.). *A Tributação Internacional na Era Pós-BEPS*. Rio de Janeiro: Lumen Juris, 2016. v. III. p. 50.

4.2.11. Ação 13: Documentação de Preço de Transferência e Relatório País-por-País

A Ação 13 é fundamental para os objetivos do Projeto BEPS. De fato, o Relatório País-a-País ("PaP"; em inglês, *Country-by-Country Reporting*, ou *CbC*) permitirá que os países tenham informações suficientes para mapear os países onde os lucros, os riscos, as funções e a carga tributária estão localizados. Trata-se de uma ferramenta fundamental de transparência e, como tal, fornecerá aos países instrumentos para verificar se estão recebendo sua parcela justa de tributos.[629] De acordo com Yariv Brauner, "a principal inovação deste relatório, e todo o Projeto BEPS até agora, é a exigência de declarar um relatório PaP".[630]

O Relatório sobre a Ação 13 apresenta a chamada "abordagem padronizada em três níveis", que inclui um "arquivo mestre", um "arquivo local" e, por último, "os relatórios País-à-País". Em textual:

> Em primeiro lugar, as orientações acerca da documentação sobre preços de transferência exigem que as empresas multinacionais forneçam às administrações fiscais informações de alto nível sobre as suas operações de negócio globais e políticas de preços de transferência num "arquivo mestre" a ser disponibilizado a todas as administrações fiscais relevantes.

> Em segundo lugar, exige que a documentação detalhada da transação envolvendo preços de transferência seja fornecida em um "arquivo local" específico para cada país, identificando as transações relevantes com partes relacionadas, os valores envolvidos nessas transações e a análise da empresa das determinações de preços de transferência que fizeram.

---

[629] De acordo com Yariv Brauner, "esta é uma ação muito promissora da OCDE. Ela lida diretamente com o problema de divergência dos requisitos de reporte de preços de transferência em diferentes países, o que obscureceu as verdadeiras situações fiscais dos contribuintes e resultou em custos de *compliance* significativos e desnecessários para eles. A padronização permite um esforço de colaboração honesta por parte das autoridades fiscais com o objetivo de repartir as jurisdições fiscais entre si com base em uma linha de base acordada, ao invés da competição que gera incentivos ineficientes tanto para os contribuintes quanto para autoridades fiscais ocultarem informação" (BRAUNER, Yariv. What the BEPS? *Florida Tax Review*, Florida, n. 16 (2), 2014, p. 104). Sobre a Ação 13 do Projeto BEPS, ver: BENTOLILA, Vinicius; MOREIRA, Francisco Lisboa. O Plano de Ação 13 do BEPS: Reflexões sobre o seu conteúdo e aplicação à realidade brasileira. In: GOMES, Marcus Lívio; SCHOUERI, Luís Eduardo (Coords.). *A Tributação Internacional na Era Pós-BEPS*. Rio de Janeiro: Lumen Juris, 2016. v. III. p. 137-157.

[630] BRAUNER, Yariv. Transfer Pricing in BEPS: First Round – Business Interests Win (But, Not in Knock-Out). *Intertax*, Amsterdam, n. 43 (1), 2015, p. 82.

Em terceiro lugar, as grandes empresas multinacionais são obrigadas a apresentar um Relatório País por País que irá fornecer anualmente e para cada jurisdição fiscal em que fazem negócios o montante da receita, lucro antes do imposto de renda e o imposto de renda pago e acumulado. Também exige que as EMN apresentem o número de empregados, o capital declarado, os lucros retidos e os ativos tangíveis em cada jurisdição fiscal. Por último, exige que as EMN identifiquem cada entidade dentro do grupo que exerça suas atividades numa determinada jurisdição fiscal e que forneça uma indicação das atividades empresariais em que cada entidade se envolve".[631]

O arquivo local e o arquivo mestre serão apresentados às autoridades fiscais locais da jurisdição da multinacional, enquanto que o Relatório PaP será fornecido à jurisdição da empresa controladora final do grupo.[632]

A implementação dos padrões de documentação de preços de transferência propostos pela Ação 13 normalmente exige mudanças na legislação interna ou nos procedimentos administrativos de cada jurisdição.[633]

O Relatório PaP exigirá uma estrutura para que a troca automática de informações seja implementada. A troca de informações, base dos Relatórios PaP, fundamenta-se na Convenção sobre Assistência Administrativa Mútua em Matéria Fiscal, reforçada pelo Acordo Multilateral da Autoridade Competente sobre o Intercâmbio de Relatórios País por País – já assinado pelo Brasil.

O Anexo III, do Capítulo V, do Relatório desta Ação apresenta um modelo padrão para o Relatório PaP. De acordo com este modelo, o Relatório PaP incluirá as seguintes informações: jurisdição fiscal; receitas de partes não relacionadas, de partes relacionadas e total; lucro (prejuízo) antes do imposto de renda; Imposto de renda pago – no regime caixa; imposto de renda acumulado – exercício corrente; capital declarado; ganhos acumulados; número de empregados; ativos tangíveis que não sejam caixa ou equivalentes de caixa. Além destas informações referentes à alocação por competência tributária de renda, impostos e atividades de negócios, este modelo também requer uma lista por competência tributária de todas as entidades que constituem o grupo multinacional.[634]

---

631 OECD. *Transfer Pricing Documentation and Country-by-Country Reporting*. Paris: OECD, 2015. p. 9.

632 OECD. *Transfer Pricing Documentation and Country-by-Country Reporting*. Paris: OECD, 2015. p. 10.

633 OECD. *Transfer Pricing Documentation and Country-by-Country Reporting*. Paris: OECD, 2015. p. 20-21.

634 OECD. *Transfer Pricing Documentation and Country-by-Country Reporting*. Paris: OECD, 2015. p. 29-30.

4.2.11.1. Análise da Ação 13 do Projeto BEPS da Perspectiva da Política Fiscal Internacional Brasileira

Não parece que os requisitos da Ação 13 sejam contrários à política fiscal internacional do Brasil. O único receio, que não é um objetivo declarado desta ação, seria que a mesma fosse o ponto de partida para a implementação de alguma forma de *formulary apportionment*. O País já incorporou à sua legislação as regras necessárias para a sua implementação – em 29 de dezembro de 2016 a Receita Federal do Brasil publicou a Instrução Normativa nº 1.681, a qual regulamentou a Declaração País-a--País. Portanto, é provável que o Brasil esteja em posição de ter o primeiro Relatório PaP depositado até 31 de dezembro de 2017, conforme indicado no relatório.[635]

Dessa maneira, em relação à esta Ação, é possível concluir o seguinte:

- Não há contradição aparente entre o objeto da Ação 13 e a política fiscal internacional brasileira.
- O País já implementou todo o arcabouço legislativo necessário para a adesão às recomendações previstas nesta Ação.

4.2.12. Ação 14: Tornar os Mecanismos de Resolução de Litígios Mais Eficazes

Esta é uma das Ações mais desafiadoras do Projeto BEPS do ponto de vista brasileiro, já que o Brasil não tem tradição em relação à implementação dos Procedimentos Amigáveis (*Mutual Agreement Procedures* ou MAP).[636]

De fato, o caso mais conhecido de MAP no Brasil está relacionado a um acordo celebrado pelo País com a Espanha sobre a aplicação dos artigos 7, 12, 14 e 21 dos tratados brasileiros.[637]

---

635 OECD. *Transfer Pricing Documentation and Country-by-Country Reporting*. Paris: OECD, 2015. p. 21.

636 Nesse mesmo sentido, ver: GOMES, Marcus Lívio. O Procedimento Amigável nos Tratados para Evitar a Dupla Tributação da Renda e o Relatório Final do Plano de Ação 14 do BEPS de 2015. In: SAUNDERS, Ana Paula; GOMES, Eduardo Santos; MOREIRA, Francisco Lisboa; MURAYAMA, Janssen (Orgs.). *Estudos de Tributação Internacional*. Rio de Janeiro: 2016. p. 421.

637 Ver o Ato Declaratório Interpretativo nº 27/2004. Sobre o tema, ver: CASTRO, Leonardo Freitas de Moraes e. *Paralell Treaties* e a Interpretação dos Acordos para Evitar a Dupla Tributação:

Em recente estudo, Alina Miyake apresentou relevantes informações a respeito da experiência brasileira com procedimentos amigáveis, as quais foram obtidas mediante solicitação à Coordenação-Geral de Relações Internacionais da Receita Federal ("CORIN") do Brasil, apresentada com base na Lei de Acesso à Informação (Lei nº 12.527/2011). Mesmo que longo, transcrevemos abaixo trecho do estudo da referida autora:

> O Brasil não possui orientação pública sobre procedimento amigável.[638] Todos os 32 acordos de bitributação vigentes contêm artigo versando sobe procedimento amigável (artigos 25 ou 26), com redações heterogêneas como, por exemplo, prazos distintos para a submissão do procedimento amigável (dois ou três anos ou o prazo da legislação interna). Entretanto, em geral, os acordos celebrados pelo Brasil incluem os parágrafos de 1 a 4 do artigo 25 da convenção modelo da OCDE.
>
> Em busca de orientação específica em relação ao trâmite adotado pela autoridade competente brasileira, foi realizada solicitação à Coordenação-Geral de Relações Internacionais da RFB (CORIN) por intermédio da lei de acesso à informação (Lei nº 12.527, de 18 de novembro de 2011, regulada pelo Decreto nº 7.724, de 16 de maio de 2012) para a obtenção das seguintes informações: (i) quantidade de procedimentos amigáveis que o Brasil é parte; (ii) o *status* dos procedimentos amigáveis de que o Brasil é parte; (iii) as regras de tramitação; (iv) a disponibilização do conteúdo dos processos, ainda com o nome da outra parte (contribuinte ou Estado) ocultado; (v) na impossibilidade de apresentação da informação do item (iv), a descrição de que dispositivos dos tratados são discutidos nos procedimentos e/ou breve relato da controvérsia envolvida em cada procedimento.
>
> Em resposta à solicitação, a CORIN (2015 e 2016) informou, que, nos últimos cinco anos, o Brasil foi parte em quinze procedimentos amigáveis, sendo que desses quinze, oito estão em andamento, aguardando posicionamentos ou esclarecimentos das áreas técnicas competentes das respectivas administrações tributárias envolvidas, enquanto sete foram encerrados. Foi informado que tramitação do procedimento amigável segue o disposto nos artigos 25 ou 26 dos acordos de bitributação, inexistindo ato normativo interno reja tal tramitação. Foi esclarecido que o pedido deve ser apresentado pela parte interessada à unidade da RFB a qual jurisdiciona e, posteriormente, a unidade da RFB encaminha o pedido à CORIN

A Experiência Brasileira em Face dos Artigos 7, 12 e 21 da Convenção Modelo da OCDE. In: MONTEIRO, Alexandre Luiz Moraes do Rêgo et. al. (Coords.). *Tributação, Comércio e Solução de Controvérsias Internacionais*. São Paulo: Quartier Latin, 2011. p. 171-174.

638 Este texto é anterior à edição da Instrução Normativa nº 1.669/2016.

para a sua apreciação. Também foi informado que a PGFN não interfere na solução do procedimento amigável.

Além disso, foi negado acesso à íntegra dos processos sob a justificativa de haver sigilo fiscal tutelando tais procedimentos. Diante dessa impossibilidade, a CORIN se limitou a informar que os procedimentos amigáveis bilaterais de que o Brasil é parte discutem matérias relativas aos artigos 2 (impostos abrangidos), 7 (lucros das empresas), 8 (transporte terrestre, marítimo e aéreo), 9 (empresas associadas), 12 (*royalties*), 14 (serviços profissionais independentes), 18 (pensões) e 21 (outros rendimentos) da convenção modelo da OCDE.[639]

O objetivo da Ação 14 é reforçar os mecanismos de resolução de litígios baseados num padrão mínimo, seguindo o que o relatório refere como três objetivos gerais:

- Primeiro objetivo: "Os países devem assegurar que as obrigações decorrentes dos tratados relacionadas com o procedimento de acordo mútuo sejam plenamente implementadas de boa-fé e que os casos de MAP sejam resolvidos em tempo oportuno".
- Segundo objetivo: "Os países devem assegurar que os processos administrativos promovam a prevenção e a resolução tempestiva dos litígios relacionados com os tratados".
- Terceiro objetivo: "Os países devem assegurar que os contribuintes que cumpram os requisitos do parágrafo 1º, do artigo 25º, possam ter acesso ao procedimento de acordo mútuo".[640]

Com relação ao primeiro objetivo, recomenda-se que os países adotem os parágrafos 1 a 3 do artigo 25 do Modelo da OCDE em seus tratados tributários. Além disso, seria necessário que os países fornecessem acesso ao MAP em casos de preços de transferência. Também é recomendado que os países permitam o acesso ao MAP em situações em que a aplicação de uma regra antiabuso – doméstica ou convencional – estiver em jogo. De acordo com o Relatório, os

---

[639] MIYAKE, Alina. Os mecanismos de soluções de controvérsias em Direito Tributário Internacional: uma análise do cenário brasileiro. In: GOMES, Marcus Lívio; SCHOUERI, Luís Eduardo (Coords.). *A Tributação Internacional na Era Pós-BEPS*. Rio de Janeiro: Lumen Juris, 2016. v. III. p. 227-228.
[640] OECD. *Making Dispute Resolution Mechanisms More Effective, Action 14 2015 Final Report*. Paris: OECD, 2015. p. 12.

países devem comprometer-se a resolverem os casos de MAP em um tempo hábil – dentro de um prazo médio de vinte e quatro meses.[641]

Este primeiro objetivo também diz respeito aos aspectos administrativos relacionados ao MAP. Recomenda-se que as autoridades competentes nos países reforcem suas relações por meio do Fórum sobre Administração Tributária. Sugere-se que os países forneçam relatórios oportunos sobre as estatísticas do MAP e que permitam a revisão de suas práticas por seus pares.[642]

Finalmente, o primeiro objetivo incentiva os países a "oferecerem transparência no que diz respeito às suas posições sobre a arbitragem no MAP".[643]

Há um claro desalinhamento entre essas recomendações e a falta de prática do Brasil em relação aos MAPs. Por exemplo, parece improvável que o Brasil introduza Acordos de Preços Avançados, considerando a política de preços de transferência peculiar do país. A falta de um longo histórico no que tange aos MAPs no Brasil torna difícil imaginar que o País siga as recomendações da OCDE nesta área.

Com relação ao segundo objetivo, o Relatório sugere que os países publiquem regras, diretrizes e procedimentos que os contribuintes possam utilizar para acessarem e usarem os MAPs. Essas regras, bem como outras informações sobre o MAP – como detalhes de contato da autoridade competente, links para as diretrizes etc. – devem ser publicadas.[644]

No que diz respeito aos funcionários da autoridade fiscal do país, a OCDE recomenda que o corpo "responsável pelos processos do MAP tenha autoridade para resolver casos de MAP de acordo com os termos do tratado tributário aplicável". Além disso, de acordo com o Relatório, "os países não devem utilizar indicadores de desempenho em relação às funções de autoridade competente e pessoal responsável pelo processo MAP com base no montante de ajustes sustentados de auditoria ou na manutenção de receitas fiscais." Os países devem atribuir recursos adequados

---

641 OECD. *Making Dispute Resolution Mechanisms More Effective, Action 14 2015 Final Report*. Paris: OECD, 2015. p. 13-15.

642 OECD. *Making Dispute Resolution Mechanisms More Effective, Action 14 2015 Final Report*. Paris: OECD, 2015. p. 16.

643 OECD. *Making Dispute Resolution Mechanisms More Effective, Action 14 2015 Final Report*. Paris: OECD, 2015. p. 17.

644 OECD. *Making Dispute Resolution Mechanisms More Effective, Action 14 2015 Final Report*. Paris: OECD, 2015. p. 18.

para a função de MAP e também esclarecer em suas diretrizes que os acordos de auditoria entre autoridades fiscais e contribuintes não impedem acesso ao MAP.[645]

A proteção do direito dos contribuintes ao MAP é o foco do terceiro objetivo deste relatório. Para garantir a transparência das solicitações de MAP, o Relatório recomenda que "ambas as autoridades competentes sejam informadas de uma solicitação de MAP e devam ser capazes de opinar se o pedido é aceito ou rejeitado".[646] A OCDE também sugere alguns conteúdos que devem ser incluídos nas diretrizes do país, tais como "informações específicas e documentação que um contribuinte é obrigado a apresentar com um pedido de assistência em MAP". Por último, o relatório indica que os países devem incluir nos seus tratados a última parte do parágrafo 2º do artigo 25, segundo o qual "qualquer acordo celebrado será aplicado, independentemente de quaisquer limites de tempo na legislação nacional dos Estados contratantes". A preocupação do Relatório é evitar barreiras internas que impeçam a aplicação da decisão do MAP.

Um dos principais aspectos decorrentes da Ação 14 é a utilização da arbitragem como forma de solução de controvérsias.[647] Na visão de Luiz Eduardo Schoueri, esta seria um "instrumento de concretização do tratado em sua missão de definição de jurisdição. Ela é disciplinada pelo próprio tratado e serve para que este atinja sua finalidade".[648] Desde 2008 a OCDE inclui uma regra de arbitragem mandatória em sua Convenção Modelo.[649] Segundo o Relatório final da Ação 14:

---

645 OECD. *Making Dispute Resolution Mechanisms More Effective, Action 14 2015 Final Report*. Paris: OECD, 2015. p. 18-19.

646 OECD. *Making Dispute Resolution Mechanisms More Effective, Action 14 2015 Final Report*. Paris: OECD, 2015. p. 22.

647 Sobre a arbitragem no Direito Internacional Tributário, ver: SANTIAGO, Igor Mauler. *Direito Tributário Internacional: Métodos de Solução dos Conflitos*. São Paulo: Quartier Latin, 2006. p. 136-154; SERRANO ANTÓN, Fernando. *La Resolución de Conflictos en el Derecho Internacional Tributario: Procedimiento Amistoso y Arbitraje*. Navarra: Civitas, 2010. p. 293-454; LOZANO RODRÍGUEZ, Eleonora. *Arbitraje Internacional en Materia Tributaria*. Bogotá: Universidad de los Andes, 2009; MONTEIRO, Alexandre Luiz Moraes do Rêgo. *Direito Tributário Internacional: A Arbitragem nos Acordos de Bitributação Celebrados pelo Brasil*. São Paulo: Quartier Latin, 2016. p. 139-391; DIX, Daniel. *Os Conflitos Tributários Internacionais e sua Possível Solução pela Via Arbitral*. São Paulo: Quartier Latin, 2014. p. 233-262; SCHOUERI, Luís Eduardo. Arbitragem no Direito Tributário Internacional. *Revista Direito Tributário Atual*, São Paulo, n. 23, 2009, p. 302-320.

648 SCHOUERI, Luís Eduardo. Arbitragem no Direito Tributário Internacional. *Revista Direito Tributário Atual*, São Paulo, n. 23, 2009, p. 320. Para um estudo mais recente do autor, ver: SCHOUERI, Luís Eduardo. Arbitration and Constitutional Issues. In: LANG, Michael; OWENS, Jeffrey (Coords.). *International Arbitration in Tax Matters*. Amsterdam: IBFD, 2015. p. 187-208.

649 Ver: ROCHA, Sergio André. *Interpretação dos Tratados Para Evitar a Bitributação da Renda*. 2 ed. São Paulo: Quartier Latin, 2013. p. 282-290.

A comunidade de negócios e um número de países consideram que arbitragem vinculante e mandatória é a melhor maneira para assegurar que disputas sobre tratados tributários são resolvidas pelo MAP. Mesmo que não haja consenso entre todos os países membros da OCDE e do G20 sobre a adoção da arbitragem como mecanismo para a solução de casos de MAP, um grupo de países se comprometeu a adotar e implementar a arbitragem vinculante obrigatória como uma forma de resolver disputas que de outra forma evitariam a solução de casos pelo procedimento amigável. Os países que manifestaram posição nesta linha incluem: Alemanha, Austrália, Áustria, Bélgica, Canadá, Eslovênia, Espanha, Estados Unidos, França, Holanda, Irlanda, Itália, Japão, Luxemburgo, Nova Zelândia, Noruega, Polônia, Reino Unido, Suécia e Suíça. Isto significa um grande passo adiante, uma vez que esses países estavam envolvidos em mais de 90% dos casos pendentes de MAP ao final de 2013, como reportado pela OCDE.[650]

A parte V da Convenção Multilateral trata a resolução de disputas. O artigo 16 trouxe modificações nas regras sobre procedimento amigável. A seu turno, o artigo 17 deste tratado cuida dos ajustes correspondentes. Já a Parte VI (artigos 18 a 26) da Convenção cuida da arbitragem vinculante mandatória. Desta maneira, será relevante a decisão brasileira a respeito da adesão, ou não, à Convenção Multilateral nesta parte.

4.2.12.1. Análise da Ação 14 do Projeto BEPS da Perspectiva da Política Fiscal Internacional Brasileira

Como visto anteriormente, esta é uma das Ações que o Brasil se comprometeu a implementar – mesmo diante da falta de tradição com os MAPs. E, de fato, o País o fez com a edição da Instrução Normativa nº 1.669/2016, que disciplinou os procedimentos amigáveis no Brasil.

É bem verdade que a referida Instrução Normativa não encampou todas as recomendações do Relatório da Ação 14 do Projeto BEPS. Contudo, pelo menos após a edição da Instrução Normativa nº 1.669/2016 há um detalhamento do procedimento a ser seguido para a instauração e solução de um procedimento amigável.

---

650 OECD. *Making Dispute Resolution Mechanisms More Effective, Action 14 2015 Final Report.* Paris: OECD, 2015. p. 41.

Política Fiscal Internacional Brasileira

Como foi destacado acima, um dos principais – e mais delicados – aspectos o Relatório da Ação 14 é ter colocado em relevância a arbitragem como mecanismo de solução de controvérsias a respeito da aplicação de tratados internacionais tributários.

Embora o Brasil não tenha regra de arbitragem em qualquer de seus tratados, há autores como Jan Curschmann que sustentam que o Projeto BEPS poderia mudar tal cenário a partir do Projeto BEPS. Em textual:

> Embora o Brasil não seja um país-membro da OCDE, ele pertence aos países do G20 que, no Final Report da Action 14, se comprometeram ("committed") a observar um padrão mínimo em procedimentos de conciliação. Esse é um dos motivos pelos quais se pode esperar que o Brasil – se não no curto, ao menos no médio prazo – se junte ao entendimento dos 20 Estados que, no Relatório Final da Ação 14, se manifestaram a favor do acolhimento de cláusulas de arbitragem no tratado multilateral planejado [...].[651]

Em outro trabalho, ao cuidarmos da arbitragem, sustentamos o seguinte:

> Não sendo alcançada a saída amigável para a controvérsia, é possível que as partes busquem a solução da mesma por um terceiro, recorrendo à arbitragem.
>
> Considerando a posição do Brasil como um país em desenvolvimento, somos da opinião que seria mais indicada a escolha dos árbitros diante de cada caso concreto, evitando-se, assim, a submissão da controvérsia a eventual painel de arbitragem previamente constituído.[652]

Tendo em conta as considerações apresentadas no Capítulo 1 deste trabalho, entendemos que a utilização da arbitragem internacional como instrumento de solução de controvérsias pode ser um grande risco para o Brasil.

Com efeito, ficou demonstrado que o País tem uma política fiscal internacional própria, que se distancia do chamado "Regime Fiscal Internacional", e que foi

---

[651] CURSCHMANN, Jan. Resolução de conflitos no direito tributário internacional: o procedimento arbitral conforme o Art. 25, parágrafo 5, da Convenção Modelo da OCDE para tratados bilaterais contra a bitributação à luz da Ação 14, do BEPS. In: SCHOUERI, Luís Eduardo; BIANCO, João Francisco (Coords.). *Estudos de Direito Tributário em Homenagem ao Professor Gerd Willi Rothmann*. São Paulo: Quartier Latin, 2016. p. 97.

[652] ROCHA, Sergio André. *Interpretação dos Tratados Para Evitar a Bitributação da Renda*. 2 ed. São Paulo: Quartier Latin, 2013. p. 302. Ver, também. ROCHA, Sergio André. Soluções de Divergências Hermenêuticas nos Tratados Internacionais Tributários. *Revista de Direito Tributário Internacional*, São Paulo, n. 10, 2008, p. 212.

implementada de forma bem-sucedida em suas convenções. Nesse contexto, dando um passo adiante em relação ao estudo referido anteriormente, parece-nos que a utilização da arbitragem para a solução de controvérsias a respeito da aplicação dos tratados celebrados pelo Brasil pode ter como efeito a derrogação de parte da política brasileira de celebração de tratados pela via da interpretação/aplicação.[653]

Há muito foi superado o paradigma de que a interpretação/aplicação dos textos normativos – domésticos ou internacionais – se dá de maneira exclusivamente declaratória. Sabe-se que a interpretação/aplicação tem inevitavelmente um viés criativo,[654] como apontado por Humberto Ávila:

> Exatamente por isso venho sustentando, inclusive na análise anteriormente formulada, que a atividade interpretativa envolve a descrição (reconhecimento, constatação, declaração ou asserção de significados), a decisão (escolha de um significado entre os vários admitidos por um dispositivo) e a criação de significados (atribuição de significado além de dispositivos expressos, atribuição de significado a partir de dispositivos expressos, por argumentação dedutiva ou indutiva, utilização de teorias jurídicas que condicionam a interpretação, introdução de regras implícitas mediante concretização de princípios ou introdução de exceções a regras gerais). Tudo isso por meio da indicação de técnicas interpretativas, argumentos e critérios de prevalência entre eles. [...].[655]

Não discrepa desse entendimento a posição de Luís Roberto Barroso que, comentando o tema da interpretação da perspectiva da interpretação do texto constitucional, aduz o seguinte:

> A moderna interpretação constitucional diferencia-se da tradicional em razão de alguns fatores: a norma, como relato puramente abstrato, já não

---

[653] Sobre as restrições de países em desenvolvimento à arbitragem como instrumento de solução de controvérsias no campo da tributação internacional, ver: KOLLMANN, Jasmin; TURCAN, Laura. Overview of the Existing Mechanisms to Resolve Disputes and Their Challenges. In: LANG, Michael; OWENS, Jeffrey (Coords.). *International Arbitration in Tax Matters*. Amsterdam: IBFD, 2015. p. 45-47; LENNARD, Michael. International Tax Arbitration and Developing Countries. In: LANG, Michael; OWENS, Jeffrey (Coords.). *International Arbitration in Tax Matters*. Amsterdam: IBFD, 2015. p. 439-464.

[654] Ver: ROCHA, Sergio André. Evolução Histórica da Teoria Hermenêutica: Do Formalismo do Século XVIII ao Pós-Positivismo. In: ELALI, André; MACHADO SEGUNDO, Hugo de Brito; TRENNEPOHL, Terence (Coords.). *Direito Tributário: Homenagem a Hugo de Brito Machado*. São Paulo: Quartier Latin, 2011. p. 211-212.

[655] ÁVILA, Humberto. Ciência do Direito Tributário e Discussão Crítica. *Revista Direito Tributário Atual*, São Paulo, n. 32, 2014, p. 176-177.

desfruta de primazia; o problema, a questão tópica a ser resolvida passa a fornecer elementos para sua solução; o papel do intérprete deixa de ser de pura aplicação da norma preexistente e passa a incluir uma parcela de criação do Direito do caso concreto. E, como técnica de raciocínio e de decisão, a ponderação passa a conviver com a subsunção. Para que se legitimem suas escolhas, o intérprete terá de servir-se dos elementos da teoria da argumentação, para convencer os destinatários do seu trabalho de que produziu a solução constitucionalmente adequada para a questão que lhe foi submetida. [...].[656]

Ora, (i) se a política brasileira de celebração de tratados não segue os pilares do dito "Regime Fiscal Internacional"; (ii) se tal política distingue-se exatamente pela maior atração de competências tributárias para o país de fonte; e (iii) se a atividade de interpretação/aplicação dos tratados tem uma função nitidamente criativa, seria temeroso para o País entregar a solução de controvérsias a respeito da interpretação/aplicação de suas convenções a árbitros, que poderiam, em poucas decisões, modificar por completo a feição da política fiscal internacional brasileira.[657]

É importante destacar, também, que a Convenção Multilateral estabeleceu, no seu artigo 17, regras sobre ajustes correspondentes, os quais, como vimos, não fazem parte da política brasileira de celebração de tratados. Desta forma, sendo do interesse do País manter sua posição neste campo, não deve aderir a este artigo 17.

Dessa maneira, em relação à esta Ação, é possível concluir o seguinte:

- Não há contradição aparente entre o objeto da Ação 14 e a política fiscal internacional brasileira. Contudo, acreditamos que o País não deveria adotar a arbitragem como mecanismo de

---

[656] BARROSO, Luís Roberto. Colisão Entre Liberdade de Expressão e Direitos da Personalidade. Critérios de Ponderação. Interpretação Constitucional Adequada do Código Civil e da Lei da Imprensa. In: PEIXINHO, Manoel Messias; GUERRA, Isabella Franco; NASCIMENTO FILHO, Firly (Orgs.). *Os Princípios da Constituição de 1988*. 2 ed. Rio de Janeiro: Lumen Juris, 2006. p. 258-259. Do mesmo autor, ver: BARROSO, Luís Roberto. *Interpretação e Aplicação da Constituição*. 7 ed. São Paulo: Saraiva, 2014. p. 386-387.

[657] Como bem apontado por Zvi D. Altman, "arbitragem vinculante e compulsória envolve uma perda significativa de soberania e flexibilidade para os governos e administrações em determinarem sua política fiscal e administrarem sua base tributável. Ademais, em forte contraste com o MAP, a arbitragem pouco faz para promover o compartilhamento de informações e a prevenção da evasão fiscal. Do contrário, a natureza conflituosa do processo pode até danificar a confiança existente e a relação entre as autoridades competentes" (ALTMAN, Zvi D. *Dispute Resolution Under Tax Treaties*. Amsterdam: IBFD, 2005. p. 350).

solução de controvérsias relacionadas à interpretação/aplicação de tratados internacionais tributários.

- Pela edição da Instrução Normativa nº 1.669/2016 o Brasil cumpriu – ao menos parcialmente – o compromisso de implementar a Ação 14 do Projeto BEPS.
- O tema objeto da Ação 14 foi disciplinado nos artigos 18 a 26 da Convenção Multilateral. Exceto pelas regras relativas à arbitragem, não parece haver contradições entre os dispositivos deste tratado e a política fiscal internacional brasileira.
- Neste momento não há informação pública a respeito de qualquer iniciativa do País relacionada à adoção da arbitragem como mecanismo de solução de controvérsias, conforme recomendado por Ação do Projeto BEPS. Também não há notícia da intenção do Brasil de assinar a Convenção Multilateral incluindo os dispositivos mencionados acima.

4.2.13. Ação 15: Desenvolver um Instrumento Multilateral para Modificar os Tratados Tributários Bilaterais

No início deste estudo, foi ressaltado que os problemas que surgem no contexto da sociedade de risco dificilmente são resolvidos por medidas unilaterais ou bilaterais. Portanto, não é surpresa que a última ação do Projeto BEPS seja dedicada ao desenvolvimento de um instrumento multilateral para modificar tratados bilaterais.[658]

O pressuposto da Ação 15, de que os tratados bilaterais não foram criados para evitar a "BEPS", parece totalmente exato. Muito pelo contrário, não é incomum que o uso de tratados tributários seja a fonte de um planejamento fiscal "agressivo".[659] Basear-se na renegociação de milhares de

---

[658] TAKANO, Caio. Ação 15 do Projeto BEPS e os Desafios do Multilateralismo. In: GOMES, Marcus Lívio; SCHOUERI, Luís Eduardo (Coords.). *A Tributação Internacional na Era Pós-BEPS*. Rio de Janeiro: Lumen Juris, 2016. v. II. p. 275.

[659] Cf. OECD. *Developing a Multilateral Instrument to Modify Bilateral Tax Treaties*. Paris: OECD, 2015. p. 15.

tratados bilaterais e esperar um resultado um tanto uniforme de tal renegociação é o mesmo que permitir que o projeto falhe.[660]

De acordo com o Relatório da Ação 15, as seguintes medidas têm natureza multilateral:

- MAP Multilateral;
- abordagem de estruturas de residência dupla;
- abordagem de entidades transparentes no contexto de acordos de descasamento híbrido;
- abordagem de casos "triangulares" envolvendo PEs em países terceiros;
- abordagem de abuso de tratados.[661]

Este relatório dava pouca indicação sobre como um instrumento multilateral realmente se pareceria, recomendando a convocação de uma Conferência Internacional para desenvolver esse instrumento.[662]

Uma questão muito intrigante relacionada à implementação de um instrumento multilateral é a relação entre este tratado e as convenções bilaterais existentes. Como observou César Garcia Novoa, os conflitos entre tratados bilaterais e uma convenção multilateral não podem ser resolvidos pelos métodos usuais de superação de conflitos normativos – hierarquia, cronologia e especialidade.[663] Por conseguinte, este tema terá de ser resolvido no próprio instrumento multilateral.

A OCDE trabalhou sob o pressuposto de que a convenção multilateral, sendo *lex posterior*, mudará automaticamente a rede de tratados bilaterais.[664] No

---

660 Ver: BRAVO, Nathalie. The Proposal for a Multilateral Tax Instrument for Updating Tax Treaties. In: LANG, Michael et. al. (Coords.). *Base Erosion and Profit Shifting (BEPS): The Proposal to Revise the OECD Model Convention*. Wien: Linde, 2016. p. 328-329.

661 OECD. *Developing a Multilateral Instrument to Modify Bilateral Tax Treaties*. Paris: OECD, 2015. p. 24-25.

662 OECD. *Developing a Multilateral Instrument to Modify Bilateral Tax Treaties*. Paris: OECD, 2015. p. 27.

663 GARCÍA NOVOA, César. La Influencia de las BEPS en el Poder Tributario Internacional. In: ILADT. *Memorias de las XXVII Jornadas Latinoamericanas de Derecho Tributario*. ILADT: Mexico, 2015. p. 504.

664 De acordo com o Relatório: "18. No silêncio do tratado multilateral, a regra consuetudinária aplicável, codificada no artigo 30 (3) da VCLT 4, afirma que quando duas regras se aplicarem ao mesmo assunto, o mais tardio prevalece (*lex posterior derogat legi priori*). Consequentemente, os tratados bilaterais anteriores (isto é, previamente celebrados) continuarão a aplicar-se apenas na medida em que suas disposições sejam compatíveis com as do tratado multilateral posterior.

entanto, tal disciplina só se aplicaria se todas as partes dos tratados bilaterais forem signatárias da convenção multilateral.[665] Além disso, esta é claramente uma área interpretativa,[666] de modo que é provável que surjam conflitos.

Finalmente, supondo que os países cheguem a um consenso sobre a respeito do instrumento multilateral, será interessante ver como ele será aplicado na prática e o nível de controvérsia que irá gerar. De fato, como observou Álvaro de Juan Ledesma, a menos que os países possam estabelecer critérios muito claros na convenção, isso pode levar a disputas intermináveis e discrepâncias de interpretação por parte dos países.[667]

Como já mencionamos, a Convenção Multilateral foi editada em novembro de 2016. Ao longo das seções anteriores foram comentadas as Ações do Projeto BEPS que seriam impactadas por este tratado. De acordo com o seu artigo 1º, todos os Tratados Tributários Abrangidos (*Covered Tax Agreements*) serão modificados pela Convenção Multilateral. Segundo o artigo 2º (1) "a":

> a) O termo "Tratados Tributários Abrangidos" significa um acordo para evitar a dupla tributação com respeito aos tributos sobre a renda (independentemente de se outros tributos também são abrangidos):
>
> (i) que esteja em vigor entre duas ou mais:
>
> A) Partes; e/ou
>
> B) Jurisdições ou territórios que as partes de um acordo descrito acima e por cujas relações internacionais uma Parte seja responsável; e
>
> (ii) em relação ao qual cada Parte tenha feito uma notificação ao Depositário listando o acordo, assim como qualquer adendo ou instrumento

---

"19. No entanto, a fim de preservar a clareza e a transparência, seria importante definir explicitamente a relação entre o instrumento multilateral e a rede existente de tratados bilaterais. Isto pode ser feito por meio da inclusão de cláusulas de compatibilidade no instrumento multilateral" (OECD. *Developing a Multilateral Instrument to Modify Bilateral Tax Treaties*. Paris: OECD, 2015. p. 31-32).

665 Nesse sentido, ver: SCHOUERI, Luís Eduardo; GALENDI JÚNIOR, Ricardo André. Interpretative and Policy Challenges Following the OECD Multilateral Instrument (2016) from a Brazilian Perspective. *Bulletin for International Taxation*, Amsterdam, Volume 71 (6), maio 2017. Edição Online.

666 Ver: LEDESMA, Álvaro Juan. La Vertebración de un Acuerdo Multilateral en la Vigente Red de Convenios: ¿Un Nuevo Frente de Conflictos Interpretativos en la Fiscalidad Internacional? In: ILADT. *Memorias de las XXVII Jornadas Latinoamericanas de Derecho Tributario*. ILADT: Mexico, 2015. p. 1008.

667 Ver: LEDESMA, Álvaro Juan. La Vertebración de un Acuerdo Multilateral en la Vigente Red de Convenios: ¿Un Nuevo Frente de Conflictos Interpretativos en la Fiscalidad Internacional?, ILADT, Memorias de las XXVII Jornadas Latinoamericanas de Derecho Tributario (ILADT: Mexico, 2015) p. 1006.

adicional àquele (identificado pelo título, nomes das partes, data de assinatura e, caso aplicável ao tempo da notificação, data de entrada em vigor) como um acordo que deseja que seja coberto por esta Convenção.

Verifica-se que o mecanismo adotado pela Convenção Multilateral tratou da alteração dos tratados bilaterais pela mesma, desde que ambas as partes do tratado bilateral sejam também signatários da Convenção Multilateral e, ademais, tenham listado tal tratado bilateral como um Tratado Tributário Abrangido.

Outras características relevantes da Convenção Multilateral, observadas por Ramon Tomazela Santos, foram: a previsão de cláusulas alternativas (veja-se, por exemplo, o artigo 13) e a possibilidade de reservas a diversos dispositivos (*opting-in / opting out mechanism*),[668] que estão listadas no artigo 28 da Convenção Multilateral.

4.2.13.1. Análise da Ação 15 do Projeto BEPS da Perspectiva da Política Fiscal Internacional Brasileira

Não há qualquer indicação oficial a respeito da posição do Brasil quanto à Convenção Multilateral. Como foi visto ao longo deste capítulo, considerando as Ações do Projeto BEPS, os temas incluídos neste tratado foram os seguintes: (a) descasamentos híbridos (Parte II); (b) abuso das convenções (Parte III); (c) afastamento do *status* de estabelecimento permanente (Parte IV); (d) melhoras na solução de disputas (Parte V); e (e) arbitragem (Parte VI).

Em relação às regras sobre descasamentos híbridos (Ação 2), não parece haver uma contradição entre a política fiscal internacional brasileira e as regras previstas na Convenção Multilateral. A seu turno, no que tange aos dispositivos sobre abuso das convenções (Ação 6), como visto, há que se definir, primeiro, como o País se posiciona em relação à utilização do *treaty shopping* como instrumento de atração de investimentos estrangeiros.[669] Nossa posição é de que o

---

[668] SANTOS, Ramon Tomazela. Brazil's Approach Towards the BEPS Multilateral Convention. Disponível em: http://kluwertaxblog.com/2016/12/22/brazils-approach-towards-the-beps-multilateral-convention/. Acesso em 31 de dezembro de 2016.

[669] Ver: SCHOUERI, Luís Eduardo; GALENDI JÚNIOR, Ricardo André. Interpretative and Policy Challenges Following the OECD Multilateral Instrument (2016) from a Brazilian Perspective. *Bulletin for International Taxation*, Amsterdam, Volume 71 (6), maio 2017. Edição Online.

Brasil não vê o *treaty shopping* como um elemento de política tributária e, assim, não teria problemas com esta parte do tratado. Já no que se refere às regras sobre Estabelecimentos Permanentes (Ação 7), como dito mais de uma vez, esta não é uma área de preocupação da política fiscal internacional do Brasil, razão pela qual entendemos que a adesão à Parte IV da Convenção Multilateral não seria problemática. Considerando as regras de solução de disputas como um todo (Partes V e VI), temos que o artigo 17, que cuida dos ajustes correspondentes e, particularmente, as regras da Parte VI sobre arbitragem, devem ser rejeitadas, considerando a política fiscal internacional brasileira.

4.3. Análise do Projeto BEPS da Perspectiva da Política Fiscal Brasileira

O objetivo principal deste capítulo é analisar os impactos potenciais do Projeto BEPS sobre a política tributária internacional do Brasil. João Marcus de Melo Rigoni, ao avaliar a possibilidade de uma adesão do País aos resultados do Projeto BEPS concluiu que "a probabilidade de o Brasil se filiar ativamente ao projeto é baixa".[670]

Essa avaliação, em geral, parece correta – se for interpretada como uma afirmação de que é improvável que o Brasil busque ativamente a implementação de algumas das recomendações mais importantes do Projeto BEPS baseadas em seus próprios interesses fiscais. Não obstante, a abordagem do País para cada Ação será provavelmente diferente e, como visto, em grande medida tais recomendações não divergem de forma tão significativa da política fiscal internacional brasileira.

Grande parte do envolvimento do Brasil no Projeto BEPS dependerá do nível de pressão exercido pela OCDE sobre os países em desenvolvimento para que adotem as suas recomendações. Em grande parte, tal "batalha" se travará no campo da assinatura – ou não – da Convenção Multilateral e das reservas que serão apresentadas pelo País ao seu texto.

Se tomarmos o trabalho sobre transparência, por exemplo, pouco espaço restou para os países não-alinhados. Vimos que desde 2016 implementou-se o *inclusive framework*, que repete a bem-sucedida experiência com a transparência fiscal. Al-

---

[670] RIGONI, João Marcus de Melo. A Brazilian View on Base Erosion and Profit Shifting: An Alternative Path. *Intertax*, Amsterdam, 42 (11), 2014, p. 740.

gumas das ações do BEPS são essencialmente multilaterais. Portanto, a menos que haja adesão por um número significativo de países, todo o Projeto pode falhar.

Por outro lado, foi visto que algumas das Ações do Projeto são essencialmente domésticas. Esse é o caso das Ações 3, 4, e 12. Nesses casos, pode-se supor que as regulamentações internas do Brasil já estão alinhadas com o Projeto BEPS nas áreas das "regras CFC" e das restrições às deduções de juros. Em tais situações, a principal função das recomendações da OCDE será orientar os países que desejam implementar pela primeira vez ou reformar suas próprias regulamentações internas. No que se refere à declaração mandatória de planejamentos tributários é altamente provável que o Brasil busque editar regras neste sentido no futuro próximo.

Alguns dos Relatórios do Projeto BEPS falharam em fazer recomendações concretas mais relevantes. É o caso das ações 1 e 7, surpreendentemente (ou não) as ações que têm maior potencial para transferir as receitas fiscais dos países desenvolvidos para os países em desenvolvimento. É possível que o Brasil busque alguma forma de tributação de empresas internacionais com presença digital no Brasil, independentemente de qualquer recomendação que possa vir da OCDE no futuro.

As Ações sobre preços de transferência – 8 a 10 – provavelmente terão pouco impacto no Brasil,[671] uma vez que se baseiam em critérios que não são considerados nas regras domésticas do Brasil – as quais o País declarou formalmente que não vão mudar.[672]

Há também as ações mais administrativas e de coleta de dados, como é o caso das Ações 11, 13 e 14. São ações que exigem, por natureza, adesão – e que o Brasil está implementando.[673]

---

[671] Ver: VALADÃO, Marcos Aurélio Pereira. Transfer Pricing in Brazil and Actions 8, 9, 10 and 13 of the OECD Base Erosion and Profit Shifting Initiative. *Bulletin for International Taxation*, Amsterdam, n. 70 (5), 2016, p. 308.

[672] Para Anuschka J. Bakker o grande risco da não adesão de países aos resultados do Projeto BEPS no campo dos preços de transferência seria a possibilidade de uma multiplicidade de casos de dupla tributação das rendas de multinacionais (Cf. BAKKER, Anuschka J. Transfer Pricing from the Perspective of Substance and Transparency: Is the OCDE on the Right Track? In: COTRUT, Madalina. (Coord.). *International Tax Structures in the BEPS Era: An Analysis of Anti-Abuse Measures*. Amsterdam: IBFD, 2015. p. 100).

[673] Como pontuado, a Convenção Multilateral sobre Assistência Mútua Administrativa em Matéria Tributária já está em vigor no Brasil (Decreto nº 8.842/2016), já tendo assinado o Acordo Multilateral entre Autoridades Competentes sobre o Intercâmbio Automático de Informações Financeiras (MCAA

Além dessas medidas mais administrativas, as Ações 2, 5, 6 e 15 também exigem multilateralismo. Com efeito, embora seja possível aprovar legislação para contornar a utilização de híbridos, é evidente que um controle mais profundo sobre essas transações e entidades exigirá uma abordagem mais harmonizada.

As ações 2 e 6 vêm de mãos dadas com a ação 15. Segundo a posição sustentada acima, a adoção das regras da Convenção Multilateral que tratam de descasamentos híbridos não seria contrária à política fiscal internacional brasileira, o mesmo ocorrendo, em nossa opinião, no que se refere à Ação 6. A seu turno, o País já iniciou a implementação da Ação 5.[674]

4.4. Respostas às Questões de Pesquisa

As questões de pesquisa propostas para este capítulo foram as seguintes:
- O Brasil está comprometido com o Projeto BEPS?
- Espera-se que o País adira aos resultados e recomendações do Projeto?
- Esperam-se modificações na política fiscal internacional brasileira como resultado do Projeto BEPS?

De acordo com a pesquisa realizada, há evidências de que as autoridades fiscais brasileiras estão comprometidas com o Projeto BEPS e participam ativamente do mesmo.

Em relação aos resultados do Projeto, formalizados principalmente nas recomendações apresentadas nos Relatórios Finais das Ações 1 a 15, é provável que o País adira à parte relevante das mesmas – considerando-se adesão a existência de regras que já são suficientemente alinhadas com os propósitos do Projeto. A missão de adesão pode ser facilitada pela Convenção Multilateral, que já formalizaria a adoção das Ações 2, 6, 7 e14 – mesmo que haja reservas por parte do País.

 - CRS) e o Acordo Multilateral entre Autoridades Competentes sobre o Intercâmbio de Relatórios País a País (MCAA - CbC). Além disso, foram editadas as Instruções Normativas nº 1.680/2016 (sobre a identificação das contas financeiras em conformidade com o Padrão de Declaração Comum – Common Reporting Standard – CRS); nº 1.681/2016 (sobre a obrigatoriedade de prestação das informações da Declaração País-a-País) e 1.669/2016 (sobre o procedimento amigável no âmbito das convenções e dos acordos internacionais destinados a evitar a dupla tributação da renda de que o Brasil seja signatário).

674 Ver a Instrução Normativa nº 1.658/2016.

Com essas considerações em mente e tendo em conta a terceira questão de pesquisa proposta para este capítulo, é possível concluir, com base na pesquisa realizada, que não há uma contradição substantiva entre o Projeto BEPS da OCDE/G-20 e a política fiscal internacional brasileira desenvolvida desde a década de sessenta do século passado.

Há dois blocos de conflito potencial, nas Ações 8-10 (preços de transferência) e na Ação 14 (especificamente na parte que cuida da arbitragem). Além desses dois campos, há um terceiro, referente ao combate ao *treaty shopping* – Ação 6 – onde não há elementos empíricos para identificar a incompatibilidade entre a política fiscal brasileira e as propostas do Projeto BEPS – na visão do autor tal incompatibilidade não existe.

Dessa maneira, não há qualquer indicação de que o Brasil modificará sua política fiscal internacional, inferida das análises apresentadas principalmente nos Capítulos 1 e 2, em razão do Projeto BEPS.

Considerando a possibilidade de adesão do País a um grande número de Ações do Projeto, não parece haver uma tensão entre a política fiscal internacional brasileira e as recomendações da OCDE/G20, de modo que nada indica que haverá uma pressão internacional relevante para que o Brasil modifique aspectos importantes de sua política fiscal.

5. Conclusão e Tese

Analisadas acima as cinco áreas da tributação internacional que serviram de base para a presente pesquisa – convenções para evitar a dupla tributação da renda brasileiras, preços de transferência, "regras CFC", transparência fiscal e troca de informações, e o Projeto BEPS da OCDE/G-20 –, cabe-nos, agora, responder às duas principais questões de pesquisa deste estudo, reapresentadas abaixo:

- A política fiscal internacional brasileira é orientada, exclusivamente ou principalmente por padrões tributários domésticos?
- Considerando a resposta à primeira questão de pesquisa, a política fiscal internacional brasileira permite a sua adequação à abordagem cooperativa e multilateral que caracteriza o Direito Internacional Tributário hodierno?

Em relação à primeira questão, este trabalho considerou duas hipóteses:

H1: A política fiscal internacional brasileira é orientada principalmente por padrões internacionais.

H2: A política fiscal internacional brasileira é orientada principalmente por padrões tributários domésticos.

Considerando todas as áreas analisadas, cremos ter demonstrado que a hipótese "H2" mostra-se correta, podendo-se afirmar que a política fiscal brasileira se orienta, principalmente, por padrões tributários domésticos, os quais normalmente se distanciam do dito "Regime Fiscal Internacional". Esta hipótese é claramente confirmada nos campos dos acordos tributários, das regras de preços de transferência e das "regras CFC", porém, não é menos verdadeira no campo da transparência fiscal e do Projeto BEPS, onde também se verifica uma forte presença do fator doméstico como elemento fundamentador da atuação do País.

No que se refere à segunda questão, as hipóteses testadas nesta pesquisa foram as seguintes:

H1: A política fiscal internacional brasileira permite uma inserção do Brasil no contexto da abordagem cooperativa e multilateral que caracteriza o Direito Internacional Tributário hodierno.

H2: A política fiscal internacional brasileira não permite ou dificulta uma inserção do Brasil no contexto da abordagem cooperativa e multilateral que caracteriza o Direito Internacional Tributário hodierno.

A despeito da conclusão apresentada acima, no sentido de que a política fiscal internacional brasileira é essencial e prioritariamente orientada por padrões fiscais domésticos, que divergem do "Regime Fiscal Internacional" e do "padrão OCDE", esta pesquisa demonstra que a posição do Brasil não foi um entrave relevante ao desenvolvimento do Direito Internacional Tributário no Brasil e não é um elemento de bloqueio para a inserção do País no contexto atual da tributação internacional.

Com efeito, ao analisarmos a política brasileira de celebração de tratados internacionais tributários vimos que o fato de o País se distanciar do "padrão OCDE" em diversos dispositivos de suas convenções, não tem gerado, em si, oposição por parte dos países que assinaram tratados com o Brasil. Ademais, a bem-sucedida política brasileira neste campo foi hábil em defender interesses relevantes para o País, protegendo a tributação na fonte e inserindo mecanismos de *tax sparing* em todos os tratados assinados com países desenvolvidos.

De outra parte, se, de fato, as posições brasileiras fazem com que não tenha sido possível ter uma convenção em vigor com países como os Estados Unidos e o Reino Unido, não há nenhuma evidência de que a falta de tais acordos tenha gerado efeitos comerciais negativos para o País, ou reduzido o investimento direto pelos referidos países no Brasil – da mesma maneira que não há indícios de uma redução do fluxo comercial entre Brasil e Alemanha em razão da denúncia da convenção existente até 2005.

De toda forma, considerando a finalidade desta pesquisa, não há indicação de que a posição brasileira neste campo gere qualquer efeito particularmente contrário à inserção do País nos movimentos multilaterais pelos quais passa o Direito Internacional Tributário atualmente.

Talvez uma das áreas mais sensíveis, que coloca frente a frente o "Regime Fiscal Internacional", de um lado, e o "Regime Fiscal Internacional Brasileiro", de outro, refere-se às regras de controle dos preços de transferência. Nada obstante, foi destacada algumas vezes ao longo do trabalho a posição brasileira mencionada no Relatório das Ações 8-10 do Projeto BEPS, de manter o seu modelo, sem que tal posição tenha sido objeto de censura, ou possa ser considerada impeditivo da participação do País no Projeto BEPS.

No que tange às "regras CFC" brasileiras, trata-se de área doméstica por natureza, no sentido de que os reflexos da legislação brasileira, bons ou maus, afetam o País e seus residentes, não tendo qualquer impacto sobre a inserção fiscal internacional do Brasil.

A transparência fiscal internacional e a troca de informações para fins fiscais mostram que, quando há alinhamento entre a política fiscal internacional brasileira e o "Regime Fiscal Internacional", o País não tem qualquer problema em se alinhar àquele. Do contrário, neste caso fica clara a maturidade legislativa e operacional do Brasil que, como poucos países em desenvolvimento tem condições plenas de aderir às práticas globais sem grande esforço.

Porém, nada mais emblemático da inexistência de impedimentos para a participação brasileira no Direito Internacional Tributário multilateral e cooperativo que se desenha hodiernamente do que a atuação do País no Projeto BEPS.

Foi apresentado no capítulo 4 acima que, salvo alguns casos específicos, de maneira geral não se identificam situações de grande contradição entre as recomendações da OCDE no Projeto BEPS e a política fiscal internacional brasileira. De fato, o País participou ativamente do Projeto e, até o momento, vem cumprindo todos os compromissos de implementação assumidos – mesmo em áreas onde, inicialmente, não se identifica um interesse doméstico claro do Brasil, como é o caso da regulamentação do procedimento amigável.

Dessa maneira, os resultados da pesquisa realizada apontam pela verificação da hipótese "H1" no caso da segunda questão de pesquisa, no sentido de que "a política fiscal internacional brasileira permite uma inserção do Brasil no contexto da abordagem cooperativa e multilateral que caracteriza o Direito Internacional Tributário hodierno".

Dessa maneira, a tese defendida neste estudo é que **embora o Brasil adote padrões tributários, no campo da tributação internacional, que via de regra destoam do chamado "Regime Fiscal Internacional", a adoção de tais padrões não tem gerado dificuldades relevantes para a inserção do País nos movimentos que marcam o Direito Internacional Tributário atual, de maneira que não se deve esperar alterações relevantes na política fiscal internacional brasileira em decorrência de acontecimentos internacionais como o Projeto BEPS da OCDE/G-20.**

Anexo 1: Respostas da Secretaria da Receita Federal do Brasil ao Questionário da ONU sobre o a "BEPS" e o Projeto BEPS.

Comments from Brazil

Subcommittee on Base Erosion and

Profit Shifting Issues for Developing Countries

Developing countries are invited to provide feedback by answering the following questions. Feedback (and any questions about the feedback requested) should be sent to taxffdoffice@un.org. The deadline for responses is 18 April 2014.

1. How does base erosion and profit shifting affect your country?

Answer:

The base erosion and profit shifting practices constitute a serious threat to fair competition, and generate negative impact on tax revenues. Such practices are generally used by large taxpayers. These practices also cause an increase in the tax regressiveness compared to other taxpayers who cannot relocate their profits to low-tax jurisdictions. Due to this regressiveness, as a consequence, there is an increase on the tax burden on other taxpayers' impact the country's economic development.

2. If you are affected by base erosion and profit shifting, what are the most common practices or structures used in your country or region, and the responses to them?

Answer:

The most common practices adopted in Brazil leading to the tax base erosion and profit shifting to low-tax jurisdictions or jurisdictions that do not permit access to information regarding the capital stock structure, ownership of assets or rights or to the economic transactions entered into between the parties are: (i) fictitious prices in import and export operations of goods, services and rights between related companies (transfer pricing); (ii) corporate arrangements; (iii) artificial indebtedness between companies of the same group to generate undue costs on Brazilian companies in the mutual operations; (iv) fictitious transactions with residents in tax havens or under privileged tax regimes, as well as with jurisdictions which imposes restrictions to exchange relevant information with the Brazilian tax administration; (v) artificial transfer of tax residence to avoid the Brazilian tax.

In order to combat these practices, in general approach, Brazilian law limits deduction royalties and establishes withholding taxes on payments related on payments related to royalties and services, to avoid double non-taxation.

Additionally, Brazil has implemented legal provisions such as: (i) transfer price controls; (ii) thin capitalization rules; (iii) increased withholding income tax rate at source in case of transactions with low-tax jurisdictions or that not transparency jurisdictions; (iv) impose additional requirements to allow outgoing deductibility in transactions with tax haven or under privileged tax regime residences; (v) predictions limits for transfer of tax residence of Brazilian taxpayers to country or dependency with tax havens or under privileged tax regimes, as well as with jurisdictions which imposes restrictions to obtain relevant information to Brazilian tax administration.

3. When you consider an MNE's activity in your country, how do you judge whether the MNE has reported an appropriate amount of profit in your jurisdiction?

Answer:

MNE's activity in Brazil has the same treatment as that of Brazilian taxpayer. The Brazilian tax administration has risk analysis tools to identify taxpayers who do not comply with the tax obligation. Once identified, the taxpayers are subjected to tax audit procedures for the tax assessment and collection. Additionally, the Brazilian tax administration applies the transfer prices rules in transactions between related companies.

4. What main obstacles have you encountered in assessing whether the appropriate amount of profit is reported in your jurisdiction and in ensuring that tax is paid on such profit?

Answer:

The main obstacles are the lack of effective exchange of tax information and of specific rules related to digital economy.

The Subcommittee have identified a number of actions in the Action Plan that impact on taxation in the country where the income is earned (the source country), as opposed to taxation in the country in which the MNE is headquartered (the residence country), or seek to improve transparency between MNEs and revenue authorities as being particularly important to many developing countries (while recognising that there will be particular differences between such countries). These are:

- Action 4 – Limit base erosion via interest deductions and other financial payments
- Action 6 – Prevent Treaty Abuse
- Action 8 – Assure that transfer pricing outcomes are in line with value creation:

- intangibles
- Action 9 – Assure that transfer pricing outcomes are in line with value creation:
- risks and capital
- Action 10 – Assure that transfer pricing outcomes are in line with value creation
- with reference to other high risk transactions (in particular management fees)
- Action 11 – Establish methodologies to collect and analyse data on BEPS and the
- actions to address it
- Action 12 – Require taxpayers to disclose their aggressive tax planning
- arrangements
- Action 13 – Re-examine transfer pricing documentation

5. Do you agree that these are particularly important priorities for developing countries?

Answer:

Yes, despite the importance of all actions in the Action Plan.

6. Which of these OECD's Action Points do you see as being most important for your country, and do you see that priority changing over time?

Answer:

The most important actions are # 4, 8, 9, 10, 12 and 13.

7. Are there other Action Points currently in the Action Plan but not listed above that you would include as being most important for developing countries?

Answer:

Yes, there are Actions #1 (Address the tax challenges of the digital economy), # 3 (Strengthen CFC rules), #5 (Counter harmful tax practices more effectively, taking into account transparency and substance) and # 7 (Prevent the artificial avoidance of PE status).

8. Having considered the issues outlined in the Action Plan and the proposed approaches to addressing them (including domestic legislation, bilateral treaties and a possible multilateral treaty) do you believe there are other approaches to addressing that practices that might be more effective at the policy or practical levels instead of, or alongside such actions, for your country?

Answer:

Additionally to the issues outlined in the Action Plan, we believe that the constant improvement of risk analysis tools to detect abusive practices is key to minimize the negative effects on the tax base.

9. Having considered the issues outlined in the Action Plan, are there are other base erosion and profit shifting issues in the broad sense that you consider may deserve consideration by international organisations such as the UN and OECD?

Answer:

Not for now.

10. Do you want to be kept informed by email on the Subcommittee's work on base erosion and profit shifting issues for developing countries and related work of the UN Committee of Experts on International Cooperation in Tax Matters?

Answer:

Yes, please send to the following:

Jorge A. D. Rachid < Jorge.Rachid@receita.fazenda.gov.br >

Flávio A. G. M. Araújo < Flavio.Antonio-araujo@receita.fazenda.gov.br >.

Do you have any other comments you wish to share with the Subcommittee about base erosion and profit shifting, including your experience of obstacles to assessing and then addressing the issues, as well as lessons learned that may be of wider benefit?

Answer:

There are no comments at the moment.

Additionally, the Secretariat of the Federal Revenue of Brazil (RFB) would like to suggest, if possible, the following modifications in Annex – description of OECD Action Plan on BEPS:

I. *Comment of Action 3 (page 9):*

The RFB suggests change: "These rules typically treat certain types of the foreign company's income (generally this is limited to passive income such as royalties, interest, dividends)" TO "These rules typically treat certain types of the foreign company's income (**usually, but not limited**, passive income such as royalties, interest, dividends)".

At the end of paragraph 5 add: "However, the inclusion of active income should be considered if a CFC rule target long-term deferral on all types of income."

II. *Comment of Action 4 (page 10):*

The RFB suggests the addition at the end of last paragraph: "A withholding tax on interest payments can be a solution to limit the effects of the base erosion via interest deduction"

Referências Bibliográficas

ADAMS, Charles. *For Good And Evil: The Impact of Taxes in the Course of Civilization*. New York: Madison Books, 1993.

AFANDI, Romy. The Role of the Global Forum on Transparency and Exchange of Information for Tax Purposes. In: GÜNTHER, Oliver-Christoph; TÜCHLER, Nicole (Coords.). *Exchange of Information for Tax Purposes*. Wien: Linde, 2013.

ALBACETE, Juan M.; JUAN, Nicolas. Fuente y Domicilio: Nueva Configuración de sus Principios. *Revista Tributaria*, Montevideo, n. 187.

ALINK, Matthijs; KOMMER, Victor van. *Handbook on Tax Administration*. Amsterdam: IBFD, 2011.

ALM, James. Um Sistema Tributário Transparente Desencorajaria o "Planejamento Tributário Agressivo"? Tradução Nara C. Takeda Taga. In: SANTI, Eurico Marcos Diniz de. *Transparência Fiscal e Desenvolvimento: Homenagem ao Professor Isaias Coelho*. São Paulo: Editora FISCOsoft, 2013.

ALMEIDA, Carlos Otávio Ferreira de. *Tributação Internacional da Renda: A Competitividade Brasileira à Luz das Ordens Tributária e Econômica*. São Paulo: Quartier Latin, 2014.

ALTMAN, Zvi D. *Dispute Resolution Under Tax Treaties*. Amsterdam: IBFD, 2005.

AMARO, Luciano. Os Tratados Internacionais e a Contribuição Social sobre o Lucro. In: ROCHA, Valdir de Oliveira (Coord.). *Grandes Questões Atuais do Direito Tributário*. São Paulo: Dialética, 1997.

ANDRADE, André Martins de. *A Tributação Universal da Renda Empresarial*. Belo Horizonte: Editora Fórum, 2008.

ANDRADE, Fábio Martins de. Considerações Preliminares sobre a DPLAT. In: ROCHA, Sergio André; TORRES, Heleno (Coords.). *Direito Tributário Internacional: Homenagem ao Professor Alberto Xavier*. São Paulo: Quartier Latin, 2016.

ANDRADE, Fábio Martins de. Dúvida, empate no julgamento e interpretação mais favorável ao contribuinte. *Revista Dialética de Direito Tributário*, São Paulo, n. 215, ago. 2013.

ANGELUCCI, Pierpaolo. A Tributação do Comércio Eletrônico: Problemas e Perspectivas no Âmbito dos Impostos Diretos. *Revista Direito Tributário Atual*, São Paulo, n. 18, 2004.

APELBAUM, Ronaldo. O Conceito de Estabelecimento Permanente – Evolução do Conceito e as Alternativas Propostas pelo Plano de Ação 7 do BEPS. In: GOMES, Marcus Lívio; SCHOUERI, Luís Eduardo (Coords.). *A Tributação Internacional na Era Pós-BEPS*. Rio de Janeiro: Lumen Juris, 2016. v. II.

APPY, Bernard et. al. Impactos do modelo brasileiro de tributação de lucros de subsidiárias estrangeiras sobre a competitividade das empresas brasileiras. *Revista Brasileira de Comércio Exterior*, Rio de Janeiro, n. 113, 2012.

ARNAUD, André-Jean. *O Direito Traído pela Filosofia*. Tradução Wanda de Lemos Capeller e Luciano Oliveira. Porto Alegre: Sergio Antonio Fabris Editor, 1991.

ARNOLD, Brian J. Defining the Term "Business" for Purposes of Tax Treaties. In: BAKER, Philip; BOBBET, Catherine (Coords.). *Tax Polymath: A Life in International Taxation*. The Netherlands: IBFD, 2010.

ARNOLD, Brian J. Tax Treaty News: An Overview of the UN Model. *Bulletin for International Taxation*, Amsterdam, n. 60 (11), 2011.

ASSEIS, Pedro Augusto do Amaral Abujamra. Ação nº 6 do BEPS e a Prevenção de "Abusos": Análise Crítica. In: GOMES, Marcus Lívio; SCHOUERI,

Luís Eduardo (Coords.). *A Tributação Internacional na Era Pós-BEPS*. Rio de Janeiro: Lumen Juris, 2016. v. II.

ATTARD, Trudy. Personal Scope: Companies and Non-Individuals. In: ECKER, Thomas; RESSLER, Gernot (Coords.). *History of Tax Treaties: The Relevance of the OECD Documents for the Interpretation of Tax Treaties*. Wien: Linde, 2011.

AULT, Hugh J. Tax Competition: What (If Anything) To Do About It: In:KIRCHHOF, Paul et. al. (Orgs.). *International and Comparative Taxation: Essays in Honour of Klaus Vogel*. The Netherlands: Kluwer, 2002.

AULT, Hugh J.; SCHÖN, Wolfgang; SHAY, Stephen E. Base Erosion and Profit Shifting: A Roadmap to Reform. *Bulletin for International Taxation*, Amsterdam, n. 68 (8), 2014.

AUSTRY, Stéphane; AVERY JONES, John; BAKER, Philip et. al. The Proposed OECD Multilateral Instrument Amending Tax Treaties. *Bulletin for International Taxation*, Amsterdam, 70 (12), 2016.

ÁVILA, Humberto. Ciência do Direito Tributário e Discussão Crítica. *Revista Direito Tributário Atual*, São Paulo, n. 32, 2014.

ÁVILA, Humberto. *Conceito de Renda e Compensação de Prejuízos Fiscais*. São Paulo: Malheiros, 2011.

ÁVILA, Humberto. O Imposto de Renda e a Contribuição Social sobre o Lucro e os Lucros Auferidos no Exterior. In: ROCHA Valdir de Oliveira (Coord.). *Grandes Questões Atuais do Direito Tributário: 7º Volume*. São Paulo: Dialética, 2003.

ÁVILA, Márcio. *A Constitucionalização do Direito Tributário Internacional*. Rio de Janeiro: Editora Multifoco, 2015.

AVI-YONAH, Reuven S. A Perspective of Supra-Nationality in Tax Law. In: BRAUNER, Yariv; PISTONE, Pasquale (Coords.). *BRICS and the Emergence of International Tax Coordination*. The Netherlands: IBFD, 2015.

AVI-YONAH, Reuven S.; CLOUSING, Kimberly A. Business Profits (Article 7 OECD Model Convention). In: LANG, Michael et. al. (Coords.). *Source Versus Residence: Problems Arising from the Allocation of Taxing Rights in Tax Treaty Law and Possible Alternatives*. The Netherlands: Kluwer, 2008.

AVI-YONAH, Reuven. Globalização e Concorrência fiscal: Implicações nos Países em Desenvolvimento. Tradução Celso Cláudio de Hildebrand e Grisi Filho. *Revista de Direito Tributário Internacional*, São Paulo, n. 6, 2007.

AVI-YONAH, Reuven. *International Tax as International Law: An Analysis of the International Tax Regime*. Cambridge: Cambridge University Press, 2007.

BAISTROCCHI, Eduardo. The International Tax Regime and the BRIC World: Elements for a Theory. *Oxford Journal of Legal Studies*, London, 2013.

BAKER, Philip. The BEPS Project: Disclosure of Aggressive Tax Planning Schemes. *Intertax*, Amsterdam, n. 43 (1), 2015.

BAKER, Philip. A Tributação Internacional no Século XXI. Tradução Elise M. Sakane. *Revista Direito Tributário Atual*, São Paulo, n. 19, 2005.

BAKER, Philip. *Double Taxation Conventions*. London: Thompson, 2005.

BAKKER, Anuschka J. Transfer Pricing from the Perspective of Substance and Transparency: Is the OCDE on the Right Track? In: COTRUT, Madalina. (Coord.). *International Tax Structures in the BEPS Era: An Analysis of Anti-Abuse Measures*. Amsterdam: IBFD, 2015.

BAL, Aleksandra; GUTIÉRREZ, Carlos. Taxation of the Digital Economy. In: COTRUT, Madalina. (Coord.). *International Tax Structures in the BEPS Era: An Analysis of Anti-Abuse Measures*. Amsterdam: IBFD, 2015.

BARBOSA, Demétrio Gomes. *Preços de Transferência no Brasil: Uma Abordagem Prática*. 2 ed. São Paulo: Fiscosoft Editora, 2012.

BARRETO, Paulo Ayres. *Planejamento Tributário: Limites Normativos*. São Paulo: Noeses, 2016.

BARRETO, Paulo Ayres. A Tributação, por Empresas Brasileiras, dos Lucros Auferidos no Exterior por suas Controladas e Coligadas. In ROCHA, Valdir de Oliveira (Coord.). *Grandes Questões Atuais de Direito Tributário: 17º Volume*. São Paulo: Dialética, 2013.

BARRETO, Paulo Ayres. *Imposto sobre a Renda e Preços de Transferência*. São Paulo: Dialética, 2001.

BARRETO, Paulo Ayres Barreto; TAKANO, Caio Augusto. A Prevenção de Abusos dos Tratados Internacionais que Visam Evitar a Dupla Tributação no Plano de Ação do Projeto BEPS: Perspectiva Brasileira. In: ROCHA, Sergio André; TORRES, Heleno (Coords.). *Direito Tributário Internacional: Homenagem ao Professor Alberto Xavier*. São Paulo: Quartier Latin, 2016.

BARRETO, Paulo Ayres; COSTA, Hugo Marcondes Rosestolato da. BEPS e o Plano de Ação n. 10. Considerações sobre serviços de baixo valor agregado, método de commodities e o método da divisão de lucros transacionais. In: GOMES, Marcus Lívio; SCHOUERI, Luís Eduardo (Coords.). *A Tributação Internacional na Era Pós-BEPS*. Rio de Janeiro: Lumen Juris, 2016. v. II.

BARRETO, Paulo Ayres; TAKANO, Caio Augusto. Tributação do Resultado de Coligadas e Controladas no Exterior em Face da Lei nº 12.973/2014. In: ROCHA, Valdir de Oliveira (Coords). *Grandes Questões Atuais de Direito Tributário: 18º Volume*. São Paulo: Dialética, 2014.

BARROSO, Luís Roberto. Colisão Entre Liberdade de Expressão e Direitos da Personalidade. Critérios de Ponderação. Interpretação Constitucional Adequada do Código Civil e da Lei da Imprensa. In: PEIXINHO, Manoel Messias; GUERRA, Isabella Franco; NASCIMENTO FILHO, Firly (Orgs.). *Os Princípios da Constituição de 1988*. 2 ed. Rio de Janeiro: Lumen Juris, 2006.

BARROSO, Luís Roberto. *Interpretação e Aplicação da Constituição*. 7 ed. São Paulo: Saraiva, 2014.

BASTIANELLO, Cristina Cezar. Juros Sobre Capital Próprio: Natureza Jurídica e tratamento conferido pela lei interna e pelos tratados para evitar a dupla tributação internacional firmados pela República Federativa do Brasil. In: TÔRRES, Heleno Taveira (Coord.). *Direito Tributário Internacional Aplicado*. São Paulo: Quartier Latin, 2005. v. III.

BASTOS, Frederico Silva. *O Intercâmbio Internacional de Informações Tributárias no Brasil*. BUQUI: Porto Alegre, 2015.

BATISTA, Michel Siqueira. O Artigo 6º da Convenção Modelo da OCDE e os Tratados Internacionais em Matéria Tributária no Brasil. In: SAUNDERS, Ana Paula; GOMES, Eduardo Santos; MOREIRA, Francisco Lisboa; MURAYAMA, Janssen (Orgs.). *Estudos de Tributação Internacional*. Rio de Janeiro: 2016.

BECK, Ulrich. *Liberdade ou Capitalismo*. Tradução Luiz Antônio Oliveira de Araújo. São Paulo: Editora UNESP, 2003.

BECK, Ulrich. A Reinvenção da Política: Rumo a uma Teoria da Modernização Reflexiva. In: GIDDENS, Anthony; BECK, Ulrich; LASH, Scott. *Modernização Reflexiva: Política, Tradição e Estética na Ordem Social Moderna*. Tradução Magda Lopes. São Paulo: Editora UNESP, 1997.

BELLAN, Daniel Vitor. *Individual's Income Under Double Taxation Conventions*. The Netherlands: Kluwer, 2010.

BELLAN, Daniel Vitor. *Direito Tributário Internacional: Rendimentos de Pessoas Físicas nos Tratados Internacionais Contra a Dupla Tributação*. São Paulo: Saraiva, 2010.

BELLAN, Daniel Vitor. Artistas e Desportistas: O Artigo 17 da Convenção Modelo da OCDE e dos Tratados Brasileiros. *Revista de Direito Tributário Internacional*, São Paulo, n. 12, 2009.

BELLAN, Daniel Vitor. Interpretação dos Tratados Internacionais em Matéria Tributária. In: TÔRRES, Heleno Taveira (Coord.). *Direito Tributário Internacional Aplicado*. São Paulo: Quartier Latin, 2005. v. III.

BENNETT, Mary. Article 7 – New OECD Rules for Attributing Profit to Permanent Establishments. In: WEBER, Dennis; WEEGHEKL, Stef van (Coords.). *The 2010 OECD Updates*. The Netherlands: Kluwer, 2011.

BENTOLILA, Vinicius; MOREIRA, Francisco Lisboa. O Plano de Ação 13 do BEPS: Reflexões sobre o seu conteúdo e aplicação à realidade brasileira. In: GOMES, Marcus Lívio; SCHOUERI, Luís Eduardo (Coords.). *A Tributação Internacional na Era Pós-BEPS*. Rio de Janeiro: Lumen Juris, 2016. v. III.

BIANCO, João Francisco. Tributação dos Lucros Auferidos por Empresas Controladas no Exterior: Análise Crítica do Recurso Extraordinário N. 541.090. In: PRETO, Raquel Elita Alves (Coord.). *Tributação Brasileira em Evolução: Estudos em Homenagem ao Professor Alcides Jorge Costa*. São Paulo: Editora IASP, 2015.

BIANCO, João Francisco. Análise de caso de tributação de estabelecimento permanente. *Revista Fórum de Direito Tributário*, Belo Horizonte, n. 85, jan.-fev. 2017.

BIANCO, João Francisco. Os Lucros das Empresas e o art. 7 dos Tratados Contra Dupla Tributação. In: BELLAN, Daniel Vitor et. al. (Coords.). *Estudos Avançados de Direito Tributário*. Rio de Janeiro: Elsevier, 2012.

BIANCO, João Francisco. *Transparência Fiscal Internacional*. São Paulo: Dialética, 2007.

BIANCO, João Francisco. A CIDE sobre Royalties e os Tratados Internacionais contra a Dupla Tributação. In: ROCHA, Valdir de Oliveira (Coord.). *Grandes Questões Atuais do Direito Tributário: 8º Volume*. São Paulo: Dialética, 2004.

BIANCO, João Francisco; SANTOS, Ramon Tomazela. A Mudança de Paradigma: o Artigo 7º dos Acordos de Bitributação e a Superação da Dicotomia Fonte Versus Residência. In: ROCHA, Sergio André; TORRES, Heleno (Coords.). *Direito Tributário Internacional: Homenagem ao Professor Alberto Xavier*. São Paulo: Quartier Latin, 2016.

BIANCO, João Francisco; SANTOS, Ramon Tomazela. Lei Interna Interpretativa de Tratado Internacional: Possibilidade e Consequências – O Caso da CSLL e da Lei nº 13.202/2015. In: SCHOUERI, Luís Eduardo; BIANCO, João Francisco (Coords.). *Estudos de Direito Tributário em Homenagem ao Professor Gerd Willi Rothmann*. São Paulo: Quartier Latin, 2016.

BIFANO, Elidie Palma. Anotações sobre o Sistema Integrado de Comércio Exterior de Serviços, Intangíveis e Outras Operações que Produzam Variações Patrimoniais – SISCOSERV. In: BRITO, Demes; CASEIRO, Marcos Paulo. *Direito Tributário Internacional: Teoria e Prática*. São Paulo: Revista dos Tribunais, 2014.

BOLAN, Ricardo Ferreira; PAES, Gustavo Duarte; COUTO, Ana Cláudia. Caso Normus. In: CASTRO, Leonardo Freitas de Moraes e (Coord.). *Tributação Internacional: Análise de Casos Volume 3*. São Paulo: MP Editora, 2015.

BORGES, Antônio Moura. *Convenções sobre a Dupla Tributação da Renda*. Teresina: EDUFPI, 1992.

BOSMAN, Alexander. *Other Income under Tax Treaties*. The Netherlands: Kluwer, 2015.

BRANDÃO, Nathalia Xavier da Silveira de Mello. Projeto BEPS e as Implicações nos Planejamentos Fiscais Envolvendo Empresas Brasileiras. In: SAUNDERS, Ana Paula; GOMES, Eduardo Santos; MOREIRA, Francisco Lisboa;

MURAYAMA, Janssen (Orgs.). *Estudos de Tributação Internacional*. Rio de Janeiro: 2016.

BRASIL. *Programa de Ação Econômica do Governo – PAEG*. Brasil: Ministério do Planejamento e Coordenação Econômica, 1964.

BRAUNER, Yariv. Transfer Pricing Aspects of Intangibles: The Cost Contribution Arragenment Model. In: LANG, Michael; STORCK, Alfred; PETRUZZI, Raffaele (Coords.). *Transfer Pricing in a Post-BEPS World*. The Netherlands: Kluwer, 2016.

BRAUNER, Yariv. Transfer Pricing in BEPS: First Round – Business Interests Win (But, Not in Knock-Out). *Intertax*, Amsterdam, n. 43 (1), 2015.

BRAUNER, Yariv. BEPS: An Interim Evaluation. *World Tax Journal*, Amsterdam, n. 6, 2014.

BRAUNER, Yariv. What the BEPS? *Florida Tax Review*, Florida, n. 16 (2), 2014.

BRAUNER, Yariv. Por que os Estados Unidos Firmam Tratados Tributários? E por que não têm Tratado Tributário com o Brasil? *Revista Direito Tributário Atual*, São Paulo, n. 26, 2011.

BRAVO, Nathalie. The Proposal for a Multilateral Tax Instrument for Updating Tax Treaties. In: LANG, Michael et. al. (Coords.). *Base Erosion and Profit Shifting (BEPS): The Proposal to Revise the OECD Model Convention*. Wien: Linde, 2016.

BRIGAGÃO, Gustavo; PEPE, Flávia Cavalcanti Pepe. Neutralizing Hybrid Financial Instruments – Selected Tax Policy Issues. In: SAUNDERS, Ana Paula; GOMES, Eduardo Santos; MOREIRA, Francisco Lisboa; MURAYAMA, Janssen (Orgs.). *Estudos de Tributação Internacional*. Rio de Janeiro: 2016.

BRITO, Demes. A Problemática de Conflito entre o Direito Interno e o Direito Internacional em Matéria Tributária. In: BRITO, Demes; CASEIRO, Marcos

Paulo. *Direito Tributário Internacional: Teoria e Prática*. São Paulo: Revista dos Tribunais, 2014.

BROE, Luc De. Students (Article 20 OECD Model Convention). In: LANG, Michael et. al. (Coords.). *Source Versus Residence: Problems Arising from the Allocation of Taxing Rights in Tax Treaty Law and Possible Alternatives*. The Netherlands: Kluwer, 2008.

BROOKS, Kim. The Potential of Multilateral Tax Treaties. In: LANG, Michael et. al. (Coords.). *Tax Treaties: Building Bridges Between Law and Economics*. Amsterdam: IBFD, 2010.

CALDAS, Marta. *O Conceito de Planejamento Fiscal Agressivo*. Lisboa, Almedina, 2015.

CALDERÓN CARREIRO, José Manuel. Articulo 5 MC OCDE 2000. Establecimento Permanente. In: RUIZ GARCIA, José Ramón; CALDERÓN CARREIRO, José Manuel (Coords.). *Comentarios a los Convenios para Evitar la Doble Imposición y Prevenir la Evasión Fiscal Concluidos por España*. A Coruña: Fundación Pedro Barrié de la Maza, 2004.

CALDERÓN CARRERO, José Manuel. Articulo 7. La Tributación de los Beneficios Empresariales. In: CALDERÓN CARRERO, José Manuel; RUIZ GARCIA, José Ramón (Coords.). *Comentarios a los Convenios para Evitar la Doble Imposición y Previnir la Evasión Fiscal Concluidos por España*. A Coruña: Fundación Pedro Barrié de la Maza, 2004.

CALDERÓN CARRERO, José Manuel. *Intercambio de Información y Fraude Fiscal Internacional*. Madrid: Ediciones Estudios Financieros, [S/D].

CALDERÓN CARRERO, José Manuel; QUINTAS SERRA, Alberto. *Cumplimiento Tributario Cooperativo y Buena Governanza Fiscal en la Era BEPS*. Navarra: Civitas, 2015.

CALIENDO, Paulo. *Estabelecimentos Permanentes em Direito Tributário Internacional*. São Paulo: Revista dos Tribunais, 2005.

CANTO, Gilberto de Ulhôa; BILLE, Sten F. W. *The Tax Convention Between Brazil and Sweden with Brazilian and Swedish Commentaries*. Amsterdam: IBFD, 1968.

CARDOSO, Daniel Gatschnigg. *Limites da Tributação do Comércio Internacional e Desenvolvimento Econômico*. São Paulo: Quartier Latin, 2010.

CARVALHO, André de Souza et. al. Recusa Artificial ao Estabelecimento Permanente – BEPS Action 7. In: GOMES, Marcus Lívio; SCHOUERI, Luís Eduardo (Coords.). *A Tributação Internacional na Era Pós-BEPS*. Rio de Janeiro: Lumen Juris, 2016. v. II.

CARVALHO, André de Souza. O Escopo Subjetivo de Aplicação dos Acordos para Evitar a Dupla Tributação: a Residência. In: TÔRRES, Heleno Taveira (Coord.). *Direito Tributário Internacional Aplicado*. São Paulo: Quartier Latin, 2008. v. V.

CARVALHO, André de Souza. Brazilian Report. *Cahiers de Droit Fiscal International*. Amsterdam: IFA, 2009. v. 94a.

CARVALHO, André de Souza; OLIVEIRA, André Gomes. Planejamento Tributário Internacional. In: GOMES, Marcus Lívio; ANTONELLI, Leonardo Pietro (Coords.). *Curso de Direito Tributário Brasileiro*. São Paulo: Quartier Latin, 2010. v. III.

CARVALHO, Paulo de Barros. Preços de Transferência no Direito Tributário Brasileiro. *Revista de Direito Tributário Internacional*, São Paulo, n. 3, 2006.

CARVALHO, Paulo de Barros. *Curso de Direito Tributário*. 15 ed. São Paulo: Saraiva, 2003.

CASEIRO, Marcos Paulo; PINTOR, Thaísa Bombicini. As Regras de Subcapitalização no Ordenamento Jurídico Brasileiro. In: BRITO, Demes; CASEIRO,

Marcos Paulo. *Direito Tributário Internacional: Teoria e Prática*. São Paulo: Revista dos Tribunais, 2014.

CASTELON, Marta Oliveros. Perspectivas de Novo Acordo de Bitributação Brasil-Alemanha. *Revista de Direito Tributário Internacional*, São Paulo, n. 8.

CASTRO, Leonardo Freitas de Moraes e; MONTEIRO, Alexandre Luiz Moraes do Rêgo. Qualification of Services under Double Tax Treaties in Brazil: Open Issues After Iberdrola Case. In: SCHOUERI, Luís Eduardo; BIANCO, João Francisco (Coords.). *Estudos de Direito Tributário em Homenagem ao Professor Gerd Willi Rothmann*. São Paulo: Quartier Latin, 2016.

CASTRO, Leonardo Freitas de Moraes e. *Planejamento Tributário Internacional: Conceito de Beneficiário Efetivo nos Acordos Contra a Bitributação*. São Paulo: Quartier Latin, 2015.

CASTRO, Leonardo Freitas de Moraes e. *Controversial Topics in International Taxation*. Saarbrücken: Lambert Academic Publishing, 2014.

CASTRO, Leonardo Freitas de Moraes e. Paralell Treaties e a Interpretação dos Acordos para Evitar a Dupla Tributação: A Experiência Brasileira em Face dos Artigos 7, 12 e 21 da Convenção Modelo da OCDE. In: MONTEIRO, Alexandre Luiz Moraes do Rêgo et. al. (Coords.). *Tributação, Comércio e Solução de Controvérsias Internacionais*. São Paulo: Quartier Latin, 2011.

CASTRO, Leonardo Freitas de Moraes e; SANTOS, Carlos Araujo Santos. Caso Gerdau CFC. In: CASTRO, Leonardo Freitas de Moraes e (Coord.). *Tributação Internacional: Análise de Casos Volume 3*. São Paulo: MP Editora, 2015.

CASTRO, Leonardo Freitas de Moraes e; SILVEIRA, Rodrigo Maito. Caso Camargo Corrêa. In: CASTRO, Leonardo Freitas de Moraes e (Coord.). *Tributação Internacional: Análise de Casos Volume 2*. São Paulo: MP Editora, 2015.

CATÃO, Marcos André Vinhas. A Tributação da Prestação Internacional de Serviços. BRITTO, Demes; CASEIRO, Marcos Paulo (Coords.). *Direito Tributário Internacional Teoria e Prática*. São Paulo: Revista dos Tribunais, 2014.

CATÃO, Marcos André Vinhas; ALVES, Raquel de Andrade Vieira. A Tributação de Serviços e os Elementos de Conexão no Direito Tributário Internacional. In: ROCHA, Sergio André; TORRES, Heleno (Coords.). *Direito Tributário Internacional: Homenagem ao Professor Alberto Xavier*. São Paulo: Quartier Latin, 2016.

CENCERRADO MILLÁN, Emilio; SOLLER ROCH, María Teresa. Limit Base Erosion via Interest Deduction and Others. *Intertax*, Amsterdam, n. 43 (1), 2015.

CHRISTIANS, Allison. Taxation in a Time of Crisis: Policy Leadership from the OECD to the G20. *Northwestern Journal of Law & Social Policy*, Illinois, n. 5 (1), 2010.

COELHO, Cristiane. Interpretação dos Tratados Internacionais em Matéria Tributária: Doutrina e Prática na América Latina. In: TÔRRES, Heleno Taveira. *Direito Tributário e Ordem Privada: Homenagem aos 60 Anos da ABDF*. São Paulo: Quartier Latin, 2010.

COSTA, Alcides Jorge. Rendimentos Auferidos no Exterior por Pessoa Jurídica. In: ROCHA, Valdir de Oliveira (Coord.). *Imposto de Renda: Aspectos Fundamentais*. São Paulo: Dialética, 1996.

COSTA, Ramon Valdes. *Problemas Tributários entre Paises Desarrollados y Paises en Desarrollo*. Montevideo: Instituto Uruguayo de Derecho Tributario, 1970.

CUI, Shanshan. Article 21: Other Income. In: ECKER, Thomas; RESSLER, Gernot (Coords.). *History of Tax Treaties*. Wien: Linde, 2011.

CURSCHMANN, Jan. Resolução de conflitos no direito tributário internacional: o procedimento arbitral conforme o Art. 25, parágrafo 5, da Convenção Modelo da OCDE para tratados bilaterais contra a bitributação à luz da Ação 14, do BEPS. In: SCHOUERI, Luís Eduardo; BIANCO, João Francisco (Coords.). *Estudos de Direito Tributário em Homenagem ao Professor Gerd Willi Rothmann*. São Paulo: Quartier Latin, 2016.

CUTRERA, Margherita. Shipping, Inland and Waterways Transport and Air Transport. In: ECKER, Thomas; RESSLER, Gernot (Coords.). *History of Tax Treaties*. Wien: Linde, 2011.

DAGNESE, Napoleão. Is Brazil "Developed"? Termination of the Brazil-Germany Tax Treaty. *Intertax*, Amsterdam, n. 34 (4), 2006.

DANON, Robert. Interest (Article 11 OECD Model Convention). In: LANG, Michael et. al. (Coords.). *Source Versus Residence: Problems Arising from the Allocation of Taxing Rights in Tax Treaty Law and Possible Alternatives*. The Netherlands: Kluwer, 2008.

DAURER, Veronika. *Tax Treaties and Developing Countries*. The Netherlands: Kluwer, 2014.

DE BOERS, Reinout; MARRES, Otto. BEPS Action 2: Neutralizing the Effects on Hybrid Mismatches Arrangements. *Intertax*, Amsterdam, n. 43 (1), 2015.

DEBORAH. The Legal Relevance of the OECD Standard. In: GÜNTHER, Oliver-Christoph; TÜCHLER, Nicole (Coords.). *Exchange of Information for Tax Purposes*. Wien: Linde, 2013.

DE BROE, Luc. *International Tax Planning and Prevention of Abuse*. Amsterdam: IBFD, 2008.

DE BROE, Luc; LUTS, Joris. BEPS Action 6: Tax Treaty Abuse. *Intertax*, Amsterdam, 43 (2), 2015.

DE STEEK, Jan van. The United States of America is the most powerful nation on Earth." What does this mean for the future of CV/BV-structures. *Kluwer International Tax Blog*. Disponível em http://www.kluwertaxlawblog.com/blog/2016/01/21/the-united-states-of-america-is-the-most-powerful-nation-on-earth-what-does-this-mean-for-the-future-of-cvbv-structures/. Acesso em 22 de Janeiro de 2016.

DELOITTE. *2016 Global Transfer Pricing Country Guide*. [S/L]: DELOITTE, 2016. Disponível em: file:///C:/Users/Profe/Downloads/us-tax-2016-global-transfer-pricing-country-guide-051816.pdf. Acesso em 24 de dezembro de 2016.

DERZI, Misabel Abreu Machado. Concorrência Tributária e seus Efeitos nos Conceitos de Renda e Consumo. In: ROCHA, Valdir de Oliveira (Coord.). *Grandes Questões Atuais do Direito Tributário: 17º Volume*. São Paulo: Dialética, 2013.

DIEZ CAPARROSO, María del Pilar. A Menor Confianza, Mayor Control. Hacia una Nueva Estrategia Tributaria: BEPS, un Control más Sofisticado. In: ILADT. *Memorias de las XXVII Jornadas Latinoamericanas de Derecho Tributario*. ILADT: Mexico, 2015.

DIX, Daniel. *Os Conflitos Tributários Internacionais e sua Possível Solução pela Via Arbitral*. São Paulo: Quartier Latin, 2014.

DORNELLES, Francisco. O Modelo da ONU para Eliminar a Dupla Tributação da Renda e os Países em Desenvolvimento. In: TAVOLARO, Agostinho Toffoli et. al. (Coords.). *Princípios Tributários no Direito Brasileiro: Estudos em Homenagem a Gilberto de Ulhôa Canto*. Rio de Janeiro: Forense, 1988.

DORNELLES, Francisco. *A Dupla Tributação Internacional da Renda*. Rio de Janeiro: Editora da Fundação Getúlio Vargas, 1979.

DORNELLES, Francisco. Acordos para Eliminar a Dupla Tributação da Renda. *Revista de Direito Tributário*, São Paulo, n. 3, 1978.

DOURADO, Ana Paula Dourado. The Base Erosion and Profit Shifting (BEPS) Initiative under Analysis. *Intertax*, Amsterdam, n. 43 (1), 2015.

DOURADO, Ana Paula. Aggressive Tax Planning in EU Law and in the Light of BEPS: The EC Recommendation on Aggressive Tax Planning and BEPS Actions 2 and 6. *Intertax*, Amsterdam, n. 43 (1), 2015.

DOURADO, Ana Paula. Article 26. Exchange of Information. In: REIMER, Ekkehart; RUST, Alexander (Orgs.). *Klaus Vogel On Double Taxation Conventions*. 4th ed. The Netherlands: Kluwer, 2015. v. I.

DUARTE FILHO, Paulo César Teixeira. Acordos para Evitar a Dupla Tributação – Considerações sobre as Políticas Brasileiras. In: SAUNDERS, Ana Paula; GOMES, Eduardo Santos; MOREIRA, Francisco Lisboa; MURAYAMA, Janssen (Orgs.). *Estudos de Tributação Internacional*. Rio de Janeiro: 2016.

DUARTE FILHO, Paulo César Teixeira. Os Royalties nos Acordos Brasileiros para Evitar a Dupla Tributação. In: SCHOUERI, Luís Eduardo; BIANCO, João Francisco (Coords.). *Estudos de Direito Tributário em Homenagem ao Professor Gerd Willi Rothmann*. São Paulo: Quartier Latin, 2016.

DUARTE FILHO, Paulo César Teixeira. Os Juros nos Acordos Internacionais Celebrados pelo Brasil para Evitar Dupla Tributação. In: MONTEIRO, Alexandre Luiz Moraes do Rêgo et. al. (Coords.). *Tributação, Comércio e Solução de Controvérsias Internacionais*. São Paulo: Quartier Latin, 2011.

DUBUT, Thomas. Article 2 from a Historical Perspective: How Old Material Can Cast New Light on Taxes Covered by Double Tax Conventions. In: ECKER, Thomas; RESSLER, Gernot (Coords.). *History of Tax Treaties: The Relevance of the OECD Documents for the Interpretation of Tax Treaties*. Wien: Linde, 2011.

DUQUE ESTRADA, Roberto; SCHIOSER, Luna Salame Pantoja. A Indevida Ampliação do Conceito de "Serviço Técnico" por Atos Administrativos e a Violação das Normas de Competência Exclusiva nos Tratados Contra Dupla

Tributação. In: SAUNDERS, Ana Paula; GOMES, Eduardo Santos; MOREIRA, Francisco Lisboa; MURAYAMA, Janssen (Orgs.). *Estudos de Tributação Internacional*. Rio de Janeiro: 2016.

EASSON, Alex. *Tax Incentives for Foreign Direct Investment*. The Hage: Kluwer, 2004.

EASSON, A. J. *Taxation of Foreign Direct Investiment: An Introduction*. The Hage: Kluwer, 1999.

EMERY, Renata. A Qualificação dos Juros sobre Capital Próprio nos Tratados Brasileiros e o Entendimento Firmado pelo STJ no REsp. nº 1.200.492 em Matéria de PIS e COFINS. In: GOMES, Marcus Lívio; SCHOUERI, Luís Eduardo (Coords.). *A Tributação Internacional na Era Pós-BEPS*. Rio de Janeiro: Lumen Juris, 2016. v. I.

ESCRIBANO LÓPEZ, Eva. An Opportunistic, an yet Appropriate, Revision of the Source Threshold for the Twenty-First Century Tax Treaties. *Intertax*, Amsterdam, n. 43 (1), 2015.

EY. *Worldwide Transfer Pricing Reference Guide*. 2015–16. [S/L]: EY, 2016. Disponível em http://www.ey.com/Publication/vwLUAssets/EY-Worldwide-transfer-pricing-reference-guide-2015-16/$FILE/EY_Worldwide_Transfer_Pricing_Reference_Guide_2015-16.pdf. Acesso em 24 de dezembro de 2016.

FERREIRA, Vanessa Arruda. The New Brazilian Position on Service Income under Tax Treaties: If you Can't Beat 'em Join 'em. *Intertax*, Amsterdam, n. 43 (3), 2015.

FIGUEIREDO, Diogo de Andrade. A Transparência Fiscal Brasileira e o Plano de Ação nº 3: Considerações sobre a Adequação do Modelo Adotado pelo Brasil como Mecanismo de Combate ao BEPS e de Fomento à Competitividade das Empresas Brasileiras no Exterior. In: GOMES, Marcus Lívio; SCHOUERI, Luís Eduardo (Coords.). *A Tributação Internacional na Era Pós-BEPS*. Rio de Janeiro: Lumen Juris, 2016. v. I.

FONSECA, Andreza Ribeiro. A Qualificação dos Rendimentos de Assistência Técnica e Serviços Técnicos no Âmbito dos Acordos contra Dupla Tributação Assinados pelo Brasil. *Revista Direito Tributário Atual*, São Paulo, n. 32, 2014.

FONSECA, Fernando Daniel de Moura. O Brasil Face ao Plano de Ação nº 12 do BEPS. In: GOMES, Marcus Lívio; SCHOUERI, Luís Eduardo (Coords.). *A Tributação Internacional na Era Pós-BEPS*. Rio de Janeiro: Lumen Juris, 2016. v. III.

GALENDI JÚNIOR, Ricardo André. Fundamentos da Tributação de Lucros no Exterior: entre Competitividade e Harmonização. *Revista Direito Tributário Atual*, São Paulo, n. 33, 2015.

GALENDI JÚNIOR, Ricardo André; GALDINO, Guilherme Silva. Desafios da Economia Digital: do problema hermenêutico ao desequilíbrio na alocação de jurisdição. In: GOMES, Marcus Lívio; SCHOUERI, Luís Eduardo (Coords.). *A Tributação Internacional na Era Pós-BEPS*. Rio de Janeiro: Lumen Juris, 2016. v. III.

GALHARDO, Luciana Rosanova. *Rateio de Despesas no Direito Tributário*. São Paulo: Quartier Latin, 2004.

GARBARINO, Carlo. *Manuale di Tassazione Internazionale*. [S/L]: IPSOA, 2005.

GARCÍA ANTÓN, Ricardo. The 21st Century Multilateralism in International Taxation: The Emperor's New Clothes? *World Tax Journal*, Amsterdam, 8 (2), 2016.

GARCÍA NOVOA, César. La Influencia de las BEPS en el Poder Tributario Internacional. In: ILADT. *Memorias de las XXVII Jornadas Latinoamericanas de Derecho Tributario*. ILADT: Mexico, 2015.

GARCIA NOVOA, César. Sobre la Posibilidad de un Tratado Multilateral en el Marco de la Acción 15 de BEPS. In: *Memorias de las XXVII Jornadas Latinoamericanas de Derecho Tributario*. ILADT: México, 2015.

GARCÍA NOVOA, César. Reflexiones sobre la Influencia de la Globalización en los Principios Tributarios. In: TÔRRES, Heleno Taveira (Coord.). *Direito Tributário Internacional Aplicado*. São Paulo: Quartier Latin, 2003.

GIDDENS, Anthony. Risco, Confiança e Reflexividade. In: GIDDENS, Anthony; BECK, Ulrich; LASH, Scott. *Modernização Reflexiva: Política, Tradição e Estética na Ordem Social Moderna*. Tradução Magda Lopes. São Paulo: Editora UNESP, 1997.

GIDDENS, Anthony. *The Consequences of Modernity*. California: Stanford University Press, 1990.

GIL, Antonio Carlos. *Como Elaborar Projetos de Pesquisa*. 5 ed. São Paulo: Atlas, 2016.

GODOI, Marciano Seabra de. A Nova Legislação sobre Tributação de Lucros Auferidos no Exterior (Lei 12.973/2014) como Resultado do Diálogo Institucional Estabelecido entre o STF e os Poderes Executivo e Legislativo da União. In: ROCHA, Valdir de Oliveira (Coord.) *Grandes Questões Atuais do Direito Tributário: 18º Volume*. São Paulo: Dialética, 2014.

GODOI, Marciano Seabra de. O Superior Tribunal de Justiça e a Aplicação de Tratados para Evitar a Dupla Tributação da Renda: Crítica ao Acórdão do Recurso Especial nº 426.945 (Aplicação do Tratado Brasil-Suécia). In: MARTINS, Ives Gandra da Silva; PASIN, João Bosco Coelho (Orgs.). *Direito Financeiro e Tributário Comparado*. São Paulo: Saraiva, 2014.

GODOI, Marciano Seabra de. Uma Proposta de Compreensão e Controle dos Limites da Elisão Fiscal no Direito Brasileiro. Estudo de Casos. In: YAMASHITA, Douglas (Coord.). *Planejamento Tributário à Luz da Jurisprudência*. São Paulo: Lex, 2007.

GODOY, Arnaldo Sampaio de Moraes. *Direito Tributário Internacional Contextualizado*. São Paulo: Quartier Latin, 2009.

GOMES, Edgar Santos; MEDEIROS, Rafael Dinoá Mann; PEREIRA, Felipe Senges. O Plano de Ação nº 4 do Projeto BEPS da OCDE – Limites à Erosão de Base Tributária Através da Dedução de Juros e Outras Compensações Financeiras. In: GOMES, Marcus Lívio; SCHOUERI, Luís Eduardo (Coords.). *A Tributação Internacional na Era Pós-BEPS*. Rio de Janeiro: Lumen Juris, 2016. v. I.

GOMES, Marcus Lívio. O Procedimento Amigável nos Tratados para Evitar a Dupla Tributação da Renda e o Relatório Final do Plano de Ação 14 do BEPS de 2015. In: SAUNDERS, Ana Paula; GOMES, Eduardo Santos; MOREIRA, Francisco Lisboa; MURAYAMA, Janssen (Orgs.). *Estudos de Tributação Internacional*. Rio de Janeiro: 2016.

GOMES, Marcus Lívio. A tributação das controladas e coligadas no exterior: o que realmente restaria ao Supremo Tribunal Federal julgar? In: GOMES, Marcus Lívio; VELOSO, Andrei Pitten (Orgs.). *Sistema Constitucional Tributário: Dos Fundamentos Teóricos aos Hard Cases Tributários*. Porto Alegre: Livraria do Advogado, 2014.

GOMES, Marcus Lívio; KINGSTON, Renata Ribeiro; PINHEIRO, Renata Cunha Santos. O Regime de Transparência Fiscal Instituído pela Lei nº 12.973/2014 e o Action Plan n. 3 do Projeto BEPS da OCDE. In: GOMES, Marcus Lívio; SCHOUERI, Luís Eduardo (Coords.). *A Tributação Internacional na Era Pós-BEPS*. Rio de Janeiro: Lumen Juris, 2016. v. I.

GOMES, Marcus Lívio; PINHEIRO, Renata Cunha S. As (muitas) Controvérsias Advindas com a Lei nº 12.973/2014 no Regime de Tributação das Controladas Diretas e Indiretas. In: ROCHA, Sergio André; TORRES, Heleno (Coords.). *Direito Tributário Internacional: Homenagem ao Professor Alberto Xavier*. São Paulo: Quartier Latin, 2016.

GONZAGA, Livia Leite Baron. OECD, UN and US Model Conventions: A Comparison. In: TÔRRES, Heleno Taveira (Coord.). *Direito Tributário Internacional Aplicado*. São Paulo: Quartier Latin, 2008. v. V.

GONZÁLEZ, Andrea Pietro. Articles 1 and 4. Personal Scope: Individuals. In: ECKER, Thomas; RESSLER, Gernot (Coords.). *History of Tax Treaties: The Relevance of the OECD Documents for the Interpretation of Tax Treaties*. Wien: Linde, 2011.

GÖRL, Maximilian. Article 5. Permanent Establishment. In: VOGEL, Klaus (Coord.). *On Double Taxation Conventions*. Tradução John Marin e Bruce Elvin. 3rd ed. The Netherlands: Kluwer Law International, 1998.

GRAVELLE, Jane G. *Tax Havens: International Tax Avoidance and Evasion*. CRS: USA, 2013.

GRECO, Marco Aurélio. Crise do Imposto sobre a Renda na sua Feição Tradicional. In: REZENDE, Condorcet (Coord.). *Estudos Tributários*. Rio de Janeiro: Renovar, 1999.

GREGORIO, Ricardo Marozzi. *Preços de Transferência: Arm's Length e Praticabilidade*. São Paulo: Quartier Latin, 2011.

GREGORIO, Ricardo Marozzi. Um Regime para a Tributação Internacional: Perspectivas para o Brasil. *Revista Direito Tributário Atual*, São Paulo, n. 24, 2010.

GRUPENMACHER, Betina Treiger. O Princípio da Não Discriminação e os Tratados Internacionais em Matéria Tributária. In: SCHOUERI, Luís Eduardo; BIANCO, João Francisco (Coords.). *Estudos de Direito Tributário em Homenagem ao Professor Gerd Willi Rothmann*. São Paulo: Quartier Latin, 2016.

GUEDES, João Victor Guedes. Lucros no Exterior, Direito Comparado e o Princípio da Proporcionalidade. *Revista Dialética de Direito Tributário*, São Paulo, n. 145, out. 2007.

GUSTAFSON, Charles H. Tax Treaties in the Americas: The United States Experience. In: AMATUCCI, Andrea (Coord.). *International Tax Law*. The Netherlands: Kluwer, 2006.

GUTIÉRREZ, Carlos. The UN Model and the BRICS Countries – Another View. In: GUTIÉRREZ, Carlos; PERDELWITZ, Andreas (Coords.). *Taxation of Business Profits in the 21st Century*. Amsterdam: IBFD, 2013.

HEMMELRATH, Alexander. Article 7. Business Profits. In: VOGEL, Klaus (Coord.). *On Double Taxation Conventions*. Tradução John Marin e Bruce Elvin. 3rd ed. The Netherlands: Kluwer Law International, 1998.

HERMANN, Jennifer. Reformas, Endividamento Externo e o 'Milagre' Econômico. In: GIAMBIAGI, Fábio et. al. (Coords.). *Economia Brasileira Contemporânea*. 2 ed. Rio de Janeiro: Elsevier, 2011.

HERNANDEZ, Daniel Fuentes. Interest. In: ECKER, Thomas; RESSLER, Gernot (Coords.). *History of Tax Treaties*. Wien: Linde, 2011.

HOLMES, Kevin. *International Tax Policy and Double Tax Treaties*. The Netherlands: IBFD, 2007.

JIMENEZ, Alaia Calleja. Article 15. Income from Employment. In: ECKER, Thomas; RESSLER, Gernot (Coords.). *History of Tax Treaties*. Wien: Linde, 2011.

JOGARAJAN, Sunita. Prelude to the International Tax Treaty Network: 1815–1914 Early Tax Treaties and the Conditions for Action. *Oxford Journal of Legal Studies*, London, 2011.

KEMMEREN, Eric C. C. M. Pensions (Article 18 OECD Model Convention). In: LANG, Michael et. al. (Coords.). *Source Versus Residence: Problems Arising from the Allocation of Taxing Rights in Tax Treaty Law and Possible Alternatives*. The Netherlands: Kluwer, 2008.

KEMMEREN, Eric. Article 12. Royalties. In: REIMER, Ekkehart; RUST, Alexander (Orgs.). *Klaus Vogel On Double Taxation Conventions*. 4th ed. The Netherlands: Kluwer, 2015. v. I.

KIEKEBELD, Bem J. *Harmful Tax Competition in the European Union*. The Netherlands: Kluwer, 2004.

KLUCK, Guilherme. A Possibilidade de Alteração dos Percentuais do Método PRL. In: FERNANDES, Edson Carlos (Coord.). *Preços de Transferência*. São Paulo: Quartier Latin, 2007.

KOFLER, Georg. Article 9. Associated Enterprises. In: REIMER, Ekkehart; RUST, Alexander (Orgs.). *Klaus Vogel On Double Taxation Conventions*. 4th ed. The Netherlands: Kluwer, 2015. v. I.

KOLLMANN, Jasmin; TURCAN, Laura. Overview of the Existing Mechanisms to Resolve Disputes and Their Challenges. In: LANG, Michael; OWENS, Jeffrey (Coords.). *International Arbitration in Tax Matters*. Amsterdam: IBFD, 2015.

KOURY, Paulo Arthur Cavalcante. Os Serviços Intragrupo no Plano de Ação nº 10 e o Contexto Brasileiro. In: GOMES, Marcus Lívio; SCHOUERI, Luís Eduardo (Coords.). *A Tributação Internacional na Era Pós-BEPS*. Rio de Janeiro: Lumen Juris, 2016. v. II.

LAGO, Luiz Aranha Correa do. A Retomada do Crescimento e as Distorções do 'Milagre', 1967-1974". ABREU, Marcelo de Paiva (Coord.). *A Ordem do Progresso: Dois Séculos de Política Econômica no Brasil*. Rio de Janeiro: Elsevier, 2014.

Lakshminarayanan, Purnima. Interpretation of Tax Treaties Following the OECD/OEEC Model and the Relevance of the OECD Documents. In: ECKER, Thomas; RESSLER, Gernot (Coords.). *History of Tax Treaties: The Relevance of the OECD Documents for the Interpretation of Tax Treaties*. Wien: Linde, 2011.

LANG, Joachim. Justiça Fiscal e Globalização. *Revista Direito Tributário Atual*, São Paulo, n. 24, 2010.

LANG, Michael. *Introduction to the Law of Double Taxation Conventions*. Wien: Linde, 2010.

LANG, Michael; HEIDENBAUER, Sabine. Wholly Artificial Arrangements. In: HINNEKENS, Luc; HINNEKENS, Philippe (Orgs.). *A Vision of Taxes Within and Outside European Borders*. The Netherlands: Kluwer, 2008.

LAVEZ, Raphael Assef. BEPS: para quem? Avaliando o Projeto da OCDE a partir do Princípio Arm's Length. In: GOMES, Marcus Lívio; SCHOUERI, Luís Eduardo (Coords.). *A Tributação Internacional na Era Pós-BEPS*. Rio de Janeiro: Lumen Juris, 2016. v. II.

LEDESMA, Álvaro Juan. La Vertebración de un Acuerdo Multilateral en la Vigente Red de Convenios: ¿Un Nuevo Frente de Conflictos Interpretativos en la Fiscalidad Internacional? In: ILADT. *Memorias de las XXVII Jornadas Latinoamericanas de Derecho Tributario*. ILADT: Mexico, 2015.

LEHNER, Martin. Article 9: Associated Enterprises. In: ECKER, Thomas; RESSLER, Gernot (Coords.). *History of Tax Treaties*. Wien: Linde, 2011.

LEHNER, Moris. Article 9. Associated Enterprises. In: VOGEL, Klaus (Coord.). *On Double Taxation Conventions*. Tradução John Marin e Bruce Elvin. 3rd ed. The Netherlands: Kluwer Law International, 1998.

LENNARD, Michael. International Tax Arbitration and Developing Countries. In: LANG, Michael; OWENS, Jeffrey (Coords.). *International Arbitration in Tax Matters*. Amsterdam: IBFD, 2015.

LENNARD, Michael. The UN Model Tax Convention as Compared with the OECD Model Tax Convention – Current Points and Recent Developments. *Asia-Pacific Tax Bulletin*, n. 15 (1), 2009.

LENNARD, Michael. The Purpose and Current Status of the United Nations Tax Work. *Asia-Pacific Tax Bulletin*, Amsterdam, n. 14 (1), 2008.

LEONARDOS, Gabriel Francisco. *Tributação da Transferência de Tecnologia*. Rio de Janeiro: Forense, 2001.

LOZANO RODRÍGUEZ, Eleonora. *Arbitraje Internacional en Materia Tributaria*. Bogotá: Universidad de los Andes, 2009.

MALHEIRO, Eliete de Lima Ribeiro. Preços de Transferência – Intangíveis, Serviços e Cost-Sharing. In: SCHOUERI, Luís Eduardo (Coord.). *Tributos e Preços de Transferência: 3º Volume*. São Paulo: Dialética, 2009.

MALHERBE, Jacques. The Issues of Dispute Resolution and Introduction of a Multilateral Treaty. *Intertax*, Amsterdam, v. 43 (1), 2015.

MALHERBE, Jacques. Controlled Foreign Corporations in the EU After Cadbury Schweppes. In: TÔRRES, Heleno Taveira (Coord.). *Direito Tributário Internacional Aplicado*. São Paulo: Quartier Latin, 2008. v. V.

MALHERBE, Jacques. Controlled Foreign Corporations: Revisitadas à Luz dos Tratados de Bitributação e do Direito Comunitário Europeu. Tradução Ricardo Maitto da Silveira. *Revista Direito Tributário Atual*, São Paulo, n. 21, 2007.

MAN, Fernando de. A Tributação de Serviços na Fonte e as Convenções Modelo: Renascimento dos Ideais do Artigo 14 OCDE. *Revista Direito Tributário Atual*, São Paulo, n. 27, 2012.

MANSUR, Débora Ottoni Uébe et. al. Preços de Transferência: os métodos PCI e PCEX nas mais importantes commodities brasileiras e seu alinhamento à ação 10 do BEPS. In: GOMES, Marcus Lívio; SCHOUERI, Luís Eduardo (Coords.). *A Tributação Internacional na Era Pós-BEPS*. Rio de Janeiro: Lumen Juris, 2016. v. II.

MARCELINO JÚNIOR, Ataíde. Caso Eagle 1. In: CASTRO, Leonardo Freitas de Moraes e (Org.). *Tributação Internacional: Análise de Casos*. São Paulo: MP Editora, 2010.

MARCONDES, Rafael Marchetti. *A Tributação dos Royalties*. São Paulo: Quartier Latin, 2012.

MARCONI, Marina de Andrade; LAKATOS, Eva Maria. *Fundamentos de Metodologia Científica*. 7 ed. São Paulo: Atlas, 2016.

MARE, Débora Alexandroni. Dividendos ou Juros? Empréstimos ou "Repo"? Arranjos ou Entidades? Conflitos no Tratamento Fiscal dos Pagamentos por Estruturas Híbridas. In: GOMES, Marcus Lívio; SCHOUERI, Luís Eduardo (Coords.). *A Tributação Internacional na Era Pós-BEPS*. Rio de Janeiro: Lumen Juris, 2016. v. I.

MARINHO, Anapaula Trindade; FERREIRA, Vanessa Arruda. Crédito de Imposto Fictício: de uma noção nebulosa a um regime jurídico incerto. *Revista de Direito Tributário Internacional*. São Paulo, n. 11, 2009.

MARQUES, Mercedes Pelaez. *El Convenio Hispano-Argentino*. Buenos Aires: Quorum, 1998.

MARTEL, Fabien et. al. The Relationship Between Double Taxation Treaties and Foreign Direct Investment. In: LANG, Michael et. al. (Coords.). *Tax Treaties: Building Bridges Between Law and Economics*. Amsterdam: IBFD, 2010.

MAY, Nicolás. Dividends. In: ECKER, Thomas; RESSLER, Gernot (Coords.). *History of Tax Treaties*. Wien: Linde, 2011.

MEHTA, Amar. *International Taxation of Cross-Border Leasing*. The Netherlands: IBFD, 2005.

MENDES, Gil; BON, Willem; LOPES, Alex Cardoso; GARCEZ, Bianca. Análise da Rede Brasileira de Acordos de Dupla Tributação: Razões e Recomendações para seu Aprimoramento e Ampliação. *Revista Brasileira de Comércio Exterior*, Rio de Janeiro, nº 127, abr./mai./jun. 2016.

MEZZAROBA. Orides; MONTEIRO, Cláudia Servilha. *Manual de Metodologia da Pesquisa no Direito*. 6 ed. São Paulo: Saraiva, 2015.

MILLER, Angharad. *Taxing Cross-Border Services: Current Worldwide Practices and the Need for Change*. Amsterdam: IBFD, 2015.

MILLER, Angharad; OATS, Lynne. *Principles of International Taxation*. 3 ed. West Sussex: Bloomsbury Professional, 2012.

MIRAULO, Anna. *Doppia Imposizione Internazionale*. Milano: Giuffrè, 1990.

MIYAKE, Alina. Os mecanismos de soluções de controvérsias em Direito Tributário Internacional: uma análise do cenário brasileiro. In: GOMES, Marcus Lívio; SCHOUERI, Luís Eduardo (Coords.). *A Tributação Internacional na Era Pós-BEPS*. Rio de Janeiro: Lumen Juris, 2016. v. III.

MONGUILOD, Ana Carolina; CHIMELLI, Pedro Araújo. Medida Provisória nº 685/2015, Ação do BEPS e Norma Geral Antielisiva. In: ROCHA, Sergio André; TORRES, Heleno (Coords.). *Direito Tributário Internacional: Homenagem ao Professor Alberto Xavier*. São Paulo: Quartier Latin, 2016.

MONGUILOD, Ana Carolina; TORO, Carlos Eduardo M. A. Caso REFRATEC. In: CASTRO, Leonardo Freitas de Moraes e (Coord.). *Tributação Internacional: Análise de Casos Volume 2*. São Paulo: MP Editora, 2015.

MONTEIRO, Alexandre Luiz Moraes do Rêgo. *Direito Tributário Internacional: A Arbitragem nos Acordos de Bitributação Celebrados pelo Brasil*. São Paulo: Quartier Latin, 2016.

MONTEIRO, Alexandre Luiz Moraes do Rêgo. Caso Volvo 2. In: CASTRO, Leonardo Freitas de Moraes e (Coord.). *Tributação Internacional: Análise de Casos*. São Paulo: MP Editora, 2010.

MOREIRA, Clara Gomes. Combate às Práticas Fiscais Danosas e a Soberania dos Estados. In: GOMES, Marcus Lívio; SCHOUERI, Luís Eduardo (Coords.). *A Tributação Internacional na Era Pós-BEPS*. Rio de Janeiro: Lumen Juris, 2016. v. I.

MOREIRA JÚNIOR, Gilberto de Castro. *Bitributação Internacional e Elementos de Conexão*. São Paulo: Aduaneiras, 2003.

MOREIRA, André Mendes; FONSECA, Fernando Daniel de Moura. A Tributação dos Lucros Auferidos no Exterior sob a Perspectiva Brasileira. Uma Análise Crítica da Doutrina e da Jurisprudência. In: ROCHA, Sergio André; TORRES, Heleno (Coords.). *Direito Tributário Internacional: Homenagem ao Professor Alberto Xavier*. São Paulo: Quartier Latin, 2016.

MOREIRA, Francisco Lisboa. O Artigo 8º da Convenção-Modelo da OCDE e sua Adoção pelo Brasil: os Critérios para Evitar a Dupla Tributação da Renda Proveniente do Transporte Aéreo e Marítimo. In: SAUNDERS, Ana Paula; GOMES, Eduardo Santos; MOREIRA, Francisco Lisboa; MURAYAMA, Janssen (Orgs.). *Estudos de Tributação Internacional*. Rio de Janeiro: 2016.

MOREIRA, Francisco Lisboa. O Projeto de Combate à Erosão das Bases Tributárias e Movimentação de Lucros (BEPS) da OCDE e a Política Tributária Internacional Brasileira: Algumas Reflexões. In: ROCHA, Sergio André; TORRES, Heleno (Coords.). *Direito Tributário Internacional: Homenagem ao Professor Alberto Xavier*. São Paulo: Quartier Latin, 2016.

NASCIMENTO NETTO, Agostinho; CAMPOS, Juliana Candido. A Ação 11 do Projeto BEPS da OCDE e seus Possíveis Efeitos no Brasil. In: GOMES, Marcus Lívio; SCHOUERI, Luís Eduardo (Coords.). *A Tributação Internacional na Era Pós-BEPS*. Rio de Janeiro: Lumen Juris, 2016. v. III.

NETO, Luís Flávio. A Tolerância e a Intolerância ao Treaty Shopping: os Casos "Prévost", "Indofood", "Eagle I" e "Eagle II". *Revista Direito Tributário Atual*, São Paulo, n. 23, 2009.

NGANTUNG, Wankko. Tax Treaties and Developing Countries. In: PETRUZZI, Rafaelle; SPIES, Karoline (Coords.). *Tax Policy Challenges in the 21st Century*. Wien: Linde, 2014.

NUNES, Renato. *Imposto sobre a Renda Devido por Não Residentes no Brasil*. São Paulo: Quartier Latin, 2010.

OBERSON, Xavier. *International Exchange of Information in Tax Matters*. Cheltenham: Elgar, 2015.

OECD. *Active with Brazil*. Paris: OECD, 2015.

OECD. *Addressing the Tax Challenges of the Digital Economy*. Paris: OECD, 2015.

OECD. *Aligning Transfer Pricing Outcomes with Value Creation*. Paris: OECD, 2015.

OECD. *Countering Harmful Tax Practices More Effectively, Taking into Account Transparency and Substance*. Paris: OECD, 2015.

OECD. *Designing Effective Controlled Foreign Company Rules, Action 3 - 2015 Final Report*. OECD: Paris, 2015.

OECD. *Developing a Multilateral Instrument to Modify Bilateral Tax Treaties*. Paris: OECD, 2015.

OECD. *Limiting Base Erosion Involving Interest Deductions and Other Financial Payments*. Paris: OECD, 2015.

OECD. *Making Dispute Resolution Mechanisms More Effective, Action 14 2015 Final Report*. Paris: OECD, 2015.

OECD. *Mandatory Disclosure Rules*. Paris: OECD, 2015.

OECD. *Measuring and Monitoring BEPS*. Paris: OECD, 2015.

OECD. *Neutralising the Effects of Hybrid Mismatch Arrangements*. Paris: OECD, 2015.

OECD. *Preventing the Artificial Avoidance of Permanent Establishment Status*. Paris: OECD, 2015.

OECD. *Preventing the Granting of Treaty Benefits in Inappropriate Circumstances*. Paris: OECD, 2015.

OECD. *Transfer Pricing Documentation and Country-by-Country Reporting*. Paris: OECD, 2015.

OECD. *Model Tax Convention on Income and on Capital*. Paris: OECD, 2014.

OECD. *Action Plan on Base Erosion and Profit Shifting*. Paris: OECD, 2013.

OECD. *Addressing Base Erosion and Profit Shifting*. Paris: OECD, 2013.

OECD. *Brazil: Peer Review Reports, Phase 2, Implementation of the Standard in Practice*. Paris: OECD, 2013.

OECD. *Brazil: Peer Review Reports, Phase 1, Legal and Regulatory Framework*. Paris: OECD, 2012.

OECD. *Hybrid Mismatch Arrangements: Tax Policy and Compliance Issues*. Paris: OECD, 2012.

OECD. *Study into the Role of Tax Intermediaries*. Paris: OECD, 2008.

OECD. *Agreement on Exchange of Information on Tax Matters*. Disponível em: http://www.oecd.org/tax/exchange-of-tax-information/2082215.pdf. Acesso em 27 de dezembro de 2015.

OECD. *Harmful Tax Competition: An Emerging Global Issue*. Paris: OECD, 1998.

OECD. *Tax Sparing: A Reconsideration*. Paris: OECD, 1998.

OEPEN, Wolfgang. A Alemanha Denuncia seu Tratado de Dupla Tributação com o Brasil – Razões e Consequências da Denúncia do Tratado de um Ponto de Vista Alemão. *Revista de Direito Tributário Internacional*, São Paulo, v. 1, 2005.

OLIVEIRA, André Gomes de. Brazil. *Cahiers de Droit Fiscal International.* Amsterdam: IFA, 2008. v. 93a.

OLIVEIRA, Márcio Roberto; CANEN, Doris. Intangíveis na Esfera do Transfer Pricing, âmbito do BEPS e Direito Brasileiro: Uma Nova Era. In: GOMES, Marcus Lívio; SCHOUERI, Luís Eduardo (Coords.). *A Tributação Internacional na Era Pós-BEPS.* Rio de Janeiro: Lumen Juris, 2016. v. II.

OLIVEIRA, Maria Odete Batista de. *O Intercâmbio de Informação: Nova disciplina comunitária. Estado actual da prática administrativa. Contributos para uma maior significância deste instrumento.* Coimbra: Almedina, 2012.

OLIVEIRA, Ricardo Mariz. *Fundamentos do Imposto de Renda.* São Paulo: Quartier Latin, 2008.

OLIVEIRA, Ricardo Mariz de. O Imposto de Renda e os Lucros Auferidos no Exterior. In: ROCHA Valdir de Oliveira (Coord.). *Grandes Questões Atuais do Direito Tributário: 7º Volume.* São Paulo: Dialética, 2003.

OLIVEIRA, Ricardo Mariz de. O Conceito de Renda - Inovação do art. 43 do CTN pela Lei Complementar nº 104 (a Questão da Disponibilidade sobre Lucros de Coligadas e Controladas no Exterior). *Revista Dialética de Direito Tributário*, São Paulo, n. 73, out. 2001.

OLIVEIRA, Vivian de Freitas e Rodrigues de. *Preço de Transferência como Norma de Ajuste do Imposto sobre a Renda.* São Paulo: Noeses, 2015.

PAÇO, Daniel Hora do; ROSENBLOOM, David. Considerações sobre a Negociação de um Tratado para Evitar a Dupla Tributação da Renda com os EUA. *Revista Dialética de Direito Tributário*, São Paulo, n. 174, 2010.

PALMITESSA, Elio. The Major Players in Recent and Future Tax Policy. In: PETRUZZI, Rafaelle; SPIES, Karoline (Coords.). *Tax Policy Challenges in the 21st Century.* Wien: Linde, 2014.

PATÓN GARCIA, Gemma. Análisis de las Medidas Españolas Alineadas con el Plan de Acción BEPS: Desafíos en la Implementación e Incidencia en Latinoamérica. In: ILADT. *Memorias de las XXVII Jornadas Latinoamericanas de Derecho Tributario*. ILADT: Mexico, 2015.

PEREIRA, Mariana Correia. Fundamentos do Direito Tributário Internacional. In: SAUNDERS, Ana Paula; GOMES, Eduardo Santos; MOREIRA, Francisco Lisboa; MURAYAMA, Janssen (Orgs.). *Estudos de Tributação Internacional*. Rio de Janeiro: 2016.

PEREIRA, Moisés de Sousa Carvalho; RISCADO JÚNIOR, Paulo Roberto. Jurisprudência Comentada: O Artigo 74 da Medida Provisória nº 2.158-35/2001 e o Planejamento Tributário com Base na Utilização de Tratados. O "Caso Eagle II" (Acordão nº 101-97.070). *Revista da Procuradoria Geral da Fazenda Nacional*, Brasília, n. 2, jul./dez. 2011.

PEREIRA, Roberto Codoniz Leite. O Controle de Preços de Transferência em Operações com Intangíveis no Contexto do BEPS e a Perda da Hegemonia do Princípio Arm's Length. In: GOMES, Marcus Lívio; SCHOUERI, Luís Eduardo (Coords.). *A Tributação Internacional na Era Pós-BEPS*. Rio de Janeiro: Lumen Juris, 2016. v. II.

PEREIRA, Roberto Codoniz Leite. O Novo Regime de Tributação em Bases Universais das Pessoas Jurídicas Previsto na Lei nº 12.973/2014: as Velhas Questões foram Resolvidas? *Revista Direito Tributário Atual*, São Paulo, n. 33, 2015.

PETERS, Carmel. Developing Countries' Reactions to the G20/OECD Action Plan on Base Erosion and Profit Shifting. *Bulletin for International Taxation*, Amsterdam, v. 69 (8), 2015.

PETRY, Rodrigo Caramori. Direito Constitucional Tributário Comparado: a Tributação nas Constituições do Brasil e de Outros Países. *Revista Direito Tributário Atual*, São Paulo, n. 30, 2014.

PIANTAVIGNA, Paolo. Tax Abuse and Aggressive Tax Planning in the BEPS Era: How EU Law and the OECD Are Establishing a Unifying Conceptual Framework in International Tax Law, despite Linguistic Discrepancies. *World Tax Journal*, Amsterdam, n. 9 (1), Maio 2017.

PICCIOTTO, Sol. International Taxation and Economic Substance. *Bulletin for International Taxation*, Amsterdam, n. 70 (12), 2016.

PIERONI, Luiz Felipe de Toledo. Os Problemas Relacionados à Ação nº 11 para o Combate ao BEPS. In: GOMES, Marcus Lívio; SCHOUERI, Luís Eduardo (Coords.). *A Tributação Internacional na Era Pós-BEPS*. Rio de Janeiro: Lumen Juris, 2016. v. III.

PIJIL, Hans. The 2010 Elimination of Article 7-3 (1963). In: WEBER, Dennis; WEEGHEKL, Stef van (Coords.). *The 2010 OECD Updates*. The Netherlands: Kluwer, 2011.

PIKETTY, Thomas. *Capital in the Twenty-First Century*. Tradução Arthur Goldhammer. Cambridge: The Belknal Press of Harvard University Press, 2014.

PIKETTY, Thomas. *O Capital no Século XXI*. Tradução de Monica Baumgarten de Bolle. Rio de Janeiro: Intrínseca, 2014.

PINETZ, Erik. Use of a Principal Purpose Test to Prevent Treaty Abuse. In: LANG, Michael et. al. (Coords.). *Base Erosion and Profit Shifting (BEPS): The Proposal to Revise the OECD Model Convention*. Wien: Linde, 2016.

PIRES, Manuel. *International Juridical Double Taxation of Income*. Deventer: Kluwer, 1989.

PISTONE, Paquale. Government Service (Article 19 OCDE Model Convention). In: LANG, Michael et. al. (Coords.). *Source Versus Residence: Problems Arising from the Allocation of Taxing Rights in Tax Treaty Law and Possible Alternatives*. The Netherlands: Kluwer, 2008.

PISTONE, Pasquale. Coordinating the Action of Regional and Global Players During the Shift from Bilateralism to Multilateralism in International Tax Law. *World Tax Journal*, Amsterdam, n. 6, 2014.

PISTONE, Pasquale. Geographical boundaries of tax jurisdiction, exclusive allocation of taxing powers in tax treaties and good tax governance in relations with developing countries. In: BRAUNER, Yariv; STEWART (Coords.). *Tax, Law and Development*. Massachusetts: Edward Elgar, 2013.

PISTONE, Pasquale. General Report. In: LANG, Michel et. al. (Coords.). *The Impact of the OECD and UN Model Conventions on Bilateral Tax Treaties*. Cambridge: Cambridge University Press, 2012.

PISTONE, Pasquale. Tax Treaties with Developing Countries: A Plea for New Allocation Rules and a Combined Legal and Economic Approach. In: LANG, Michael et. al. (Coords.). *Tax Treaties: Building Bridges Between Law and Economics*. Amsterdam: IBFD, 2010.

PÖLLATH, Reinhard. Article 12. Royalties. In: VOGEL, Klaus (Coord.). *On Double Taxation Conventions*. Tradução John Marin e Bruce Elvin. 3rd ed. The Netherlands: Kluwer Law International, 1998.

PROKISCH, Rainer. Director's Fees (Article 16 OECD Model Convention). In: LANG, Michael et. al. (Coords.). *Source Versus Residence: Problems Arising from the Allocation of Taxing Rights in Tax Treaty Law and Possible Alternatives*. The Netherlands: Kluwer, 2008.

PWC. *International Transfer Pricing 2015/2016*. [S/L]: PWC, 2016. Disponível em: http://www.pwc.com/gx/en/international-transfer-pricing/assets/itp-2015-2016-final.pdf. Acesso em 24 de dezembro de 2016.

QUEIROZ, Luís Cesar Souza de. A Tributação de Lucros Auferidos no Exterior por Controladas e Coligadas: A Posição do STF e a Lei n. 12.973/2014. In: RO-

DRIGUES, Daniele Souto; MARTINS, Natanael (Coords.). *Tributação Atual da Renda*. São Paulo: Noeses, 2015.

QUEIROZ, Luís Cesar Souza de; SAUNDERS, Ana Paula Braga; PINHEIRO, Renata Cunha Santos. O Projeto BEPS da OCDE e o Plano de Ação 3: Fortalecimento das Regras de CFC. In: GOMES, Marcus Lívio; SCHOUERI, Luís Eduardo (Coords.). *A Tributação Internacional na Era Pós-BEPS*. Rio de Janeiro: Lumen Juris, 2016. v. I.

RAAD, Kees van. Coherence Among the OECD Model's Distributive Rules: The "Other" State and Income from Third Countries. In: MAISTO, Guglielmo et. al. (Coords.). *Essays on Tax Treaties: A Tribute to David Ward*. The Netherlands: IBFD, 2013.

RAAD, Kees van. Nondiscrimination in taxation of cross-border income under the OECD Model and EC treaty rules – a concise comparison and assessment. In: ARENDONK, Henk van et. al. (Coords.). *A Tax Globalist: Essays in Honour of Maarten J. Ellis*. The Netherlands: IBFD, 2005.

RAAD, Kees van. *Nondiscrimination in International Tax Law*. Amsterdam: Kluwer, 1986.

RAMALHO, Rômulo Pinto. Aspectos Constitucionais da Tributação em Bases Universais do Imposto de Renda das Pessoas Jurídicas. In: VALADÃO, Marcos Aurélio et. al. (Coords.). *Direito Tributário Constitucional*. São Paulo: Almedina, 2015.

RAMPAZZO, Lino. *Metodologia Científica*. 8 ed. São Paulo: Edições Loyola, 2015.

REIMER, Ekkehart. Article 7. Business Profits. In: REIMER, Ekkehart; RUST, Alexander (Orgs.). *Klaus Vogel On Double Taxation Conventions*. 4th ed. The Netherlands: Kluwer, 2015. v. I.

REIMER, Ekkehart. Income of Immovable Property (Article 6 OECD Model Convention). In: LANG, Michael et. al. (Coords.). *Source Versus Residence: Pro-*

blems Arising from the Allocation of Taxing Rights in Tax Treaty Law and Possible Alternatives. The Netherlands: Kluwer, 2008.

RIBEIRO, Ricardo Lodi. O Plano BEPS – Ação 12 e a Introdução das Mandatory Disclosure Rules no Brasil. In: ROCHA, Sergio André; TORRES, Heleno (Coords.). *Direito Tributário Internacional: Homenagem ao Professor Alberto Xavier*. São Paulo: Quartier Latin, 2016.

RIBEIRO, Ricardo Lodi. *Estudos de Direito Tributário: Tributação e Cidadania*. Rio de Janeiro: Multifoco, 2015.

RIBEIRO, Ricardo Lodi. A Segurança dos Direitos Fundamentais do Contribuinte na Sociedade de Risco. In: _____. *Temas de Direito Constitucional Tributário*. Rio de Janeiro: Lumen Juris, 2009.

RIGONI, João Marcus de Melo. A Brazilian View on Base Erosion and Profit Shifting: An Alternative Path. *Intertax*, Amsterdam, 42 (11), 2014.

RISOLIA, Rodrigo Cipriano dos Santos. Economia Digital e Estabelecimento Permanente Digital – Considerações sobre a Ação 1. In: GOMES, Marcus Lívio; SCHOUERI, Luís Eduardo (Coords.). *A Tributação Internacional na Era Pós-BEPS*. Rio de Janeiro: Lumen Juris, 2016. v. III.

ROCHA, Sergio André. General Report. *Cahiers de Droit Fiscal International*. Amsterdam: IFA, 2017. v. 102 A/B.

ROCHA, Sergio André. Countries' Aggressive Tax Treaty Planning: Brazil's Case. *Intertax*, Amsterdam, n. 44 (4), 2016.

ROCHA, Sergio André. Exchange of Tax-Related Information and the Protection of Taxpayer Rights: General Comments and the Brazilian Perspective. *Bulletin for International Taxation*, Amsterdam, n. 70 (9), 2016.

ROCHA, Sergio André. Imperial Taxation: The Awkward Protection for States Against the Taxpayers in Contemporary International Taxation. In: _____. *Estudos de Direito Tributário Internacional*. Rio de Janeiro: Lumen Juris, 2016.

ROCHA, Sergio André. Planejamento Tributário Abusivo Estatal: O Caso do Brasil. In: SCHOUERI, Luís Eduardo; BIANCO, João Francisco (Coords.). *Estudos de Direito Tributário em Homenagem ao Professor Gerd Willi Rothmann*. São Paulo: Quartier Latin, 2016.

ROCHA, Sergio André. *Estudos de Direito Tributário Internacional*. Rio de Janeiro: Lumen Juris, 2016.

ROCHA, Sergio André. São As Regras Brasileiras de Tributação de Lucros Auferidos no Exterior "Regras CFC"? Análise a Partir do Relatório da Ação n. 3 do Projeto BEPS. In: GOMES, Marcus Lívio; SCHOUERI, Luís Eduardo (Coord.). *A Tributação Internacional na Era Pós-BEPS*. Rio de Janeiro: Lumen Juris, 2016.

ROCHA, Sergio André. *Tributação de Lucros Auferidos por Controladas e Coligadas no Exterior*. 2 ed. São Paulo: Quartier Latin, 2016.

ROCHA, Sergio André. Tributação dos Pagamentos pela Locação de Bens Móveis nos Tratados Tributários Celebrados pelo Brasil. In: SAUNDERS, Ana Paula; GOMES, Eduardo Santos; MOREIRA, Francisco Lisboa; MURAYAMA, Janssen (Orgs.). *Estudos de Tributação Internacional*. Rio de Janeiro: 2016.

ROCHA, Sergio André. Caso COPESUL: Tributação pelo IRRF da Prestação de Serviços, Antes e Depois do ADI RFB n. 5/14. In: CASTRO, Leonardo Freitas de Moraes e (Coord.). *Tributação Internacional Análise de Casos: Volume 3*. São Paulo: MP Editora, 2015.

ROCHA, Sergio André. Brasil. In: ILADT. *Memorias de las XXVIII Jornadas Latinoamericanas de Derecho Tributário*. ILADT: México, 2015.

ROCHA, Sergio André. *Troca Internacional de Informações para Fins Fiscais.* Quartier Latin, 2015.

ROCHA, Sergio André et. al. Tributação e Aplicação dos Tratados sobre a Tributação da Renda e do Capital às Atividades de Resseguro. In: PEIXOTO, Marcelo Magalhães et. al. (Coords.). *Tributação das Seguradoras: Questões Pontuais.* São Paulo: MP Editora, 2014.

ROCHA, Sergio André. International Fiscal Imperialism and the "Principle" of the Permanent Establishment. *Bulletin for International Taxation*, Amsterdam, n. 68 (2), 2014.

ROCHA, Sergio André. Agency Permanent Establishment "Brazilian Style": Taxation of Profits Earned Through Commission Merchants, Agents and Representatives. *Intertax*, Amsterdam, n. 42 (8 & 9), 2013.

ROCHA, Sergio André. *Interpretação dos Tratados para Evitar a Bitributação da Renda.* 2 ed. São Paulo: Quartier Latin, 2013.

ROCHA, Sergio André. *Tributação Internacional.* São Paulo: Quartier Latin, 2013.

ROCHA, Sergio André. Brazilian Report. *Cahiers de Droit Fiscal International.* Amsterdam: IFA, 2012. v. 97a.

ROCHA, Sergio André. Evolução Histórica da Teoria Hermenêutica: Do Formalismo do Século XVIII ao Pós-Positivismo. In: ELALI, André; MACHADO SEGUNDO, Hugo de Brito; TRENNEPOHL, Terence (Coords.). *Direito Tributário: Homenagem a Hugo de Brito Machado.* São Paulo: Quartier Latin, 2011.

ROCHA, Sergio André. Modelos de Regulação Jurídica, Preços de Transferência e os Novos Métodos PCI e Pecex. *Revista Direito Tributário Atual*, São Paulo, n. 28, 2012.

ROCHA, Sergio André. Treaty Shopping and Beneficial Ownership under Brazil's Tax Treaties. *Bulletin for International Taxation*, Amsterdam, v. 66 (7), 2012.

ROCHA, Sergio André. Evolução Histórica da Teoria Hermenêutica: Do Formalismo do Século XVIII ao Pós-Positivismo. In: ELALI, André; MACHADO SEGUNDO, Hugo de Brito; TRENNEPOHL, Terence (Coords.). *Direito Tributário: Homenagem a Hugo de Brito Machado*. São Paulo: Quartier Latin, 2011.

ROCHA, Sergio André. *Processo Administrativo Fiscal: Controle Administrativo do Lançamento Tributário*. 4 ed. Rio de Janeiro: Lumen Juris, 2010.

ROCHA, Sergio André. *Interpretation of Double Tax Conventions: General Theory and Brazilian Perspective*. Amsterdam: Kluwer, 2009.

ROCHA, Sergio André. Soluções de Divergências Hermenêuticas nos Tratados Internacionais Tributários. *Revista de Direito Tributário Internacional*, São Paulo, n. 10, 2008.

ROCHA, Sergio André. A Tributação na Sociedade de Risco. In: PIRES, Adilson Rodrigues; TÔRRES, Heleno Taveira (Coords.). *Princípios de Direito Financeiro e Tributário: Estudos em Homenagem ao Professor Ricardo Lobo Torres*. Rio de Janeiro: Renovar, 2006.

ROCHA, Sergio André; VIANNA, Márcio Seixas. Tributação e Aplicação das Convenções sobre a Tributação da Renda e do Capital ao Pagamento de Juros sobre o Capital Próprio. In: CASTRO, Leonardo Freitas de Moraes e (Coord.). *Mercado Financeiro e de Capitais: Regulação e Tributação*. São Paulo: Quartier Latin, 2015.

ROCHA, Sergio André; BARRETO, Ana Carolina. Tributação do Reembolso de Despesas e do Compartilhamento de Custos e o CPC 30. In: ROCHA, Sergio André (Coord.). *Direito Tributário, Societário e a Reforma da Lei das S/A*. São Paulo: Quartier Latin, 2012. v. III.

RODI, Michael. Concorrência Tributária Internacional por Investimentos. Tradução Victor Borges Polizelli. *Revista Direito Tributário Atual*, São Paulo, n. 21, 2007.

RODRIGUES, Deusmar José. *Preços de Transferência*. São Paulo: Quartier Latin, 2006.

ROENNE, Christian Freiherr von. The Very Beginning – The First Tax Treaties. In: ECKER, Thomas; RESSLER, Gernot (Coords.). *History of Tax Treaties*. Wien: Linde, 2011.

ROHATGI, Roy. *Basic International Taxation*. Richmond: Richmond Law and Tax, 2005. v. I.

ROLIM, João Dácio. As Presunções da Lei 9.430/96 e os Casos Especiais nos Preços de Transferência. In: ROCHA, Valdir de Oliveira (Coord.). *Tributos e Preços de Transferência*. São Paulo: Dialética, 1997.

ROSA, Marcelo Miranda Dourado Fontes. A Contribuição Social sobre o Lucro Líquido (CSLL) e os Tratados Internacionais para Evitar a Dupla Tributação. In: MONTEIRO, Alexandre Luiz Moraes do Rêgo et. al. (Coords.). *Tributação, Comércio e Solução de Controvérsias Internacionais*. São Paulo: Quartier Latin, 2011.

ROSEMBUJ, Tulio. *Intercambio Internacional de Información Tributaria*. Barcelona: Edicions Universitat de Barcelona, 2004.

ROSEMBUJ, Tulio. *Fiscalidad Internacional*. Madrid: Marcial Pons, 1998.

ROSENBLATT, Paulo. *General Anti-Avoidance Rules for Major Developing Countries*. The Netherlands: Kluwer, 2015.

ROSENBLATT, Paulo. Transparência Fiscal Internacional no Brasil: Uma Interpretação Antielisiva. In: MONTEIRO, Alexandre Luiz Moraes do Rêgo et.

al. (Coords.). *Tributação, Comércio e Solução de Controvérsias Internacionais*. São Paulo: Quartier Latin, 2011.

ROTHMANN, Gerd Willi. Tributação dos Serviços Importados na Legislação Doméstica e Internacional do Brasil. In: PARISI, Fernanda Drummond; TÔRRES, Heleno Taveira; MELO, José Eduardo Soares de (Coords.). *Estudos de Direito Tributário em Homenagem ao Professor Roque Antonio Carrazza*. São Paulo: Malheiros, 2014. v. 2.

ROTHMANN, Gerd Willi. Tributação Internacional sem Sujeito Passivo: uma Nova Modalidade de Imposto de Renda sobre Ganhos de Capital? In: ROCHA, Valdir de Oliveira (Coord.). *Grandes Questões Atuais de Direito Tributário: 10º Volume*. São Paulo: Dialética, 2006.

ROTHMANN, Gerd Willi. A Denúncia do Acordo de Bitributação Brasil-Alemanha e suas Consequências. In: ROCHA, Valdir de Oliveira (Coord.). *Grandes Questões Atuais do Direito Tributário: 9º Volume*. São Paulo: Dialética, 2005.

RUST, Alexander. Article 23. Methods for Elimination of Double Taxation. In: REIMER, Ekkehart; RUST, Alexander (Orgs.). *Klaus Vogel On Double Taxation Conventions*. 4th ed. The Netherlands: Kluwer, 2015. v. II.

RUST, Alexander. Other Income (Article 21 OECD Model Convention). In: LANG, Michael et. al. (Coords.). *Source Versus Residence: Problems Arising from the Allocation of Taxing Rights in Tax Treaty Law and Possible Alternatives*. The Netherlands: Kluwer, 2008.

SACCHETTO, Cláudio. Política de Tratados em Matéria Tributária para Países Emergentes Vis-à-Vis-à-Vis Países Desenvolvidos e em Via de Desenvolvimento. *Revista Direito Tributário Atual*, São Paulo, n. 23, 2009.

SÁNCHEZ LÓPEZ, María Esther. *El Intercambio de Información Tributaria entre Estados*. Barcelona: Bosch, 2011.

SANDLER, Daniel. Artists and Sportsmen (Article 17 OECD Model Convention). In: LANG, Michael et. al. (Coords.). *Source Versus Residence: Problems Arising from the Allocation of Taxing Rights in Tax Treaty Law and Possible Alternatives*. The Netherlands: Kluwer, 2008.

SANTIAGO, Igor Mauler. *Direito Tributário Internacional: Métodos de Solução de Conflitos*. São Paulo: Quartier Latin, 2006.

SANTIAGO, Igor Mauler; LOBATO, Valter. Margens Predeterminadas: um Caso de Confronto entre a Praticabilidade e a Capacidade Contributiva? Exigências Constitucionais para sua Adoção. In: SCHOUERI, Luís Eduardo (Coord.). *Tributos e Preços de Transferência: 3º Volume*. São Paulo: Dialética, 2009.

SANTINI, Andrea. Articles 18, 19 and 20. Pensions; Government Services; Students (and Visiting Professors). In: ECKER, Thomas; RESSLER, Gernot (Coords.). *History of Tax Treaties*. Wien: Linde, 2011.

SANTOS, Ramon Tomazela. *Os Instrumentos Financeiros Híbridos à Luz dos Acordos de Bitributação*. Rio de Janeiro: Lumen Juris, 2017.

SANTOS, Ramon Tomazela. *O Regime de Tributação dos Lucros Auferidos no Exterior na Lei nº 12.973/2014*. Rio de Janeiro: Lumen Juris, 2017.

SANTOS, Ramon Tomazela. Instrumentos Financeiros Híbridos e a Arbitragem Fiscal Internacional – As Considerações de Política Fiscal na Ação 2 do Projeto BEPS. In: GOMES, Marcus Lívio; SCHOUERI, Luís Eduardo (Coords.). *A Tributação Internacional na Era Pós-BEPS*. Rio de Janeiro: Lumen Juris, 2016. v. I.

SANTOS, Ramon Tomazela. *Brazil's Approach Towards the BEPS Multilateral Convention*. Disponível em: http://kluwertaxblog.com/2016/12/22/brazils-approach-towards-the-beps-multilateral-convention/. Acesso em 31 de dezembro de 2016.

SANTOS, Ramon Tomazela. A Ampliação da Troca de Informações nos Acordos Internacionais para Evitar a Dupla Tributação da Renda – entre o Combate à Evasão Fiscal e a Proteção dos Direitos dos Contribuintes. *Revista Direito Tributário Atual*, São Paulo, n. 31, 2014.

SANTOS, Ramon Tomazela. A Isenção Outorgada aos Dividendos e Integração da Tributação das Pessoas Jurídicas e das Pessoas Físicas: o Pagamento de Dividendos à Conta de Reserva de Capital e a Influência da Recente Edição da Lei nº 12.973/2014. *Revista Direito Tributário Atual*, São Paulo, n. 31, 2014.

SANTOS, Ramon Tomazela; PEGORARO, Andressa. A Tributação dos Lucros do Exterior na Lei nº 12.973/2014 e os Acordos de Bitributação – A Questão da Classificação dos Rendimentos Fictos. In: SAUNDERS, Ana Paula; GOMES, Eduardo Santos; MOREIRA, Francisco Lisboa; MURAYAMA, Janssen (Orgs.). *Estudos de Tributação Internacional*. Rio de Janeiro: 2016.

SASSEVILE, Jacques. The Role and Evolution of Reservations, Observations, Positions and Alternative Provisions in the OECD Model. In: MAISTO, Guglielmo (Coord.). *Departures from the OECD Model and Commentaries*. The Netherlands: IBFD, 2014.

SAUNDERS, Ana Paula. Tributação na Europa e a Aplicação das Liberdades Fundamentais. In: SAUNDERS, Ana Paula; GOMES, Eduardo Santos; MOREIRA, Francisco Lisboa; MURAYAMA, Janssen (Orgs.). *Estudos de Tributação Internacional*. Rio de Janeiro: 2016.

SAUNDERS, Ana Paula; CORDEIRO, Daniel Vieira de Biasi. O Artigo 15º da Convenção Modelo da OCDE e os Tratados Internacionais em Matéria Tributária no Brasil. In: SAUNDERS, Ana Paula; GOMES, Eduardo Santos; MOREIRA, Francisco Lisboa; MURAYAMA, Janssen (Orgs.). *Estudos de Tributação Internacional*. Rio de Janeiro: 2016.

SCHAFFNER, Jean. *How Fixed is a Permanent Establishment*. The Netherlands: Kluwer, 2013.

SCHENK-GEERS, Tonny. *International Exchange of Information and the Protection of Taxpayers*. The Netherlands: Kluwer, 2009.

SCHINDEL, Angel; ATCHABAHIAN, Adolfo. General Report. *Cahiers de Droit Fiscal International*. Amsterdam: IFA, 2005. v. 90a.

SCHNEEWEIS, Kristal Heine. BEPS: Desafios Nacionais na Adoção dos Padrões Internacionais de Transparência Fiscal e Troca de Informações. In: GOMES, Marcus Lívio; SCHOUERI, Luís Eduardo (Coords.). *A Tributação Internacional na Era Pós-BEPS*. Rio de Janeiro: Lumen Juris, 2016. v. I.

SCHOUERI, Luís Eduardo. O Arm's Length como Princípio ou como Standard Jurídico. In: SCHOUERI, Luís Eduardo; BIANCO, João Francisco (Coords.). *Estudos de Direito Tributário em Homenagem ao Professor Gerd Willi Rothmann*. São Paulo: Quartier Latin, 2016.

SCHOUERI, Luís Eduardo. O Projeto BEPS: Ainda uma Estratégia Militar. In: GOMES, Marcus Lívio; SCHOUERI, Luís Eduardo (Coords.). *A Tributação Internacional na Era Pós-BEPS*. Rio de Janeiro: Lumen Juris, 2016. v. I.

SCHOUERI, Luís Eduardo. Arbitration and Constitutional Issues. In: LANG, Michael; OWENS, Jeffrey (Coords.). *International Arbitration in Tax Matters*. Amsterdam: IBFD, 2015.

SCHOUERI, Luís Eduardo. Arm's Length: Beyond the Guidelines of the OECD. *Bulletin for International Taxation*, Amsterdam, n. 69 (12), 2015.

SCHOUERI, Luís Eduardo. Brazil. In: BRAUNER, Yariv; PISTONE, Pasquale (Coords.). *BRICS and the Emergence of International Tax Coordination*. The Netherlands: IBFD, 2015.

SCHOUERI, Luís Eduardo. Presunções Jurídicas, Arm's Length e o Conceito de Custo para Fins de Preços de Transferência. *Revista Direito Tributário Atual*, São Paulo, n. 31, 2014.

SCHOUERI, Luís Eduardo. Lucros no Exterior e Acordos de Bitributação. Reflexões sobre a Solução de Consulta Interna nº 18/2013. *Revista Dialética de Direito Tributário*, São Paulo, n. 219, 2013.

SCHOUERI, Luís Eduardo. *Preços de Transferência no Direito Tributário Brasileiro*. 3 ed. São Paulo: Dialética, 2013.

SCHOUERI, Luís Eduardo. Globalização, investimentos e tributação: desafios da concorrência internacional ao sistema tributário brasileiro. *Revista Brasileira de Comércio Exterior*, Rio de Janeiro, n. 113, 2012.

SCHOUERI, Luís Eduardo. Juros sobre Capital Próprio: Natureza Jurídica e Forma de Apuração Diante da "Nova Contabilidade". In: MOSQUERA, Roberto Quiroga; LOPES, Alexsandro Broedel (Coords.). *Controvérsias Jurídico-Contábeis (Aproximações e Distanciamentos): 3º Volume*. São Paulo: Dialética, 2012.

SCHOUERI, Luís Eduardo. Tax Sparing: uma Reconsideração da Reconsideração. *Revista Direito Tributário Atual*, São Paulo, n. 26, 2011.

SCHOUERI, Luís Eduardo. Arbitragem no Direito Tributário Internacional. *Revista Direito Tributário Atual*, São Paulo, n. 23, 2009.

SCHOUERI, Luís Eduardo. Margens Predeterminadas, Praticabilidade e Capacidade Contributiva. In: SCHOUERI, Luís Eduardo (Coord.). *Tributos e Preços de Transferência: 3º Volume*. São Paulo: Dialética, 2009.

SCHOUERI, Luís Eduardo. Tributação e Cooperação Internacional. *Revista Direito Tributário Atual*, São Paulo, n. 18, 2004.

SCHOUERI, Luís Eduardo. Imposto de Renda e os Lucros Auferidos no Exterior. In: ROCHA Valdir de Oliveira (Coord.). *Grandes Questões Atuais do Direito Tributário: 7º Volume*. São Paulo: Dialética, 2003.

SCHOUERI, Luís Eduardo. Contribuição à História dos Acordos de Bitributação: a Experiência Brasileira. *Revista Direito Tributário Atual*, São Paulo, n. 22, 2002.

SCHOUERI, Luís Eduardo. Direito Tributário Internacional. Acordos de Bitributação. Imposto de Renda: lucros auferidos por controladas e coligadas no exterior. Disponibilidade. Efeitos do artigo 74 da Medida Provisória nº 2.158-35 – Parecer. *Revista Direito Tributário Atual*, São Paulo, n. 16, 2001.

SCHOUERI, Luís Eduardo. Tributação dos Lucros Auferidos por Controladas e Coligadas no Exterior: um Novo Capítulo no Direito Tributário Internacional do Brasil? In: ROCHA, Valdir de Oliveira (Coord.). *Imposto de Renda: Aspectos Fundamentais*. São Paulo: Dialética, 1996.

SCHOUERI, Luís Eduardo. *Planejamento Fiscal Através dos Acordos de Bitributação: Treaty Shopping*. São Paulo: Editora Revista dos Tribunais, 1995.

SCHOUERI, Luís Eduardo; GALENDI JÚNIOR, Ricardo André. Interpretative and Policy Challenges Following the OECD Multilateral Instrument (2016) from a Brazilian Perspective. *Bulletin for International Taxation*, Amsterdam, Volume 71 (6), maio 2017. Edição Online.

SCHOUERI, Luís Eduardo; SILVA, Natalie Matos. Brazil. In: LANG, Michel et. al. (Coords.). *The Impact of the OECD and UN Model Conventions on Bilateral Tax Treaties*. Cambridge: Cambridge University Press, 2012.

SCHOUERI, Luís Eduardo; CASTELON, Marta Oliveros. Tributação Subjetiva na Fonte de Artistas e Desportistas e o Conceito de Não-Discriminação. *Revista de Direito Tributário Internacional*, São Paulo, n. 10, 2008.

SCHRÖGER, Matthias. Transfer Pricing: Next Steps in the International Debate. In: PETRUZZI, Rafaelle; SPIES, Karoline (Coords.). *Tax Policy Challenges in the 21st Century*. Wien: Linde, 2014.

SCHWARZ, Joathan. *Schwartz on Tax Treaties*. London: CCH, 2011.

SEIXAS, Luiz Felipe Monteiro. *Tributação, Finanças Públicas e Política Fiscal: Uma Análise sob a Óptica do Direito e Economia*. Rio de Janeiro: Lumen Juris, 2016.

SENGUPTA, D. P. India. In: BRAUNER, Yariv; PISTONE, Pasquale (Coords.). *BRICS and the Emergence of International Tax Coordination*. The Netherlands: IBFD, 2015.

SERRANO ANTÓN, Fernando. Los Retos de la Fiscalidad Internacional Latinoamericana en el Contexto Actual. ¿Hacia una Convivencia de un Convenio Multilateral BEPS con Convenios Bilaterales para Evitar la Doble Imposición Internacional? In: ILADT. *Memorias de las XXVII Jornadas Latinoamericanas de Derecho Tributario*. ILADT: Mexico, 2015.

SERRANO ANTÓN, Fernando. *La Resolución de Conflictos em el Derecho Internacional Tributario: Procedimiento Amistoso y Arbitraje*. Navarra: Civitas, 2010.

SILVA NETO, Paulo Penteado de Faria e. Dedutibilidade de Juros e Outros Pagamentos Financeiros – A Ação n. 4 do BEPS sob a Ótica dos Países em Desenvolvimento. In: GOMES, Marcus Lívio; SCHOUERI, Luís Eduardo (Coords.). *A Tributação Internacional na Era Pós-BEPS*. Rio de Janeiro: Lumen Juris, 2016. v. I.

SILVA, Sergio André R. G. da. Transparência Fiscal Internacional no Direito Tributário Brasileiro. *Revista Dialética de Direito Tributário*, São Paulo, n. 99, dez. 2003.

SILVEIRA, Ricardo Maitto. *O Escopo Pessoal dos Acordos Internacionais Contra a Bitributação*. São Paulo: Quartier Latin, 2016.

SILVEIRA, Rodrigo Maito da. Caso Eagle 2. In: CASTRO, Leonardo Freitas de Moraes e (Org.). *Tributação Internacional: Análise de Casos*. São Paulo: MP Editora, 2010.

SILVEIRA, Rodrigo Maito da. *Aplicação de Tratados Internacionais Contra a Bitributação: Qualificação de Partnership Joint Ventures*. São Paulo: Quartier Latin, 2006.

SKAAR, Arvid A. *Permanent Establishment*. The Netherlands: Kluwer, 1991.

SOUZA, Rubens Gomes. As Modernas Tendências do Direito Tributário. *Revista de Direito Administrativo*, Rio de Janeiro, v. 74, 1963.

STARK, João Ricardo Barbieri; VITA, Jonathan Barros. Ação 05 do BEPS e sua Aplicabilidade no Planejamento Tributário Brasileiro. *Revista de Direito Tributário Contemporâneo*, São Paulo, n. 5, mar.-abr. 2017.

SZÜCS-HIDVÉGI, Katalin. Royalties. In: ECKER, Thomas; RESSLER, Gernot (Coords.). *History of Tax Treaties*. Wien: Linde, 2011.

TABAKOV, Ludomir. Counteracting Tax Evasion and Avoidance (focus on non-compliance by MNEs). In: PETRUZZI, Rafaelle; SPIES, Karoline (Coords.). *Tax Policy Challenges in the 21st Century*. Wien: Linde, 2014.

TAGA, Nara Cristina Takeda. O cenário internacional de troca de informações tributárias e a importância da instituição do RERCT no Brasil. In: PAULA JUNIOR, Aldo; SALUSSE, Eduardo Perez; ESTELLITA, Heloisa (Coords.). *Regime Especial de Regularização Cambiam e Tributária (RERCT): Aspectos Práticos*. São Paulo: Noeses, 2016.

TAKANO, Caio. Ação 15 do Projeto BEPS e os Desafios do Multilateralismo. In: GOMES, Marcus Lívio; SCHOUERI, Luís Eduardo (Coords.). *A Tributação Internacional na Era Pós-BEPS*. Rio de Janeiro: Lumen Juris, 2016. v. II.

TAVARES, Diego Ferraz Lemos et. al. A Ação n. 2 do Projeto BEPS da OCDE e seus Possíveis Efeitos no Brasil. In: GOMES, Marcus Lívio; SCHOUERI, Luís Eduardo (Coords.). *A Tributação Internacional na Era Pós-BEPS*. Rio de Janeiro: Lumen Juris, 2016. v. I.

TAVARES, Romero. What Will a Post-BEPS Latin America Look Like? *Tax Notes International*, [S/L], n. 83 (7), ago. 2016.

TAVARES, Romero J. S. Política tributária internacional: OCDE, BEPS e Brasil Como deve se posicionar o setor industrial brasileiro? *Revista Brasileira de Comércio Exterior*, Rio de Janeiro, n. 121, out.-dez. 2014.

TAVOLARO, Agostinho Toffoli; SILVA, Antonio Carlos Florêncio de Abreu e. Tratado Brasil/Estados Unidos para Evitar a Dupla Tributação. *Revista de Direito Tributário Internacional*, São Paulo, n. 15, 2010.

TAYLOR, Willard B. O que um Acordo de Bitributação entre Brasil e EUA poderia estipular. *Revista Direito Tributário Atual*, São Paulo, n. 21, 2007.

TEIXEIRA, Alexandre Alkmim. Dupla Não-Tributação Entre o Poder de Tributar e as Convenções Internacionais em Matéria Fiscal. In: TÔRRES, Heleno Taveira (Coord.). *Direito Tributário Internacional Aplicado*. São Paulo: Quartier Latin, 2007. v. IV.

THURONYI, Victor. Tax Treaties and Developing Countries. In: LANG, Michael et. al. (Coords.). *Tax Treaties: Building Bridges Between Law and Economics*. Amsterdam: IBFD, 2010.

TONANI, Fernando; MARRARA, Bruna. Tributação dos Lucros de Controladas no Exterior – A Abordagem da OCDE no Âmbito do BEPS e as Regras Brasileiras de Tributação em Bases Universais – Uma Análise Crítica à Lei nº 12.973/2014. In: ROCHA, Sergio André; TORRES, Heleno (Coords.). *Direito Tributário Internacional: Homenagem ao Professor Alberto Xavier*. São Paulo: Quartier Latin, 2016.

TÔRRES, Heleno Taveira. Programa de Regularização de Ativos Lícitos no Exterior e Direitos à Proteção da Propriedade Privada. In: PAULA JUNIOR, Aldo; SALUSSE, Eduardo Perez; ESTELLITA, Heloisa (Coords.). *Regime Especial de Regularização Cambiam e Tributária (RERCT): Aspectos Práticos*. São Paulo: Noeses, 2016.

TÔRRES, Heleno Taveira. A Qualificação dos Serviços não Técnicos como Lucros de Empresas nas Convenções para Evitar a Dupla Tributação. In: ROCHA, Sergio André; TORRES, Heleno (Coords.). *Direito Tributário Internacional: Homenagem ao Professor Alberto Xavier*. São Paulo: Quartier Latin, 2016.

TÔRRES, Heleno Taveira. Interpretação das Convenções para Evitar a Dupla Tributação e Prestação de Serviços. In: FERREIRA, Eduardo Paz et. al. (Coords.). *Estudos em Homenagem ao Professor Doutor Alberto Xavier*. Coimbra: Almedina, 2013. v. I.

TÔRRES, Heleno Taveira. Tributação de Controladas e Coligadas no Exterior e seus Desafios Concretos. In: TÔRRES, Heleno Taveira (Coord.). *Direito Tributário Internacional Aplicado*. São Paulo: Quartier Latin, 2012. v. VI.

TÔRRES, Heleno Taveira. Operações com Países de Tributação Favorecida – Algumas Reflexões. In: ROCHA, Valdir de Oliveira (Coord.). *Grandes Questões Atuais do Direito Tributário: 13º Volume*. São Paulo: Dialética, 2009.

TÔRRES, Heleno Taveira. Juros sobre Capital Próprio – autonomia privada nos investimentos societários e suas implicações em matéria tributária. In: TÔRRES, Heleno Taveira (Coord.). *Direito Tributário Internacional Aplicado*. São Paulo: Quartier Latin, 2007. v. IV.

TÔRRES, Heleno Taveira. Lucros Auferidos por Meio de Controladas e Coligadas no Exterior. In: TÔRRES, Heleno Taveira (Coord.). *Direito Tributário Internacional Aplicado: Volume III*. São Paulo: Quartier Latin, 2005.

TÔRRES, Heleno Taveira. Pressupostos Constitucionais das Contribuições de Intervenção no Domínio Econômico. A CIDE-Tecnologia. In: ROCHA, Valdir de Oliveira (Coord.). *Grandes Questões Atuais do Direito Tributário: 7º Volume*. São Paulo: Dialética, 2003.

TÔRRES, Heleno Taveira. *Direito Tributário e Direito Privado*. São Paulo: Revista dos Tribunais, 2003.

TÔRRES, Heleno Taveira. *Direito Tributário Internacional: Planejamento Tributário e Operações Transnacionais*. São Paulo: Revista dos Tribunais, 2001.

TÔRRES, Heleno Taveira. *Pluritributação Internacional sobre as Rendas de Empresas*. 2 ed. São Paulo: Revista dos Tribunais, 2001.

TÔRRES, Heleno Taveira. Convenções Internacionais em Matéria sobre a Renda e o Capital e a Abrangência de Tributos Incidentes sobre as Empresas. In: ROCHA, Valdir de Oliveira (Coord.). *Grandes Questões Atuais do Direito Tributário*. São Paulo: Dialética, 1997.

TORRES, Ricardo Lobo. *Planejamento Tributário*. Rio de Janeiro: Campus, 2012.

TORRES, Ricardo Lobo. Aspectos Fundamentais e Finalísticos do Tributo. In: MARTINS, Ives Gandra da Silva (Coord.). *O Tributo: Reflexão Multidisciplinar sobre a sua Natureza*. Rio de Janeiro: Forense, 2007.

TORRES, Ricardo Lobo. *Tratado de Direito Constitucional, Financeiro e Tributário: Valores e Princípios Constitucionais Tributários*. Rio de Janeiro: Renovar, 2005. v. II.

TROIANELLI, Gabriel Lacerda. Preços de Transferência: Intangíveis, Acordos de Repartição de Custos e Serviços de Grupo. In: SCHOUERI, Luís Eduardo (Coord.). *Tributos e Preços de Transferência: 3º Volume*. São Paulo: Dialética, 2009.

TROIANELLI, Gabriel Lacerda. Aplicabilidade dos Tratados para Evitar a Dupla Tributação às Contribuições. In: ROCHA, Valdir de Oliveira (Coord.). *Grandes Questões Atuais do Direito Tributário: 8º Volume*. São Paulo: Dialética, 2004.

UCKMAR, Victor et. al. *Diritto Internazionale*. Milani: CEDAM, 2012.

UCKMAR, Victor. Los Tratados Internacionales en Materia Tributaria. In: UCKMAR, Victor (Coord.). *Curso de Derecho Tributario Internacional*. Bogotá: Themis, 2003. v. I.

UCKMAR, Victor; GRECO, Marco Aurélio; ROCHA, Sergio André et. al. *Manual de Direito Tributário Internacional*. São Paulo: Dialética, 2012.

UNITED NATIONS. *Model Double Tax Convention Between Developed and Developing Countries*. New York: United Nations, 2011.

VALADÃO, Marcos Aurélio Pereira. Transfer Pricing in Brazil and Actions 8, 9, 10 and 13 of the OECD Base Erosion and Profit Shifting Initiative. *Bulletin for International Taxation*, Amsterdam, n. 70 (5), 2016.

VALADÃO, Marcos Aurélio Pereira. Brazil Country Practices. In: United Nations. *Practical Manual on Trasnfer Pricing for Developing Countries*. New York, 2013.

VALADÃO, Marcos Aurélio Pereira. Troca de Informações com Base em Tratados Internacionais: Uma Necessidade e uma Tendência Irreversível. *Revista de Direito Internacional Econômico e Tributário*, Brasília, n. 4 (2), 2009.

VASCONCELLOS, Roberto França. Os Desafios da Tributação de Operações Internacionais na Economia Digital. In: SCHOUERI, Luís Eduardo; BIANCO, João Francisco (Coords.). *Estudos de Direito Tributário em Homenagem ao Professor Gerd Willi Rothmann*. São Paulo: Quartier Latin, 2016.

VASCONCELOS, Roberto França de. Aspectos Econômicos dos Tratados Internacionais em Matéria Tributária. *Revista de Direito Tributário Internacional*. São Paulo, n. 1, 2005.

VEGA BORREGO, Félix Alberto. *Limitation of Benefits Clauses in Double Taxation Conventions*. The Netherlands: Kluwer, 2006.

VEGA, Alberto. The Legal Status and Effects of Reservations, Observations and Positions to the OECD Model. In: MAISTO, Guglielmo (Coord.). *Departures from the OECD Model and Commentaries*. The Netherlands: IBFD, 2014.

VEGA, Alberto; RUDYK, Ilja. Explaining Reservations to the OECD Model Tax Convention: An Empirical Approach. *InDret*, 2011, 4, p. 3. Disponível em http://www.indret.com/pdf/860_en.pdf. Acesso em 12 de dezembro de 2015.

VENTURA, Gustavo Henrique Vasconcelos. A Cide Royalties e sua Relação com os Tratados Internacionais. In: TÔRRES, Heleno Taveira (Coord.). *Direito Tributário Internacional Aplicado*. São Paulo: Quartier Latin, 2005. v. III.

VIEIRA, Carlos Renato; CARVALHO, Flavio. A Ação 6 do BEPS e a PPT Rule. In: GOMES, Marcus Lívio; SCHOUERI, Luís Eduardo (Coords.). *A Tributação Internacional na Era Pós-BEPS*. Rio de Janeiro: Lumen Juris, 2016. v. II.

VITA, Jonathan Barros. As Convenções para Evitar a Dupla Tributação Brasileiras: Técnicas de Negociação e Análise Estrutural Segundo os Modelos da OCDE e ONU. *Revista Direito Tributário Atual*, São Paulo, n. 24, 2010.

VOGEL, Klaus. Introduction. In: VOGEL, Klaus (Coord.). *On Double Taxation Conventions*. Tradução John Marin e Bruce Elvin. 3rd ed. The Netherlands: Kluwer Law International, 1998.

VOGEL, Klaus. Article 1. Persons Covered. In: VOGEL, Klaus (Coord.). *On Double Taxation Conventions*. Tradução John Marin e Bruce Elvin. 3rd ed. The Netherlands: Kluwer Law International, 1998.

VOGEL, Klaus. Article 14. Independent Personal Services. In: VOGEL, Klaus (Coord.). *On Double Taxation Conventions*. Tradução John Marin e Bruce Elvin. 3rd ed. The Netherlands: Kluwer Law International, 1998.

VOGEL, Klaus. A Importância do Direito Tributário Internacional para os Países em Desenvolvimento. Tradução Brandão Machado. In: TAVOLARO, Agostinho Toffoli et. al. (Coords.). *Princípios Tributários no Direito Brasileiro e Comparado*. Rio de Janeiro: Forense, 1988.

WAGENAAR, Leonard. The Effect of the OECD Base Erosion and Profit Shifting Action Plan on Developing Countries. *Bulletin for International Taxation*, Amsterdam, v. 69 (2), 2015.

WEEGHEL, Stef. Dividends (article 10 OECD Model Convention). In: LANG, Michael et. al. (Coords.). *Source Versus Residence: Problems Arising from the Allocation of Taxing Rights in Tax Treaty Law and Possible Alternatives.* The Netherlands: Kluwer, 2008.

XAVIER, Alberto. *Direito Tributário Internacional do Brasil.* 8 ed. Rio de Janeiro: Forense, 2015.

XAVIER, Alberto. A Lei nº 12.973, de 13 de maio de 2014, em Matéria de Lucros no Exterior. Objetivos e Características Essenciais. In: ROCHA, Valdir de Oliveira (Coords). *Grandes Questões Atuais de Direito Tributário: 18º Volume.* São Paulo: Dialética, 2014.

XAVIER, Alberto. *Direito Tributário Internacional do Brasil.* 7 ed. Rio de Janeiro: Forense, 2010.

XAVIER, Alberto. *Direito Tributário Internacional.* Coimbra: Almedina, 2007.

YAFFAR, Armando Lara; LENNARD, Michael. The Future of the UN Model. *Bulletin for International Taxation,* Amsterdam, n. 60 (11), 2006.

ZAKI, Myret. *Le Secret Bancaire est Mort.* Lausane: Favre, 2010.